建设工程造价纠纷案例详解

周 峰 编著

中国建筑工业出版社

图书在版编目（CIP）数据

建设工程造价纠纷案例详解/周峰编著. —北京：中
国建筑工业出版社，2020.6（2024.1重印）
ISBN 978-7-112-24988-6

Ⅰ.①建… Ⅱ.①周… Ⅲ.①建筑造价-工程造价-
经济纠纷-案例-中国 Ⅳ.①D922.297.5

中国版本图书馆 CIP 数据核字（2020）第 047397 号

　　本书是作者多年的工作经验总结。全书内容包括：第 1 章建设工程造价基础
理论，第 2 章建筑工程建筑面积计算规则，第 3 章"营改增"涉及计价问题，第 4
章建筑安装工程工期定额，第 5 章工程量清单计价，第 6 章装配式混凝土建筑工
程计价，第 7 章费用定额，第 8 章建筑与装饰工程计价。
　　本书适合广大造价人员阅读、使用。

责任编辑：张伯熙　王　治
责任校对：李美娜

建设工程造价纠纷案例详解

周　峰　编著

*

中国建筑工业出版社出版、发行（北京海淀三里河路 9 号）
各地新华书店、建筑书店经销
霸州市顺浩图文科技发展有限公司制版
建工社（河北）印刷有限公司印刷

*

开本：787×1092 毫米　1/16　印张：17½　字数：434 千字
2020 年 8 月第一版　2024 年 1 月第九次印刷
定价：**55.00** 元
ISBN 978-7-112-24988-6
（35739）

周峰

南通市建设工程造价管理处副主任，高级工程师、注册造价师，中国法学会会员，南通市法学会建筑法学研究会常务理事。

长期从事工程造价管理以及高校造价专业教学工作，主编江苏省及南通市建筑、安装、装饰、修缮等各专业计价定额，主编《南通建设工程造价信息》。多年秉持客观公正、公平合理的原则协调各类工程造价纠纷，以此为研究领域，积极探索工程造价管理改革方向，完善工程造价管理体系。

前　言

2003 年，《建设工程工程量清单计价规范》GB 50500—2003 由建设部发布实施，这标志着我国工程造价管理从预算定额计价阶段发展至工程量清单计价阶段。工程量清单计价模式实施以来，工程计价方式逐步形成了通过市场竞争形成工程价格的机制，为建筑行业的改革奠定了坚实的基础。而当前工程造价管理行业面临信息化管理、工程咨询全过程管理等新形势、新要求，这对广大工程造价从业人员的政策水平、专业素质、综合能力等都提出了更高的要求。在这个时代发展的浪潮中，工程建设中往往会出现大量工程造价纠纷，这些造价纠纷产生的原因包括有关各方建设主体对于工程建设实施过程中的国家政策性文件、清单计价规范、计价定额乃至施工合同的相关条款掌握不够、理解不清等因素。同时在产生工程造价纠纷时，有关各方主体往往基于自身利益，未能对于造价纠纷秉持客观、公正和专业的精神，因此会影响工程建设的顺利实施，在解决造价纠纷的过程中消耗了大量人力物力资源。

本书内容包括第 1 章建设工程造价基础理论、第 2 章建筑工程建筑面积计算规则、第 3 章"营改增"涉及计价问题、第 4 章建筑安装工程工期定额、第 5 章工程量清单计价、第 6 章装配式混凝土建筑工程计价、第 7 章费用定额、第 8 章建筑与装饰工程计价。各章内容不仅包括各部分基础理论、计算公式以及定额消耗量数据来源等，同时对于建筑安装工程工程量清单及计价定额工程量计算方法也作了详细的解释说明和案例分析。各章内容还包括多年协调处理的各项工程造价纠纷真实案例，通过对案例客观翔实的分析，进一步剖析造价纠纷产生的原因，客观公正地提出造价纠纷的解决方法，从而深入透彻地解读各项计价专业规定以及国家政策性文件。

本书内容涵盖丰富、深入浅出、图文并茂，既有各类定额基础知识，也有大量实际工程造价纠纷案例，基本形成完整的工程造价管理体系，有助于造价专业初学者系统学习相关理论知识和案例操作，也有助于具备一定基础的从业人员有目的地提高专业水平。本书既可以作为广大工程造价从业人员的工具书，也可以作为高等院校工程造价管理专业的教学辅导教材，其中大量的案例也能为管理部门的决策提供一定依据。

由于作者水平有限，本书造价纠纷案例协调部分观点未必正确，清单计价与定额计价部分内容也难免有疏漏之处，欢迎广大读者予以批评指正，以期不断提高造价行业管理水平，共同迎接建设工程造价管理新时代！

目 录

第 1 章

建设工程造价基础理论

1.1 工程建设概论

1.1.1 建设工程

建设工程是指建造新的或改造原有的固定资产，是固定资产再生产过程中形成综合生产能力或发挥工程效益的工程项目。建设工程的特定含义是通过"建设"来形成新的固定资产。单纯的固定资产购置，如购进商品房屋、施工机械、车辆、船舶等，虽然新增了固定资产，但一般不视为建设工程。

1.1.2 建设项目

建设项目是指按一个总体设计进行建设施工的一个或几个单项工程的总体。

1.1.3 建设项目构成

1. 单项工程

单项工程是建设项目的组成部分，是指具有独立的设计文件、在竣工后可以独立发挥效益或生产能力的产品车间（联合企业的分厂）生产线或独立工程等。

2. 单位工程

单项工程由若干个单位工程组成。单位工程是指不能独立发挥生产能力，但具有独立设计的施工图纸和组织施工的工程。例如工业建筑物的土建工程是一个单位工程，而安装工程又是另一个单位工程。

3. 分部、分项工程

分部、分项工程是单项或单位工程的组成部分，分部工程是按结构部位、路段长度及施工特点或施工任务将单项或单位工程划分为若干分部的工程。土建工程的分部工程是按建筑工程的主要部位划分的，例如基础工程、主体工程、地面工程等；安装工程的分部工程是按工程的种类划分的，例如管道工程、电气工程、通风工程以及设备安装工程等。

分项工程是分部工程的组成部分，是按不同施工方法、材料、工序及路段长度等将分部工程划分为若干个分项工程。分项工程是能通过较简单的施工过程生产出来的、可以用适当的计量单位计算并便于测定或计算其消耗的工程基本构成要素。在工程造价管理中，将分项工程作为一种"假想的"建筑安装工程产品。土建工程的分项工程按建筑工程的主要工种工程划分，例如土方工程、钢筋工程等；安装工程的分项工程按用途或输送不同介质、物料以及设备组别划分，例如给水工程中的铸铁管、钢管、阀门等。建设项目分解如图 1-1 所示。

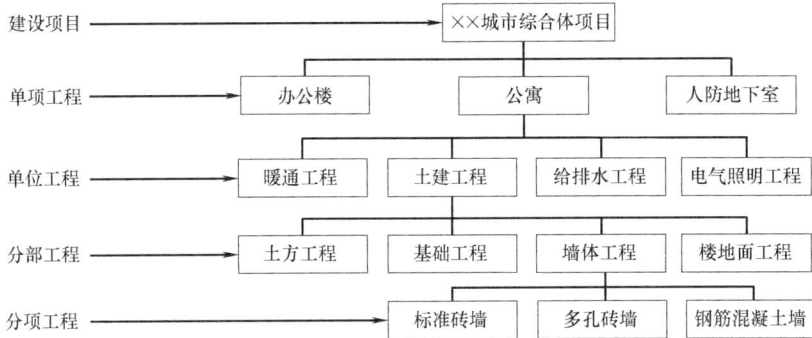

图 1-1　建设项目分解示意图

1.1.4　建设项目分类

1. 术语

1）建筑工程：供人们进行生产、生活或其他活动的房屋或场所。建筑工程中包括土（石）方工程、桩与地基基础工程、砌筑工程、混凝土及钢筋混凝土工程、厂库房大门、特种门木结构工程、金属结构工程、屋面及防水工程等多个分部工程。

2）土木工程：建造在地上或地下、陆上或水中，直接或间接为人类生活、生产、科研等服务的各类工程。

3）机电工程：按照一定的工艺和方法，将不同规格、型号、性能、材质的设备、管路、线路等有机组合起来，满足使用功能要求的工程。

2. 建设项目具体分类类别

建设工程按自然属性可分为建筑工程、土木工程和机电工程三大类，按使用功能可分为房屋建筑工程、铁路工程、公路工程、水利工程、市政工程、煤炭矿山工程、水运工程、海洋工程、民航工程、商业与物资工程、农业工程、林业工程、粮食工程、石油天然气工程、海洋石油工程、火电工程、水电工程、核工业工程、建材工程、冶金工程、有色金属工程、石化工程、化工工程、医药工程、机械工程、航天与航空工程、兵器与船舶工程、轻工工程、纺织工程、电子与通信工程和广播电影电视工程等。各行业建设工程可按自然属性进行分类和组合。

3. 建筑工程分类类别

1）建筑工程按照使用性质可分为民用建筑工程、工业建筑工程、构筑物工程及其他建筑工程等。

2）建筑工程按照组成结构可分为地基与基础工程、主体结构工程、建筑屋面工程、建筑装饰装修工程和室外建筑工程。

3）建筑工程按照空间位置可分为地下工程、地上工程、水下工程、水上工程等。

4. 民用建筑工程分类类别

民用建筑工程按用途可分为居住建筑、办公建筑、旅馆酒店建筑、商业建筑、居民服务建筑、文化建筑、教育建筑、体育建筑、卫生建筑、科研建筑、交通建筑、人防建筑、广播电影电视建筑等。

5. 工业建筑工程分类类别

工业建筑工程可分为厂房（机房、车间）、仓库、辅助附属设施等。工业建筑工程是指直接用于生产或为生产配套的各种房屋和各种工业构筑物，包括各种行业所需要的车间、仓库、辅助附属设施和构筑物等，分为厂房、仓库、辅助附属设施。工业构筑物单独划出，归入"构筑物工程"。不同行业的辅助附属设施的工程内容不同，一般包括锅炉房、氧气站、泵站等。

6. 构筑物工程分类类别

构筑物工程可分为工业构筑物、民用构筑物和水工构筑物等。

7. 土木工程类别划分

土木工程可分为道路工程、轨道交通工程、桥涵工程、隧道工程、水工工程、矿山工程、架线与管沟工程、其他土木工程。

8. 机电工程类别划分

机电工程可分为机械设备工程、静置设备与工艺金属结构工程、电气工程、自动化控制仪表工程、建筑智能化工程、管道工程、消防工程、净化工程、通风与空调工程、设备及管道防腐蚀与绝热工程、工业炉窑工程、电子与通信及广电工程等。

1.2 工程项目建设程序

1.2.1 工程项目建设程序的概念

工程项目建设程序是指在工程项目从策划、评估、决策、设计、施工到竣工验收、投入生产或交付使用的整个建设过程中，各项工作必须遵循的先后工作次序。工程项目建设程序是工程建设过程客观规律的反映，是建设工程项目科学决策和顺利进行的重要保证。建设程序由国家制定的法律法规予以规定，必须严格执行，不得任意颠倒，但可以合理交叉。

1.2.2 政府投资工程项目建设程序

1. 项目建议书

项目建议书是投资决策前，通过对拟建项目建设必要性条件的可行性、利益的可能性进行宏观性初步分析与轮廓设想，向决策部门推荐一个具体项目。项目建议书是国家为实现中长期计划来选择建设项目的依据，国家据此进行项目的立项批准。

2. 可行性研究

可行性研究是指运用科学手段对拟建项目有关的自然、社会、经济、技术等进行调研、分析、比较以及预测建设后的社会效益和经济效益。在此基础上，综合论证项目建设的必要性、财务的盈利性、经济的合理性、技术的先进性以及建设条件的可能性和可行性，从而为投资决策提供科学依据。

3. 初步设计

初步设计是设计的第一阶段。它根据批准的可行性研究报告和必要而准确的设计基础资料，对设计对象进行通盘研究，阐明在指定的地点、时间和投资控制数内，拟建工程在技术上的可行性和经济上的合理性。通过对设计对象作出的基本技术规定，编制项目的总概算。初步设计是申请建设项目投资年度计划和跨年度的依据。初步设计文件包括设计说明书、各专业设计图纸、主要设备和材料表、工程概算书。为了进一步认证项目的技术和经济上的可行与合理，有些大的项目有时还会进行扩大初步设计和再扩大初步设计。

4. 施工图设计

施工图设计是在初步设计的基础上，把满足工程施工的各项具体要求反映在图纸中，做到整套图纸齐全统一、明确无误。施工图设计完成后编制施工图预算。

5. 开工准备主要工作内容包括：

1）征地、拆迁和场地平整。

2）完成施工用水、电、路、通信等工程。

3）通过设备、材料公开招标投标订货。

4）图纸交底。

5）通过公开招标投标，择优选定施工单位和工程监理单位。

6）取得施工许可证或批准的开工报告。

6. 工程施工

承包工程建设项目的施工企业必须持有资质证书，并在资质许可的业务范围内承揽工程。施工企业必须严格按照批准的设计文件、施工合同和国家现行的施工及验收规范进行工程建设项目施工。施工中若需变更设计，应按有关规定和程序进行，不得擅自变更。

7. 竣工验收

竣工验收是全面考核建设工作，检查是否符合设计要求和工程质量的重要环节，对促进建设项目及时投产，发挥投资效益，总结建设经验有重要作用。凡新建、扩建、改建的基本建设项目和技术改造项目，按批准的设计文件所规定的内容建成，符合验收标准的，必须及时组织验收，办理竣工验收备案，编好竣工决算和固定资产移交手续。

8. 项目后评价

为了总结项目建设成功和失败的经验教训，供以后项目决策借鉴，近年来，国家规定一些重大建设项目在竣工验收后要进行后评价工作，并正式列为基本建设的程序之一。政府投资项目后评价是指项目竣工验收之后采用科学的经济技术分析方法对项目前期准备、实施过程、运营情况及其影响效果进行全面分析评价，提出项目后评价报告的过程。

1.3 工程造价基本概念

1.3.1 工程造价的两种含义

1. 广义的工程造价是指工程投资费用，即建设一项工程预期开支或实际开支的全部固定资产投资费用，包括建筑安装工程费用、设备及工器具购置费用、工程建设其他费用、预备费用、建设期贷款利息等。

2. 狭义的工程造价是指工程价格，即建成一项工程预计或实际在土地市场、设备市场、技术劳务市场以及承包市场等交易活动中所形成的建筑安装工程的价格和建筑工程总价格。

1.3.2　工程建设各阶段工程造价表现形式

依据建设程序，工程造价的确定与工程建设阶段性工作的深度相适应。对于设计、施工分离的发包方式，一般分为以下 7 个阶段，如图 1-2 所示。

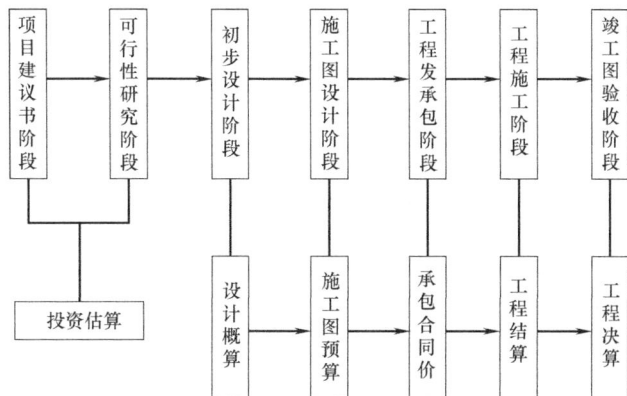

图 1-2　工程建设各阶段工程造价表现形式

1.4　建设工程造价构成

1.4.1　建设项目总投资及其构成

1. 建设项目总投资及其相关概念
1）建设项目总投资

建设项目总投资是指项目建设期用于建设项目的建设投资、建设期贷款利息、固定资产投资方向调节税和流动资金的总和。建设项目总投资的各项费用按资产属性分别形成固定资产、无形资产和其他资产（递延资产）。

2）建设投资

建设投资是指项目建设期间用于建设项目的全部工程费用、工程建设其他费用及预备费之和。建设投资与项目方案设计有关，与资金筹措方案的变化无关。

2. 建设项目总投资的构成

建设项目总投资由建设投资、建设期利息、固定资产投资方向调节税和流动资金构成，具体内容如图 1-3 所示。

1.4.2　建设工程造价及其构成

建设工程造价是工程项目按照确定的建设内容、建设规模、建设标准、功能要求和使用要求等全部建成并验收合格交付所需的全部费用。我国现行工程造价的构成主要划分为

5

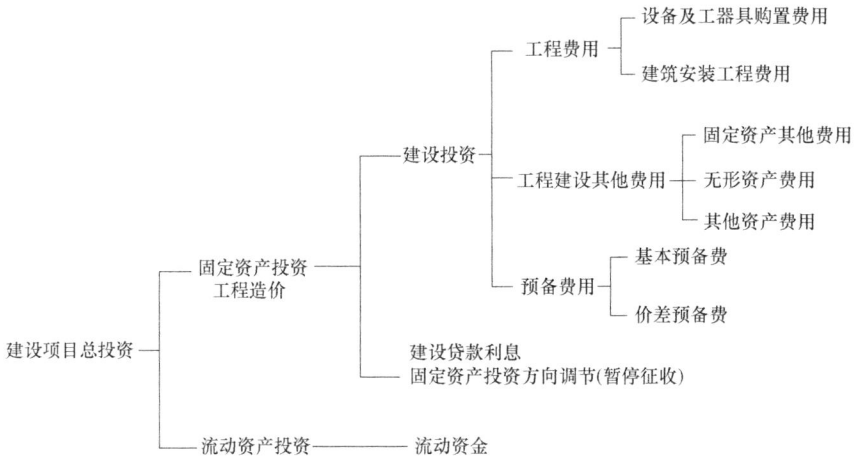

图 1-3　建设项目总投资构成

设备及工器具购置费用、建筑安装工程费用、工程建设其他费用、预备费用、建设期贷款利息、固定资产投资方向调节税（暂停征收）等。

1. 建筑安装工程费用

在工程建设中，建筑安装工程是创造价值的活动。建筑安装工程费用作为建筑安装工程价值的货币表现，也称为建筑安装工程造价，由建筑工程费和安装工程费两部分构成。

2. 设备及工器具购置费

设备及工器具购置费是由设备购置费和工具、器具及生产家具购置费组成的。

3. 工程建设其他费用

工程建设其他费用是指从工程筹建起到工程竣工验收交付生产或使用止的整个建设期间，除建筑安装工程费用和设备及工器具购置费用以外的，为保证工程建设顺利完成和交付使用后能够正常发挥效益或效能而发生的各项费用。

工程建设其他费用可分三类：第一类为土地使用费，土地使用者因使用土地而向所有者支付的费用，是土地使用者获得用地应付出的代价，包括土地征用及迁移补偿费、土地使用权出让金等；第二类是与项目建设有关的费用，包括建设单位管理费、勘察设计费、试验研究费等；第三类是与未来生产经营有关的费用，包括联合试运转费、生产准备费、办公及生活家具购置费等。

4. 预备费用

预备费用包括基本预备费和价差预备费。

1）基本预备费

基本预备费是指在项目实施中可能发生难以预料的支出，需要预留的费用，包括：进行技术设计、施工图设计和施工过程中，在批准的初步设计范围内所增加的工程及费用；由于一般自然灾害所造成的损失和预防自然灾害所采取的措施费用；工程竣工验收时，为鉴定工程质量，必须开挖和修复的隐蔽工程的费用等。

2）价差预备费

价差预备费是指工程建设项目在建设期由于物价上涨而预留的费用，包括建设项目在建设期由于人工、设备、材料、施工机械价格及国家和省级政府发布的费率、利率、汇率等变化而引起工程造价变化的预测预留费用。

5. 固定资产投资方向调节税

固定资产投资方向调节税是指按照《中华人民共和国固定资产投资方向调节税暂行条例》规定征收的一种税。该条例自 1991 年起施行。2000 年 1 月 1 日起新发生的投资额暂停征收。

6. 建设期贷款利息

建设期贷款利息是指建设项目使用投资贷款，在建设期内应归还的贷款利息。

7. 国家和省批准的各项税费

国家和省批准的各项税费是指省级以上人民政府或授权部门批准的，建设期内应交付的各项税费。

8. 经营性项目铺底流动资金

生产经营性项目铺底流动资金是指生产经营性项目为保证生产和经营正常进行，按其所需流动资金的 30% 作为铺底流动资金计入建设项目总概算。竣工投产后计入生产流动资金，但不构成建设项目总造价。

1.5 建筑安装工程费用构成

1.5.1 建筑安装工程费用项目组成（按费用构成要素划分）

建筑安装工程费按照费用构成要素划分，由人工费、材料（包含工程设备，下同）费、施工机具使用费、企业管理费、利润、规费和税金组成。其中人工费、材料费、施工机具使用费、企业管理费和利润包含在分部分项工程费、措施项目费、其他项目费中，如图 1-4 所示。

1. 材料费：是指施工过程中耗费的原材料、辅助材料、构配件、零件、半成品或成品、工程设备的费用。工程设备是指构成或计划构成永久工程一部分的机电设备、金属结构设备、仪器装置及其他类似的设备和装置。

【案例】 "营改增"之后，组成工程造价的材料单价分为含税价格和除税价格，两种价格之间如何换算，易引起工程造价纠纷。

【案例分析】"营改增"后，工程造价组成中材料含税价格为包含采保费的预算单价。

$$含税价格＝出厂原价（含运输费）＋采购保管费$$
$$＝出厂原价（含运输费）×（1＋2\%）$$

其中，出厂原价按市场实际交易价格水平确定，包含了供销部门进货费、供销部门经营费和包装费等有关费用，不包括包装品押金，也不计减包装品残值。场外运输费指材料自来源地运至工地仓库或指定堆放地点所发生的全部费用，包括装卸费、运输费、运输损耗及附加费等。以上出厂原价及场外运输费均为含税价格。采购保管费指材料部门为组织采购供应和保管材料过程中所需的各项费用，包括采购费、仓储费和工地保管费、仓储损耗等内容。

$$采购保管费＝出厂原价（含运输费）×2.0\%$$

工程造价组成中材料除税价格是指按增值税下不含进项税额的价格，包括不含进项税

建筑安装工程费

人工费
1. 计时工资或计件工资
2. 奖金
3. 津贴、补贴
4. 加班加点工资
5. 特殊情况下支付的工资

材料费
1. 材料原价
2. 运杂费
3. 运输损耗费
4. 采购及保管费

施工机具使用费
1. 施工机械使用费
　1. 折旧费
　2. 大修理费
　3. 经常修理费
　4. 安拆费及场外运费
　5. 人工费
　6. 燃料动力费
　7. 税费
2. 仪器仪表使用费

企业管理费
1. 管理人员工资
2. 办公费
3. 差旅交通费
4. 固定资产使用费
5. 工具用具使用费
6. 劳动保险和职工福利费
7. 劳动保护费
8. 检验试验费
9. 工会经费
10. 职工教育经费
11. 财产保险费
12. 财务费
13. 税金
14. 其他

利润

规费
1. 社会保险费
　1. 养老保险费
　2. 失业保险费
　3. 医疗保险费
　4. 生育保险费
　5. 工伤保险费
2. 住房公积金

税金
1. 增值税
2. 城市维护建设税
3. 教育费附加
4. 地方教育附加

1. 分部分项工程费
2. 措施项目费
3. 其他项目费

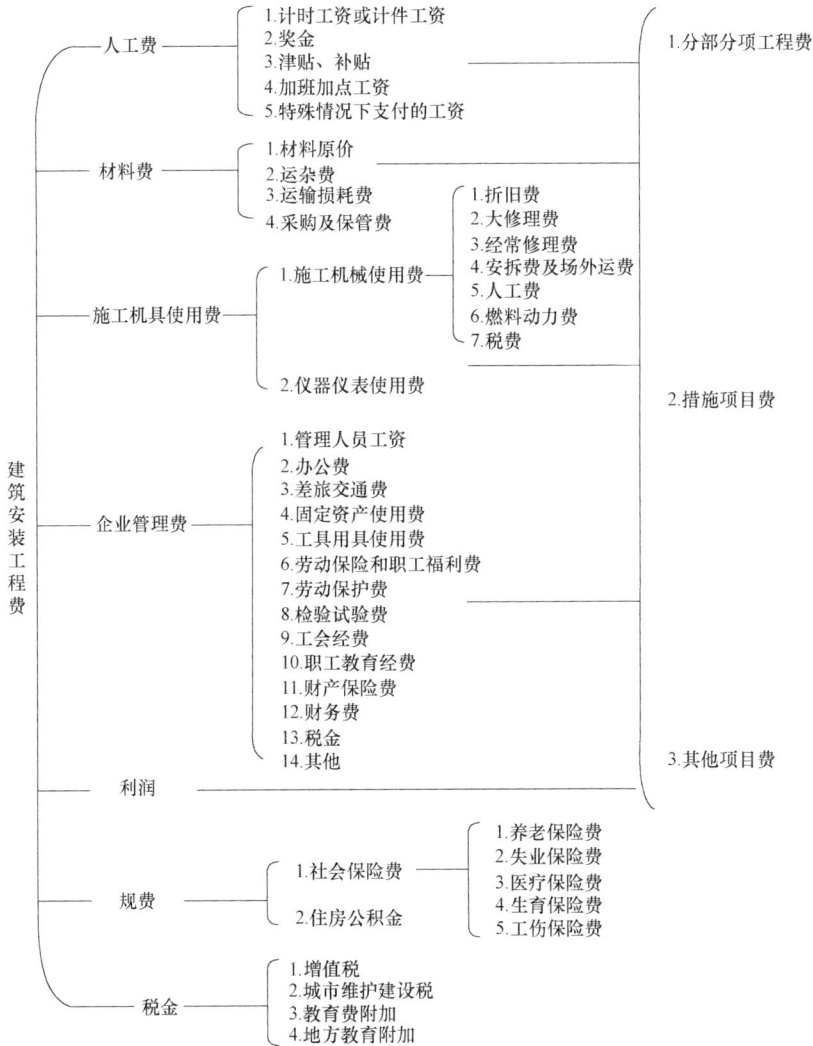

图1-4　建筑安装工程费用项目组成（按费用构成要素划分）

额的材料供应价、运杂费以及采购保管费。

$$除税价格＝出厂原价(含运输费)÷(1＋增值税率)＋出厂原价(含运输费)×2\%$$
$$＝[含税价格÷(1＋2\%)]÷(1＋增值税率)＋[含税价格÷(1＋2\%)]×2\%$$

以某钢筋材料价格为例，出厂原价为4000元/t，运输至工地的运费为90元/t，采购保管费费率为2%，其含税预算价格应为：（4000＋90）×1.02＝4171.80元/t。钢筋材料增值税税率为16%，其除税预算价格则为：（4000＋90）÷1.16＋（4000＋90）×0.02＝3607.66元/t。

2. 施工机具使用费：是指施工作业所发生的施工机械、仪器仪表使用费或其租赁费。

1）施工机械使用费：以施工机械台班耗用量乘以施工机械台班单价表示，施工机械台班单价应由折旧费、大修理费、经常修理费、安拆费及场外运输费、人工费、燃料动力费、税费七项费用组成。

2）仪器仪表使用费：是指工程施工所需使用的仪器仪表的摊销及维修费用。

3. 企业管理费：是指建筑安装企业组织施工生产和经营管理所需的费用。

4. 利润：是指施工企业完成所承包工程获得的盈利。

5. 规费：是指按国家法律、法规规定，由省级政府和省级有关权力部门规定必须缴纳或计取的费用。

6. 税金：是指国家税法规定的应计入建筑安装工程造价内的增值税、城市维护建设税、教育费附加以及地方教育附加。

1.5.2 建筑安装工程费用项目组成（按造价形成划分）

建筑安装工程费按照工程造价形成由分部分项工程费、措施项目费、其他项目费、规费、税金组成，分部分项工程费、措施项目费、其他项目费包含人工费、材料费、施工机具使用费、企业管理费和利润，如图 1-5 所示。

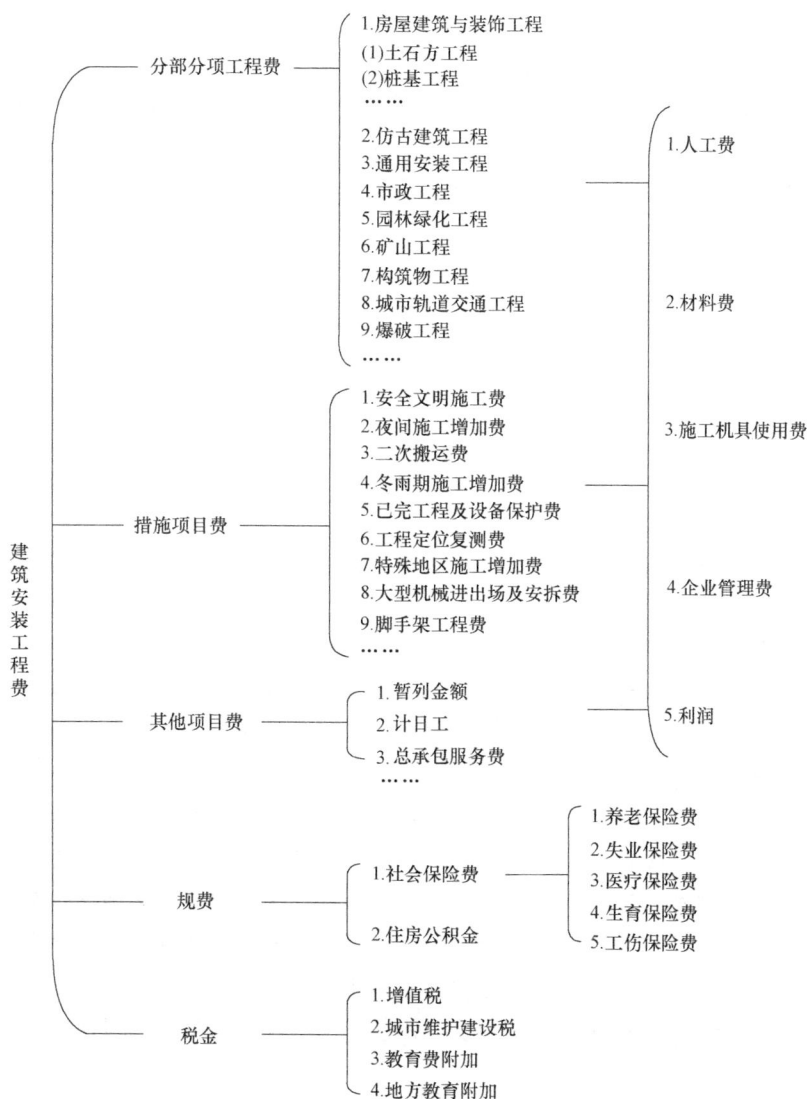

图 1-5　建筑安装工程费用项目组成（按造价形成划分）

1.5.3 设备购置费

设备购置费是指为建设项目购置或自制的达到固定资产标准的各种国产或进口设备、工具、器具的购置费用。新建项目和扩建项目的新建车间购置或自制的全部设备、工具、器具，不论是否达到固定资产标准，均计入设备及工器具购置费中。设备购置费由设备原价和设备运杂费构成。

设备购置费＝设备原价＋设备运杂费。设备运杂费按设备原价乘以设备运杂费率计算，其公式为：设备运杂费＝设备原价×设备运杂费率，其中，设备运杂费率按各部门及省、市等的规定计取。

【造价纠纷】 某固定单价合同，含部分甲供及乙供设备费用，在工程结算时，部分材料如电缆、高压配电柜、配电箱等划分为材料还是设备产生工程造价纠纷，承包人认为该部分费用应计入分部分项工程综合单价中，同时参照该工程招标控制价的编制情况，设备费用应计取总价措施项目费、总承包管理服务费、规费及税金等，发包人认为该部分费用不应计入分部分项工程综合单价中，更不应计取相关费用及税金，由此产生工程造价纠纷。

【纠纷分析】 设备是指经过加工制造，由多种部件按各自用途组成独特结构，具有生产加工、动力、传送、储存、运输、科研、容量及能量传递或转换等功能的机器、容器和成套装置等。建筑设备是指房屋建筑及其配套的附属工程中电气、采暖、通风空调、给水排水、通信及建筑智能等为房屋功能服务的设备。工艺设备是指为工业、交通等生产性建设项目服务的各类固定和移动设备。标准设备是指按国家或行业规定的产品标准进行批量生产并形成系列的设备。非标准设备是指没有国家或行业标准，非批量生产的，一般要进行专门设计、由设备制造厂家特别制造或施工企业在工厂或施工现场进行加工制作的特殊设备。

工艺性主要材料是指工业、交通等生产性工程项目中作为工艺或装置的主要材料，如：长输管道、长输电缆、长输光纤电缆，以及达到规定规格、压力、材质要求的阀门、器具等。材料是指为完成建筑、安装工程所需的，经过工业加工的原料和设备本体以外的零配件、附件、成品、半成品等。

在划分设备与材料时，应根据其供货范围、特性等情况，以及对设备、材料的定义分别确定，不应仅依据物品的品名而划分。对于难以统一确定组成范围或成套范围的某些设备，应以制造厂的文件及供货范围为准。凡是设备制造厂的文件上列出的清单项目，且实际供应的，应属于设备范围。

设备应按生产和生活使用目的分为工艺设备和建筑设备；应按是否定型生产分为标准设备和非标准设备。设备除包括建筑设备、工艺设备外，还包括工艺性主要材料。

设备的范围除应包括设备本体外，一般还应包括以下内容：①随设备购置的配件、备件等；②依附于设备或与设备成套的管、线、仪器仪表等；③附属于设备本体并随设备制造厂配套供货的梯子、平台、栏杆、防护罩等；④为设备检验、维修、保养、计量等要求随设备供货的专用设备、器具、仪器仪表等；⑤附属于设备本体并随设备订货的油类、化学药品、填料等材料。

工业、交通等生产性建设项目中的生产性建筑与非生产性建筑共用的建筑设备应纳入工艺设备。

依照有关规定，仍难以区分设备或材料的，凡非现场制作的可界定为设备，部分非现场制作而进行现场组装的应界定为设备，采购定型产品现场制作的可界定为材料。

进行工程计价时，凡属于工程招投标范围之类设备范畴的有关费用均应计入工程造价中，凡属于材料范畴的有关费用可按专业类别分别列入建筑工程费或安装工程费。

通用设备安装工程的类别应分为：机械设备工程，电气设备工程，热力设备工程，炉窑砌筑工程，静置设备及工艺金属结构制作工程，管道工程，电子信息工程，给水排水及燃气、采暖工程，通风空调工程，自动化控制仪表工程。

通用设备安装工程设备材料划分应执行表1-1、表1-2的具体规定。

通用设备安装工程设备材料划分 表 1-1

类别	设 备	材 料
机械设备工程	机加工设备、压延成型设备、起重设备、输送设备、搬运设备、装卸设备、给料和取料设备、电梯、风机、泵、压缩机、气体站设备、煤气发生设备、工业炉设备、热处理设备、矿山采掘及钻探设备、破碎筛分设备、洗选设备、污染防治设备、冲灰渣设备、液压润滑系统设备、建筑工程机械、衡器、其他机械设备、附属设备等及其全套附属零部件	设备本体以外的行车轨道、滑触线、电梯的滑轨、金属构件等；设备本体进、出口第一个法兰阀门以外的配管、管件、密封件等
电气设备工程	发电机、电动机、变频调速装置； 变压器、互感器、调压器、移相器、电抗器、高压断路器、高压熔断器、稳压器、电源调整器、高压隔离开关、油开关；装置式（万能式）空气开关、电容器、接触器、继电器、蓄电池、主令（鼓型）控制器、磁力启动器、电磁铁、电阻器、变阻器、快速自动开关、交直流报警器、避雷器； 成套供应高低压、直流、动力控制柜、屏、箱、盘及其随设备带来的母线、支持瓷瓶； 太阳能光伏、封闭母线、35kV 及以上输电线路工程电缆； 舞台灯光、专业灯具等特殊照明装置	电缆、电线、母线、管材、型钢、桥架、立柱、托臂、线槽、灯具、开关、插座、按钮、电扇、铁壳开关、电笛、电铃、电表； 刀型开关、保险器、杆上避雷针、绝缘子、金具、电线杆、铁塔、锚固件、支架等金属构件； 照明配电箱、电度表箱、插座箱、户内端子箱的壳体； 防雷及接地导线； 一般建筑、装饰照明装置和灯具、景观亮化饰灯
热力设备工程	成套或散装到货的锅炉及其附属设备、汽轮发电机及其附属设备、热交换设备； 热力系统的除氧器水箱和疏水箱、工业水系统的工业水箱、油冷却系统的油箱、酸碱系统的酸碱储存槽； 循环水系统的旋转滤网、启闭装置的启闭机械、水处理设备	钢板闸门及拦污栅、启闭装置的启闭架等； 随锅炉墙砌筑时埋置的铸铁块、预埋件、挂钩、支架及金属构件等
炉窑砌筑工程	依附于炉窑本体的金属铸件、锻件、加工件及测温装置、仪器仪表、消烟、回收、除尘装置； 安置在炉窑中的成品炉管、电机、鼓风机、推动炉体的拖轮、齿轮等传动装置和提升装置； 与炉窑配套的燃料供应和燃烧设备； 随炉供应的金具、耐火衬里、炉体金属预埋件	现场砌筑、制作与安装用的耐火、耐酸、保温、防腐、捣打料、绝热纤维、白云石、玄武岩、金具、炉管、预埋件、填料等
静置设备及工艺金属结构制作工程	制造厂以成品或半成品形式供货的各种容器、反应器、热交换器、塔器、电解槽等非标设备； 工艺设备在试车必须填充的一次性填充材料、药品、油脂等	由施工企业现场制作的容器、平台、梯子、栏杆及其他金属结构件等
管道工程	压力≥10MPa，且直径≥600mm 的高压阀门； 直径≥600mm 的各类阀门、膨胀节、伸缩器； 距离≥25km 金属管道及其管段、管件（弯头、三通、冷弯管、绝缘接头）、清管器、收发球筒、机泵、加热炉、金属容器； 各类电动阀门，工艺有特殊要求的合金阀、真空阀及衬特别耐磨、耐腐蚀材料的专用阀门	一般管道、管件、阀门、法兰、配件及金属结构等

续表

类别	设　备	材　料
电子信息工程	雷达设备、导航设备、计算机信息设备、通信设备、音频视频设备、监视监控和调度设备、消防及报警设备、建筑智能设备、遥控遥测设备、电源控制及配套设备、防雷接地装置、电子生产工艺设备、成套供应的附属设备； 通信线路工程光缆	铁塔、电线、电缆、光缆、机柜、插头、插座、接头、支架、桥架、立杆、底座、灯具、管道、管件等； 现场制作安装的探测器、模块、控制器、水泵结合器等
给水排水、燃气、采暖工程	加氯机、水射器、管式混合器、搅拌器等投药、消毒处理设备； 曝气器、生物转盘、压力滤池、压力容器罐、布水器、射流器、离子交换器、离心机、萃取设备、碱洗塔等水处理设备； 除污机、清污机、捞毛机等拦污设备； 吸泥机、撇渣机、刮泥机等排泥、撇渣、除砂设备,脱水机、压榨机、压滤机、过滤机等污泥收集、脱水设备； 开水炉、电热水器、容积式热交换器、蒸汽-水加热器、冷热水混合器、太阳能集热器、消毒(锅)、饮水器、采暖炉、膨胀水箱； 燃气加热设备、成品凝水缸、燃气调压装置	设备本体以外的各种滤网、钢板闸门、栅板及启闭装置的启闭架等； 管道、阀门、法兰、卫生洁具、水表、自制容器、支架、金属构件等； 散热器具,燃气表、气嘴、燃气灶具、燃气管道和附件等
通风空调工程	通风设备、除尘设备、空调设备、风机盘管、热冷空气幕、暖风机、制冷设备； 订制的过滤器、消声器、工作台、风淋室、静压箱等	调节阀、风管、风口、风帽、散流器、百叶窗、罩类法兰及其配件,支吊架、加固框等； 现场制作的过滤器、消声器、工作台、风淋室、静压箱等
自动化控制仪表工程	成套供应的盘、箱、柜、屏及随主机配套供应的仪表； 工业计算机、过程检测、过程控制仪表,集中检测、集中监视与控制装置及仪表； 金属温度计、热电阻、热电偶	随管、线同时组合安装的一次部件、元件、配件等； 电缆、电线、桥架、立柱、托臂、支架、管道、管件、阀门等

运输和装运设备材料划分执行表　　　　　表1-2

类别	设　备	材　料
车辆及装运设备	成套购置或组装的各类载客或运输车辆和随车辆购置的备胎、随车工具； 装载机、卸车装置、爬斗及其钢绳、滑轮； 振动给矿机,放矿闸门、前装机、挖掘机、推土机、犁土机； 翻车机、推车机、阻车器,摇台、矿车、电机车、爬车机、调度绞车、架空索道及其驱动装置	钢轨、道岔、车挡、滑触线、油料等
工业项目铁路专用线	机车车辆和随车辆购置的附件、随车工具； 集团及微机连锁装置,各种盘箱	钢轨、道岔、车挡、滑触线,油料等； 线路工具、电瓷、电缆、道岔、量轨器等

在编制招标文件、招标工程量清单、招标控制价、投标报价以及签订施工合同、办理工程结算时，应明确在招投标及工程承包范围中的设备计入其清单综合单价中，同时在当前计价体系中，不应作为计取管理费、利润、措施费、其他项目费以及规费的计算基础，该工程招标控制价中设备费用计取了相关费用属于错误计费方法，不能作为竣工结算的依据；此外在"营改增"之后，乙供设备费用应计取建筑工程增值税、甲供设备费用应在计取建筑工程增值税之前扣除。

【纠纷争议】　某"营改增"前完成的工程项目其工程施工合同中约定："承包人如获

得中国建设工程鲁班奖，发包人根据江苏省费用定额有关规定计取按质论价费用，即按1%计算"。该工程最终获得鲁班奖，在竣工结算时，施工方认为应按合同约定工程结算价款的 1% 计算该项按质论价费用，建设单位认为应在工程结算价款中扣除甲供材料费用之后再行计取奖励费用，由此产生造价纠纷争议。

【纠纷分析】　本工程为"营改增"之前予以结算的老项目，合同约定按费用定额规定计算按质论价费用。该项费用的计算基础为分部分项工程费用＋单价措施项目费用，应含相关甲供材料费用，而定额中各项措施项目费率的测算基础都应包含所有分部分项工程费用，即含所有工程甲供和乙供材料费用在内。因此，本工程按质论价费用计算基础应为含甲供材料费用的分部分项工程费用＋单价措施项目费用，计算过程不应扣除甲供材料费用。

1.5.4　工具、器具及生产家具购置费

工具、器具及生产家具购置费，是指新建或扩建项目初步设计规定的，保证初期正常生产必须购置的没有达到固定资产标准的设备、仪器、工卡模具、器具、生产家具和备品备件等的购置费用。一般以设备购置费为计算基数，按照部门或行业规定的工具、器具及生产家具费率计算。计算公式为：

$$工具、器具及生产家具购置费＝设备购置费 \times 定额费率$$

1.5.5　工程建设其他费用构成

工程建设其他费用，是指从工程筹建起到工程竣工验收交付使用止的整个建设期间，除建筑安装工程费用和设备、工器具购置费用以外的，为保证工程建设顺利完成和交付使用后能够正常发挥效用而发生的各项费用。

1.5.6　土地使用费

土地使用费是指通过划拨方式取得土地使用权而支付的土地征用及迁移的补偿费，或者通过土地使用权出让方式取得土地使用权而支付的土地使用权出让金。包括土地征用及迁移补偿费、土地使用权出让金等。

1.6　工程计价依据

1.6.1　概述

广义上讲，建设工程计价依据是指用以计算建设工程造价的基础资料的总称，包括国家相关政策、法规、管理制度、各类规范、标准、定额、施工图和竣工图、招标文件、施工合同和补充协议、设计变更和现场签证文件、材料和设备购物凭证，工程造价管理机构发布的指导性造价信息和市场价格信息等。狭义上讲，建设工程计价依据是指政府和有权部门颁布的与工程计价有关的法律、法规、规章、规范、标准、定额、管理制度以及用于指导工程计价的造价信息。

1.6.2 定额的基本概念

所谓"定",就是规定;所谓"额",就是额度和限度。从广义理解,定额就是规定的额度及限度,即标准或尺度。所以,定额是指在一定的技术和组织条件下,生产质量合格的单位产品所消耗的人力、物力、财力和时间等的数量标准。

1. 工程建设定额的基本概念

在工程建设中,为了完成某一工程项目,需要消耗一定数量的人力、物力和财力资源,这些资源的消耗是随着施工对象、施工方法和施工条件的变化而变化的。工程建设定额是指在正常的施工生产条件下,完成单位合格产品所消耗的人工、材料、施工机械及资金消耗的数量标准。不同的产品有不同的质量要求,不能把定额看成单纯的数量关系,而应看成是质量和安全的统一体。只有考察总体生产过程中的各生产因素,归结出社会平均必需的数量标准,才能形成定额。

我国 40 多年的工程建设定额管理工作经历了一个曲折的发展过程,现已逐渐完善,在工程建设领域发挥着越来越重要的作用。最近几年,为了将定额工作纳入标准化管理的轨道,国家及其行业主管部门、地方建设行政主管部门相继编制了一系列工程建设有关的定额。尤其是工程量清单计价规范和工程量计算规范的颁布,使建筑产品的计价模式进一步适应市场经济体制,使定额成为生产、分配和管理的重要科学依据。建设工程定额体系如图 1-6 所示。

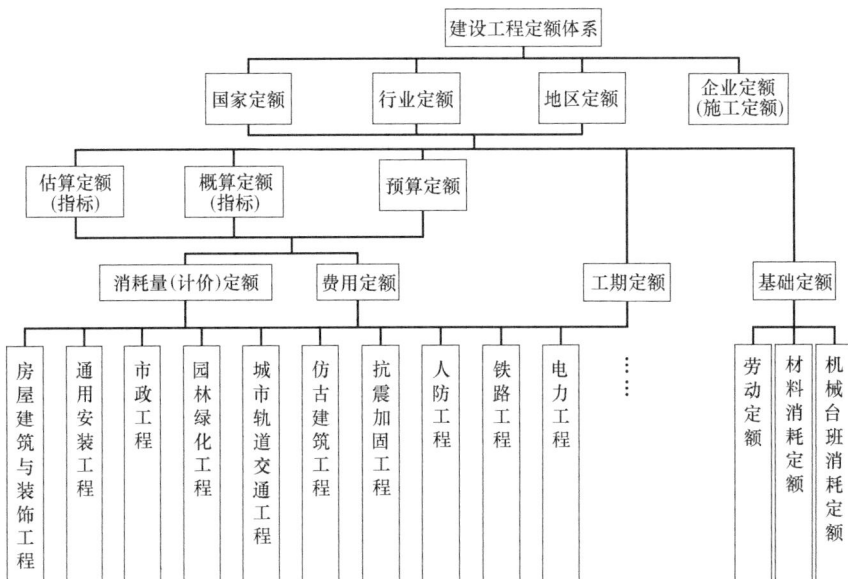

图 1-6 建设工程定额体系总图

2. 定额水平概念

定额水平是规定在单位产品上消耗的劳动、机械和材料数量的多少,指按照一定施工程序和工艺条件下规定的施工生产中活劳动和物化劳动的消耗水平。定额水平与社会生产力水平、操作人员的技术水平、机械化程度、新材料、新工艺、新技术的发展与应用、企业的管理水平、社会成员的劳动积极性有关。定额水平高指单位产量提高,消耗降低,单位产品的造价低。定额水平低指单位产量降低，消耗提高，单位产品的造价高。在确定定额水平时，要考虑社会平均先进水平和社会平均水平两个因素。社会平均先进水平是指在正常生产条件下，大多数人经过努力能达到和超过，少数人可以接近的水平。一般而言，企业的施工定额应达到社会平均先进水平。预算定额则按生产过程中所消耗的社会必要劳动时间确定定额水平，其水平以施工定额水平为基础。

1.6.3　工程建设定额的分类

工程建设定额是工程建设中各类定额的总称。它包括多种类定额，可以按照不同的原则和方法进行科学分类。

1. 按管理权限分类：全国统一定额、行业统一定额、地区统一定额、补充定额、企业定额。

2. 按生产要素分类：劳动消耗定额、机械台班消耗定额、材料消耗定额。

3. 按使用范围分类：施工定额、预算定额、概算定额、概算指标、投资估算指标。工程建设定额按使用范围分类详见表1-3。

工程建设定额按使用范围分类表　　　　　　　　　　　　表1-3

	施工定额	预算定额	概算定额	概算指标	投资估算指标
对象	施工过程或基本工序	分项工程和结构构件	扩大的分项工程和扩大的结构构件	单位工程	建设项目、单项工程、单位工程
用途	编制施工预算	编制施工图预算	编制扩大初步设计概算	编制初步设计概算	编制投资估算
项目划分	最细	细	较粗	粗	很粗
定额水平	平均先进	平均			
定额性质	生产性定额	计价性定额			

1.6.4　施工定额

1. 施工定额的概念

施工定额是具有合理劳动组织的建筑安装工人小组在正常施工条件下完成单位合格产品所需人工、机械、材料消耗的数量标准，它根据专业施工的作业对象和工艺制定。施工定额反映企业的施工水平。

施工定额本质上属于企业生产定额的性质。它由劳动定额、机械定额和材料定额三个相对独立的部分组成。

2. 劳动定额

1）劳动定额的概念

劳动定额也称人工定额，是指在正常的施工技术组织条件下，为完成一定数量的合格产品或完成一定量的工作所必需的劳动消耗量标准。这个标准是国家和企业对生产工人在单位时间内的劳动数量和质量的综合要求，也是建筑施工企业内部组织生产，编制施工作业计划、签发施工任务单、考核工效、计算报酬的依据。

2）劳动定额的表现形式

劳动定额按其表现形式的不同，分为时间定额和产量定额。

（1）时间定额

时间定额也称工时定额，是指在一定的生产技术和生产组织条件下，完成单位合格产品或完成一定工作任务所必须消耗的时间。时间定额以"工日"为单位，即单位产品的工日，如工日/m、工日/m^2、工日/m^3、工日/t 等。每一个工日工作时间按 8h 计算，用公式表示如下：

$$单位产品时间定额（工日）＝工作人数×工作时间÷工作时间内完成的产品数量$$
$$＝消耗的总工日数÷产品数量$$

（2）产量定额

产量定额是指在合理的劳动组织、合理的使用材料以及施工机械同时配合的条件下，某种专业、技术等级的工人或班组，在单位时间内所完成的质量合格产品的数量。产量定额的计量单位是以产品的单位计算即单位产品的工日，如 m/工日、m^2/工日、m^3/工日、t/工日等，用公式表示如下：

$$产量定额（每日产量）＝工作时间内完成的产品数量÷$$
$$（工作时间内完成的产品数工作人数×工作时间）$$
$$＝产品数量÷消耗的总工日数$$

（3）时间定额和产量定额的关系

时间定额和产量定额互为倒数关系，即：

$$时间定额＝1÷产量定额$$
$$产量定额×时间定额＝1$$

【案例】 砖基础劳动定额表现形式如表 1-4 所示，试求 1 砖带形基础的综合时间定额。

砖基础劳动定额表现形式 表 1-4

工作内容：包括清理地槽、砌垛、角，抹防潮砂浆等操作过程。 单位：m^3

定额编号	AD0001	AD0002	AD0003	AD0004	AD0005	
项目	带形基础			圆、弧形基础		序号
	厚度					
	1 砖	3/2 砖	2 砖、>2 砖	1 砖	>1 砖	
综合	0.937	0.905	0.876	1.080	1.040	一
砌砖	0.390	0.354	0.325	0.470	0.425	二
运输	0.449	0.449	0.449	0.500	0.500	三
调制砂浆	0.098	0.102	0.102	0.110	0.114	四

注：1. 墙基无大放脚者，其砌砖部分执行混水墙相应定额。

2. 带形基础也称条形基础。

查表得 1 砖带形基础，砌筑综合时间定额为 0.937 工日/m^3，则综合产量定额为 1.067m^3/工日，其中砌筑综合时间定额为各工作过程的时间定额之和，即：

1 砖带形基础的综合时间定额＝砌筑时间定额＋运输时间定额＋调制砂浆时间定额＝

$0.39+0.449+0.098=0.937$ 工日/m^3。

　　3）劳动定额的应用

　　时间定额和产量定额虽是同一劳动定额的不同表现形式，但其作用却不尽相同。时间定额以单位产品的工日数表示，便于计算完成某一分部（项）工程所需的总工日数，便于核算工资、便于编制施工进度计划和计算分项工期。如果已知工程量和施工人数，计算劳动量或确定施工天数时，通常使用时间定额。

　　【案例】　经查砌双面清水墙时间定额为 1.270 工日/m^3，某包工包料工程砌墙班组砌墙工程量为 100m^3，需耗费多少定额人工？

　　【分析】　所需总定额人工工日=100m^3×1.270 工日/m^3=127 工日。

　　【案例】　某土方工程二类土，挖基槽的工程量为 450m^3，每天有 24 名工人负责施工，时间定额为 0.205 工日/m^3，试计算完成该分项工程的施工天数。

　　【分析】　（1）计算完成该分项工程所需总人工工日：总人工工日=总工程量×时间定额=450×0.205=92.25（工日）。

　　（2）计算施工天数：施工天数=总人工工日÷实际施工人数=92.25÷24=3.84d。该分项工程需 4d 完成。

　　【案例】　某工程有170m^3一砖混水内墙，每天有14名专业工人进行砌筑，试根据国家劳动定额计算完成该工程的定额施工天数。

　　【分析】　查《建设工程劳动定额（建筑工程）》，编号为 AD0022，时间定额为 1.02 工日/m^3，故完成砌筑需要的总工日数=170m^3×1.02 工日/m^3=173.40 工日。

　　需要的施工天数=173.40 工日÷14 工日/d≈13d。

　　产量定额是以单位时间内完成的产品数量表示，便于小组分配施工任务，考核工人的劳动效率和签发施工任务单。如需施工企业给工人下达生产任务，考核工人劳动生产率时一般使用产量定额。

　　【案例】　矩形柱木模板产量定额为 0.394（10m^2）/工日，10 名工人工作 1d，应完成多少面积的模板工程量？

　　【分析】　应完成的模板工程量为：10×0.394=3.94（10m^2）。

　　【案例】　某抹灰班组有 13 名工人，抹某住宅楼混砂墙面，施工 25d 完成任务。已知产量定额为 10.2m^2/工日，试计算抹灰班完成的抹灰面积。

　　【分析】　13 名工人施工 25 d 的总工日数=13×25=325 工日，总抹灰面积工程量=总人工工日×产量定额=325×10.2=3315m^2。

　　【案例】　有 140m^3 二砖混水外墙，由 11 人砌筑小组负责施工，产量定额为 0.862m^3/工日，试计算其施工天数。

　　【分析】　（1）计算小组每工日完成的工程量：工程量=11×0.862=9.48m^3。

　　（2）计算施工天数：施工天数=140÷9.48=14.77d，即该混水外墙需 15d 完成。

【案例】 某砌砖班组 20 名工人，砌筑某住宅楼 1.5 砖混水外墙需要 5d 完成，试根据国家劳动定额确定班组完成的砌筑体积。

【分析】 查定额编号为 AD0028，时间定额为 1.04 工日/m³，则：产量定额＝1÷时间定额＝1÷1.04＝0.96（m³/工日），砌筑的总工日数＝20 工日/d×5d＝100 工日，砌筑体积＝100 工日×0.96m³/工日＝96m³。

3. 材料消耗定额

材料消耗定额是指在合理和节约使用材料的前提下，生产单位合格产品所必须消耗的建筑材料（半成品、配件、燃料、水、电）的数量标准。材料的消耗量由材料的净用量和消耗量两部分组成。直接构成建筑安装工程实体的材料数量称为材料净用量；不可避免的施工废料和施工操作损耗称为材料损耗量。其关系如下：

$$材料消耗量＝材料净用量＋材料损耗量$$
$$材料损耗率＝材料损耗量÷材料净用量×100\%$$
$$材料消耗量＝材料净用量×（1＋材料损耗率）$$

1）材料消耗定额的种类

根据施工生产材料消耗工艺要求，建筑安装材料消耗定额分为非周转性材料和周转性材料两大类定额。非周转性材料也称称直接性材料，是指在建筑工程施工中一次性消耗并直接构成工程实体的材料，如砖、砂、石、钢筋、水泥等。周转性材料是指在施工过程中能多次使用、逐渐消耗、不断补损的工具型材料，如各种模板、活动支架、脚手架、支撑等。

2）周转性材料消耗定额的制定

周转性材料在材料消耗定额中以摊销量表示。现以钢筋混凝土模板为例，介绍周转性材料摊销量计算。

（1）现浇钢筋混凝土模板摊销量

材料一次使用量，是指为完成定额单位合格产品，周转性材料在不重复使用条件下的周转性材料一次性用量，通常根据选定的结构设计图纸进行计算。公式如下：

$$一次使用量＝（每 10m³ 混凝土和模板接触面积×每 1m² 接触面积模板用量）×$$
$$（1＋模板制作安装损耗率）$$

材料周转次数，是指周转性材料从第一次使用起，可以重复使用的次数。

一般采用现场观测法或统计分析法来测定材料周转次数，或查相关手册。

材料补损量，是指周转使用一次后由于损坏需补充的数量，也就是在第二次和以后各次周转中为了修补难于避免的损耗所需要的材料消耗，通常用补损率来表示。补损率的大小主要取决于材料的拆除、运输、堆放的方法以及施工现场的条件。在一般情况下，补损率要随周转次数增多而加大，所以一般采取平均补损率来计算。公式如下：

$$补损率＝平均损耗率÷一次使用量×100\%$$

材料周转使用量，是指周转性材料在周转使用和补损条件下，每周转使用一次平均所需材料数量。一般应按材料周转次数和每次周转发生的补损量等因素计算生产一定计算单位结构构件的材料周转使用量。公式如下：

$$周转使用量＝[一次使用量＋一次使用量×（周转次数-1）×补损率]÷周转次数$$
$$＝一次使用量×[1＋（周转次数-1）×补损率]÷周转次数$$

材料回收量，是指在一定周转次数下，每周转使用一次平均可以回收材料的数量。公式如下：

$$回收量＝(一次使用量－一次使用量×补损率)÷周转次数$$
$$＝一次使用量×(1－补损率)÷周转次数$$

材料摊销量，是指周转性材料在重复使用条件下，应分摊到每一计量单位结构构件的材料消耗量。这是应纳入定额的实际周转性材料消耗数量。公式如下：

$$摊销量＝周转使用量－回收量$$

（2）预制构件模板计算公式

预制构件模板由于损耗很少，可以不考虑每次周转的补损率，按多次使用平均分摊的办法进行计算。公式如下：

$$摊销量＝一次使用量÷周转次数$$

4. 机械台班定额

1）机械台班消耗定额的概念

机械台班消耗定额，是指在正常的施工、合理的劳动组合和合理使用施工机械的条件下，生产单位合格产品所必需的一定品种、规格施工机械作业时间的消耗标准。机械台班消耗定额以台班为单位，每一台班按 8h 计算。

2）机械台班消耗定额的表现形式

机械台班消耗定额的表现形式，有时间定额和产量定额两种。

（1）机械时间定额：机械时间定额是指在正常的施工条件下，某种机械生产合格单位产品所必须消耗的台班数量，用公式表示如下：

$$机械时间定额＝1÷机械台班产量$$

（2）机械台班产量定额：机械台班产量定额是指某种机械在合理的施工组织和正常施工的条件下，单位时间内完成合格产品的数量，用公式表示如下：

$$机械台班产量定额＝1÷机械时间定额$$

（3）时间定额和产量定额的关系

机械时间定额和机械台班产量定额互为倒数关系，即：

$$机械时间定额×机械台班产量定额＝1$$

3）机械台班配合人工定额

由于机械必须由工人小组配合，机械台班人工配合定额是指机械台班配合用工部分，即机械台班劳动定额。表现形式为机械台班配合工人小组的人工时间定额和完成合格产品数量，即：

$$单位产品的时间定额(工日)＝小组成员总工日数÷每台班产量$$
$$机械台班产量定额＝每台班产量÷班组总工日数$$

1.6.5 预算定额

1. 预算定额的概念

预算定额是规定消耗在合格质量的单位工程基本构造要素上的人工、材料和机械台班的数量标准，是计算建筑安装产品价格的基础。所谓基本构造要素，即通常所说的分项工程和结构构件。预算定额按工程基本构造要素规定的劳动力、材料和机械的消耗数量，以满足编制施工图预算、规划和控制工程造价的要求。

2. 预算定额的编制方法

1）人工工日消耗量的计算

人工的工日数可以有两种确定方法：一种是以劳动定额为基础确定；另一种是以现场观察测定资料为基础计算。遇到劳动定额缺项时，采用现场工作日写实等测时方法确定和计算定额的人工耗用量。

采用以劳动定额为基础的测定方法时，预算定额中人工工日消耗量是指在正常施工条件下，生产单位合格产品所必须消耗的人工工日数量，是由分项工程所综合的各个工序劳动定额包括的基本用工、其他用工两部分组成的。

（1）基本用工

基本用工是指完成一定计量单位的分项工程或结构构件的各项工作过程的施工任务所必须消耗的技术工种用工。按技术工种相应劳动定额工时定额计算，以不同工种列出定额工日。基本用工包括：完成定额计量单位的主要用工。按综合取定的工程量和相应的劳动定额进行计算。计算公式如下：

$$基本用工消耗量＝\sum(综合取定的工程量 \times 劳动定额)$$

例如：在完成混凝土柱工程中的混凝土搅拌、水平运输、浇筑、捣制和养护所需的工日数量根据劳动定额进行汇总之后，形成混凝土柱预算定额中的基本用工消耗量，并根据劳动定额规定应增（减）计算的工程量。由于预算定额是以劳动定额子目综合扩大的，包括的工作内容较多，施工的效果、具体部位不一样，需要另外增加用工，这种人工消耗也应列入基本用工内。

（2）其他用工

其他用工是指预算定额中没有包含的，而在预算定额中又必须考虑进去的工时消耗，通常包括材料及半成品超运距用工、辅助用工和人工幅度差。超运距用工是指劳动定额中已包括的材料、半成品场内水平搬运距离与预算定额所考虑的现场材料半成品堆放地点到操作地点的水平搬运距离之差。

$$超运距＝预算定额取定运距－劳动定额已包括的运距$$
$$超运距用工消耗量＝\sum(超运距材料数量 \times 相应的劳动定额)$$

需要指出，实际工程现场运距超过预算定额取定运距时，可另行计算现场二次搬运费。

辅助用工是指技术工种劳动定额内不包括而在预算定额内又必须考虑的用工。例如，机械土方工程配合用工、材料加工（筛砂、洗石、淋化石膏）、电焊点火工等，计算公式如下：

$$辅助用工＝\sum(材料加工数量 \times 相应的加工劳动定额)$$

人工幅度差：即预算定额与劳动定额的差额，主要是指在劳动定额中未包括而在正常施工情况下不可避免但又很难准确计量的用工和各种工时损失。内容包括：各工种间的工序搭接及交叉作业相互配合或影响所发生的停歇用工、施工机械在单位工程之间转移及临时水电线路移动所造成的停工、质量检查和隐蔽工程验收工作的影响、班组操作地点转移用工、工序交接时对前一工序不可避免的修整用工、施工中不可避免的其他零星用工。

人工幅度差计算公式见下：

人工幅度差＝(基本用工＋辅助用工＋超运距用工)×人工幅度差系数

人工幅度差系数一般为 10%～15%。在预算定额中，人工幅度差的用工量列入其他用工量中。

【案例】　某混凝土工程，每 $1m^3$ 混凝土需要基本用工 1.11 工日，辅助用工和超运距用工分别是基本用工的 25% 和 15%，人工幅度差系数为 10%，试计算该混凝土工程的预算定额人工工日消耗量。

【案例分析】　预算定额中人工消耗量＝(基本用工＋辅助用工＋超运距用工)×(1＋人工幅度差系数)＝1.11×(1＋25%＋15%)×(1＋10%)＝1.71 工日/m^3。

2) 材料消耗量的计算

预算定额中的材料消耗量一般由材料净用量和损耗量两部分构成。材料的损耗量是指在正常条件下不可避免的材料损耗，如现场内材料运输及施工操作过程中的损耗等。

3) 材料消耗量分类

材料消耗量是完成单位合格产品所必须消耗的材料数量，按用途划分为以下四种：①主要材料，直接构成工程实体的材料，包括成品、半成品的材料；②辅助材料，是构成工程实体除主要材料以外的其他材料，如垫木钉子、钢丝等；③周转性材料，指脚手架、模板等多次周转使用的不构成工程实体的摊销性材料；④其他材料，指用量较少，难以计量的零星用量，如棉纱、编号用的油漆等。

4) 机械台班消耗量的计算

预算定额中的机械台班消耗量是指在正常施工条件下，生产单位合格产品(分部分项工程或结构构件)必须消耗的某种型号施工机械的台班数量。机械台班消耗量的确定有两种方法：一种是以施工定额为基础的机械台班消耗量的确定；另一种是以现场实测数据为基础的机械台班消耗量。

1.6.6　概算定额

概算定额是在预算定额的基础上，根据通用图和标准图等资料，以主要分项工程为主综合相关分项工程或工序适当扩大编制而成的扩大分项工程人工、材料、机械消耗量标准。概算定额是编制单位工程概算和概算指标的基础，是介于预算定额和概算指标之间的一种定额。

1.6.7　概算指标

概算指标是比概算定额综合、扩大性更强的一种定额指标，是概算定额的扩大与合并。它以整个建筑物和构筑物为对象，通常以建筑面积(m^2 或 $100m^2$)或建筑体积(m^3 或 $100m^3$)、构筑物以座为计量单位，规定分部工程所需人工、材料、机械台班消耗量和资金数量的定额指标。

1.6.8　估算指标

估算指标是确定生产一定计量单位(如 m^2、m^3 或幢、座等)建筑安装工程的造价和工料消耗的标准，用于在项目建议书可行性研究和编制设计任务书阶段编制投资估算。

第 2 章
建筑工程建筑面积计算规则

2.1 建筑面积名词解释

1. 建筑面积：建筑物（包括墙体）所形成的楼地面面积。建筑面积包括附属于建筑物的室外阳台、雨篷、檐廊、室外走廊、室外楼梯等的面积。

2. 自然层：按楼地面结构分层的楼层。

3. 结构层高：楼面或地面结构层上表面至上部结构层上表面之间的垂直距离，如图2-1所示。

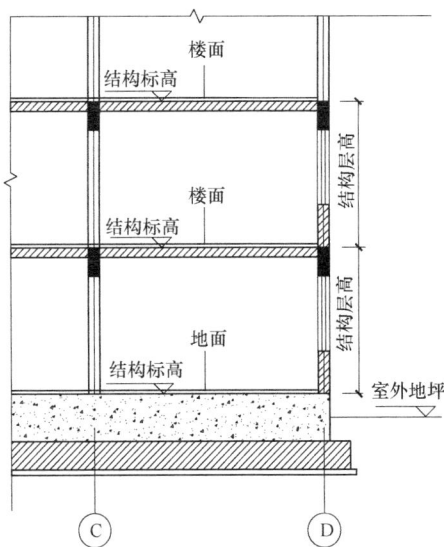

图 2-1 结构标高示意图

4. 围护结构：围合建筑空间的墙体、门、窗。

5. 建筑空间：以建筑界面限定的、供人们生活和活动的场所。具备可出入、可利用条件（设计中可能标明了使用用途，也可能没有标明使用用途或使用用途不明确）的围合空间，均属于建筑空间。

【造价纠纷】 在计算建筑面积时，设备平台、地下室、闷顶层等涉及使用空间是否计算建筑面积易引起工程造价纠纷。

【纠纷分析】 建筑物闷顶层、地下室空腔部位等进行封闭，不属于具备可出入、可利用生产、生活条件的围合空间，不应计算其建筑面积，但如为某些劳务分包工程需根据其建筑面积计取造价时，可按合同约定另行考虑。某些建筑物内的设备平台，其结构与室内结构顶板同时现浇，如具备了门窗、墙体等围护结构，是具备可出入、可利用条件的围合空间，属于建筑空间，则应按有关规定计算其建筑面积。而如无门窗、墙体等围护结构，不具备围合的空间，则不应计算其建筑面积。

6. 结构净高：楼面或地面结构层上表面至上部结构层下表面之间的垂直距离。

7. 围护设施：为保障安全而设置的栏杆、栏板等围挡。

8. 地下室：室内地平面低于室外地平面的高度超过室内净高的1/2的房间。

9. 半地下室：室内地平面低于室外地平面的高度超过室内净高的1/3，且不超过1/2的房间。

10. 架空层：仅有结构支撑而无外围护结构的开敞空间层。

11. 走廊：建筑物中的水平交通空间。

12. 架空走廊：专门设置在建筑物的二层或二层以上，作为不同建筑物之间水平通道。

13. 结构层：整体结构体系中承重的楼板层。特指整体结构体系中承重的楼层，包括板、梁等构件。结构层承受整个楼层的全部荷载，并对楼层的隔声、防火等起主要作用。

14. 落地橱窗：突出外墙面且根基落地的橱窗。

15. 凸窗（飘窗）：凸出建筑物外墙面的窗户。凸窗（飘窗）既作为窗，就有别于楼地板的延伸，也就是不能把楼地板延伸出去的窗称为凸窗（飘窗）。凸窗（飘窗）的窗台应只是墙面的一部分且距楼地面应有一定的高度。

16. 檐廊：建筑物挑檐下的水平交通空间。

17. 挑廊：出建筑物外墙的水平交通空间。

18. 门斗：建筑物入口处两道门之间的空间。

19. 雨篷：建筑出入口上方为遮挡雨水而设置的部件。

20. 门廊：建筑物入口前有顶棚的半围合空间。

21. 楼梯：由连续行走的梯级、休息平台和维护安全的栏杆（或栏板）、扶手以及相应的支托结构组成的作为楼层之间垂直交通使用的建筑部件。

22. 阳台：附设于建筑物外墙，设有栏杆或栏板，可供人活动的室外空间。

23. 主体结构：接受、承担和传递建设工程所有上部荷载，维持上部结构整体性、稳定性和安全性的有机联系的构造。

24. 变形缝：防止建筑物在某些因素作用下引起开裂甚至破坏而预留的构造缝。

25. 骑楼：建筑底层沿街面后退且留出公共人行空间的建筑物。

26. 过街楼：跨越道路上空并与两边建筑相连接的建筑物。

27. 建筑物通道：为穿过建筑物而设置的空间。

28. 露台：设置在屋面、首层地面或雨篷上的供人室外活动的有围护设施的平台。

29. 勒脚：在房屋外墙接近地面部位设置的饰面保护构造。

30. 台阶：联系室内外地坪或同楼层不同标高而设置的阶梯形踏步。

2.2 建筑面积计算规则

2.2.1 建筑物的建筑面积计算原则

1. 建筑物的建筑面积应按自然层外墙结构外围水平面积之和计算。结构层高在 2.20m 及以上的，应计算全面积；结构层高在 2.20m 以下的，应计算 1/2 面积。

2. 结构层高的划分：

1) 上下均为楼面时，结构层高是相邻两层楼板结构层上表面之间的垂直距离。

2) 建筑物最底层，从"混凝土构造"的上表面，算至上层楼板结构层上表面。分两种情况：一是有混凝土底板的，从底板上表面算起（如底板上有上反梁，则应从上反梁上表面算起）；二是无混凝土底板、有地面构造的，以地面构造中最上一层混凝土垫层或混凝土找平层上表面算起。

3) 建筑物顶层，从楼板结构层上表面算至屋面板结构层上表面。

3. 下部为砌体，上部为彩钢板围护的建筑物（俗称轻钢厂房），其建筑面积的计算：

当 h 在 0.45m 以下时，建筑面积按彩钢板外围水平面积计算；当 h 在 0.45m 及以上时，建筑面积按下部砌体外围水平面积计算，如图 2-2 所示。

4. 当外墙结构本身在一个层高范围内不等厚时（不包括勒脚，外墙结构在该层高范围内材质不变），以楼地面结构标高处的外围水平面积计算，如图 2-3 所示。

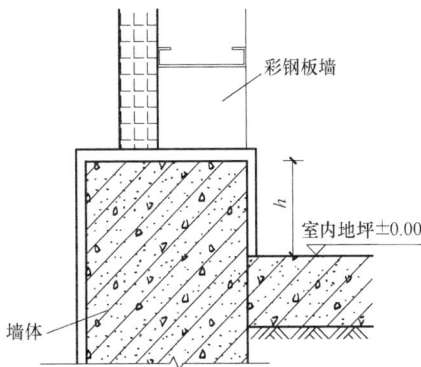

图 2-2 彩钢板围护墙示意图

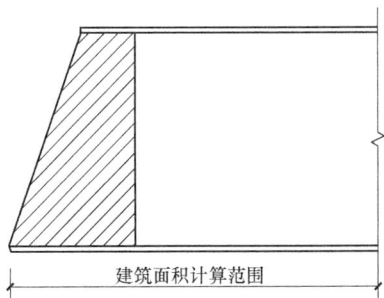

图 2-3 不等厚墙体结构建筑面积计算范围

2.2.2 局部楼层建筑面积计算规则

1. 建筑物内设有局部楼层，对于局部楼层的二层及以上楼层，有围护结构的应按其围护结构外围水平面积计算，无围护结构的应按其结构底板水平面积计算，且结构层高在 2.20m 及以上的，应计算全面积，结构层高在 2.20m 以下的，应计算 1/2 面积。无论是单层、多层，只要是在一个自然层内设置的局部楼层都适用本条规则，例如复式房屋。建筑物内设有局部楼层，其首层面积已包括在原建筑物中不能重复计算。因此，应从二层以上开始计算局部楼层的建筑面积。

2. 有围护结构时，按围护结构外围水平面积计算，无围护结构时，按结构底板水平面积计算。围护结构是指"围合建筑空间的墙体、门、窗"。"栏杆、栏板"按照本规范的定义，属于围护设施。如既无围护结构也无围护设施，则不属于楼层，不应计算建筑面积。

2.2.3　坡屋顶建筑面积计算规则

1. 形成建筑空间的坡屋顶，结构净高在2.10m及以上的部位应计算全面积；结构净高在1.20m及以上至2.10m以下的部位应计算1/2面积；结构净高在1.20m以下的部位不应计算建筑面积，如图2-4所示。建筑空间是"具备可出入、可利用条件（设计中可能标明了使用用途，也可能没有标明使用用途或使用用途不明确）的围合空间"。

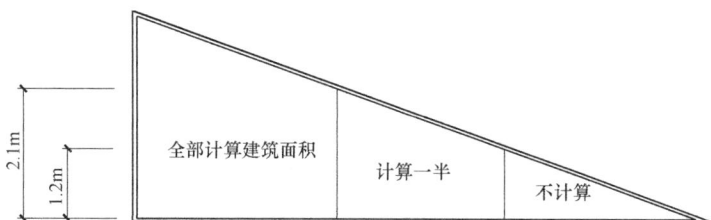

图2-4　坡屋顶建筑面积计算示意图

2. 建筑空间是指以建筑界面限定的、供人们生活和活动的场所。具备可出入、可利用条件的围合空间。坡屋面的空间作为建筑空间方能计算建筑面积，即能够通过门或楼梯进入其空间，并有一定生活工作用途，方能计算建筑面积，而只能通过窗、栏杆、检修孔等进入的不算可出入的空间，不应计算建筑面积。

此处的结构净高是指"楼面或地面结构层上表面至上部结构层下表面之间的垂直距离"，无混凝土底板的地面，按其混凝土结构部分上表面起算，如图2-5所示。

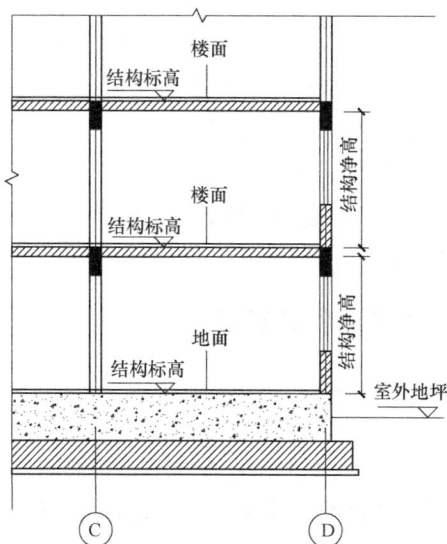

图2-5　结构净高示意图

【造价纠纷】　某住宅工程顶层另加架空封闭空间层作为隔热作用的闷顶层，但是该层没有窗户，属于不能上人并为人使用的空间，承包人认为该层有部分空间净高超过

1.2m，超过部分的空间应予以计算建筑面积，发包人认为不应计取，由此产生工程造价纠纷。

【纠纷分析】 本工程所谓闷顶层虽然部分空间超过1.2m，但整个空间无窗户，且不具备为人使用的功能，不能作为建筑空间，因此该部分闷顶层不应参与计算建筑面积。

2.2.4 场馆看台下的建筑空间建筑面积计算规则

1. 场馆看台下的建筑空间，结构净高在2.10m及以上的部位应计算全面积；结构净高在1.20m及以上至2.10m以下的部位应计算1/2面积；结构净高在1.20m以下的部位不应计算建筑面积。室内单独设置的有围护设施的悬挑看台，应按看台结构底板水平投影面积计算建筑面积。有顶盖无围护结构的场馆看台应按其顶盖水平投影面积的1/2计算面积。

2. 场馆看台下按"建筑空间"进行判断，同时只要设计有顶盖（不包括镂空顶盖），无论是已有详细设计还是标注为需二次设计，无论是什么材质，都视为有顶盖。

3. 室内单独设置的有围护设施的悬挑看台无论是单层还是双层悬挑看台，都按各自的看台结构底板水平投影面积计算建筑面积。

4. 有顶盖无围护结构的看台，按顶盖计算1/2建筑面积。计算建筑面积的范围应是看台与顶盖重叠部分的水平投影面积。

5. 有双层看台时，各层分别计算建筑面积，顶盖及上层看台均视为下层看台的盖。

6. 无顶盖的看台，不计算建筑面积，看台下的建筑空间建筑面积按相关规定另计。

2.2.5 地下室、半地下室建筑面积计算规则

1. 地下室、半地下室应按其结构外围水平面积计算。结构层高在2.20m及以上应计算全面积；结构层高在2.20m以下应计算1/2面积。

2. 地下室、半地下室按"结构外围水平面积"计算，不再按"外墙上口"取定。当外墙为变截面时，按地下室、半地下室楼地面结构标高处的外围水平面积计算。

3. 地下室的外墙结构不包括找平层、防水（潮）层、保护墙等。

4. 地下空间未形成建筑空间的，不属于地下室或半地下室，不计算建筑面积。如基础底板上有填土层，与±0.000结构板之间留有一定的空间，但无正常出入口，不属于地下室或半地下室，不计算建筑面积。

2.2.6 出入口坡道部分建筑面积计算规则

1. 出入口外墙外侧坡道有顶盖的部位，应按其外墙结构外围水平面积的1/2计算面积。

2. 出入口坡道计算建筑面积应满足两个条件：一是有顶盖，二是有侧墙（即相关规范中所说的"外墙结构"，但侧墙不一定封闭）。有顶盖和侧墙的出入口坡道如图2-6所示。

3. 本条计算规则不仅适用于地下室、半地下室出入口，也适用于坡道向上的出入口。无论结构层高多高，都只算一半的建筑面积。

4. 由于坡道是从建筑物内部一直延伸到建筑物外部的，建筑物内的部分随建筑物正

图 2-6 有顶盖和侧墙的出入口坡道

常计算建筑面积,建筑物外的部分按本条执行。建筑物内、外的划分以建筑物外墙结构外边线为界。如图 2-7 所示,虚线以上为坡道,虚线以下为建筑物内部。

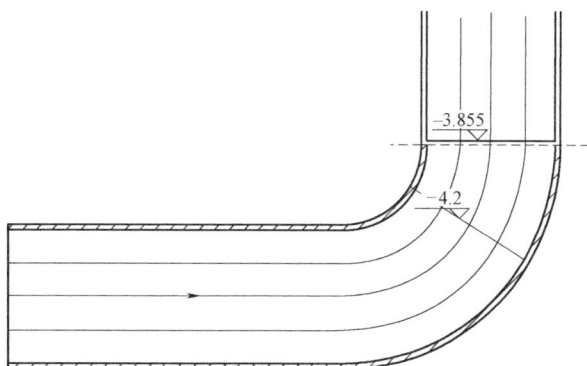

图 2-7 坡道建筑物内、外划分示意图

5. 地下车库工程无论出入口坡道如何设置,无论坡道下方是否可以加以利用,地下车库应按相应规定按设计的自然层计算建筑面积,出入口坡道按本条计算规则另行计算后,并入该工程建筑面积。

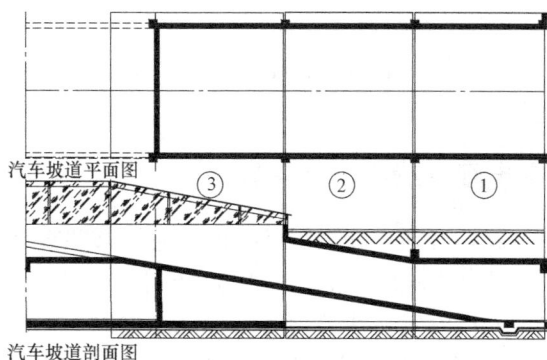

图 2-8 某汽车坡道建筑面积计算示意图

如图 2-8 所示,①、②、③部分均无须考虑斜板下是否加以利用,首先计算 1 个自然建筑面积,然后③及左侧部分的出入口另行计算,并入建筑面积。

2.2.7 建筑物架空层及坡地建筑物吊脚架空层建筑面积计算规则

1. 建筑物架空层及坡地建筑物吊脚架空层，应按其顶板水平投影计算建筑面积。结构层高在 2.20m 及以上的，应计算全面积；结构层高在 2.20m 以下的，应计算 1/2 面积。

2. 架空层常见的是学校教学楼、住宅等工程在底层设置的架空层，有的建筑物在二层或以上某个甚至多个楼层设置架空层，有的建筑物设置深基础架空层或利用斜坡设置吊脚架空层，作为公共活动、停车、绿化等空间，如图 2-9 所示。

图 2-9 架空层建筑

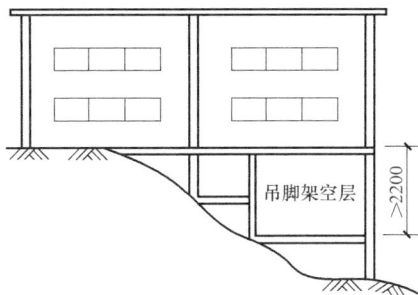

图 2-10 仅有结构支撑而无外围护结构的架空层

3. 架空层是指"仅有结构支撑而无外围护结构的开敞空间层"，且无论是否"设计加以利用"，只要具备可利用状态，均计算建筑面积。扩大为建筑物架空层及坡地建筑物吊脚架空层，解决了近年来大量出现的学校教学楼、住宅底层设置架空层的建筑面积计算问题。同时将建筑物架空层及坡地建筑物吊脚架空层建筑面积改为按顶板水平投影计算，层高在 2.20m 及以上的部位应计算全面积，层高不足 2.20m 的部位应计算 1/2 面积，如图 2-10 所示。

4. 顶板水平投影面积是指架空层结构顶板的水平投影面积，不包括架空层主体结构外的阳台、空调板、通长水平挑板等外挑部分。

2.2.8 建筑物门厅、大厅建筑面积计算规则

建筑物的门厅、大厅应按一层计算建筑面积，门厅、大厅内设置的走廊应按走廊结构底板水平投影面积计算建筑面积。结构层高在 2.20m 及以上的，应计算全面积；结构层高在 2.20m 以下的，应计算 1/2 面积。

2.2.9 建筑物间架空走廊建筑面积计算规则

1. 建筑物间的架空走廊，有顶盖和围护结构的，应按其围护结构外围水平面积计算全面积；无围护结构、有围护设施的，应按其结构底板水平投影面积计算 1/2 面积。

2. 架空走廊，是指"专门设置在建筑物的二层或二层以上，作为不同建筑物之间水平交通的空间"。架空走廊建筑面积计算分为两种情况：一是有围护结构且有顶盖，计算全面积；二是无围护结构、有围护设施，无论是否有顶盖，均计算 1/2 面积。有围护结构的，按围护结构计算面积；无围护结构的，按底板计算面积。有顶盖和围护结构的架空走廊如图 2-11 所示。无围护结构、有围护设施的架空走廊如图 2-12 所示。

由于架空走廊存在无盖的情况，有时无法计算结构层高，故计算规则中不考虑层高的因素。

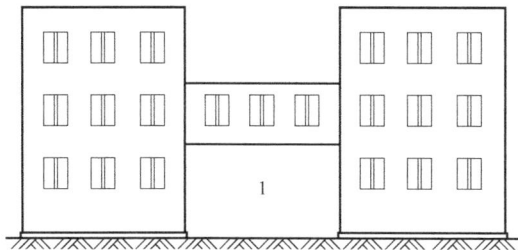

图 2-11　有顶盖和围护结构的架空走廊
1—架空走廊

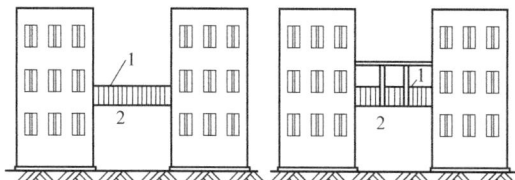

图 2-12　无围护结构、有围护设施的架空走廊
1—栏杆；2—架空走廊

2.2.10　立体书库、立体仓库、立体车库建筑面积计算规则

立体书库、立体仓库、立体车库，有围护结构的，应按其围护结构外围水平面积计算建筑面积；无围护结构、有围护设施的，应按其结构底板水平投影面积计算建筑面积。无结构层的应按一层计算，有结构层的应按其结构层面积分别计算。结构层高在 2.20m 及以上的，应计算全面积；结构层高在 2.20m 以下的，应计算 1/2 面积。其中有围护结构的，按围护结构计算面积；无围护结构的，按底板计算面积。结构层是指整体结构体系中承重的楼板层。特指整体结构体系中承重的楼层，包括板、梁等构件，而非局部结构起承重作用的分隔层。结构层承受整个楼层的全部荷载，并对楼层的隔声、防火等起主要作用。而立体车库中的升降设备，不属于结构层，不计算建筑面积。仓库中的立体货架、书库中的立体书架也都不算结构层。

2.2.11　舞台灯光控制室建筑面积计算规则

有围护结构的舞台灯光控制室，应按其围护结构外围水平面积计算。结构层高在 2.20m 及以上的，应计算全面积；结构层高在 2.20m 以下的，应计算 1/2 面积。

2.2.12　落地橱窗建筑面积计算规则

1. 附属在建筑物外墙的落地橱窗，应按其围护结构外围水平面积计算。结构层高在 2.20m 及以上的，应计算全面积；结构层高在 2.20m 以下的，应计算 1/2 面积。

2. 在建筑物主体结构外的橱窗，属于建筑物的附属结构，"落地"系指橱窗下设置有基础，其顶板与底板的标高与自然层不一定相同，因此其计算方式应单列。

3. 橱窗有在建筑物主体结构内的，有在建筑物主体结构外的。在建筑物主体结构内的橱窗，其建筑面积随自然层一起计算，不执行本规则。本条规则仅适用于"落地橱窗"。如橱窗无基础，为悬挑式时，按凸（飘）窗的规则计算建筑面积。

2.2.13　凸（飘）窗建筑面积计算规则

窗台与室内楼地面高差在 0.45m 以下且结构净高在 2.10m 及以上的凸（飘）窗，应按其围护结构外围水平面积计算 1/2 面积。

目前俗称的凸窗或飘窗，从外立面上看主要有两类：间断式、连续式，从室内看，也分两类：一类是凸（飘）窗地面与室内地面同标高，另一类是凸（飘）窗与室内地面有高差（有高差时，高差可能在 0.45m 以上，也可能在 0.45m 以下），此处高差是指结构高差。结构高差取定 0.45m，是基于设计规范的原则取定。凸（飘）窗须同时满足两个条件方能计算建筑面积：一是结构高差在 0.45m 以下，二是结构净高在 2.10m 及以上。

如图 2-13 所示，高差 0.3m<0.45m，结构净高经计算为 2.5m>2.1m，两个条件均满足，故该凸（飘）窗应计算建筑面积。

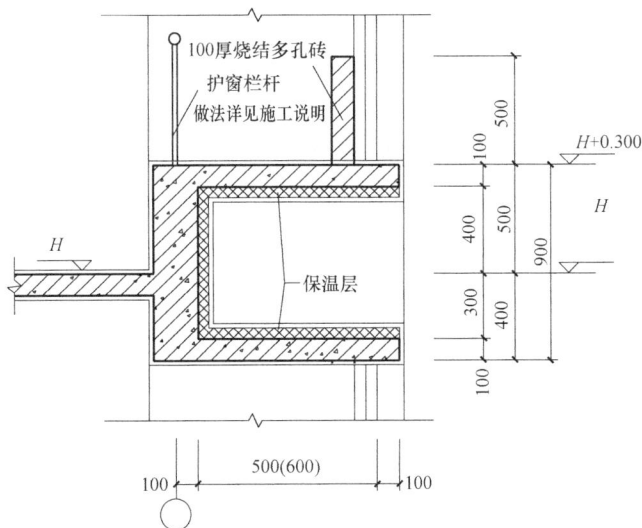

图 2-13　某飘窗结构示意图

2.2.14　走廊、挑廊、檐廊建筑面积计算规则

1. 有围护设施的室外走廊（挑廊），应按其结构底板水平投影面积计算 1/2 面积，如图 2-14、图 2-15 所示，走廊是指设在房屋内专供行人交通的联系空间的总称，根据设置位置不同有不同的称呼。设在两排房间之内的叫内走廊，设在一排房间之外的叫外走廊，外走廊是用悬挑梁搁板结构的又称为挑廊，当外走廊处于挑檐板或挑檐棚下的又称檐廊，在回字形房屋或大厅四周设置的走廊称为回廊。

2. 有围护设施（或柱）的檐廊，应按其围护设施（或柱）外围水平面积计算 1/2 面积。

3. 室外走廊（包括挑廊）、檐廊都是室外水平交通空间。其中挑廊是悬挑的水平交通空间；檐廊是底层的水平交通空间，由屋檐或挑檐作为顶盖，且一般有柱或栏杆、栏板等。底层无围护设施但有柱的室外走廊可参照檐廊的规则计算建筑面积。无论哪一种廊，除了必须有地面结构外，还必须有栏杆、栏板等围护设施或柱，这两个条件缺一不可，缺少任何一个条件都不计算建筑面积。

室外水平交通空间为挑廊。底层虽然有地面结构，但无栏杆、栏板或柱，不属于室外走廊，不计算建筑面积，如图 2-16 所示。

图 2-14 围护设施的室外走廊

图 2-15 有围护设施的檐廊

图 2-16 无围护设施和柱的室外走廊

图 2-17 部分无围护设施和柱的室外走廊

如图 2-17 所示左侧部分虽无栏杆、栏板等围护设施，但有柱、有地面结构，按檐廊的规则计算建筑面积。右侧部分无栏杆、栏板，也无柱，不属于室外走廊，不计算建筑面积。

2.2.15 门斗建筑面积计算规则

门斗应按其围护结构外围水平面积计算建筑面积，且结构层高在 2.20m 及以上的，应计算全面积，结构层高在 2.20m 以下的，应计算 1/2 面积。门斗是建筑物出入口两道门之间的空间，它是有顶盖和围护结构的全围合空间。门廊和雨篷至少有一面不围合。

2.2.16 门廊建筑面积计算规则

1. 门廊应按其顶板的水平投影面积的 1/2 计算建筑面积。

2. 门廊是指在建筑物出入口，无门、三面或二面有墙，上部有板（或借用上部楼板）围护的部位。门廊划分为全凹式、半凹半凸式。全凸时，归为墙支撑雨篷。如图 2-18 所示。

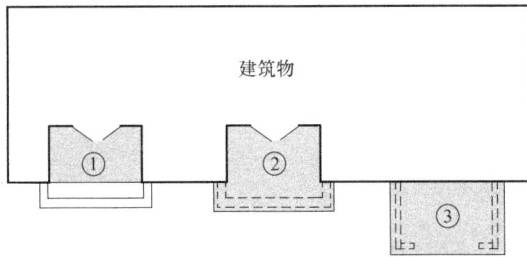

图 2-18　门廊示意图

①—全凹式门廊；②—半凹半凸式门廊；③—全凸式门廊

2.2.17　雨篷建筑面积计算规则

雨篷未区分是否是混凝土雨篷还是玻璃雨篷，只要是永久性的即可计算其建筑面积。

1. 有柱雨篷应按其结构板水平投影面积的 1/2 计算建筑面积；无柱雨篷的结构外边线至外墙结构外边线的宽度在 2.10m 及以上的，按雨篷结构板的水平投影面积的 1/2 计算建筑面积。

2. 雨篷系指建筑物出入口上方、突出墙面、为遮挡雨水而单独设立的建筑部件。雨篷划分为有柱雨篷（包括独立柱雨篷、多柱雨篷、柱墙混合支撑雨篷、墙支撑雨篷）和无柱雨篷（悬挑雨篷），如图 2-19 所示。

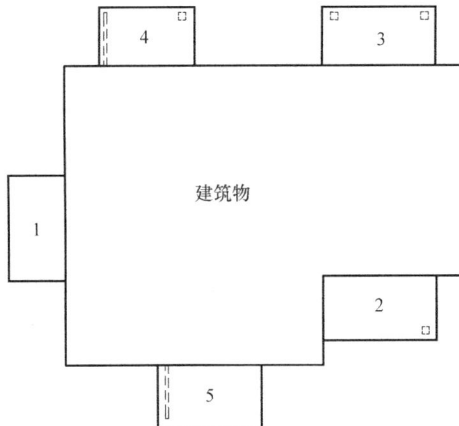

图 2-19　雨篷形式示意图

1—挑雨篷；2—独立柱雨篷；3—多柱雨篷；4—柱墙混合支撑雨篷；5—墙支撑雨篷

3. 有柱雨篷，没有出挑宽度的限制；无柱雨篷，出挑宽度大于等于 2.10m 时才能计算建筑面积。出挑宽度，系指雨篷结构外边线至外墙结构外边线的宽度，弧形或异形时，为最大宽度。有柱雨篷不受跨越层数的限制，均可计算建筑面积。

4. 无柱雨篷，其结构顶板不能跨层。如顶板跨层，则不计算建筑面积。

5. 不单独设立顶盖，利用上层结构板（如楼板、阳台底板）进行遮挡，也不视为雨篷，不计算建筑面积。

2.2.18 设在建筑物顶部的、有围护结构的楼梯间、水箱间、电梯机房等建筑面积计算规则

结构层高在 2.20m 及以上的应计算全面积；结构层高在 2.20m 以下的，应计算 1/2 面积。

目前建筑物屋顶上的装饰性结构构件（即屋顶造型），各种材质均有，且形式各异。除了本条款规定的"三间"以外，屋顶上的建筑部件属于建筑空间的可以计算建筑面积，不属于建筑空间的则归为屋顶造型，不计算建筑面积。

2.2.19 围护结构不垂直于水平面的楼层建筑面积计算规则

应按其底板面的外墙外围水平面积计算。结构净高在 2.10m 及以上的部位，应计算全面积；结构净高在 1.20m 及以上至 2.10m 以下的部位，应计算 1/2 面积；结构净高在 1.20m 以下的部位，不应计算建筑面积。

本条计算规则比较复杂，按"底板面的外墙外围水平面积"计算建筑面积，这是由于围护结构不垂直，可能向内倾斜，也可能向外倾斜，各个标高处的外墙外围水平面积可能是不同的，因此本条计算规则取定为结构底板处的外墙外围水平面积。

多（高）层建筑物顶层，楼板以上部位的外侧均视为屋顶，随着净高，算 1/2 面积或不算面积。多（高）层建筑物其他层，倾斜部位均视为围护结构，底板面处的围护结构应计算全面积，如图 2-20 所示。

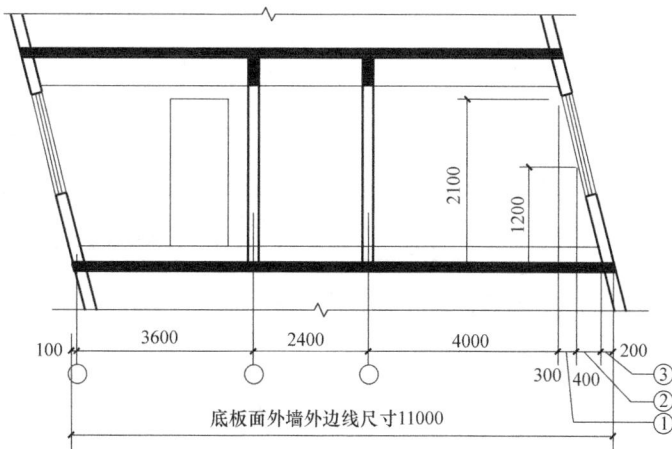

图 2-20 围护结构不垂直于水平面的楼层示意图
①算 1/2 面积；②不计算建筑面积；③部分计算全面积

2.2.20 建筑物的室内楼梯、电梯井、提物井、管道井、通风排气竖井、烟道等建筑面积计算规则

应并入建筑物的自然层计算建筑面积。有顶盖的采光井应按一层计算建筑面积，且结

构净高在 2.10m 及以上的, 应计算全面积; 结构净高在 2.10m 以下的, 应计算 1/2 面积。

1. "室内楼梯"包括了形成井道的楼梯 (即室内楼梯间) 和没有形成井道的楼梯 (即室内楼梯), 明确了没有形成井道的室内楼梯也应该计算建筑面积。例如建筑物大堂内的楼梯、跃层 (或复式) 住宅的室内楼梯等应计算建筑面积。其中室内楼梯间并入建筑物自然层计算建筑面积。

2. 未形成楼梯间的室内楼梯按楼梯水平投影面积计算建筑面积。如图纸中画出了楼梯, 无论是否用户自理, 均按楼梯水平投影面积计算建筑面积; 如图纸中未画出楼梯, 仅以洞口符号表示, 则计算建筑面积时不扣除该洞口面积。

3. 跃层和复式房屋的室内公共楼梯间: 跃层房屋, 按两个自然层计算; 复式房屋, 按一个自然层计算。跃层房屋是指房屋占有上下两个自然层, 卧室、起居室、客厅、卫生间、厨房及其他辅助用房分层布置。复式房屋在概念上是一个自然层, 但层高较普通的房屋高, 在局部掏出夹层, 安排卧室或书房等内容。当室内公共楼梯间两侧自然层数不同时, 以楼层多的层数计算。

4. 设备管道层, 尽管通常设计描述的层数中不包括, 但在计算楼梯间建筑面积时, 应算一个自然层。

5. 利用室内楼梯下部的建筑空间不重复计算建筑面积。

6. 电梯井、观光电梯井合并, 统一称为电梯井。井道 (包括电梯井、提物井、管道井、通风排气竖井、烟道), 不分建筑物内外, 均按自然层计算建筑面积, 例如附墙烟道。但独立烟道不计算建筑面积。井道 (包括室内楼梯、电梯井、提物井、管道井、通风排气竖井、烟道) 按建筑物的自然层计算建筑面积。如自然层结构层高在 2.20m 以下, 楼层本身计算 1/2 面积时, 相应的井道也应计算 1/2 面积。

7. 有顶盖的采光井不论多深、采光多少层, 均只计算一层建筑面积。无顶盖的采光

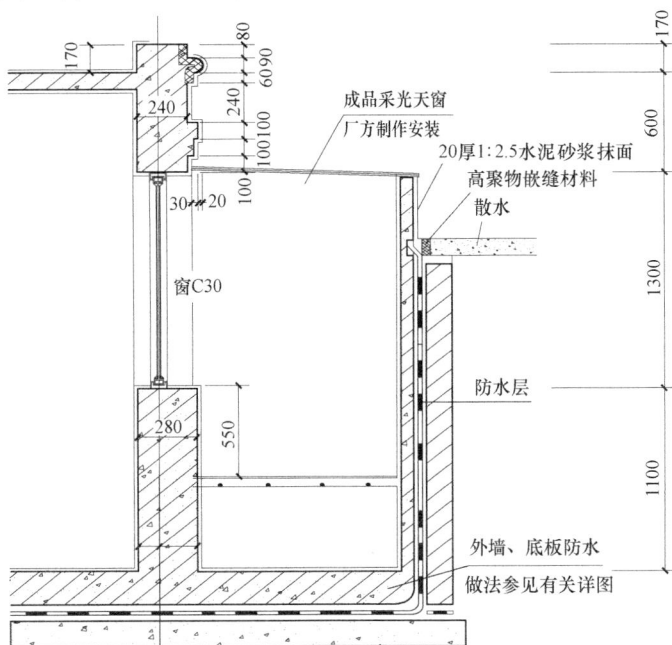

图 2-21 采光井建筑面积计算示意图

井仍然不计算建筑面积。采光井如图 2-21 所示，只可计算其一层建筑面积。

8. 当室内公共楼梯间两侧自然层数不同时，以主要服务的楼层的层数计算。

2. 2. 21　室外楼梯建筑面积计算规则

1. 室外楼梯应并入所依附建筑物自然层，并应按其水平投影面积的 1/2 计算建筑面积。室外楼梯作为连接建筑物层与层之间交通不可缺少的基本部件，无论从其功能还是工程计价的要求来说均须计算建筑面积，室外楼梯无论有盖或无盖均应计算建筑面积。"自然层"是指所依附建筑物的自然层，层数为室外楼梯所依附的主体建筑物的楼层数，即梯段部分垂直投影到建筑物范围的层数。为将梯段部分向主体建筑物墙面进行垂直投影，投影覆盖几个层高，则计算几个自然层，如图 2-22 所示。

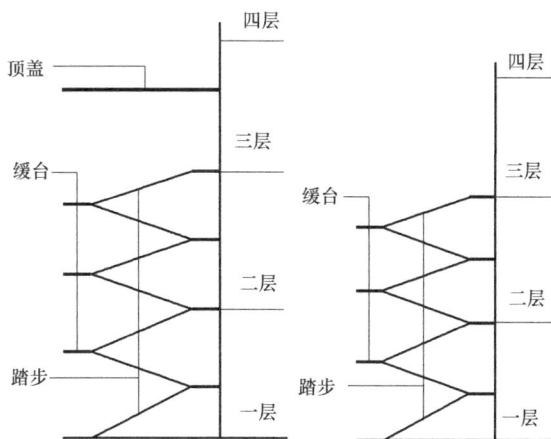

图 2-22　室外楼梯示意图

2. 利用室外楼梯下部的建筑空间不重复计算建筑面积。

2. 2. 22　有顶盖无围护结构的车棚、货棚、站台、加油站、收费站等建筑面积计算规则

应按其顶盖水平投影面积的 1/2 计算建筑面积。不分顶盖材质，不分单、双排柱，部分矩形、异形柱，均按顶盖水平投影面积的 1/2 计算其建筑面积。顶盖下有其他计算建筑面积的建筑物时，仍按顶盖水平投影面积计算 1/2 面积，顶盖下的建筑物另行计算建筑面积。

2. 2. 23　阳台建筑面积计算规则

1. 在主体结构内的阳台，应按其结构外围水平面积计算全面积；在主体结构外的阳台，应按其结构底板水平投影面积计算 1/2 面积。

2. 阳台是附设于建筑物外墙，设有栏杆或栏板，可供人活动的室外空间（《民用建筑设计术语标准》GB/T 50504—2009）。阳台主要有三个属性：一是阳台是附设于建筑物外墙的建筑部件；二是阳台应有栏杆、栏板等围护设施或窗；三是阳台是室外空间。

【纠纷争议】 阳台计算建筑面积是否均应按水平投影面积的一半进行计算？部分住宅工程中的阳台完全封闭在室内，与卧室有梁板整体现浇，是否也应按一半计算其建筑面积？

【纠纷解决】 根据《建筑工程建筑面积计算规范》GB/T 50353—2013 有关规定，阳台是指附设于建筑物外墙，设有栏杆或栏板，可供人活动的室外空间，传统计算其建筑面积时应按其水平投影面积的一半计算，但是当前住宅工程中设计标准越来越高，阳台的结构形式和建筑形式也越来越多样化，全部按一半计算其建筑面积已经不尽合理。

因此根据《建筑工程建筑面积计算规范》第 3.0.21 条规定：在主体结构内的阳台，应按其结构外围水平面积计算全面积；在主体结构外的阳台，应按其结构底板水平投影面积计算1/2面积。也即该规范将阳台划分为主体结构内的阳台和主体结构外的阳台两类，其建筑面积计算方法各不相同：主体结构内的阳台计算全面积，主体结构外的阳台计算1/2面积。

如图 2-23 所示砖混结构中，阳台 1 处于外墙包围之内，应属于在主体结构之内，应按其结构底板外围水平投影面积计算，阳台 2 未被外墙包围，属于在主体结构之外，应按其结构底板水平投影面积计算 1/2 作为建筑面积。

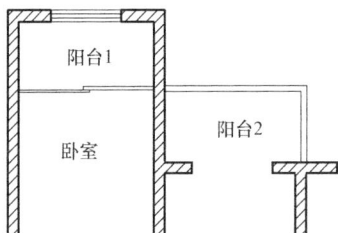

图 2-23　砖混结构阳台

如图 2-24 所示剪力墙结构中阳台 3、阳台 4，图 2-25 中阳台 8 相对两侧均为剪力墙时，也属于主体结构内，应按其结构底板外围水平投影面积全部计算其建筑面积。

如图 2-24 所示中阳台 5 相对两侧仅一侧为剪力墙时，属于主体结构外，因此只能按其结构底板水平投影面积的一半计算其建筑面积。

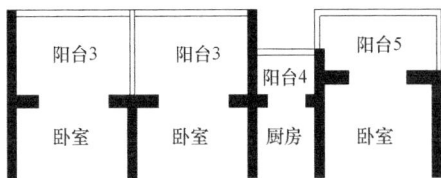

图 2-24　剪力墙结构阳台

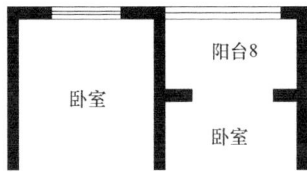

图 2-25　剪力墙结构阳台

如图 2-26 所示阳台 6 两侧均位于剪力墙外侧，也属于主体结构外，因此只能按其结构底板水平投影面积的一半计算其建筑面积。

如图 2-27 所示框架剪力墙结构中阳台 7 角柱如为受力结构，根基落地，则阳台为主体结构内，应按其结构底板水平投影面积全部计算其建筑面积。

如图 2-28 所示阳台 9，如为框架柱受力结构，则以柱外侧为界。以外按主体结构外规定计算建筑面积，以内按主体结构内规定计算其建筑面积。

图 2-26 阳台示意图

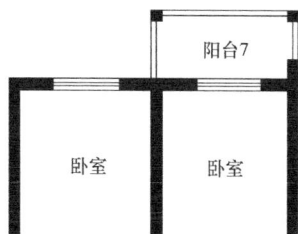

图 2-27 阳台示意图

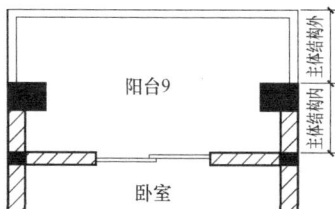

图 2-28 阳台示意图

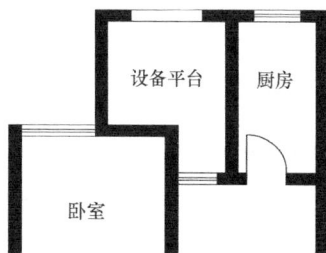

图 2-29 设备平台示意图

如图 2-29 所示中标注为设备平台，施工时没有任何防护设施时，也没有结构顶板时，则不应计算其建筑面积。

【纠纷争议】 某阳台（如图 2-30 所示）如何计算建筑面积，其栏杆外的设备平台及花槽能否计算建筑面积引起纠纷争议。

【纠纷解决】 本工程的阳台属于结构外的阳台，因此应按结构底板水平投影面积的一半计算其建筑面积；栏杆两侧的设备平台没有围护设施，因此左右两侧的设备平台底板面积不应计算建筑面积；花槽部分具有围护设施，满足阳台计算建筑面积的条件，因此花槽部分以及阳台栏杆以内的部分均可按结构底板水平投影面积的一半计算其建筑面积。

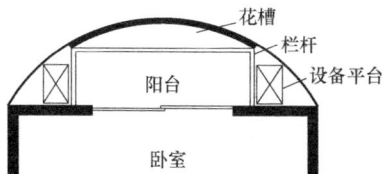

图 2-30 阳台示意图

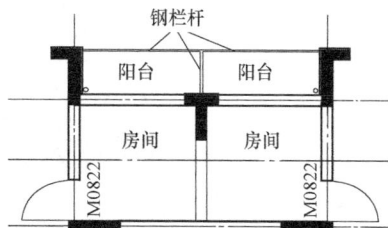

图 2-31 阳台示意图

【纠纷争议】 某多层框架结构住宅楼，其阳台如图 2-31 所示，在工程结算时，发包人认为该阳台仅有钢栏杆围护，没有围护结构，因此该阳台部分不能计算建筑面积，承包人认为应该计算建筑面积，由此产生工程造价纠纷。

【纠纷分析】 阳台是"附设于建筑物外墙，设有栏杆或栏板，可供人活动的室外空间"，阳台应有栏杆、栏板等围护设施或窗，只要满足了上述条件，就应该计算阳台的建筑面积,并非阳台必须具备围护结构才能计算建筑面。因此本工程属于具备钢栏杆围护设施的阳台,其在主体结构内,应按其结构外围水平面积全部计算其建筑面积。

2.2.24 涉及幕墙的建筑面积计算规则

以幕墙作为围护结构的建筑物,应按幕墙外边线计算建筑面积,装饰性幕墙则不应计算建筑面积。其中围护性幕墙指直接作为外墙起围护作用的幕墙,装饰性幕墙指设置在建筑物墙体外起装饰作用的幕墙,如图 2-32 所示。

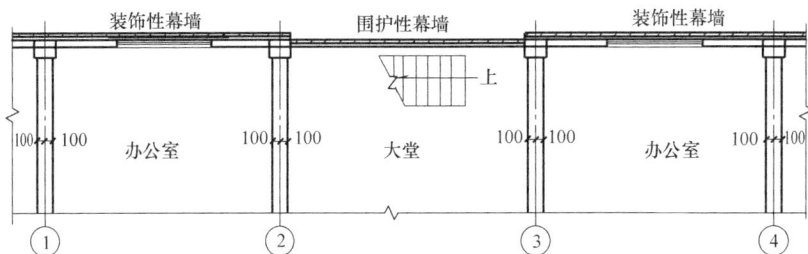

图 2-32 围护性幕墙与装饰性幕墙示意图

2.2.25 涉及保温材料的建筑面积计算规则

1. 按其保温材料的水平截面积计算,并入自然层建筑面积。

2. 建筑面积仅计算保温材料本身(例如外贴苯板时,仅苯板本身算保温材料),抹灰层、防水(潮)层、粘结层(空气层)及保护层(墙)等均不计入建筑面积。

如图 2-33 所示挤塑聚苯乙烯保温板所占空间方可计算建筑面积,水泥砂浆找平层、聚合物砂浆等不应计算其建筑面积。

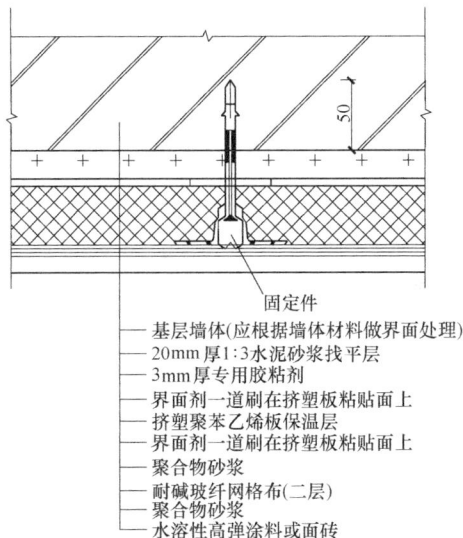

图 2-33 外墙保温层示意图

3. 保温材料建筑面积具体计算方法为：保温隔热层以保温材料的净厚度乘以外墙结构外边线长度按建筑物的自然层计算建筑面积；其外墙外边线长度不扣除门窗和建筑物外已计算建筑面积的构件（如阳台、室外走廊、门斗、落地橱窗等部件）所占长度；当建筑物外已计算建筑面积的构件（如阳台、室外走廊、门斗、落地橱窗等部件）有保温隔热层时，其保温隔热层也不再计算建筑面积。

4. 外保温层计算建筑面积是以沿高度方向满铺为准。如地下室等外保温层铺设高度未达到楼层全部高度时，保温层不计算建筑面积。

5. 复合墙体不属于外墙外保温层，整体视为外墙结构，按建筑面积相关规则执行，如图 2-34 所示。

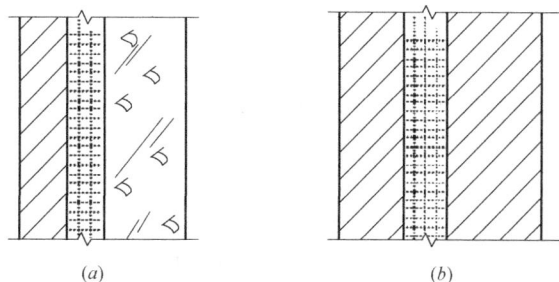

图 2-34 复合墙体示意图
（a）砌体与混凝土墙夹保温板；（b）两侧砌体夹保温板

2.2.26 变形缝建筑面积计算规则

1. 变形缝是伸缩缝（温度缝）、沉降缝和防震缝的总称。伸缩缝是将基础以上的建筑构件全部分开，并在两个部分之间留出适当缝隙，以保证伸缩缝两侧的建筑构件能在水平方向自由伸缩，如图 2-35 所示。沉降缝主要应满足建筑物各部分在垂直方向的自由沉降变形，故应将建筑物从基础到屋顶全部断开，如图 2-36 所示。防震缝一般从基础顶面开始，沿房屋全高设置。

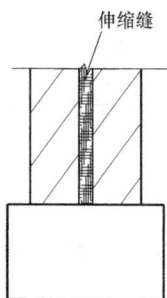

图 2-35 伸缩缝

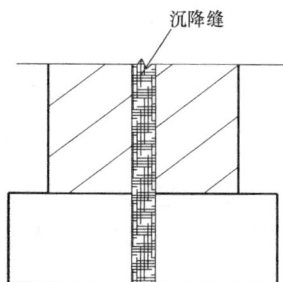

图 2-36 沉降缝

2. 与室内相通的变形缝，是指暴露在建筑物内，在建筑物内可以看见的变形缝，应计算建筑面积。如图 2-37 所示变形缝在室内能看见，应计算其建筑面积。与室内相通的变形缝，应按其自然层合并在建筑物建筑面积内计算。

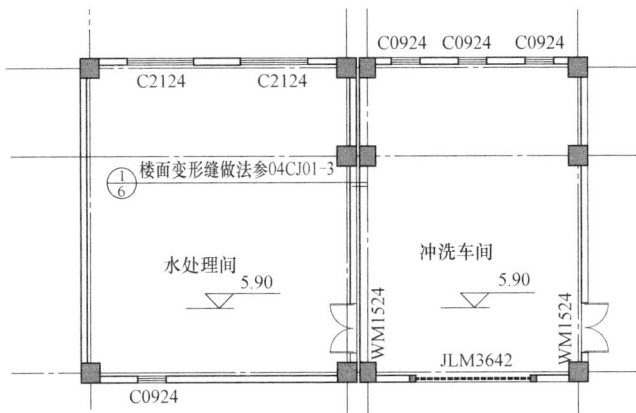

C0924 C0924 C0924

C2124 C2124

楼面变形缝做法参04CJ01-3

水处理间
5.90

冲洗车间
5.90

WM1524 WM1524

JLM3642

C0924

图 2-37 与室内相通的变形缝

变形缝与室内不相通，则不应计算建筑面积，如图 2-38 所示。

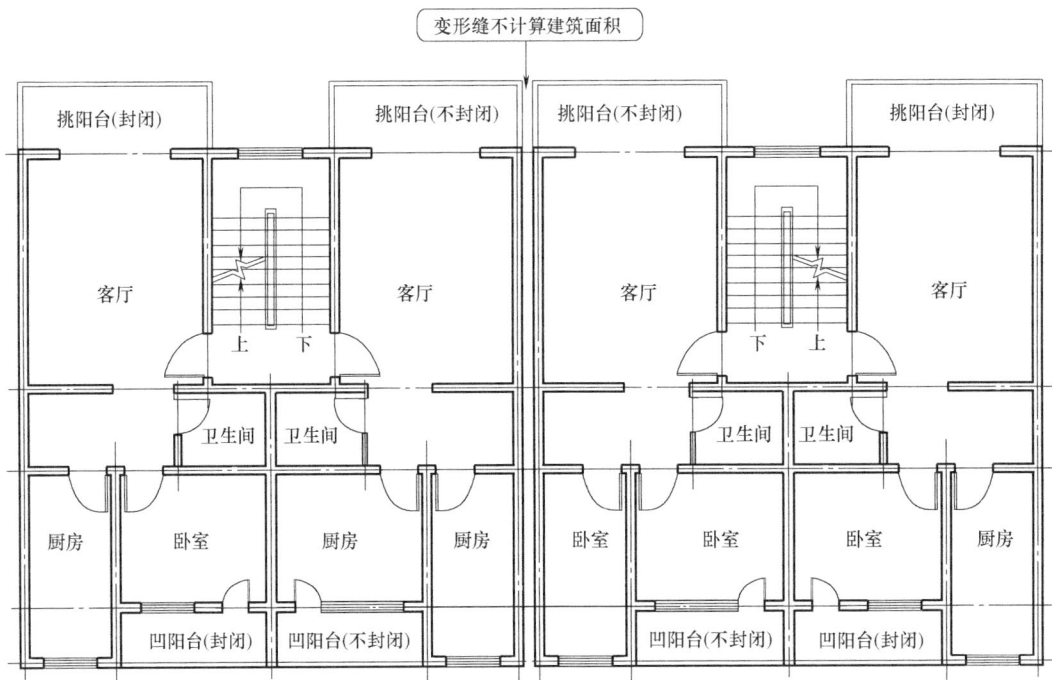

变形缝不计算建筑面积

挑阳台(封闭) 挑阳台(不封闭) 挑阳台(不封闭) 挑阳台(封闭)

客厅 客厅 客厅 客厅

上 下 下 上

卫生间 卫生间 卫生间 卫生间

厨房 卧室 厨房 厨房 卧室 卧室 卧室 厨房

凹阳台(封闭) 凹阳台(不封闭) 凹阳台(不封闭) 凹阳台(封闭)

图 2-38 与室内不相通的变形缝示意图

3. 高低联跨的建筑物，当高低跨内部不相连通时，其变形缝不计算建筑面积。高低联跨的建筑物，当高低跨内部连通或局部连通时，其连通部分变形缝的面积计算在低跨面积内。

2.2.27 设备层、管道层等建筑面积计算规则

1. 对于建筑物内的设备层、管道层、避难层等有结构层的楼层，结构层高在 2.20m 及以上的，应计算全面积；结构层高在 2.20m 以下的，应计算 1/2 面积。

2. 设备层、管道层虽然其具体功能与普通楼层不同，但在结构上及施工消耗上并无

本质区别，因此设备、管道层也归为自然层，其计算规则与普通楼层相同。在吊顶空间内设置管道及检修马道的，吊顶空间部分不能被视为设备层、管道层，不计算建筑面积，如图2-39所示。

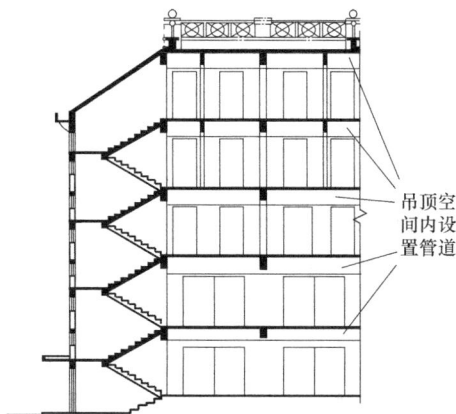

图 2-39 吊顶空间内的夹层示意图

2.2.28 不应计算建筑面积的项目

1. 与建筑物内不相连通的建筑部件。与建筑物内不相连通是指没有正常的出入口，即通过门进出的，视为连通，通过窗或栏杆等翻出去的，视为不连通。

2. 骑楼、过街楼底层的开放公共空间和建筑物通道。其中骑楼是"建筑底层沿街面后退且留出公共人行空间的建筑物"。过街楼是跨越道路上空并与两边建筑相连接的建筑物。建筑物通道是为穿过建筑物而设置的空间。

3. 舞台及后台悬挂幕布和布景的天桥、挑台等。舞台及后台悬挂幕布和布景的天桥、挑台指的是影剧院的舞台及为舞台服务的可供上人维修、悬挂幕布、布置灯光及布景等搭设的天桥和挑台等构件设施。

4. 露台、露天游泳池、花架、屋顶的水箱及装饰性结构构件。露台是指设置在屋面、首层地面或雨篷上的供人室外活动的有围护设施的平台。露台须同时满足4个条件：一是位置，设置在屋面、地面或雨篷顶；二是可出入；三是有围护设施；四是无盖。屋顶的水箱不计算建筑面积，但屋顶的水箱间应计算建筑面积。屋顶上的装饰性结构构件（即屋顶造型）由于没有形成建筑空间，故不计算建筑面积。

如果首层平台有围护措施，且其上层为同体量阳台，则该平台应视为阳台，按阳台的计算规则计算建筑面积。

屋顶的露天游泳池不计算建筑面积。

5. 建筑物内的操作平台、上料平台、安装箱和罐体的平台。

6. 勒脚、附墙柱、垛、台阶、墙面抹灰、装饰面、镶贴块料面层、装饰性幕墙、主体结构外的空调室外机搁板（箱）、构件、配件、挑出宽度在2.10m以下的无柱雨篷和顶盖高度达到或超过两个楼层的无柱雨篷；结构柱应计算建筑面积。不计算建筑面积的附墙柱是指非结构性装饰柱。台阶是联系室内外地坪或同楼层不同标高而设置的阶梯形踏步，室外台阶还包括与建筑物出入口连接处的平台。台阶可能利用地势砌筑，可能利用下层能计算建筑面积的建筑物屋顶砌筑（但下层建筑物按相应规定计算建筑面积），也可能架空（起点至终点的高度在一个自然层以内）。楼梯是楼层之间垂直交通的建筑部件，故由起点至终点的高度达到一个自然层及以上的称为楼梯，在一个自然层以内的称为台阶。

7. 窗台与室内楼地面高差在 0.45m 以下且结构净高在 2.10m 及以下的凸（飘）窗，窗台与室内楼地面高差在 0.45m 及以上的凸（飘）窗。

8. 室外爬梯、室外专用消防钢楼梯，即专用的消防钢楼梯是不计算建筑面积的。而当钢楼梯是建筑物通道，兼顾消防用途时，则应计算建筑面积。

9. 无围护结构的观光电梯；无围护结构的观光电梯即电梯轿厢直接暴露，外侧无井壁，不计算建筑面积。如果观光电梯在电梯井内运行时（井壁不限材质），观光电梯井按自然层计算建筑面积。不计算建筑面积的内容中未提自动扶梯、自动人行道。自动扶梯、自动人行道应计算建筑面积。自动扶梯按自然层计算建筑面积。自动人行道在建筑物内时，建筑面积不应扣除自动人行道所占的面积。

10. 建筑物以外的地下人防通道，独立的烟囱、烟道、地沟、油（水）罐、气柜、水塔、贮油（水）池、贮仓、栈桥等构筑物。

第 3 章

"营改增"涉及计价问题

3.1 营业税

3.1.1 营业税概念

营业税是对在中国境内提供应税劳务、转让无形资产或销售不动产的单位和个人,就其所取得的营业额征收的一种税。营业税属于流转税制中的一个主要税种。

3.1.2 营业税的计税方法

$$应纳税额＝营业额×税率$$

营业额以人民币计算。纳税人以人民币以外的货币结算营业额的,应当折合成人民币计算。

3.1.3 营业税甲供材料的处理

纳税人提供建筑业劳务(不含装饰劳务)的,其营业额应当包括工程所用原材料、设备及其他物资和动力价款在内,但不包括建设方提供的设备价款。

3.1.4 江苏省营业税的计税方法及税率

营业税金指国家税法规定的应计入建筑安装工程造价内的营业税、城市维护建设税、教育费附加以及地方教育附加。计税方法:属于价内税,价内税是由销售方承担税款,销售方取得的货款就是其销售款,而税款由销售款来承担并从中扣除。因此,税款等于销售款乘以税率。其计税方法简便,应纳税额以营业额乘以相应税率计算,应纳税额计算公式为:

$$应纳税额＝营业额×税率$$

$$＝(不含税造价＋应纳税额)×税率$$

$$即应纳税额＝不含税造价×[税率/(1-税率)]$$

$$＝不含税造价×[3.36\%/(1-3.36\%)]$$

$$＝不含税造价×3.477\%$$

3.2 增值税

3.2.1 增值税的定义及性质

增值税是以商品（含应税劳务）在流转过程中产生的增值额作为计税依据而征收的一种流转税。从计税原理上说，增值税是对商品生产、流通、劳务服务中多个环节的新增价值或商品的附加值征收的一种流转税。实行价外税，也就是由消费者负担，有增值才征税，没增值不征税。纯粹的增值税（即规范的消费型增值税）是针对所有货物和劳务供应的最终消费支出课征的税收，由最终消费者负担。但在税收实践中，消费者并不直接向政府付税，而是在生产和分配过程中的各个环节，由企业代收代付。

3.2.2 增值税纳税人

分为一般纳税人与小规模纳税人两大类。这两类纳税人不仅有规模上的区别，更有税制适用上的区别。从税制适用而言，一般纳税人适用增值税税率，其进项税额可以抵扣，而小规模纳税人适用增值税征收率，其进项税额不可以抵扣。纳税人发生应税行为年应税销售额标准为 500 万元（含本数）。年应税销售额超过 500 万元的纳税人为一般纳税人；年应税销售额未超过 500 万元的纳税人为小规模纳税人。财政部和国家税务总局可以根据试点情况对年应税销售额标准进行调整。

3.2.3 增值税征税范围

建筑业的征税范围主要按《销售服务、无形资产或者不动产注释》中的建筑服务税目执行。该注释规定，建筑服务是指各类建筑物、构筑物及其附属设施的建造、修缮、装饰，线路、管道、设备、设施等的安装以及其他工程作业的业务活动。包括工程服务、安装服务、修缮服务、装饰服务和其他建筑服务。

3.2.4 增值税计税方法

增值税的计税方法，包括一般计税方法和简易计税方法。一般纳税人发生应税行为适用一般计税方法计税。一般纳税人发生财政部和国家税务总局规定的特定应税行为，可以选择适用简易计税方法计税，但一经选择，36 个月内不得变更。小规模纳税人发生应税行为适用简易计税方法计税。

1. 一般计税方法的应纳税额

一般计税方法的应纳税额按以下公式计算：

$$应纳税额＝当期销项税额－当期进项税额$$

进项税额，是指纳税人购进货物、加工修理修配劳务、服务、无形资产或者不动产，支付或者负担的增值税额。

2. 简易计税方法的应纳税额

简易计税方法的应纳税额，是指按照销售额和增值税征收率计算的增值税额，不得抵扣进项税额。应纳税额计算公式：

$$应纳税额＝销售额×征收率$$

3.2.5　增值税税率和征收率

1. 一般计税方法：建筑服务适用的税率为 9%。
2. 简易计税方法：小规模纳税人提供建筑服务，以及一般纳税人提供的可选择简易计税方法的部分建筑服务，征收率为 3%。

3.2.6　适用简易计税方式的建筑工程形式

1.《财政部　国家税务总局关于全面推开营业税改征增值税试点的通知》（财税〔2016〕36 号）规定：一般纳税人以清包工方式提供的建筑服务，可以选择适用简易计税方法计税。以清包工方式提供建筑服务，是指施工方不采购建筑工程所需的材料或只采购辅助材料，并收取人工费、管理费或者其他费用的建筑服务。一般纳税人为甲供工程提供的建筑服务，可以选择适用简易计税方法计税。甲供工程，是指全部或部分设备、材料、动力由工程发包方自行采购的建筑工程。

一般纳税人为建筑工程老项目提供的建筑服务，可以选择适用简易计税方法计税。建筑工程老项目，是指：①《建筑工程施工许可证》注明的合同开工日期在 2016 年 4 月 30 日前的建筑工程项目；②未取得《建筑工程施工许可证》的，建筑工程承包合同注明的开工日期在 2016 年 4 月 30 日前的建筑工程项目。

2.《财政部　税务总局关于建筑服务等营改增试点政策的通知》（财税〔2017〕58 号）规定："建筑工程总承包单位为房屋建筑的地基与基础、主体结构提供工程服务，建设单位自行采购全部或部分钢材、混凝土、砌体材料、预制构件的，适用简易计税方法计税"。地基与基础、主体结构的范围，按照《建筑工程施工质量验收统一标准》GB 50300—2013 附录 B《建筑工程的分部工程、分项工程划分》中的"地基与基础""主体结构"分部工程的范围执行。即根据财税〔2017〕58 号文该项规定是属于甲供工程的范围，是甲供工程的一种特殊情形，本条情形下的甲供工程不能选择适用计税方法，必须适用简易计税方法，按照销售额和 3% 的征收率计算增值税，无选择权；而根据《财政部　国家税务总局关于全面推开营业税改征增值税试点的通知》（财税〔2016〕36 号）所规定的甲供工程范围仍然不变（包括所有的建筑服务，甲供包括设备、材料、动力），除本条规定的特殊情况外，可以选择适用一般计税方法或简易计税方法，有选择权。

【纠纷争议】　某装配式住宅工程于 2018 年 3 月招投标，其中的预制构件由发包人供应，在招投标时，发包人在招标文件中规定本工程须按一般计税方式计价，由此产生工程造价纠纷。

【纠纷分析】　《财政部　税务总局关于建筑服务等营改增试点政策的通知》（财税〔2017〕58 号）规定，2017 年 7 月 1 日之后，发包人自行采购预制构件的建筑工程，必须适用简易计税方式，该工程的预制构件由发包人供应，必须适用简易计税方法，按照销售额和 3% 的征收率计算增值税，在工程结算之后也只能开具简易计税增值税发票，该工程的进项税也不得进行相应的抵扣。该工程即便以一般计税方式经过招投标确定了合同价款，价款中计取了 10% 的增值税税金，但在缴税时仍然只能按销售额的 3% 缴纳增值税，且不得抵扣，此种情况将会导致承包人的工程价款所得与其财税成本支出无法对应，在工程竣工结算及财务决算阶段必然会引起重重纠纷和矛盾。

【结论与建议】 根据财税〔2017〕58号文规定，发包人即建设单位自行采购全部或部分钢材、混凝土、砌体材料、预制构件这四类材料的建筑工程，必须选用简易计税方式，该工程相应的招投标以及计价方式都应该在招标文件及施工合同中明确约定为简易计税方式，只有这样该类建筑工程的工程价款所得与工程财税支出才能相对应，从而从根本上避免工程造价纠纷的产生。

3.3 江苏省建筑业实施"营改增"后的计价方法

建筑业实施"营改增"之后，应在招标文件及合同中明确建筑工程增值税计价办法和增值税计税办法，应在合同中明确约定将两者保持一致，否则易产生工程造价纠纷。

3.3.1 调整后的建设工程计价依据适用范围

调整后的建设工程计价依据适用于江苏省行政区域内，合同开工日期为2016年5月1日以后（含2016年5月1日）的建筑和市政基础设施工程发承包项目（以下简称"建设工程"）。合同开工日期以《建筑工程施工许可证》注明的合同开工日期为准；未取得《建筑工程施工许可证》的项目，以承包合同注明的开工日期为准。计价依据的调整内容是根据"营改增"的规定和要求等修订的，不改变现行清单计价规范和计价定额的作用、适用范围。

3.3.2 "营改增"后建设工程计价的分类

新老项目的划分：

1.《建筑工程施工许可证》注明的合同开工日期在2016年4月30日前的建筑工程项目；

2. 未取得《建筑工程施工许可证》的，建筑工程承包合同注明的开工日期在2016年4月30日前的建筑工程项目。

3.3.3 甲供材料和甲供设备费用

甲供材料和甲供设备费用不属于承包人销售货物或应税劳务而向发包人收取的全部价款和价外费用范围之内。因此，在计算工程造价时，甲供材料和甲供设备费用应在计取甲供材料和甲供设备的现场保管费后，在税前扣除。

3.3.4 简易计税方法

1. 简易计税方法下，建设工程造价除税金费率、甲供材料和甲供设备费用扣除程序调整外，仍按"营改增"前的计价依据执行。

2. 由于一般计税方法和简易计税方法的建设工程计价口径不同，合同开工日期在2016年5月1日以后的非招投标工程，应在施工合同中明确计税方法。对于不属于可采用简易计税方法的建设工程，不能采用简易计税方法。

3. 简易计税方式计价办法:

"营改增"之后,采用一般计税方式的工程,发包方如作为一般纳税人的房地产开发商等,出于自身利益角度的考虑,会倾向于大规模采购材料,作为甲供材开具增值税专用发票,虽然增加了资金成本的投入,但是大大增加了发包人自身可以抵扣的进项税。与此相对应承包人减少了原材料的采购,虽然降低了资金成本的投入,却大大减少了可以抵扣的进项税税额。所以"营改增"之后甲供工程等可以选用简易计税方式也是对承包人某种程度上的保护,避免其税负过重。因此有关各方应在工程建设过程中合理测算其财税成本,保护自身的合法权益。

4. 简易计税方式的选择:

1)根据《财政部 国家税务总局关于全面营业税改征增值税试点的通知》(财税〔2016〕36 号),施工企业作为一般纳税人以清包工方式提供的建筑服务,为甲供工程提供的建筑服务均可以选择适用简易计税方法计税。

2)根据《财政部 国家税务总局关于全面营业税改征增值税试点的通知》(财税〔2016〕36),建筑工程老项目可以选择适用简易计税方法计税。

需要关注的是以上两种方式均为可以适用简易计税方式,也可以适用为一般计税方式。

3)《财政部 税务总局关于建筑服务等营改增试点政策的通知》(财税〔2017〕58 号)规定:建筑工程总承包单位为房屋建筑的地基与基础、主体结构提供工程服务,建设单位自行采购全部或部分钢材、混凝土、砌体材料、预制构件的,必须适用简易计税方法计税。

5. 施工企业作为一般纳税人根据上述规定的特定应税行为,经协商一致后选择适用简易计税方法计税的建设工程,应根据国税部门要求办理相关报备手续。

6. 简易计税方法下,建设工程造价除税金费率、甲供材料和甲供设备费用扣除程序调整外,仍按"营改增"前的计价依据执行,不作调整。

7. "营改增"前已经发标的招投标工程或签订施工合同的非招投标工程,如为新项目,其招标文件、招标控制价以及投标报价或施工合同中未考虑"营改增"因素,而可以适用简易计税方式的,应由有关建设各方主体经协商一致后签订施工合同补充条款,明确"营改增"后按简易计税方式调整其合同价款的办法。

8. "营改增"后发标的招投标工程或签订施工合同的非招投标工程,施工企业作为一般纳税人以清包工方式提供的新项目的建筑服务、为甲供工程提供的新项目建筑服务,若选择简易计税方式,须在招标文件及施工合同中作出明确约定,并根据简易计税方式口径计算其工程造价。

9. "营改增"后施工企业作为一般纳税人以清包工方式提供的建筑服务以及为甲供工程提供的建筑服务,经有关各方建设主体协商一致后若选择适用简易计税方法计税的工程,其工程结算价款应为:

$$(B - D/1.01) \times (1 + 相关简易计税税金费率)$$

式中 B——经审定后的含增值税进项额的税前工程总造价;

D——经审定后的结算甲供材费用。

10. "营改增"后,施工企业作为一般纳税人为建筑工程老项目提供的建筑服务,尚未办理完成工程竣工结算审核的，经有关各方建设主体协商一致后若选择适用简易计税方法计税，应根据下列原则及规定签订补充合同条款并调整其工程结算价款。

1）施工合同约定为固定价格合同，且约定政策性文件一律不调整的，税金费率不调整，以原合同约定计价并办理工程结算审核。

【案例】 某固定总价合同，合同造价为 96.65×（1+3.477%）=100 万元，合同约定市场物价波动风险及政策性文件一律不作调整。

营业税体系下，缴纳营业税 100 万元×3.36%=3.36 万元或 96.65 万元×3.477%=3.36 万元。

增值税体系下，采用简易计税方式，缴纳增值税 （100 万元÷1.03）×0.03×1.12=3.26 万元。

2）施工合同约定为可调价格合同，以及约定为固定价格合同但其中政策性文件可调整，应根据下列要求调整其工程结算价款：

（1）建筑工程老项目无甲供材及未开具营业税发票情况：

$$工程结算价款应=B×（1+相关简易计税税金费率）$$

式中 B——经审定后的含增值税进项额的税前工程总造价。

（2）建筑工程老项目无甲供材及已开具部分预付款营业税发票情况，即原部分已经开具过营业税发票的工程作为已结清工程价款不再变动，剩余的已审定的税前造价按"营改增"后的政策予以调整，如图 3-1 所示。

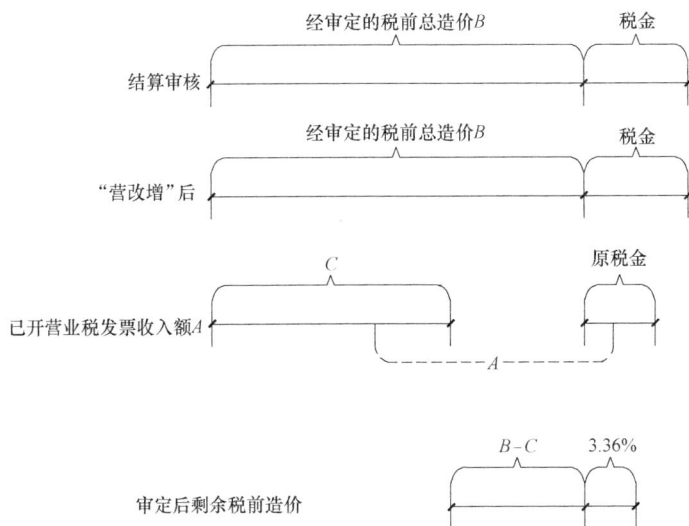

图 3-1 老项目结算方法示意图

其中，工程结算价款应为：

$$A+（B-C）×（1+相关简易计税税金费率）$$

式中 A——已开具部分预付款营业税发票中的营业收入额；

B——经审定后的含增值税进项额的税前工程总造价；

C——已开具部分预付款营业税发票中的营业收入额中的含增值税进项额的税前工程造价，即 $A/（1+江苏省建设工程费用定额中相关税金税率）$。

（3）建筑工程老项目有甲供材及未开具营业税发票、未缴纳甲供材营业税金情况，工程结算价款应为：

$$(B-D/1.01)\times(1+相关简易计税税金费率)$$

式中 B——经审定后的含增值税进项额的税前工程总造价；

D——经审定后的结算甲供材费用。

（4）建筑工程老项目有甲供材及已开具部分预付款营业税发票情况，未缴纳甲供材营业税金情况，工程结算价款应为：

$$A+(B-C-D/1.01)\times(1+相关简易计税税金费率)$$

式中 A——已开具部分预付款营业税发票中的营业收入额；

B——经审定后的含增值税进项额的税前工程总造价；

C——已开具部分预付款营业税发票中的营业收入额中的含增值税可抵扣进项额的税前工程造价，即 $A/(1+$江苏省建设工程费用定额中相关税金税率$)$；

D——经审定后的结算甲供材费用。

（5）建筑工程老项目有甲供材及已开具部分预付款营业税发票情况，已缴纳部分甲供材营业税金情况，工程结算价款应为：

$$A+E+(B-C-D/1.01)\times(1+相关简易计税税金费率)$$

式中 A——已开具部分预付款营业税发票中的营业收入额；

B——经审定后的含增值税进项额的税前工程总造价；

C——已开具部分预付款营业税发票中的营业收入额中的含增值税进项额的税前工程造价，即 $A/(1+$江苏省建设工程费用定额中相关税金税率$)$；

D——经审定后的结算甲供材费用；

E——已缴纳部分甲供材的营业税税额。

3.3.5 一般计税方法

根据住房城乡建设部办公厅《关于做好建筑业"营改增"建设工程计价依据调整准备工作的通知》（建办标〔2016〕4号）规定的计价依据调整要求，"营改增"后，采用一般计税方法的建设工程费用组成中的分部分项工程费、措施项目费、其他项目费、规费中均不包含增值税可抵扣进项税额。

一般计税方法下建设工程造价计算公式：

$$建设工程造价=税前工程造价\times(1+9\%)$$

其中，税前工程造价中不包含增值税可抵扣的进项税额，即组成建设工程造价的要素价格中，除无增值税可抵扣项的人工费、利润、规费外，材料费、施工机具使用费、管理费等均按扣除增值税可抵扣进项税额后的价格（以下简称"除税价格"）计入。由于计费基础发生变化，费用定额中管理费、利润、总价措施项目费、规费费率需相应调整。现行各专业计价定额中的材料预算单价、施工机械台班单价均按除税价格调整。同时，城市建设维护税、教育费附加及地方教育附加，不再列入税金项目内，调整放入企业管理费中。

1. 企业管理费组成内容中增加附加税：国家税法规定的应计入建筑安装工程造价内的城市建设维护税、教育费附加及地方教育附加。

2. 甲供材料和甲供设备费用应在计取现场保管费后，在税前扣除。

3. 税金定义及包含内容调整为：税金是指根据建筑服务销售价格，按规定税率计算的增值税销项税额。

4. 工程计价费用要素体系调整。

扣除工程计价费用要素中可抵扣的进项税额后，各项费用均按人工费及机械费为计算基础的，"营改增"之后机械费按除税价格计算，造成计费基础减少。另外有关费用内容也发生变化，需要对相应费用费率进行测算调整。

1）人工费指按工资总额构成规定，支付给从事建筑安装工程施工的生产工人和附属生产单位工人的各项费用。增值税基础下不需调整。

2）材料费指施工过程中耗费的原材料、辅助材料、构配件、零件、半成品或成品、工程设备的费用。内容包括材料原价、运杂费、运输损耗费、采购及保管费等。组成内容及计算方法不变，组成内容应为除税价款。扣除材料原价、运杂费、运输损耗费中可抵扣进项税额；"两票制"材料原价、运杂费及运输损耗费按以下方法分别扣减：材料原价以购进货物适用的税率扣减。运杂费以接受交通运输业服务适用税率扣减。运输损耗费随材料原价和运杂费扣减而扣减。

"一票制"材料原价、运杂费及运输损耗费按以下方法分别扣减：

材料原价＋运杂费以购进货物适用的税率或征收率扣减。

运输损耗费运输过程所发生损耗增加费，以运输损耗率计算，随材料原价和运杂费扣减而扣减。

采购及保管费一般不包含进项税额，费用水平（发生额）也不会因为"营改增"而发生变化。

3）施工机具使用费指施工作业所发生的施工机械、仪器仪表使用费或其租赁费。

组成内容及计算方法不变，但组成内容应为除税价款。扣除台班单价组成折旧费、大修费、经常修理费、场外运输费、燃料动力费所包括的可抵扣进项税额。扣除摊销费、维修中可抵扣进项税额。台班折旧费以购进货物适用的税率或相应征收率扣减。台班大修费以接受修理修配劳务适用的税率扣减。台班经常修理费考虑自修，不考虑扣减。台班安拆费一般按自行安拆考虑，不予扣减。台班场外运输费以接受交通运输业服务适用税率扣减。场外运输占安拆及场外运输费的60%。台班人工费组成内容为工资总额，不予扣减。

4）企业管理费包括管理人员工资、办公费、差旅交通费、固定资产使用费、工具用具使用费、劳动保险和职工福利费、劳动保护费、检验试验费、工会经费、职工教育经费、财产保险费、财务费、税金及其他等。其中，办公费：指企业管理办公用的文具、纸张、账表、印刷、邮电、书报、办公软件、现场监控、会议、水电、烧水和集体取暖降温（包括现场临时宿舍取暖降温）等费用。以购进货物适用的相应税率扣减。

固定资产使用费：指管理和试验部门及附属生产单位使用的属于固定资产的房屋、设备、仪器等的折旧、大修、维修或租赁费。除房屋的折旧、大修、维修或租赁费不予扣减外，设备、仪器的折旧、大修、维修或租赁费以购进货物或接受修理修配劳务和租赁有形动产服务适用的税率扣减。

工具用具使用费：指企业施工生产和管理使用的不属于固定资产的工具、器具、家具、交通工具和检验、试验、测绘、消防用具等的购置、维修和摊销费。以购进货物或接受修理修配劳务适用的税率扣减。

检验试验费以接受试点"营改增"的部分现代服务业适用的税率扣减。

现行企业管理费其他内容:不包含进项税额,可视作增值税税率为"0"。

5)利润:组成内容及计算方法不变,不存在可抵扣的进项税额。可视作增值税税率为0。应在保证利润水平(获利额)不变的前提下,调整费率。

6)规费:组成内容及计算方法不变,不存在可抵扣的进项税额。可视作增值税税率为0。规费水平(缴费额)无变化,调整费率。

5. 一般计税方法计价取费:税前工程造价为人工费、材料费、施工机具使用费、企业管理费、利润和规费之和,各费用项目均以不包含增值税(可抵扣进项税额)的价格组成。

3.3.6 "营改增"计价纠纷实例

"营改增"以来,在工程建设中实际存在两种方式,一种是增值税计价方式,由承发包双方根据合同中关于计价方式的约定,选择简易计税计价方式或是一般计税计价方式,结合合同计价条款的约定,形成工程结算价款。另一种方式则为增值税缴税方式,由税务部门在双方约定好的工程价款即销售额的基础上,根据税法的规定,结合本工程税务项目登记时的缴税方式,按一般计税方式或简易计税方式收取其增值税税额。前者属于承发包双方的商业行为,后者属于国家税务部门的税收行为,二者并无直接关联。在营业税时期,工程价款中的税金即为实际缴纳的税金,而在"营改增"之后,由于各种复杂的因素,工程价款中计取的税金则未必是实际缴纳或承担的税金,因此需要在实际工作中,尽量使工程的增值税计价方式和缴税方式相一致,以体现公平公正的原则。

【造价纠纷】 承包人开具发票类型与合同价款不一致时产生纠纷。

某一般计税工程 2016 年 8 月签订合同,招标文件及施工合同均约定为一般计价方式,根据合同约定计价条款经审定本工程结算价款为 50 万元×(1+11%)=55.5 万元。然而本工程招投标时没有针对投标人纳税人身份作出明确规定,中标人在签订合同时为小规模纳税人身份,在 2017 年 7 月开具工程发票时,仅能开具简易计税增值税发票,发票金额为 20 万元,其组成为 19.42 万元+0.58 万元(销项税税额)。2017 年 9 月该施工企业获得一般纳税人身份,剩余工程款应开具一般计税增值税专用发票,即还剩价款 55.5 万元−20 万元=35.5 万元需要结清,而此时施工企业必须开具一般计税方式增值税专用发票,即 31.98 万元+3.52 万元(销项税税额)=35.5 万元。在工程结算审计阶段,审计方认为承包人没有按合同价款相应地开具专用增值税发票,发包人没有获得足够的进项税用于抵扣,因此要调整其合同价款,将第一次开票金额中相对应结算价款中的税金调整为 3%,即调整价款为 20÷1.11×1.03=18.56 万元,由此产生工程造价纠纷。

【纠纷分析】 本工程作为工程价款结算审核而言,工程结算价款的计价依据应为招标文件、投标文件以及施工合同约定等相应条款,根据本工程招标文件的要求为一般计税方式,以审定的不含税造价×(1+增值税税率)确定最终的工程结算价款即可,而除此之外的施工企业如何开具工程发票,如何用材料发票抵扣销项税等均已不属于工程价款结算范畴,实则无须在工程价款结算中考虑以上因素,因为以上种种,并不在合同约定价款调整范畴之内。

【建议与意见】 然而,有关单位对此类工程计税方式的问题仍然应提起足够重视,工程计税方式不变，纳税人性质不变，则比较简单，在结算时调整增值税税率即可，保证施工企业在工程计价和税务两个方面销项税计取口径一致即可。

而本工程面临的工程计税方式不变，纳税人性质改变的问题则比较复杂。本工程在招投标时，并没有设定中标人的身份为一般纳税人，为工程结算留下了隐患。施工企业以小规模纳税人的身份中标，签订了施工合同并无不妥，但是在施工过程中开具的工程款发票，却只能开具简易计税增值税发票，即同样开具的 20 万元工程发票，均应视为双方已结清的工程款项。作为结算依据，如果建设单位对于发票及其进项税没有要求，只要保证发票金额总额与结算价款总额保持一致即可。而如果建设单位对于发票及其进项税有要求时，经分析，如果施工企业第一次开具的为一般纳税增值税发票时，其 20 万元工程款发票组成应为 18.01 万元＋1.99 万元（销项税税额），建设单位由此取得 1.99 万元的进项税进行抵扣，而之前施工企业所开具的发票无法进行抵扣，如此差距的金额不应在工程结算价款中体现，应在财务决算中进行协调分摊。同时在财务决算中也要厘清出现此类事情的责任主体，如属于施工企业的原因或责任，则应由施工企业在财务决算中承担这项费用，如果不属于施工企业的原因，这笔费用如何分摊，应由双方签订补充协议，本着实事求是、公平公正的原则合理计算。

【纠纷争议】 固定总价合同如遇税率变化如何调整价款。

某一般计税工程，2017 年签订合同，合同约定为固定总价合同，合同价款中的销项税率为 11%，材料进项税税率为 17%，合同明确约定国家法律、法规、规章和政策发生变化，如涉及人工及税率变化等，一律不予调整工程价款。本工程在 2018 年 7 月办理工程结算，之前未预付工程款及开具工程发票。在结算审计过程中审计方提出根据《财政部 国家税务总局关于调整增值税税率的通知》（财税〔2018〕32 号）文件精神，本工程在 2018 年 10 月之后办理工程结算并开具增值税发票时，应缴纳 10% 的增值税，同时 2018 年 5 月 1 日之后建筑材料增值税税率改为 16%，而施工企业之前已经采购了大量的建筑材料并开具了含 17% 的增值税进项税，施工企业可以得到更多的抵扣，因此本工程在计取工程结算价款时应将合同总价中的税率改为 10%，并且应调整合同中的材料费用，由此产生工程造价纠纷。

【纠纷解决】 本工程为一般计税工程，2017 年签订固定总价时，所计取增值税税金为 11%，而根据有关文件精神，自 2018 年 5 月 1 日起纳税人发生增值税应税销售行为或者进口货物，原适用 17% 和 11% 税率的，税率分别调整为 16%、10%；同时工程造价计价依据中增值税税率由 11% 调整为 10%。工程结算价款的确定应按合同约定履行，本工程为固定总价合同，合同中已经明确约定如遇人工及税率等国家法律、法规、规章和政策发生变化时，工程总价不予调整，因此本工程在工程结算时，根据合同约定，原造价中的税金应不予调整。至于施工企业如何缴纳增值税，如何用进项税抵扣销项税，则不在工程价款结算调整范畴之内。

【纠纷争议】 固定单价合同如遇税率变化如何调整价款。

【纠纷分析】 某一般计税工程，2017 年签订合同，合同约定为固定单价合同，其中如合同约定国家法律、法规、规章和政策发生变化，如涉及人工及税率变化等，应予以调整价款。本工程在 2018 年 10 月办理工程结算，其在 2018 年 5 月 1 日之前已预付工程款并开具工程发票。在结算审计过程中审计方提出根据《财政部 国家税务总局关于调整增值税税率的通知》（财税〔2018〕32 号）文件精神，本工程在 2018 年 10 月之后办理工程结算并开具增值税发票时，应缴纳 10% 的增值税，因此在计取工程结算价款时应将合同价款中的税率改为 10%，施工企业则认为应按 2018 年 5 月 1 日为界划分其工作量，之前完成的工作量按 11% 计算，之后则按 10% 计算其税金，由此产生工程造价纠纷。

【纠纷解决】　本工程为一般计税工程，2017 年签订合同时，所计取增值税税金为 11%，而根据有关文件精神，自 2018 年 5 月 1 日起纳税人发生增值税应税销售行为或者进口货物，原适用 17% 和 11% 税率的，税率分别调整为 16%、10%；同时工程造价计价依据中增值税税率由 11% 调整为 10%。本案例中造价纠纷争议双方所持观点均存在一定问题，审计方认为本工程在 2018 年 5 月 1 日之后办理竣工结算，因此竣工结算价款应全按 10% 计算增值税金，但在 5 月 1 日之前，施工方已开具过工程预付价款发票，即已按 11% 缴纳增值税销项税额，但如果此部分工程价款在办理工程结算时只能按 10% 计取其增值税销项税额，则显失公平；而本造价纠纷中施工企业认为应按 2018 年 5 月 1 日为分界点，在此时间点前后发生的实际工程量分别计取相应的增值税税金，其观点也有失偏颇。一般情况下，税务部门是按照纳税义务发生时间开具增值税发票并计取增值税销项税额，纳税义务发生时间是指纳税人发生应税行为并收讫销售款项或者取得索取销售款项凭据的当天，先开具发票的为开具发票的当天。也即税务部门对于建筑业增值税销项税额的计取，一般情况是在开具建筑业增值税发票时进行的，如果在 2018 年 5 月 1 日之前开具发票，其税率为 11%，之后则为 10%，增值税销项税额＝[开票金额/(1＋增值税税率)]×增值税税率。而工程结算价款审计阶段，遇到税金变动的情况，则应尽量保证施工企业缴纳多少税金即应计取多少税金，即上述公式中开票金额应与工程总价相对应，增值税税率则应与实际缴纳时间的税率相对应，方能体现公平合理、实事求是的原则。

因此建设工程（一般计税方法）执行固定价格合同或可调价格合同，如合同约定国家法律、法规、规章和政策发生变化应予以调整价款的，其工程结算中的税金税率调整办法如下：

1. 2018 年 5 月 1 日起尚未办理工程结算的建设工程（一般计税方法），如 2018 年 5 月 1 日前未缴纳过增值税，在工程结算中税金税率从 11% 调整为 10%，工程造价计算公式调整为：工程造价＝税前工程造价×(1＋10%)。

2. 2018 年 5 月 1 日起尚未办理工程结算的建设工程（一般计税方法），如 2018 年 5 月 1 日前已缴纳过增值税，在工程结算中未开具增值税发票部分工程价款税金税率从 11% 调整为 10%，工程造价计算公式调整为：

$$A×(1＋11\%)＋B×(1＋10\%)$$

式中　A——2018 年 5 月 1 日前已经开具增值税发票中的税前工程价款；

　　　B——2018 年 5 月 1 日后开具增值税发票的税前工程价款。

如某一般计税工程，合同约定固定单价合同，政策性文件应调整，经结算审定后其税前造价应为 1000 万元，该工程在 2018 年 3 月 1 日已开具了 300 万元工程款发票，因此本工程在工程结算时按 1000 万元×(1＋10%)＝1100 万元计算实为不妥。因为本工程上述部分工程预付款应视为双方已结清部分工程价款，并已按 11% 缴纳了增值税销项税金，其中税前造价为 300 万元/(1+11%)＝270.27 万元，已缴纳增值税销项税额为 300 万元/(1+11%)×11%＝29.73 万元。剩余部分工程款在 2018 年 10 月 30 日结清并开具工程发票，该部分款项则应按 10%缴纳增值税销项税，因此本工程最终结算价款应为：$A×(1+11\%)+B×(1+10\%)$＝270.27 万元×(1+11%)+(1000 万元−270.27 万元)×(1+10%)＝1102.70 万元。

【纠纷争议】 按营业税计税方式计价的新项目如何调整合同计价方式？

某工程于 2016 年 4 月 28 日经招投标确认承包人，2016 年 5 月签订施工合同时，发包人提出 2016 年 5 月 1 日之后签订合同的工程属于新工程，应将其中标价款按一般增值税计税方式进行调整，然后再签订合同，由此产生工程造价纠纷。

【纠纷分析】 本工程于 2016 年 4 月份进行招投标，其招标控制价及投标报价均为营业税计税方式，且投标报价过程中也未要求承包人考虑"营改增"因素，因此报价当中工料机价格并不全然包含增值税。如按发包人要求，将营业税计税方式的中标价款按 17%的增值税税率除税之后，再按 11%计算增值税后作为合同价款，此种做法显然令承包人无法承受，同时也不符合本工程招标文件的要求。

【纠纷解决】 根据《财政部 国家税务总局关于全面推开营业税改征增值税试点的通知》(财税〔2016〕36 号)相关规定，一般纳税人以清包工方式提供的建筑服务、一般纳税人为甲供工程提供的建筑服务、一般纳税人为建筑工程老项目提供的建筑服务可以选择适用简易计税方法计税。建筑工程老项目是指：《建筑工程施工许可证》注明的合同开工日期在 2016 年 4 月 30 日前的建筑工程项目。本工程合同签订时间在 2016 年 4 月 30 日，不属于建筑工程老项目，但本工程由发包人提供设备 450 万元，应属于甲供工程，经双方协商一致，工程计价方式采用简易计税方法。计价原则遵照执行《财政部 国家税务总局关于全面推开营业税改征增值税试点的通知》(财税〔2016〕36 号)、《省住房城乡建设厅关于建筑业实施营改增后江苏省建设工程计价依据调整的通知》(苏建价〔2016〕154 号)发布的"营改增"相关政策性文件规定调整合同价。

根据《省住房城乡建设厅关于建筑业实施营改增后江苏省建设工程计价依据调整的通知》(苏建价〔2016〕154 号)第五条的规定"简易计税方法下，建设工程造价除税金费率、甲供材料和甲供设备费用扣除程序调整外，仍按营改增前的计价依据执行"。该通知附件 1 "《江苏省建设工程费用定额》(2014 年)营改增后调整内容"第二条第（二）项简易计税方法的规定："以包含增值税可抵扣进项额的税前工程造价为计费基础，税金费率为：市区 3.36%、县镇 3.30%、乡村 3.18%"。本工程只需将税金费率由 3.477%调整为 3.36%，甲供材料和甲供设备费用应在计取现场保管费后，在税前扣除，其余计价原则及计价标准不需要再行更改。此外本工程价款变更调整办法仍按原合同执行，并不需要推翻原有招投标结果，因此最终由发包人与承包人双方根据上述原则签订补充协议，作为本工程实施的依据。

【造价纠纷】 分包工程结算纠纷。

某简易计税工程，总承包人已进行该工程项目简易计税方法备案，同时该工程中的分包工程在分包工程招标文件中要求分包单位也按照简易计税报价，分包人按照简易计税方法报价并签订分包工程合同。但在实际施工过程中，分包人具备一般纳税人资格，因此分包工程按照一般计税方法计税，并向总承包人单位开具了一般计税专用发票。总承包人认为分包人按照一般计税方法计税，违反了分包合同约定，增加了总承包人的税务负担，拒绝接受该发票，由此产生工程造价纠纷。

【纠纷分析】 本工程分包工程投标报价时，分包人根据分包工程招标文件的要求进行了简易计税方式的报价并签订合同，在计价方面并未违背合同约定。但本分包工程在其招标文件及分包合同中并未对于计税方法即分包人开具何种发票作出明确约定，而本分包工程作为新项目，分包人并未在税务部门登记为简易计税工程而最终选择了一般计税方式，开具了一般计税专用增值税发票，同样也未违背相关税法以及本工程合同约定。本工程总承包人根据简易计税方法的应纳税额计算公式，应纳税额＝（全部价款和价外费用－分包款)÷1.03×3％，总承包人和分包人之间仍按分包合同的价款进行结算，不管分包人采取何种计税方法，均不影响总承包人的应纳税额。因此本工程总承包人可以接收分包人一般计税专用增值税发票。

【纠纷争议】 建筑材料增值税税率下调，工程税金应否调整？

某一般计税工程，2017年签订合同，合同约定为固定总价合同，其中约定国家法律、法规、规章和政策发生变化，如涉及人工及税率变化等，一律不予调整价款。本工程在2018年7月办理工程结算，之前未预付工程款及开具工程发票。在结算审计过程中审计方提出根据《财政部、税务总局关于调整增值税税率的通知》（财税〔2018〕32号）文件精神，本工程在2018年10月之后办理工程结算并开具增值税发票时，应激纳10％的增值税，同时2018年5月1日之后建筑材料增值税税率改为16％，而施工企业之前已经采购了大量的建筑材料并开具了含17％增值税进项税的发票，施工企业可以得到更多的抵扣。因此本工程在计取工程结算价款时应将合同总价中的税率改为10％，并且应调整合同中的材料费用，由此产生工程造价纠纷。

【纠纷解决】 本工程为一般计税工程，2017年签订固定总价时，所计取增值税税金为11％，而根据有关文件精神，自2018年5月1日起纳税人发生增值税应税销售行为或者进口货物，原适用17％和11％税率的，税率分别调整为16％、10％；同时工程造价计价依据中增值税税率由11％调整为10％。工程结算价款的确定应按合同约定履行，本工程为固定总价合同，合同中已经明确约定如遇人工及税率等国家法律、法规、规章和政策发生变化时，工程总价不予调整，因此本工程在工程结算时，根据合同约定，原造价中的税金应不予调整。至于施工企业如何激纳增值税，如何用进项税抵扣销项税，则不在工程价款结算范畴之内。

第 4 章

建筑安装工程工期定额

4.1 工期定额的适用范围

工期定额适用于新建和扩建的建筑安装工程。

4.2 工期定额的作用

工期定额是国有资金工程在可行性研究、初步设计、招投标阶段确定工期的依据，非国有资金投资工程参照执行，是签订建筑安装工程施工合同的基础。

【造价纠纷】 某工程在签订施工合同时，施工企业认为应当以工期定额中的工期作为合同工期，由此产生工程造价纠纷。

【纠纷分析】 工期定额是签订建筑安装工程施工合同、确定合理工期的基础。双方签订的合同工期可以是定额工期，也可以与定额工期不一致。这是因为，确定工期条件是一种不确定因素，当某一种条件发生变化时，可能导致最后的工期不一致。例如，同一规模、同一结构类型、同一使用功能的工程，因施工方案的不同，工期会出现若干种结果。工期定额是按合理的劳动组织，以施工企业技术装备和管理的平均水平确定的。定额工期不等于合同工期，定额工期是确定合理工期的基础。但值得提出的是，合同工期总是围绕定额工期上下波动的。此外工期定额是施工企业编制施工组织设计、确定投标工期、安排施工进度的参考。施工企业编制施工组织设计（施工方案）必须以工期定额为上限，凡超过者均为非优方案，在招标文件中工期是以工期定额为依据的，投标方必须在多方案中选择最优方案，确定投标工期可以是等于定额工期，或小于定额工期。

4.3 工期定额地区类别划分

我国各地气候条件差别较大，按其省会或首府气候条件为基准划为Ⅰ、Ⅱ、Ⅲ三类地区，工期天数分别列项。

Ⅰ类地区省会所在地近 10 年平均气温在 15℃以上，最冷月份平均气温 0℃以上，全年日平均气温等于或小于 5℃的天数在 90d 以内的地区，包括上海、江苏、浙江、安徽、福建、江西、湖北、湖南、广东、广西、四川、贵州、云南、重庆、海南。

Ⅱ类地区省会所在地近 10 年平均气温 8～15℃，最冷月份平均气温在 -10～0℃之间，全年日平均气温等于或小于 5℃的天数在 90～150d 以内的地区，包括北京、天津、河北、山西、山东、河南、陕西、甘肃、宁夏。

Ⅲ类地区省会所在地近10年平均气温8℃以下，最冷月份平均气温在−10℃以下，全年日平均气温等于或小于5℃的天数在150d以上的地区，包括内蒙古、辽宁、吉林、黑龙江、西藏、青海、新疆。

因此上海、江苏、浙江、安徽等地为Ⅰ类地区并以此为依据计算定额工期。

4.4 定额工期中结构的划分

框架-剪力墙结构工期按照剪力墙结构工期计算。

【纠纷争议】 某短肢剪力墙结构住宅工程在执行《建筑安装工程工期定额》（TY 01-89—2016）计算其定额工期时，施工企业认为应根据其施工特点套用全现浇框架结构住宅工程，由此产生工程造价纠纷。

【纠纷分析】 执行工期定额时，全现浇结构在设计中称为全现浇剪力墙结构，为了区别于框架结构中的剪力墙，工期定额从施工角度称之为现浇剪力墙结构。此结构的构造特点是承重墙和楼板均为现浇钢筋混凝土，并包括电梯筒壁，广泛应用于高层住宅和宾馆、饭店。框架结构分为柱、板框架系统，柱、梁、板框架系统，如图4-1所示，剪力墙框架系统。工期定额中由柱、纵梁、横梁组成的框架来支承屋顶与楼板荷载的结构，称为框架结构。框架-剪力墙结构，除有柱、梁以外，某些部位还设置了纵、横剪力墙，其平面图如图4-2所示。在执行《建筑安装工程工期定额》（TY 01-89—2016）时，框架-剪力墙结构按照剪力墙结构工期计算，因此本短肢剪力墙结构住宅工程定额工期应按现浇剪力墙结构进行计算。

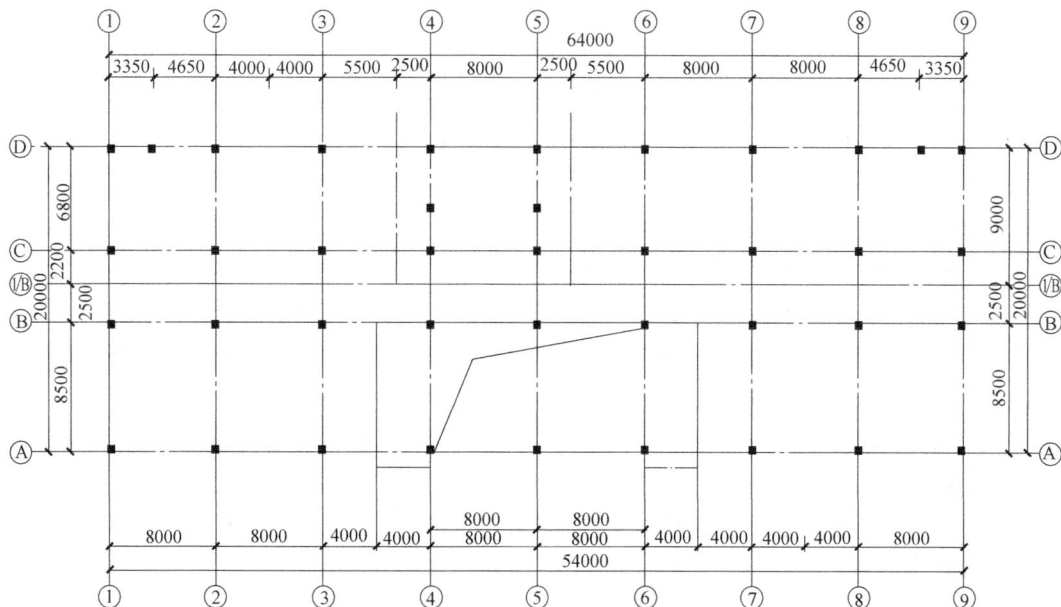

图4-1 框架结构平面图

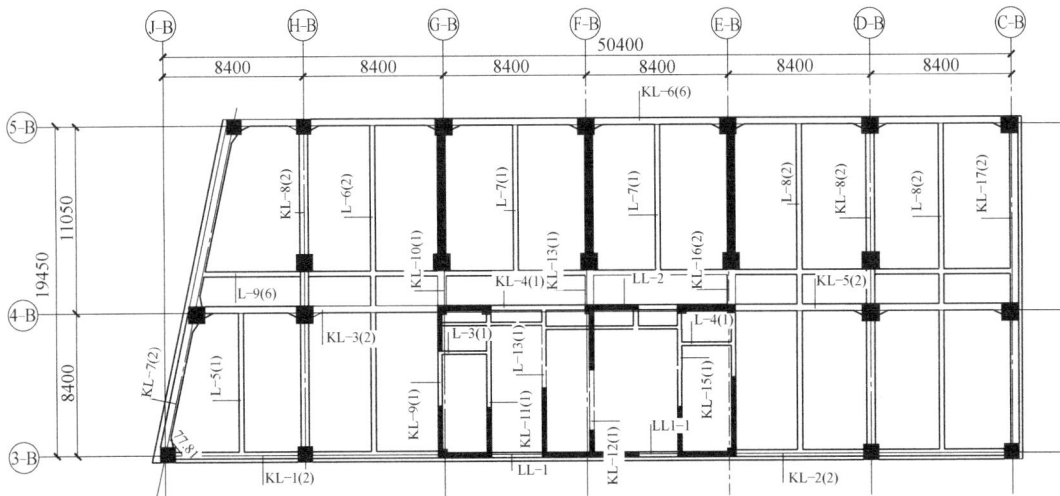

图 4-2　框架-剪力墙结构平面图

4.5　施工工期的调整

1. 施工过程中，遇到不可抗力、极端天气或政府政策性影响施工进度或暂停施工的，按照实际延误的工期顺延。

2. 施工过程中发现实际地质情况与地质勘察报告出入较大的，应按照实际地质情况调整工期。

3. 施工过程中遇到障碍物或古墓、文物、化石和流砂、溶洞、暗河、淤泥、石方、地下水等需要进行特殊处理且影响关键线路时，工期相应顺延。

4. 合同履行过程中，因非承包人原因发生重大设计变更的，应调整工期。

5. 其他非承包人原因造成的工期延误应予以顺延。

【纠纷争议】　某工程因施工噪声及环境污染问题遭到工地周边居民阻挠施工，导致工期延误，承包人提出应顺延工期，由此产生工程造价纠纷。

【纠纷分析】　一般情况下，遇到不可抗力、极端天气、政府政策性影响施工进度或暂停施工，定额施工工期按延误的工期顺延。施工过程中能够发现地质情况与地质勘察报告有较大出入应按实际地质情况调整工期。遇到障碍物、古墓、文物、化石、溶洞、暗河、淤泥、石方、地下水等需要进行特殊处理且影响关键线路的工期相应顺延。合同履行过程中非承包人原因发生重大设计变更应调整工期。其他非承包人原因引起的工期延误也应予以顺延。增加工期的范围包括：坑底打基础桩；开挖一层土方后，再打护坡桩的工程，增加不超过 50d 的工期；基础施工遇到障碍物或古墓、文物、流砂等需要进行基础处理等，增加的天数由承发包双方协商确定。

因此本工程属于承包人自身原因导致工程延误，其工期不应予以顺延。

【纠纷争议】　某工程地质勘察报告中显示工程所在地地下有部分暗河，合同约定工程所在地所有暗河、河塘、流砂、淤泥以及障碍物清理回填及降水等措施费用等由承包人根据本工程地质勘察报告内容进行投标报价，其所有清理回填及降水等措施费含在投标报价中包干使用，结算时其工程价款不因地质情况变化等因素作任何调整。在工程施工过程中，基础土方开挖后发现，除了工程地质勘察报告所标注的暗河、河塘之外，仍有大面积的暗河需另行处理，增加了施工工期。承包人据此申请延长工期，发包人认为根据合同约定其工程价款不因地质情况变化等因素作任何调整，因此工期也不应作出调整，由此产生工程造价纠纷。

【纠纷分析】 施工过程中遇到障碍物或古墓、文物、化石、流砂、溶洞、暗河、淤泥、石方、地下水等需要进行特殊处理且影响关键线路时，实际地质情况与地质勘察报告出入较大的工期相应顺延或按照实际地质情况调整工期。本工程施工时发现有工程地质勘察报告之外的淤泥、河塘等造成工作内容增加，而合同中的约定只是针对其工程价款不作调整，并未约定工期不作调整，因此本工程工期应作相应延长。

4.6　群体工程工期计算

一个承包方同时承包 2 个以上（含 2 个）单项（位）工程时，工期的计算以一个单项（位）工程的最大工期为基数，加其他单项（位）工程工期总和乘相应系数计算：加一个乘 0.35 系数，加 2 个乘 0.2 系数，加 3 个乘 0.15 系数，加 4 个以上的单项（位）工程不另增加工期。

加 1 个单项（位）工程计算公式：

$$T = T_1 + T_2 \times 0.35$$

加 2 个单项（位）工程计算公式：

$$T = T_1 + (T_2 + T_3) \times 0.2$$

加 3 个单项（位）工程计算公式：

$$T = T_1 + (T_2 + T_3 + T_4) \times 0.15$$

其中，T 为工程总工期。T_1、T_2、T_3、T_4 为所有单项（位）工程工期最大的前 4 个，按其数量大小降序排列。

4.7　定额工期所含内容

1. 定额工期是指自开工之日起，到完成各章、节所包含的全部工程内容并达到国家验收标准之日的日历天数（包括法定节假日），不包括三通一平，打试验桩、地下障碍物处理、基础施工前的降水和基坑支护时间，竣工文件编制所需的时间。

定额工期内容包括建筑、安装、结构、装饰等工程内容。

2. 定额工期内装饰装修工程按一般装修标准考虑，低于一般装修标准按照相应工期乘以系数 0.95，中级装修按照相应工期乘以系数 1.05，高级装修按照相应工程乘以系数 1.20 计算。划分标准见表 4-1。

装修标准划分表 表 4-1

项目	一般	中级	高级
内墙面	一般涂料	贴面砖、高级涂料、贴墙纸、镶贴大理石、木墙裙	干挂石材、铝合金条板、镶贴石材、乳胶漆三遍及以上、贴壁纸、锦缎软包、镶板墙面、金属装饰板、造型木墙裙
外墙面	勾缝、水刷石、干粘石、一般涂料	贴面砖、高级涂料、镶贴石材、干挂石材	干挂石材、铝合金条板、镶贴石材、弹性涂料、真石漆、幕墙、金属装饰板
天棚	一般涂料	高级涂料、吊顶、壁纸	高级涂料、造型吊顶、金属吊顶、壁纸
楼地面	水泥、混凝土、塑料、涂料、块料地面	块料、木地板、地毯楼地面	大理石、花岗石、木地板、地毯楼地面
门窗	塑钢窗、钢木门(窗)	彩板、塑钢、铝合金、普通木门(窗)	彩板、塑钢、铝合金、硬木、不锈钢门(窗)

其中高级装修为内外墙面、楼地面每项分别满足3个以上高级项目，天棚、门窗每项分别满足2个及以上高级装修项目，并且每项装修项目的面积之和占相应装修项目面积70%以上者。中级装修为内外墙面、楼地面、天棚、门窗每项分别满足2个及以上中级装修项目，并且每项装修项目的面积之和占相应装修项目面积70%以上者。以上标准中"每项装修项目的面积"是指墙面按垂直投影面积计算的相应装修工程量，楼地面、天棚按水平投影面积计算的相应装修工程量，门窗按相应的外围尺寸计算的工程量，标准中"占相应装修面积"是指墙面、天棚、楼地面、门窗装修的相应工程量。

【纠纷争议】 《建筑安装工程工期定额》(TY 01-89—2016)中所计算出的工期是指单项工程工期还是单位工程工期，易引起争议。

【纠纷分析】 《建筑安装工程工期定额》(TY 01-89—2016)所指定额工期为单项工程工期，即从基础破土开工(或原桩位打基础桩)起至完成建筑安装工程全部内容，并达到国家验收标准之日止的全过程所需的日历天数，其以日历天数为计量单位而不是有效工作天数，也不是法定工作天数。

单项工程开工日期是指单项工程正式开始施工的日期，建筑工程以正式破土刨槽为准，采用桩基的工程，以原桩位打正式桩为准。但在单项工程正式开始施工之前的各项准备工作，如平整场地、地上地下障碍物的处理、定位、放线等以及在原桩位打试验桩、在原地打护坡桩等不算正式开工。

【纠纷争议】 某总承包项目，总承包内容包括桩基础工程、建筑安装工程及精装修工程，在计算该项目定额工期时，发包人认为桩基础工程以及精装修工程都已包含在建筑安装工程工期内不应增加其工期，承包人认为桩基础工程应另算，由此产生工程造价纠纷。

【纠纷分析】 计算建筑工程定额工期时，总承包内容包括桩基础，其定额工期中桩基础工期不包含在单项工程工期内，应另行计算，同时精装修工程应根据其装修等级另行调整。

4.8　工期定额项目划分

1. ±0.000 以下工程划分为无地下室和有地下室两部分。无地下室项目按基础类型及首层建筑面积划分，有地下室项目按地下室层数、地下室建筑面积划分。其工期包括 ±0.000 以下全部工程内容，但不含桩基工程。±0.000 以下工程工期，无地下室按首层建筑面积计算，有地下室按地下室建筑面积总和计算。

2. ±0.000 以上工程按工程用途、结构类型、层数（檐高）及建筑面积划分。其工期包括 ±0.000 以上结构、装修、安装等全部工程内容。±0.000 以上工程工期，按 ±0.000 以上部分建筑面积总和计算。

【造价纠纷】　某工程计算定额工期时，层数或建筑面积超出工期定额所列出层数或建筑面积指标，如何计算其工期，易产生工程造价纠纷。

【纠纷分析】　当单项工程层数超出工期定额中所列层数时，工期可按定额中对应建筑面积的最高相邻层数的工期差值增加。而"层差"与"面差"工期计算方法是有所区别的，所谓层差是指设计的层数与工期定额的层数不同，称为层差。如某全现浇住宅工程，设计为 24 层，工期定额为 20 层，层差为 4 层。所谓面差是指设计的建筑面积与工期定额的建筑面积不同，称为面差。层差按工期定额规定，允许计算工期。理由是层数的变化影响主导工序。从工期的网络图可以看到，层数是工期的关键线路，因此，层数的增加意味着工期的增加。面差则为当建筑面积超过一定值时，建筑面积不断地增大，可工期有可能不变，其工期不增加的理由是面积的变化不是影响工期的主要因素。在一个平面中，当面积大到一定程度，可以形成流水段作业或分区作业。从工期的网络图可以看到，面积是工期的平行线路，因此，工期定额设置了建筑面积×××m^2 以外子目，面积增加，工期原则不变。

4.9　民用建筑定额工期计算方法

民用建筑工程按用途可分为居住建筑、办公建筑、旅馆酒店建筑、商业建筑、居民服务建筑、文化建筑、教育建筑、体育建筑、卫生建筑、科研建筑、交通建筑、人防建筑、广播电影电视建筑等。

4.9.1　民用建筑定额工期计算一般规定

1. 民用建筑工程单项工程总工期：
±0.000 以下工程工期＋±0.000 以上工程工期
2. 单项工程±0.000 以下由 2 种或 2 种以上类型组成时，按不同类型部分的面积查出相应工期，相加计算。
3. 单项工程±0.000 以上结构相同，使用功能不同，无变形缝时，按使用功能占建筑面积比重大的计算工期，有变形缝时，先按不同使用功能的面积查出相应工期，再以其中一个最大工期为基数，另加其他部分工期的 25％计算。
4. 单项工程±0.000 以上由 2 种或 2 种以上结构组成，无变形缝时，先按全部面积查出不同结构的相应工期，再按不同结构各自的建筑面积加权平均计算；有变形缝时，先按不同结构各自的面积查出相应工期，再以其中一个最大工期为基数，另加其他部分工期的25％计算。

5. 单项工程±0.000以上层数不同，有变形缝时，先按不同层数各自的面积查出相应工期，再以其中一个最大工期为基数另加其他部分工期的25％计算。

6. 单项工程±0.000以上分成若干个独立部分时，参照本书4.6节群体工程工期计算方法计算工期，如果±0.000以上有整体部分，将其并入工期最大的单项工程中计算。

7. ±0.000以上超高层建筑单层平均面积按主塔±0.000以上总建筑面积除以地上总层数计算。

4.9.2　居住建筑定额工期计算

居住建筑按使用功能不同可分为别墅、公寓、普通住宅、集体宿舍等，按照地上层数和高度分为低层建筑、多层建筑、高层建筑和超高层建筑。根据现行国家标准《民用建筑设计统一标准》GB 50352—2019，居住建筑按地上建筑高度或层数进行分类应符合下列规定：建筑高度不大于27.0m的住宅建筑为低层或多层民用建筑；建筑高度大于27.0m的住宅建筑且高度不大于100.0m的，为高层民用建筑；建筑高度大于100.0m为超高层建筑。

4.9.3　办公建筑定额工期计算

办公建筑是指企业、事业、机关、团体、学校、医院等单位的办公用房，也包括商务办公用房，按地上层数和高度可分为低层建筑、多层建筑、高层建筑、超高层建筑。根据现行国家标准《民用建筑设计统一标准》GB 50352—2019，办公建筑按地上建筑高度或层数进行分类应符合下列规定：建筑高度不大于24.0m的公共建筑及建筑高度大于24.0m的单层公共建筑为低层或多层民用建筑；建筑高度大于24.0m的非单层公共建筑，且高度不大于100.0m的，为高层民用建筑；建筑高度大于100.0m为超高层建筑。

4.9.4　教育建筑定额工期计算

教育建筑分为各种学校（包括大、中、小学校，职业学校，业余学校，党校，干校，工读学校以及幼儿园等）用于教学的教学楼、图书馆、体育馆、展览馆等，不包括学生及教工宿舍等。

4.9.5　文化建筑定额工期计算

文化建筑可分为文艺演出用房、艺术展览用房、图书馆、纪念馆、档案馆、博物馆、文化宫、游乐场馆、电影院（含影城）、宗教寺院以及舞厅、歌厅、游艺厅等用房。

4.9.6　卫生建筑定额工期计算

卫生建筑可分为各类医疗机构的病房、医技楼、门诊部、保健站、卫生所、化验室、药房、病案室等房屋。

4.10 工业及其他建筑定额工期计算

1. 工业建筑定额工期计算包括单层厂房、多层厂房、仓库、降压站、冷冻机房、冷库、冷藏间、空压机房、变电室、开闭所、锅炉房、服务用房、汽车库、独立地下工程、室外停车场、园林庭院工程。

2. 工业及其他建筑施工内容包括基础、结构、装修和设备安装等全部工程内容。但定额工期内不包括地下室工期，地下室工期执行民用建筑±0.000以下工程相应项目乘以系数0.70。

3. 单层厂房的主跨高度以9m为准，高度在9m以上时，每增加2m增加工期10d，不足2m者，不增加工期。多层厂房层高在4.5m以上时，每增加1m增加工期5d，不足1m者，不增加工期，每层单独计取后累加。

厂房主跨高度指自室外地坪至檐口的高度。

4. 园林庭院工程的面积按占地面积计算，包括一般园林、喷水池、花池、葡萄架、石椅、石凳等庭院道路、园林绿化等。

4.11 专业工程定额工期计算

专业工程包括机械土方工程、桩基工程、装饰装修工程、设备安装工程、机械吊装工程、钢结构工程等。当机械吊装、土方及打桩等工程量超出工期定额规定范围时，其工期按吊装、土方和打桩工程最后相邻两个子目的工期差值递增。

4.11.1 机械土方工程

机械土方工程指的是一般的工业与民用建筑的土方工程，包括场地平整、基坑、基槽、管沟等开挖与回填，不包括路基和一些特殊的土工构筑物，如防护堤、水坝、机坪及有密实度要求的填方工程。机械土方工程工期按不同挖深、土方量列项，包含土方开挖和运输，实际采用不同机械和施工方法时，不作调整。开工日期从破土开挖起开始计算，不包括开工前的准备工作时间。

【造价纠纷】 某工程机械土方工程，均为粉砂土层，该土方由建设单位单独发包，计算其定额工期时，挖土工程量为8300m³，部分挖土深度为4.5m及6.5m，承包人认为应按其挖土深度分开计算定额工期，由此产生工程造价纠纷。

【纠纷分析】 在工期定额中机械土方工程工期属于专业工程工期，指一般的工业与民用建筑的土方工程，包括场地平整、土方开挖和回填，不包括路基和一些特殊的土工构筑物、如防护堤、水坝、机坪及有密实要求的填方工程。其定额工期按照机械施工、人工辅助考虑，已综合不同施工机械，实际使用不同机械、不同施工方法，均不作调整。机械土方工程工期以不同挖深、土方量编制。计算机械土方工程定额时工期包括土方开挖、回填和运输等全部工程内容。机械土方工程的开工日期，从破土开挖起开始计算，不包括开工前的准备工作时间。若基础采用逆作法施工时，机械挖土方工期由甲乙双方协商确定工期。

本工程土方为Ⅰ、Ⅱ类土，应按最深的挖土深度套用定额，因此本工程应套用 4-23 定额子目挖土深度 10m 以内 9000m³ 以内，其定额工期为 14d。

4.11.2　桩基础工程定额工期计算

1. 桩基础工程工期定额依据不同土壤的类别条件编制，其中冲孔桩、钻孔工程桩穿岩层或入岩层时应适当增加工期，钻孔扩底灌注桩按同等条件钻孔灌注桩工期乘以系数 1.10 计算。同一工程采用不同成孔方式同时施工时，各自计算工期取最大值。

2. 打桩开工日期以打第一根桩开始计算，包括桩的现场搬运、就位、打桩、压桩、接桩、送桩和钢筋笼制作安装等工作内容，不包括施工准备、机械进场、试桩、检验检测时间。预制混凝土桩的工期不区分施工工艺。

【造价纠纷】　某总承包项目含桩基础、土方、建筑安装工程等，在计算该项目定额工期时，发包人认为桩基础工程工期含在单项工程工期中，不应另行计算，由此产生工程造价纠纷。

【纠纷分析】　桩基础工程属专业工程工期，不包含在单项工程工期内，应另计，桩基础工期定额已综合各种不同土壤类别条件，除另有规定外，实际遇到不同土壤类别不作调整。打桩开工日期以打第一根桩开始计算，包括桩的现场搬运、就位、压桩、接桩、送桩和钢筋笼制安等全部工程内容，不包括施工准备、机械进场、试桩、检验检测时间。

某粉砂土层静压预应力管桩，桩深 24m。桩数 910 根，应套用工期定额 4-113 定额子目桩深 25m 以内 950 根以内，定额工期为 55d。

某粉砂土层钻孔灌注桩，桩深 30m，桩径 80cm，共 511 根，应套用工期定额 4-314 定额子目桩径 80cm，桩深 30m 以内，工程量 550 根以内，定额工期为 81d。

某粉砂土层拉森Ⅳ型钢板桩，桩深 12m，共 607 根，应套用工期定额 4-819 定额子目桩深 12m 以内，工程量 650 根以内，定额工期为 44d。

【造价纠纷】　某粉砂层预制桩基础工程，桩长 24m，工程量共 1300 根，超出工期定额的步距划分，由此产生工程造价纠纷。

【纠纷分析】　当机械吊装、土方及打桩等工程量，超出工期定额规定范围时，其工期按吊装、土方和打桩工程量最后相邻两个子目的工期差值递增。

桩长在 25m 以内的桩基础，4-114 定额最高数量为 1000 根以内为 59d，4-113 定额数量为 950 根以内为 55d，超出的档次为 (1300−1000)÷(1000−950)＝6，相邻子目工期差为 59d−55d＝4d，因此本工程打 1300 根预制桩的定额工期应为 59＋6×4＝83d。

4.11.3　装饰装修工程定额工期计算

住宅、其他公共建筑及科技厂房工程按照设计使用年限、功能用途、材料设备选用、装饰工艺、环境舒适度划分为三个等级，分别为一般装修、中级装修和高级装修，对原建筑室内、外墙装饰装修有拆除要求的，室内、外墙改造或改建的装饰装修工程，拆除原装饰装修层及垃圾外运工期另行计算。

1. 室内装饰装修工程定额工期计算

1）室内装饰装修工程内容包括建筑物内空间范围的楼地面、天棚、墙柱面、门窗、室内隔断、厨房及厨具、卫生间及洁具、室内绿化等以及与室内装饰装修工程有关及相应项目。

2）内装饰装修工程工期中所指建筑面积是指装饰装修施工部分范围空间内的建筑面积。

3）室内装饰装修工程已综合考虑建筑物的地上、地下部分和楼层层数对施工工期的影响。

4）室内装饰装修工程按其使用功能用途分为以下三类。如住宅装饰装修工程包括住宅、公寓等建筑物室内装饰装修工程；宾馆、酒店、饭店装饰装修工程，包括宾馆、酒店、饭店、旅馆、酒吧、餐厅、会所、娱乐场所等建筑物的室内装饰装修工程；公共建筑装饰装修工程：包括办公楼、写字楼、商场、学校、幼儿园、养老院、影剧院、体育馆、展览馆、机场航站楼、火车站、汽车站等建筑物的室内装饰装修工程。

2. 外墙装饰装修工程定额工期计算

1）外墙装饰装修工程内容包括外墙抹灰、外墙保温层、涂料、油漆、面砖、石材、幕墙、门窗、门楼雨篷、广告招牌、装饰造型、照明电气等外墙装饰装修形式。

2）外墙装饰装修工程工期所指外墙装饰装修高度是指室外地坪至外墙装饰装修最高点的垂直高度，外墙装饰装修面积是指进行装饰装修施工的外墙展开面积。

3）外墙装饰装修工程是按一般装修编制的，中级装修按照相应工期乘以系数 1.20 计算，高级装修按照相应工期乘以系数 1.40 计算。

第 5 章

工程量清单计价

5.1 工程量清单计价概述

5.1.1 工程量清单计价的基本原理

工程量清单计价是指投标人完成由招标人提供的工程量清单所需的全部费用，包括分部分项工程费、措施项目费、其他项目费和规费、税金。工程量清单计价的基本原理就是以招标人提供的工程量清单为依据，投标人根据自身的技术、财务、管理能力进行投标报价，招标人根据具体的评标细则进行优选。这种计价方式是市场定价体系的具体表现形式。工程量清单计价采取综合单价计价。

5.1.2 工程量清单计价的基本方法和程序

工程量清单计价的基本过程可以描述为：在统一的工程量计算规则的基础上，制定工程量清单项目设置规则，根据具体工程的施工图纸计算出各个清单项目的工程量，再根据各种渠道所获得的工程造价信息和经验数据计算得到工程造价。这一基本的计算过程如图5-1 所示。

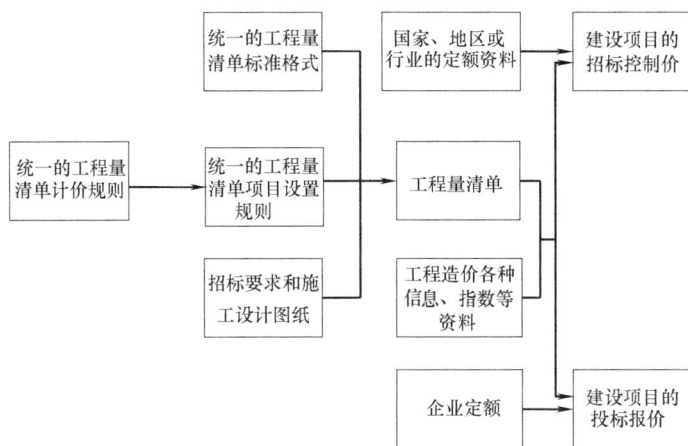

图 5-1　工程量清单计价过程示意图

从图 5-1 中可以看出，其计价过程可以分为两个阶段：工程量清单的编制和利用工程量清单来编制招标控制价或投标报价。投标报价是在发包人提供的工程量计算结果的基础上，根据企业自身所掌握的各种信息、资料，结合企业定额编制出来的。

5.2　甲供材

5.2.1　甲供材计价方式

工程量清单计价时，甲供材料单价应计入相应项目的综合单价中，签约后，发包人应按合同约定扣除甲供材料款，不予支付。发包人提供甲供材料，若是招标发包的，应在招标文件中明示；若是直接发包的，应在合同中约定清楚。

【纠纷争议】　某工程钢材、商品混凝土等材料采用甲方采购，在工程结算时，发包人认为钢材、商品混凝土等采用甲供，完全由发包人采购，计算工程造价时，应将甲供材料费用及相关计取费用在税前完全扣除，因此产生造价纠纷。

【纠纷分析】　一般所指的"甲供材料"，是指建筑工程中建设方或工程发包方（合同中的甲方）提供工程用各类材料物资、动力等给工程承接方（合同中的乙方），而工程承接方不垫付采购资金、材料发票交由工程建设方（工程发包方）会计处理的材料，工程承接方依合同约定负责其工程施工作业，并向工程建设方或工程发包方收取工程款项。

建筑业实施"营改增"前后，其在工程量清单计价中，甲供材料费均应计入综合单价中，并计取相应的措施项目费及相关规费等费用，因为根据《建筑安装工程费用项目组成》（建标〔2013〕44号）文件精神，建筑安装工程费按照费用构成要素划分，由人工费、材料费、施工机具使用费、企业管理费、利润、规费和税金组成。其中的企业管理费、利润、规费等费率的测算均以完整的工程费用为基础，所以在工程计价过程中，甲供材应计入综合单价，并作为各项费用和规费的计算基础。

在"营改增"之前，纳税人提供建筑业劳务（不含装饰劳务）的，其营业额应当包括工程所用原材料、设备及其他物资和动力价款在内，但不包括建设方提供的设备的价款。即便是甲供材料，最终也是计取营业税额的营业额的一部分，因此甲供材也不能在税前予以扣除，应在税后扣除。

在"营改增"之后，甲供材料不属于承包人销售货物或应税劳务而向发包人收取的全部价款和价外费用范围之内。在计算工程造价时，甲供材料和甲供设备费用应在计取甲供材料和甲供设备的现场保管费以及相关的措施费、规费后，在税前扣除，不计入合同价款中。

5.2.2　甲供材工程量清单编制

《建设工程工程量清单计价规范》GB 50500—2013规定：发包人提供的材料和工程设备（以下简称甲供材料）应在招标文件中按照本规范附录L.1的规定填写《发包人提供材料和工程设备一览表》，写明甲供材料的名称、规格、数量、单价、交货方式、交货地点等。承包人投标时，甲供材料单价应计入相应项目的综合单价中，签约后，发包人应按合同约定扣除甲供材料款，不予支付。

而在"营改增"后采用甲供材料的建设工程，发包人提供的材料和工程设备（以下简称甲供材料）应在招标文件中按照《建设工程工程量清单计价规范》GB 50500—2013附录 L.1 的规定填写《发包人提供材料和设备一览表》，写明甲供材料的名称、规格、单价、交货方式、交货地点等。未写明交货方式和交货地点的，视为甲供材料运送至施工现场指定地点并由发包人承担甲供材料的卸力费用。其材料价格按有关部门发布的材料指导价取定（指导价没有的按市场信息价或市场询价）；同时招标人应在招标文件中明确甲供材料费扣除的具体方法。招标文件中甲供材料价格的组成应按下列要求计算：

$$甲供材料含税预算价格 = 出厂原价(含运输费) + 采购保管费 = $$
$$出厂原价(含运输费) \times (1 + 2\%)$$
$$甲供材料除税预算价格 = 出厂原价(含运输费)/(1 + 增值税率) + $$
$$出厂原价(含运输费) \times 2\%$$

其中，适用一般计税方法的工程，招标人应在招标文件中明确甲供材料单价为除税价格；适用简易计税方法的工程，招标人应在招标文件中明确甲供材料单价为含税价格。发包人提供材料和工程设备见表 5-1。

发包人提供材料和工程设备一览表　　　　　　　　　表 5-1

材料(工程设备)名称、规格、型号	单位	数量	单价(元)	交货方式	送达地点	备注
建筑钢材	t	—	4500	现场验收	施工现场	

【纠纷争议】　某工程结算审核阶段关于甲供材料即钢材卸车费费用是否计取问题产生纠纷争议，审计方认为甲供材料不应计取卸车费，承包人认为本工程施工合同中明确约定了"甲供钢材由承包人卸车，卸车费按 15 元/t 计算"，且承包人按合同约定要求进行了卸货，所以应当按合同约定和实际发生计取此费用。

【纠纷分析】　根据《建筑安装工程费用项目组成》（建标〔2013〕44 号）、《江苏省建设工程费用定额》（2014）等定额及相关文件中对材料费用构成的说明：工程材料费是由材料原价、运杂费、运输损耗费、采购及保管费组成，工程中甲供材料卸车费属于运杂费，应当计入甲供材料费中，由发包人承担。在工程建设招投标阶段中发包人提供的甲供材料《发包人提供材料和设备一览表》中应注明甲供材料单价组成、交货方式、交货地点等，未注明交货方式和交货地点的，视为甲供材料运至施工现场指定地点并由发包人承担甲供材料的卸车费用；如在《发包人提供材料和设备一览表》注明甲供材料不含运输费或卸车费，并由承包人负责运输或卸车的，则应在招标控制价及投标报价中计算其费用并由发包人承担。本工程发包人与甲供材料供货单位约定的材料价格中不含卸车费，且根据施工合同约定由承包人负责卸料并支付费用，因此其甲供钢材卸车费应当计入本工程结算，由发包人承担。

5.2.3　含有甲供材工程招标控制价及投标报价的编制

1. 编制招标控制价时，甲供材料应按招标文件提供的名称、规格、价格计入综合单价中，并作为计取相关费用的计算基础；同时在增值税税前扣除甲供材料费用时，其单价应按招标文件中的单价为准，数量计算则应以省市计价定额中的材料含量为准。

2. 投标人投标时，甲供材料的名称、规格、单价、交货方式、交货地点等必须与招标工程量清单一致。甲供材料价格应计入相应项目的综合单价中，并作为计取相关费用的计算基础，不得更改或变动，数量由投标人根据自身的施工技术和管理水平自主确定。同时在投标报价中应明确扣除甲供材料的数量及费用等。投标报价应在增值税税前扣除甲供材费用。

5.2.4 甲供材工程结算原则

发承包双方应在施工合同专用条款中约定甲供材料价款扣除的价格、时间以及领料量超出或少于所报数量时价款的处理办法。没有约定时，按下述原则执行：

1. 结算时甲供材料应按发包人实际采购材料的加权平均价格（含运费及采购保管费）计入相应项目的综合单价中。承包人扣除甲供材料价款时，应按甲供材料实际采购价格（含运费及采购保管费）除以 1.01 扣除（1%作为承包人的现场保管费）。采用一般计税方法的工程，甲供材料按除税（扣除可抵扣进项税）价格扣除；采用简易计税方法的工程，甲供材料按含税（含可抵扣进项税）价格扣除。

2. 在工程量清单计价中，采用固定单价合同的工程，原则上应以实际完成的工程量乘以承发包双方确认的综合单价中的甲供材料消耗量确定扣除甲供材料的数量，承发包双方对甲供材料的数量发生争执不能达成一致的，应按照相关工程的计价定额同类项目规定的材料消耗量计算。

【纠纷争议】 某固定单价工程合同约定：发包人供应材料设备的结算方法为"甲供材料按招标人给定的暂定价进入报价，且不得下浮或改动。工程结算时，甲供材料的扣款额按工程竣工结算的材料数量与实际采购价的乘积除以 1.01 在税后扣除（1%作为承包方的现场保管费）。承包人的领料量大于工程竣工结算中的材料数量时，多领部分按实际采购价在结算工程款中扣除；若甲供材料的领料量小于投标报价中的材料数量时，少领部分按实际采购价在结算中给予补贴"。在实际施工过程中，甲供材料的采购价低于招标人给定的暂定价，在结算时发包人认为应按暂定价扣除，承包人认为应根据合同约定按实际采购价扣除，由此产生造价纠纷。

【纠纷分析】 甲供材在结算阶段扣除时应遵循"怎么进怎么出"的基本原则，在结算阶段予以扣除，否则根据上述合同约定条文，甲供材以暂定价进入投标报价，又以实际采购予以扣除，暂定价与实际采购价必然存在一定差距，将导致结算阶段前后计价口径不一致，如实际采购价高于暂定价，则在按实际采购价扣除甲供材料价款时，承包人需承担合同约定之外的损失，如实际采购价低于暂定价，则在按实际采购价扣除甲供材料价款时，发包人将蒙受损失。

所以正确做法应按以下程序进行甲供材料的计取与扣还，编制招标控制价时，甲供材料应按招标文件提供的名称、规格、价格计入综合单价中，并作为计取相关费用的基础；投标人投标时，甲供材料的名称、规格、单价、交货方式、交货地点等必须与招标工程量清单一致。甲供材料价格应计入相应项目的综合单价中，并作为计取相关费用的基础，不得更改或变动；发承包双方应在施工合同专用条款中约定甲供材料价款扣除的价格、时间以及领料量超出或少于所报数量时价款的处理办法，如结算时甲供材料应按发包人实际采购材料的加权平均价格（含运费及采购保管费）计入相应项目的综合单价中。承包人扣除甲供材料价款时，应按甲供材料实际采购价格（含运费及采购保管费）除以 1.01 扣除（1%作为承包人的现场保管费）。领料量超出承包人在投标文件中所报数量时，超出部分的甲供材料由承包人按照发包人采购材料的加权平均价格支付给发包人；领料量少于承包人在投标文件中所报数量时，节余部分的甲供材料归承包人。

【纠纷争议】 某工程合同约定，办理工程结算时甲供材料应按发包人实际采购材料的加权平均价格（含运费及采购保管费）计入相应项目的综合单价中，因此在结算过程中与甲供材料暂定价格产生价差，此部分价差是否需要计取相关措施费用和规费产生工程造价纠纷。

【纠纷分析】 根据《建筑安装工程费用项目组成》（建标〔2013〕44号）、《江苏省建设工程费用定额》（2014）等定额及相关文件规定，这部分材料差价属于材料费部分，在工程量清单计价取费程序中应当计取相关规费，至于临时设施费、冬雨期施工增加费等总价措施项目费是否需要调整则需要根据合同中措施费的结算方式来确定，如合同约定为总价措施费包干则不应调整，如约定为审计确定后的分部分项与单价措施项目费为其计算基础，则应调整。

【工程概况】 某工程采用固定单价报价模式，合同约定价款中包括的风险为实施期间的政策性调整及市场风险。除招标人确认的工程量增减及设计变更外，合同单价不作调整。投标报价方式则为发包人提供工程数量，投标人自主报价确定工程造价的计价方式。此外关于甲供材的结算方法，合同约定为进入结算，付款时扣除。

【纠纷原因】 本工程钢材采用甲供方式，在工程结算审核时发现，钢材分部分项清单量为1454.557t，根据投标报价材料分析表中汇总的用量为1408.47t，量差为46.087t，审计方认为应按投标报价的数量扣除，承包人则认为应按清单量乘以计价定额含量予以扣除，因此产生造价纠纷。

【纠纷解决】 本工程钢材作为甲供材料，应在工程结算时扣除其费用，其中单价的扣除原则为怎么进怎么出，应以招标方给出的暂定价格为准进行扣除，而数量则应以投标方投标报价中的材料含量为准进行扣除，因为根据工程量清单计价自主报价的原则及本工程招标文件的规定，投标报价中的钢筋含量属于投标人自主报价，即为投标人之间相互竞争的内容，投标人应提高自身管理水平和施工工艺，降低甲供材料的使用量并计入造价，从而在投标报价的竞争中取得有利地位。同时承包人所报的甲供材料含量中标之后即属于承诺，具备相关法律效力，所以本工程在工程结算中应按投标报价的数量1408.47t扣除其钢材的费用。

然而，作为甲供材的费用核算，本工程的纠纷并没有结束，本工程投标方在投标报价时仅仅出于投标报价的策略考虑，人为超常规降低了钢材的含量，在实际施工中，钢筋的实际用量必然远超投标数量，在本工程合同的约束下，承包人不可能自行采购钢材补充这个缺口，只能继续向发包人领用，最终则出现甲供材料超支超领的现象，此时则需要在工程财务决算中，由发包人进一步根据超支的数量乘以发包人实际购买的价格在财务决算中扣清钢材超支部分的费用。

【纠纷争议】 某石材幕墙工程，根据设计要求采用扇形石材，并由发包人自行采购。合同约定工程结算时，甲供材料扣款额按照结算中的材料数量乘以发包人提供材料一览表（表5-2）中的材料单价除以1.01后扣除。本工程在招投标阶段发包人将成品扇形石材列出表格如下，施工过程中承包人根据招标工程量清单及发包人提供材料一览表的要求进入投标报价，并向发包人领用成品扇形石材进行施工。在工程结算时，材料供应商提出成品扇形花岗石由正常规格花岗石块料切割而成，其损耗率过高，损耗部分也应该由发包人支付费用，发包人认为此部分费用属于承包人超领部分，应由承包人承担切割损耗部分费用，由此产生工程造价纠纷。

发包人提供材料和工程设备一览表   表 5-2

序号	材料(工程设备)名称、规格、型号	单位	数量	单价(元)	交货方式	送达地点	备注
1	成品扇形优质花岗石 25mm 厚阴刻(含石材钻孔成槽费用)，规格见设计图纸	m²	600	320	现场验收	施工现场	—

【纠纷分析】 本工程幕墙所用成品扇形花岗石块料面层为甲供材料，其在招标工程量清单和发包人供应材料一览表中已经明确标注为成品材料，即根据设计图纸尺寸规格切割之后的扇形石材，并以此作为工程施工及办理结算的依据，在结算时根据合同约定，按照投标报价中成品扇形花岗石块料面层的数量乘以其单价费用除以 1.01 后予以扣除，切割损耗部分的块料石材费用应由发包人与材料承包商另行约定解决。

5.2.5 甲供材财务决算

建设工程在工程结算过程中应按合同约定的数量扣还甲供材料费用，但实际工程中承包人向发包人领用的甲供材料往往存在超领或少领情况，因此还需要在施工合同中明确约定最终在财务决算阶段根据实际领用的甲供材材料数量最终的扣还办法。一般原则为：领料量超出承包人在投标文件中所报数量时，超出部分的甲供材料由承包人按照发包人采购材料的加权平均价格支付给发包人；领料量少于承包人在投标文件中所报数量时，节余部分的甲供材料归承包人。

【案例】 某施工合同约定：发包人供应材料设备的结算方法为按结算审计的甲供材料数量乘以招标时规定的暂定价格乘以 0.99 扣除工程款。在财务决算时，承包人超领部分按发包人采购最高价格结算，发包人在竣工决算时扣回。承包人领用不足部分，按发包人暂定价结算，发包人在竣工决算时对承包人予以增补补贴。本工程甲供材料决算方法见表 5-3。

某工程甲供材料费用决算计算表   表 5-3

序号	材料名称	单位	结算数量合计	实领数量	节约/超领材料数量 $C=B-A$	暂定单价(元)	最高采购单价或暂定价(元)	工程结算扣除甲供材料费 $F=A \times D \times 0.99$	节约/超领材料费 $G=C \times E$	扣除甲供材合计 $H=F+G$
			A	B	C	D	E	F	G	H
1	软陶面砖	m²	2910.49	3006.42	95.93	22.49	50.00	64798.87	4796.27	69595.14

续表

序号	材料名称	单位	结算数量合计	实领数量	节约/超领材料数量 C=B−A	暂定单价（元）	最高采购单价或暂定价（元）	工程结算扣除甲供材料费 F=A×D×0.99	节约/超领材料费 G=C×E	扣除甲供材合计 H=F+G
			A	B	C	D	E	F	G	H
2	面砖勾缝剂	kg	8906.82	13000.00	4093.18	1.50	2.45	13226.63	10028.29	23254.92
3	建筑钢材	t	3200.00	3180.00	−20.00	4000.00	4000.00	12672000.00	−80000.00	12592000.00
4	合计									12684850.06

5.2.6 甲供材工程量清单其他规定

1. 承包人应根据合同工程进度计划的安排，向发包人提交甲供材料交货的日期计划。发包人应按计划提供。

2. 发包人提供的甲供材料如规格、数量或质量不符合合同要求，或由于发包人原因发生交货日期延误、交货地点及交货方式变更等情况的，发包人应承担由此增加的费用和（或）工期延误，并应向承包人支付合理利润。

3. 发承包双方对甲供材料的数量发生争议不能达成一致的，应按照相关工程的计价定额同类项目规定的材料消耗量计算。

5.3 工程计价风险

在工程建设过程中，承发包双方均会遇到诸多风险，但是不应当将所有的风险和无限度的风险由其中某一方来承担。例如在传统的一些合同形式中，如某些按实结算的工程往往由建设单位承担所有风险，某些固定总价合同往往由施工方承担所有风险，这些合同方式均不尽合理。在工程建设过程中，招标文件、施工合同必须明确计价中的风险内容及其范围，不得采用无限风险、所有风险或类似语句规定计价中的风险内容及其范围。

5.3.1 风险因素种类及分摊方法

在风险因素中，国家法律、法规、规章和政策变化，省级建设行政主管部门发布的建设工程人工工资指导价调整，实行政府定价管理的水、电、燃油、燃气价格调整，应由发包人承担。投标人应完全承担的风险是技术风险和管理风险，如管理费和利润；由于市场物价波动影响合同价款的，应由发承包双方合理分摊。

1. 由于下列因素出现，影响合同价款调整的，应由发包人承担：

1）国家法律、法规、规章和政策发生变化；

2）省级或行业建设主管部门发布的人工费调整，但承包人对人工费或人工单价的报价高于发布的除外。

2. 由于市场物价波动影响合同价款的，应由发承包双方合理分摊，调整合同价款。发承包双方应在合同中约定市场物价波动的调整，材料价格的风险宜控制在5%以内，施工机械使用费的风险可控制在10%以内，超过者予以调整。

3. 由于承包人使用机械设备、施工技术以及组织管理水平等自身原因造成施工费用增加的，应由承包人全部承担。由于承包人组织施工的技术方法、管理水平低下造成的管理费用超支或利润减少的风险全部由承包人承担。

4. 因不可抗力事件导致的人员伤亡、财产损失及其费用增加，发承包双方应按下列原则分别承担并调整合同价款和工期：

1）合同工程本身的损害、因工程损害导致第三方人员伤亡和财产损失以及运至施工场地用于施工的材料和待安装的设备的损害，应由发包人承担。

2）发包人、承包人人员伤亡应由其所在单位负责，并应承担相应费用。

3）承包人的施工机械设备损坏及停工损失，应由承包人承担。

4）停工期间，承包人应发包人要求留在施工场地的必要的管理人员及保卫人员的费用应由发包人承担；

5）工程所需清理、修复费用，应由发包人承担。

6）不可抗力解除后复工的，若不能按期竣工，应合理延长工期。发包人要求赶工的，赶工费用应由发包人承担。

【造价纠纷】

某工程招标文件规定如下：投标报价方式为本工程项目采用固定单价报价方式。投标人报价时应充分考虑报价之日至竣工交付期间各类建材的市场风险（含报价之日起至竣工交付时非主要建筑材料的价格涨跌）、人工工资动态调整、检验试验费、除规费和税金以外的政策性风险、甲供材料（如有）保管费、分包项目的总承包服务费、工程实施范围内外可能出现的阻挠施工等各方面的风险因素。工程量的风险由发包人承担，价的风险在约定风险范围内的，由承包人承担，风险范围以外的按合同约定。竣工结算的工程量按发承包双方在合同中约定应予计量且实际完成的工程量和项目确定，完成发包人要求的合同以外的零星工作或发生非承包人责任事件的工程量按现场签证确定。

风险费用的计算方法：上述所有风险已含在合同价中，结算时不再调整。

以上条文在工程建设过程中易引起造价纠纷。

【纠纷分析】　这类关于风险因素的条文约定显然都不符合规定，条文中风险范围中提到的检验试验费、甲供材料（如有）保管费、分包项目的总承包服务费等不属于其工程建设过程中的风险因素，充其量只是建设过程的口头语"风险"而已。

这类条文关于各类风险因素的分摊方式也不正确，如要求投标人报价时应充分考虑施工期间各类建材的市场风险、人工工资调整及政策性风险，这样的分摊方式是不合理的，前者应由发承包双方合理分摊，后者应由发包人承担，不应完全转嫁给承包人。

此外这类条文还约定风险费用的计算方法为上述所有风险已含在合同价中，结算时不再调整，也不合理。在工程建设中各种风险因素不可预测，极难掌控，因此不太可能在招标控制价及投标报价中得到明确体现。所以建设工程在招标文件及合同中应合理分摊风险，否则极易引起工程造价纠纷。

5.3.2 物价变化合同价款调整方法

1. 价格指数调整价格差额

因人工、材料和工程设备、施工机械台班等价格波动影响合同价格时，由投标人根据投标函附录中的价格指数和权重表约定的数据，计算差额并调整合同条款。

2. 造价信息调整价格差额

施工期内，因人工、材料和工程设备、施工机械台班价格波动影响合同价格时，人工、机械使用费按国家或省、自治区、直辖市建设行政管理部门、行业建设管理部门或其授权的工程造价管理机构发布的人工成本信息、机械台班单价或机械使用费系数进行调整；需要进行价格调整的材料，其单价和采购数应由发包人复核，发包人确认需调整的材料单价及数量，作为调整合同价款差额的依据。

5.3.3 建设工程材料价格风险调整实施方法

1. 工程材料价格风险的确定原则：

发承包双方应在招标文件及施工合同中明确约定工程计价中的材料价格风险范围、控制和处理原则。发承包双方应当在施工合同中约定以下内容：工程中主要建筑材料包含的材料范围、承包方的投标价格中包含的主要建筑材料价格风险的幅度、当主要建筑材料的价格波动超过投标价格中的风险幅度时的材料价格调整办法、主要建筑材料数量的取定等，以上内容如不作明确约定，在工程结算时易产生工程造价纠纷。

【造价纠纷】 某工程执行 2013 年清单计价规范，其招标文件与合同约定：

1. 本工程项目采用固定单价合同报价，投标人报价时应充分考虑实际施工期间各类人工、材料涨跌等市场风险以及政策性风险，结算时价格一律不作调整。

2. 变更部分调整价款：

1）已标价工程量清单中有适用于变更工程项目的，应采用该项目的单价。

2）已标价工程量清单中没有适用但有类似于变更工程项目的，可在合理范围内参照类似项目的单价。

3）已标价工程量清单中没有适用也没有类似于变更工程项目的，应由承包人根据变更工程资料、计量规则和计价办法、工程造价管理机构发布的信息价和承包人报价浮动率提出变更工程项目的单价。

4）其材料价格执行《关于加强建筑材料价格风险控制的指导意见》（苏建价〔2008〕67 号）。

工程施工过程中，由于发包人的原因导致工期延误，超出合同工期，超出合同工期部分的时段其材料价格下跌，在结算时承包人认为应不进行调差计算，而审计方认为应该根据实际施工期间的材料价格按指导价进行调减价差，由此产生工程造价纠纷。

【纠纷分析】 根据江苏省《关于加强建筑材料价格风险控制的指导意见》（苏建价〔2008〕67 号）文件规定：明确因发包人或承包人原因造成工期延误的，延误期间超出合同约定工程的时段遇价格上涨造成的差价损失由责任方承担，并没有明确指出价格下跌情况的解决办法。

而根据《建设工程工程量清单计价规范》GB 50500—2013 第 9.8.3 条规定：发生合

同工程工期延误的，应按照下列规定确定合同履行期的价格调整：

1. 因非承包人原因导致工期延误的，计划进度日期后续工程的价格，应采用计划进度日期与实际进度日期两者的较高者。

2. 因承包人原因导致工期延误的，计划进度日期后续工程的价格，应采用计划进度日期与实际进度日期两者的较低者。

即因发包人原因造成工程延误期间的材料价格应选用价格较高者，如出现延误期间材料价格下跌的情况时，发包人不应扣回价差。

本合同明确约定："本工程项目采用固定单价合同报价，投标人报价时应充分考虑实际施工期间内各类人工、材料涨跌等市场风险以及政策性风险，结算时价格一律不作调整。"实际施工期间的材料价格涨跌不应调整其结算价格，至于其材料价格执行《关于加强建筑材料价格风险控制的指导意见》（苏建价〔2008〕67号）文件的约定，根据合同语法结构，也只针对变更部分工程价款而言，未变更部分则不应调整价差。

【结论】　事实上作为一份合同，其价款中所包含的风险是针对合同双方主体的，既有发包人的风险，也有承包人的风险，既有材料价格上涨等风险，也有材料价格下跌的风险。在合同的框架下，双方承担合同风险的权责是对等和一致的。所以本合同框架之下，发包人原因导致施工工期延误，延误期间工程材料价格下跌，这个风险也应在合同的框架下由发包人自行承担，不应该扣还。

2. 主要材料和非主要材料的划分：

主要建筑材料是指用量较大、占工程造价比重较高的常用材料，其价格波动对工程造价影响明显，应调整其差价。其余为非主要建筑材料，可不作调整。

发承包双方应在招标文件及合同中明确主要建筑材料的种类、名称等，例如钢筋、型材、商品混凝土、预拌砂浆、水泥、黄砂、碎石、砌块、混凝土制品、电线、电缆、沥青、石材、铝合金型材、玻璃、各类管材、沥青混凝土、水泥稳定碎石等。

如发承包双方无约定时，是否为主要建筑材料应按照单位工程投标文件中材料费占单位工程费的百分比来划分，材料费占单位工程费5%以上的各类材料为主要建筑材料，5%以下的各类材料为非主要材料。

【造价纠纷】　某工程建设过程中，包括钢材在内建筑材料大幅度上涨，根据招标文件及施工合同的约定，材料费占单位工程费5%以上的各类材料为主要建筑材料，可以调整其材料差价。因此在结算审计阶段，审计人员将不同直径的钢筋分别汇总，计算其占单位工程费的比率均未超过5%，即认为其为非主要材料，不能调整其材料差价，承包人认为应将所有钢材制品汇总计算所占比率，由此产生工程造价纠纷。

【纠纷分析】　根据有关文件精神，判别材料费占单位工程费是否在5%以上的各类材料，应为"各大类材料"，而非"材料"，即应当将所有直径型号从 $\phi 6.5$ 到 $\phi 36$ 的所有建筑钢材汇总计算，而不是按各直径型号的钢筋区别计算，同时也非将建筑钢材与型钢等汇总计算，型钢应属于另一大类材料。

【结论】　本工程将所有直径型号的钢筋汇总计算后，其材料费占单位工程费5%以上，属于主要材料，应根据有关规定调整其材料价差。

【造价纠纷】　某大型城市综合体项目A标段建设，由办公楼、服务型公寓、商业、人防地下室等建安工程组成，在招投标时各单体均作为单独的单项工程分别列出招标工程量清单进行招标控制价及投标报价的计算。根据合同约定，本工程建筑材料价格风险控制执行《关于加强建筑材料价格风险控制的指导意见》（苏建价〔2008〕67号），本工程合同另行约定主要材料特指钢材，钢材价格涨跌幅度在5%以内不调整，差价部分按施工期内指导价的算术平均值计算。

【纠纷分析】 本工程施工过程中钢材价格为下跌趋势，在审计过程中审计人员认为：整个A标段为一个单位工程，应将整个标段的钢材合并在一起计算其差价调整。施工方认为：整个A标段是一个单项工程，办公楼、服务型公寓、商业、地下室及人防地下室均有单独的设计图纸，均有不同的使用功能，是整个A标段的组成部分，符合单位工程的定义，且招标时也是各有各的清单，调整材差时应按每个单位工程分别调整。由此产生造价纠纷。

《关于加强建筑材料价格风险控制的指导意见》（苏建价〔2008〕67号）文件规定：主要建筑材料是指用量较大，占工程造价比重较高的常用材料，其价格波动对工程造价影响明显。如发承包双方无约定时，是否为主要建筑材料可按照单位工程投标文件中材料费占单位工程费的百分比来划分：材料费占单位工程费2%以下的各类材料为非主要建筑材料；材料费占单位工程费2%以上，10%以内的各类材料为第一类主要建筑材料；材料费占单位工程费10%以上的各类材料为第二类主要建筑材料。因此计算材料风险价差时，应以单位工程为准进行划分。现行建设工程造价体系中建设项目是指按一个总体设计进行建设施工的一个或几个单项工程的总体。一个建设项目可以包括若干个单项工程，单项工程是建设项目的组成部分，是指具有独立的设计文件、在竣工后可以独立发挥效益或生产能力的产品车间（联合企业的分厂）生产线或独立工程等。单项工程由若干个单位工程组成，单位工程指不能独立发挥生产能力，但具有独立设计的施工图纸和组织施工的工程。

【结论】 本工程招标A标段作为建设项目，其中各个单体作为单项工程分别列出招标工程量清单，分别计算其工程造价，同时本着实事求是的原则，地下室及裙楼的施工期短而钢材用量大，办公楼及公寓施工期长而钢材量少，不应合并在一起按算术平均值调整，所以本工程钢筋材料价格风险调差应以每个单项工程中的单位工程，即每个单体中的土建工程为单位分别进行钢筋价差的调整计算。

3. 主要建筑材料费用占单位工程费用的比值 a 确定方法：

$$a=[单位工程某类别建筑材料工程总数量（包括变更调整数量）\times$$

中标单价/单位工程结算总造价（不含人工、材料风险价差部分）]$\times 100\%$

当 $a>5\%$ 时，该建筑材料为主要建筑材料；当 $a\leqslant5\%$ 时，该建筑材料为非主要建筑材料。

承包人应承担的主要建筑材料价格涨跌风险幅度 b 应为5%：采用固定价格合同形式的建设工程，当工程施工期间非主要建筑材料价格上涨或下跌的，其差价均由承包人承担或收益；当工程施工期间主要建筑材料价格上涨或下跌幅度在5%以内（含5%）的，其差价由承包人承担或受益，超过5%的部分由发包人承担或受益。

4. 主要建筑材料单价价差的取定：

应以工程所在地造价管理部门发布的材料指导价格为基准（缺指导价的材料以双方确认的市场信息价为准），差价为施工期间同类材料加权平均指导价格与合同工程基准日

（招标工程以投标截止日前 28d，非招标工程以合同签订前 28d 为基准日）当月的材料指导价格的差额。公式如下：

施工期间主要建筑材料加权平均指导价＝∑（每月实际使用量×当月材料指导价）／
该材料总用量

【造价纠纷】 某工程施工合同约定："施工期间内，因人工、材料和工程设备、施工机械台班价格波动影响合同价格超过一定幅度时，人工按省建设行政管理部门发布的人工指导价进行调整；需要进行价格调整的材料为钢材和商品混凝土，其单价和采购数应由发包人复核，发包人确认需调整的材料单价及数量，作为调整合同价款差额的依据。"本工程施工期间，材料价格上下波动幅度较大，但如何调整材料单价施工合同并没有作出进一步约定，发承包双方在施工过程也未针对其材料单价及数量作出认定。在工程结算时，发包人认为该工程应按施工过程中某钢材销售网上的挂牌价格进行算术平均确定材料价格，承包人认为主体部分施工阶段所用钢材为基础及地下室施工阶段同时购进，而购进阶段为其材料价格最高点，进入主体施工后阶段，钢材大幅度下跌，因此钢材的价格应以基础及地下室实际购买价格为准进行结算，由此产生工程造价纠纷。

【纠纷分析】 本工程约定施工期间钢材价格可以调整，但是双方并未针对如何调整作出明确约定，施工期间双方也未对钢材价格作出认定。发包人认为应按某钢材销售网上的挂牌价格进行算术平均确定材料价格，但其价格仅为现金销售出厂价格，并未包含运费及采购保管费，将其直接作为材料预算价格计价显然不够合理；承包人认为部分主体所用钢材在基础及地下室施工阶段价格最高点购入，按实际采购价格进行结算也不妥，提前采购钢筋为承包人自主行为，施工期间购买钢筋的价格也未得到发包人许可，因此也不能作为结算依据。

经协调，双方同意钢筋材料价格以施工期间造价管理机构发布的指导价格加权平均价和基准期的材料指导价之间的差价为准进行结算价款的计算。

【结论和建议】 在工程施工中，遇到材料价格上下大幅度波动较为常见，承发包双方应在施工合同中明确约定其差价调整方法。在工程建设实际中，材料价格的中标价格和施工过程中的实际采购价格实则很难认定，无法选择统一口径考虑其差价，而造价管理机构发布的材料指导价相对准确，并有其时效性，因此选择用指导价格确定工程建设过程中的材料差价不失公允。

【造价纠纷】 某工程施工合同约定：主要材料应根据其市场价格波动调整价差。主要建筑材料加权平均指导价＝∑（每月实际使用量×当月材料指导价）／该材料总用量，但是合同对于每月实际用量未作明确约定。在工程结算阶段，承包人提出其每月实际用量应按施工现场每月申报的主要材料进场验收记录的数量为准作为各月加权平均数量的依据，发包人认为应按每月实际完成工程量为准，由此产生工程造价纠纷。

【纠纷分析】 本工程施工合同未对主要材料计算加权平均指导价时每月实际使用量如何确定作出明确约定，而相关文件政策也未对主要材料每月实际使用量作出明确规定，承包人提出每月实际用量应按施工现场每月申报的主要材料进场验收记录的数量为准作为各月加权平均数量的依据，看似合理，但实际施工中承包人材料进场也有可能作为提前备料，不一定是本月实际施工工程量所使用，所以当月购买的材料价格未必为当月施工，这部分材料价格与当月施工的工程量所对应的市场价格以及指导价格也有可能存在差异，同时当月工程量施工均有可能由于发包人或承包人的原因造成施工延误，所以这种计算方法仍然会为承发包双方带来风险隐患，所以一般情况下不宜采用这种方法。

所以相对准确合理的计算方法应为根据每月实际完成的工程量计算材料用量，这种计算方法不受承包人提前备料或是工程延误等因素影响，相对客观合理。其具体计算方法可按每月的形象进度考虑，也可由跟踪审计部门与承包人每月统计实际完成的工程量计算出每月的主要材料使用量。

【造价纠纷】 某单独地下室工程施工合同中约定：商品混凝土及钢材按主体结构施工期间每期指导价的算术平均价格计，其余不作调整。在工程结算中单独地下室部分承包人按地下室封顶浇筑的时间计算其钢材价差，而审计人员要将后期在主体封顶后4～5个月施工的地下室集水坑盖板、后浇带、构造柱的零星混凝土统一加入主体按指导价算术平均，由此产生工程造价纠纷。

【纠纷分析】 本工程施工合同明确约定地下室主体部分按主体施工期间的指导价算术平均计算材差，地下室零星集水坑盖板、后浇带、构造柱等属于地下室主体部分之外的后期施工的零星混凝土构件部分。计算商品混凝土价差时不应包括后期施工的地下室集水坑盖板、后浇带等非主体结构的材料指导价格。

【造价纠纷】 某工程合同条款约定"钢材、水泥等主要材料按开工后至工程竣工完工期间每期指导价的算术平均价格计算"，该工程在施工后期钢筋水泥价格大幅度下跌，承包人认为"开工后到工程竣工完工期间"是指从基础部分开始施工至工程主体封顶之间的时间，其钢筋水泥调整其差价，由此产生工程造价纠纷。

【纠纷分析】 有造价纠纷争议的时候，大部分人总是站在自己的利益角度上去曲解合同条款，所谓开工后到工程竣工完工期间，很显然是指整个工程到竣工后的工期，没有依据显示一定是分部分项工程或至基础开工至主体封顶施工之间的时间。同样，如果工程期间后期钢筋水泥大幅度上涨，审计方同样也不能认为价差是以所谓主体结构施工期间的指导价的算术平均价格。要避免类似的争议，必须严格按照合同条款中约定具体的时间进行调差计算。本工程在施工后期钢材水泥价格暴跌，而实际施工过程该时段钢材水泥的用量已经大幅度减少，根据本合同条款，按照开工至竣工时间内的每期指导价的算术平均价格计算材料价差显然会造成承包人一定的亏损，但是即便亏损，双方仍然应履行合同条款。如双方意图避免相关的纠纷，则应在招标文件和施工合同中约定为其材料价差按实际施工期间的加权平均价格进行计算，则较为合理。

5. 主要建筑材料数量的取定：

原则上调整主要建筑材料的数量应为已标价工程量清单及其综合单价分析表中的含量乘以实际完成的相应工程量。

【造价纠纷】 某工程其施工合同约定：主要材料市场价格波动风险由双方合理分摊，其价差按施工期间同类材料加权平均指导价格与合同工程基准日（招标工程以投标截止日前28天，非招标工程以合同签订前28天为基准日）当月的材料指导价格的差额为准进行计算。但是未对材料的数量计算有明确约定。在工程结算阶段，审计方提出该工程材料调差数量应以招标控制价为准进行调整，承包人认为应按定额含量予以调整，由此产生工程造价纠纷。

【纠纷分析】　在计算材料风险价格调差时，其数量如何确定应按合同约定为准，合同如没有明确约定，原则上调整主要建筑材料的数量应为已标价工程量清单及其综合单价分析表中的含量乘以实际完成的相应工程量。因为已标价工程量清单中综合单价分析表是合同约定的综合单价的组成部分，属于双方的承诺，因此，一般情况下，原则上应按合同价款中的材料含量进行工程材料费用的调差和结算。而若出现某些工程中的不平衡报价方式如其含量过高或过低，甚至工程合同附件中不含已标价工程量清单综合单价分析表时，可由承发包双方另行协商按政府发布工程计价消耗量定额中的材料含量进行结算。

6. 主要建筑材料价差调整金额的计算：

施工期间可调价材料价格的涨、跌幅度以工程基准日当月所采用的材料指导价格为基础，指导价格涨、跌幅度在 b 以内（含 b）时，其差价由承包人承担或受益；涨、跌幅度超出 b 时，其超出部分的差价由发包人承担或受益。计算公式：

1）上涨超出 b 时：

$$差价（正值）＝[施工期间可调价材料加权平均指导价格－基准日当期的月份指导价格×(1＋b)]×该类主要建筑材料数量$$

2）下跌超出 b 时：

$$差价（负值）＝[施工期间可调价材料加权平均指导价格－基准日当期的月份指导价格×(1－b)]×该类主要建筑材料数量$$

7. 主要建筑材料差价应根据计价定额规则计取相关费用和税金，并作为追加（减）合同价款和工程进度款同期支付。

【造价纠纷】　某工程施工过程中主要材料价格由于市场价格波动大幅度上涨，根据合同约定应调整其材料价差，在工程结算阶段，承包人认为该材料价格价差部分应根据定额规定计算相关的总价措施费用，如冬雨季施工增加费、临时设施费、施工现场安全文明施工措施费以及相关规费税金等，发包人认为只能计取相关税金，由此产生工程造价纠纷。

【纠纷分析】　本工程根据合同约定在主要材料市场价格大幅度上涨波动后，计算了相应的材料差价，这部分材料差价同样属于分部分项工程费用，按照有关文件及定额计算规则的确应该计取相关费用和税金等，但本工程合同明确约定冬雨期施工增加费、临时设施费等总价措施费用除非有设计变更导致施工措施方案变更，否则包干使用不得调整，而施工现场安全文明施工措施费则约定其计算基础以审计确定的分部分项工程费为准。因此本工程主要材料风险调整价差部分只应计取其施工现场安全文明施工措施费以及相关规费税金。

【结论】　主要材料价格风险价差部分相关费用实际发生是否计取所有的措施费、规费以及税金等应需结合合同约定进行计算。一般情况下，主要材料价格的涨跌不会影响总价措施费用的投入，所以合理的做法应在合同中约定总价措施项目费在结算时不受主要材料价格风险材差费用影响，而规费、税金应作相应调整。

8. 因发包人原因造成工期延误的，延误期间发生的材料价格上涨差额由发包人承担；因承包人原因造成工期延误的，延误期间发生的材料价格上涨差额由承包人承担。

【造价纠纷】　某工程其施工合同约定：主要材料市场价格波动风险由双方合理分摊，

其价差按施工期间同类材料加权平均指导价格与合同工程基准日当月的材料指导价格的差额为准进行计算，该工程因故工期延误半年，延误期间工程材料价格大幅度上涨，承包人要求其价格按实结算，发包人认为材料价格不应调整，由此产生工程造价纠纷。

【纠纷分析】 此类工程延误导致材料价格计算的造价纠纷，施工合同中并没有作出明确的约定，在具体结算时首先要厘清造成工期延误的原因，经过核查本工程由于发包人部分施工图纸设计不到位导致工程延误，属于非承包人原因引起的工期延误，根据《建设工程工程量清单计价规范》GB 50500—2013 第 9.8.3 条规定："发生合同工程工期延误的，应按照下列规定确定合同履行期的价格调整：1. 因非承包人原因导致工期延误的，计划进度日期后续工程的价格，应采用计划进度日期与实际进度日期两者的较高者。2. 因承包人原因导致工期延误的，计划进度日期后续工程的价格，应采用计划进度日期与实际进度日期两者的较低者。"因此本工程延误期间发生的材料价格上涨差额应由发包人承担并根据相关规定计算其费用。

同理根据上述条文规定，非承包人原因引起的工期延误，延误阶段材料价格下跌的，结算时不应扣减；而由于承包人原因如施工管理不当造成的工期延误，延误阶段材料价格上涨的，结算不予增加，材料价格下跌的，结算应予以扣减，即合同工期延误时合同价款的调整原则为有利于无过错一方。

5.3.4　建设工程人工工资价格风险调整方法

1. 省级建设行政主管部门发布的建设工程人工工资指导价调整应由发包人承担；但承包人对人工费或人工单价的报价高于所发布人工指导价的除外。

【造价纠纷】 某工程施工合同约定：人工费用调整执行《建设工程工程量清单计价规范》GB 50500—2013 及有关江苏省人工指导价文件，承包人在投标报价时其综合单价中的人工单价远远高于当期江苏省住房和城乡建设厅发布的人工指导价格，在结算时，承包人认为应按江苏省有关文件规定调整其施工期与基准期之间人工指导价格的差价。

【造价分析】 通常情况下各地建设主管部门根据当地人力资源社会保障部门的有关规定发布人工成本信息或人工费调整，对此关系职工切身利益的人工费调整不应由承包人承担，应由发包人承担此类政策性风险费用。但是《建设工程工程量清单计价规范》GB 50500—2013 已明确指出遇到此类费用调整时，承包人对人工费或人工单价的报价高于发布的除外，即承包人在投标报价过程并未执行清单计价规范有关规定，同时已经自行考虑了人工单价费用的上涨幅度，因此此种情况除非施工合同中有明确约定，其人工费用不应作调差处理。

2. 发包方应在招标文件及施工合同中考虑人工工资指导价调整因素，不得限制人工费用的合理调整。发承包双方应在施工合同中明确约定人工费调整方法。施工合同没有约定时或约定不明确时，人工单价均按照施工期间对应的当期人工工资指导价进行调整，并扣除原投标报价中人工单价相对于基准日人工工资指导价的让利部分，具体按如下办法执行：

1) 江苏省住房和城乡建设厅各期人工工资指导价发布之日之后实际完成的工程量部分人工单价按照施工期间对应的人工工资指导价进行调整，并扣除原投标报价中人工单价相对于基准日人工工资指导价的让利部分。其结算人工工资单价价差调整公式应为（当 $P_1 \geq P_0$ 时）：

$$P = P_n - P_0 - (P_1 - P_0)$$

式中　P——结算人工单价调整价差；

　　　P_n——施工期间当期人工工资指导价；

　　　P_0——合同中让利之后的人工工资单价；

　　　P_1——基准日人工工资指导价。

2）江苏省住房和城乡建设厅各期人工工资指导价发布之日之后实际完成的工程量部分人工单价按照施工期间对应的人工工资指导价进行调整，如施工合同中有未确定让利幅度的人工工资单价，其结算人工工资单价价差调整公式应为：

$$P = P_n - P_1$$

式中　P——人工单价调整价差；

　　　P_n——施工期间当期人工工资指导价；

　　　P_1——基准日人工工资指导价。

3. 人工费调整公式应为：

Σ各分部分项工程及单项措施费工程中江苏省住房和城乡建设厅

各期人工工资指导价发布之日之后实际完成的工程量×相应人工消耗量×P

4. 各期人工工资指导价调整价差部分不下浮，计入定额基价，原则上根据投标报价口径计取相关费用。

【造价纠纷】　某工程为固定单价合同，其中仅约定江苏省住房和城乡建设厅各期人工工资指导价发布之日后实际完成的工程量部分人工单价按照施工期间对应的人工工资指导价进行调整，其余未作明确约定。在竣工结算阶段，承包人认为应按施工期间的人工工资指导价减去投标报价中的人工工资单价进行调差，发包人认为应按施工期间的人工工资指导价减去基准期人工指导价后乘以定额人工含量后同比例下浮，按招标控制价的费用标准计算管理费和利润，其余费用一律不作调整。由此产生工程造价纠纷。

【纠纷分析】　人工费用的调整办法应严格按照合同约定执行，合同没有明确约定时，应按下列原则进行调整：

本工程经核查，经投标报价后的合同价款中人工工资单价低于基准期当期的人工指导价，因此应当调整其人工工资单价，但要扣除其让利部分，不应用施工期人工指导价减去投标人工单价计算其差价费用。如基准期人工指导价为 86 元/工日，合同价款中人工单价为 75 元/工日，施工期间人工指导价为 89 元/工日，则该工程人工工资单价调差值应为 89－75－(86－75)＝3 元/工日。

计算人工调整费用时还应考虑工日数量，本案例合同并没有明确约定，但在结算时发包人主张按定额含量算并不妥，经过招投标的工程，其人工消耗量属于投标人自行考虑需要竞争报价的因素，因此原则上工日数量应以实际完成的工程量乘以已标价工程量清单中相应人工消耗量来确定，当然如果有不平衡报价等不确定因素另当别论。

本工程人工费调整公式应为：Σ各分部分项工程及单项措施费工程中江苏省住房和城乡建设厅各期人工工资指导价发布之日之后实际完成的工程量×已标价工程量清单中相应人工消耗量×人工工资单价差价，同时无施工合同约定，此费用并没有所谓同比例下浮的规定，而属于国家政策根据劳务市场价格波动由发包人承担的费用，因此本工程人工费差价部分不应下浮。

发包人主张本工程人工差价部分应按招标控制价的费用标准计算管理费和利润，其余费用一律不作调整，此种观点也存在一定问题。人工费调差仍然属于人工费部分，应考虑计算其管理费和利润，但管理费和利润属于投标人自行考虑需要竞争报价的因素，是固定价格合同中综合单价组成部分，应按投标报价中的费率计算其管理费和利润；至于人工差价部分对应的总价措施项目费则应结合本工程合同中总价措施项目费调整的原则进行考虑，而人工价差部分对应的规费和税金应予以计算。

【结论】 发包人与承包人在施工合同中应明确约定人工工资单价调整时其单价的取定、数量计算、相关下浮幅度、相关取费以及其他涉及费用的计取方法，在结算阶段才能避免相关造价纠纷。

5. 各因发包人原因造成工期延误的，延误期间发生的人工单价上涨差额由发包人承担；因承包人原因造成工期延误的，延误期间发生的人工单价上涨差额由承包人承担。

【造价纠纷】 某安置房工程，合同约定为固定单价合同，合同价款中包括的风险范围："合同约定合同工期施工期间的国家政策性调整及市场风险，人工和材料价差不调整。"本工程约定开工日期为 2010 年 9 月 1 日，竣工日期为 2011 年 9 月 1 日，但由于紧邻本工程的南侧人防工程未完成，开工日期延后 6 个月，实际开工日期为 2011 年 3 月 6 日，按照合同工期约定为 1 年，理论竣工日期为 2012 年 3 月 6 日；另因为外墙做法未确认，设计院在 2012 年 3 月 29 日才出设计变更确认，导致实际竣工日期为 2012 年 5 月 30 日。承包人由于实际施工期间与合同开工时间差 6 个月，期间人工和材料价格涨幅较大，超出承包人承受能力，因此要求在工期延误开始即进行人工工资和材料价格调整。发包人则认为：因项目合同中约定采用固定单价合同，合同价款中包括的风险范围为合同施工期间的国家政策性调整及市场风险，因此人工工资及材料市场价格不应作相应调整。

【造价分析】 如图 5-2 所示，在合同开工日期和合同竣工日期内（2010 年 9 月 1 日～2011 年 9 月 1 日），根据合同约定为固定单价合同，合同价款中包括的风险范围：合同工期施工期间的国家政策性调整及市场风险，人工和材料价差不调整。在 2011 年 9 月 1 日～2012 年 5 月 30 日（即非合同工期内），是由于发包人原因造成的工期延误，不受上述合同条文约束，应调整人工和材料价差。

【结论意见】 2010 年 9 月 1 日～2011 年 9 月 1 日，本工程人工和材料价差不调整；2011 年 9 月 1 日～2012 年 5 月 30 日，调整人工和材料价差，如图 5-2 所示。

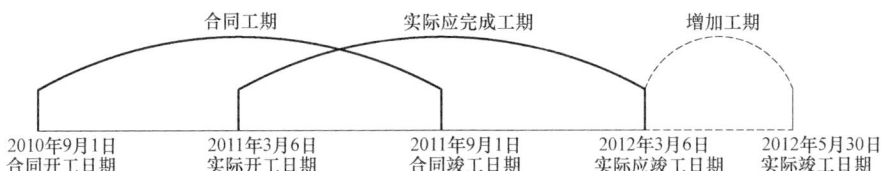

图 5-2　价差调整示意图

5.4　工程量清单编制

1. 招标工程量清单应由具有编制能力的招标人或受其委托、具有相应资质的工程造价咨询人编制。

2. 招标工程量清单必须作为招标文件的组成部分，其准确性和完整性应由招标人负责。

3. 招标工程量清单的作用：

招标工程量清单是工程量清单计价的基础，应作为编制招标控制价、投标报价、计算或调整工程量、索赔等的依据之一。

4. 工程量清单的组成内容：

招标工程量清单应以单位（项）工程为单位编制，应由分部分项工程项目清单、措施项目清单、其他项目清单、规费和税金项目清单组成。

5. 工程量清单的编制依据：

清单计价规范和相关工程的国家计量规范；国家或省级、行业建设主管部门颁发的计价定额和办法；建设工程设计文件及相关资料；与建设工程有关的标准、规范、技术资料；拟定的招标文件；施工现场情况、地勘水文资料、工程特点及常规施工方案；其他相关资料。

5.5 招标控制价

5.5.1 招标控制价定义

招标控制价是指招标人根据国家或省级、行业建设主管部门颁发的有关计价依据和办法，以及拟定的招标文件和招标工程量清单，结合工程具体情况编制的招标工程的最高投标限价。

5.5.2 招标控制价的作用

招标控制价的作用与所谓标底不同，根据《中华人民共和国招标投标法》第二十二条第二款的规定，"招标人不得向他人透露已获取招标文件的潜在投标人的名称、数量以及可能影响公平竞争的有关招标投标的其他情况。招标人设有标底的，标底必须保密"。长期以来在工程建设招投标工作中，标底作为发包人的工程预期价格在投标报价过程中是保密的，然后在评标过程中最为接近标底的投标报价评分最高，中标价甚至会有可能高于标底价格，这和采用工程量清单计价的初衷是违背的。实行 2008 年版清单计价规范之后，将所谓"标底"重新定义为"招标控制价"，其不再保密，而在招投标阶段公开，其作用为招标工程的最高限价，投标人的投标报价高于招标控制价的应予废标。

5.5.3 招标控制价的一般规定

1. 国有资金投资的建设工程招标，招标人必须编制招标控制价。

2. 招标控制价应由具有编制能力的招标人或受其委托具有相应资质的工程造价咨询人编制和复核。

3. 工程造价咨询人接受招标人委托编制招标控制价，不得再就同一工程接受投标人委托编制投标报价。

4. 招标控制价不应上调或下浮。

5. 当招标控制价超过批准的概算时，招标人应将其报原概算审批部门审核。

6. 招标人应在发布招标文件时公布招标控制价，同时应将招标控制价及有关资料报送工程所在地或有该工程管辖权的行业管理部门工程造价管理机构备查。

5.5.4 招标控制价的编制与复核

招标控制价应根据下列依据编制与复核：

《建设工程工程量清单计价规范》GB 50500—2013；国家或省级、行业建设主管部门颁发的计价定额和计价办法；建设工程设计文件及相关资料；拟定的招标文件及招标工程量清单；与建设项目相关的标准、规范、技术资料；施工现场情况、工程特点及常规施工方案；工程造价管理机构发布的工程造价信息，当工程造价信息没有发布时，参照市场价；其他的相关资料。

5.5.5 招标控制价的投诉与处理

1. 投标人经复核认为招标人公布的招标控制价未按照本规范的规定进行编制的，应在招标控制价公布后 5d 内向招投标监督机构和工程造价管理机构投诉。

2. 投诉人投诉时，应当提交由单位盖章和法定代表人或其委托人签名或盖章的书面投诉书。投诉书应包括下列内容：投诉人与被投诉人的名称、地址及有效联系方式；投诉的招标工程名称、具体事项及理由；投诉依据及有关证明材料；相关的请求及主张。

3. 投诉人不得进行虚假、恶意投诉，阻碍招投标活动的正常进行。

4. 工程造价管理机构在接到投诉书后应在 2 个工作日内进行审查。

5. 工程造价管理机构应在不迟于结束审查的次日将是否受理投诉的决定书面通知投诉人、被投诉人以及负责该工程招投标监督的招投标管理机构。

6. 工程造价管理机构受理投诉后，应立即对招标控制价进行复查，组织投诉人、被投诉人或其委托的招标控制价编制人等单位人员对投诉问题逐一核对。有关当事人应当予以配合，并应保证所提供资料的真实性。

7. 工程造价管理机构应当在受理投诉的 10d 内完成复查，特殊情况下可适当延长，并作出书面结论通知投诉人、被投诉人及负责该工程招投标监督的招投标管理机构。

8. 当招标控制价复查结论与原公布的招标控制价误差大于±3%时，应当责成招标人改正。

9. 招标人根据招标控制价复查结论需要重新公布招标控制价的，其最终公布的时间至招标文件要求提交投标文件截止时间不足 15d 的，应相应延长投标文件的截止时间。

【纠纷争议】 某工程编制招标控制价时，其中的配电箱价格严重偏离市场正常价格，但承包人在投标报价时参照招标控制价中的材料价格进行报价。在工程施工过程中，相应配电箱工程材料实际采购价格远远高于其投标价格，因此承包人要求在价款结算中补贴配电箱价格，由此产生工程造价纠纷。

【纠纷分析】 本工程承包人要求补贴价款的理由是招标控制价中的配电箱材料价格严重低于市场价格，而承包人投标报价必须参照招标控制价，如果其材料价格高于招标控制价，则将会成为废标，因此承包人只能在招标控制价中配电箱价格的基础上下浮之后投标，这导致合同价款中的材料价格远远低于市场实际采购价格，完全属于发包人的责任，所以在工程结算中，发包人应当补偿给承包人相关费用。

本工程承包人的该项诉求显然不合理，作为承包人在投标报价时，应该做到自主报价，根据自身管理水平及市场行情确定其投标报价，而非依据招标控制价进行报价。招标控制价的作用只是起到最高限价的作用，并不是投标报价和工程结算的依据，此外投标报价不能超过招标控制价，仅指其最终的总价，在总价不超出的前提下其中的某项材料价格超出招标控制价是允许存在的。因此本工程招标控制价的编制错误显然不能成为调整工程价款的理由，本工程也未有工程变更等导致合同价款变动的因素，即便承包人出现亏损，该配电箱项目综合单价也不应调整。

【结论与建议】 在工程建设过程中，招标控制价起着非常关键的作用，其作为发包人的最高限价，应保证编制质量，反映工程合理价格，否则极易导致工程造价纠纷。承包人在投标报价时，不应以招标控制价里的价格组成作为自身投标报价的依据，同时应明确招标控制价的编制错误并不是调整合同结算价款的理由。承包人在投标报价时应仔细核查已经备案的招标控制价，如发现重大问题，应当在开标前向有关部门提起投诉复核要求，经有关部门核查之后，重新调整。如在工程结算过程中才提起招标控制价的编制错误问题则为时已晚。

【纠纷争议】 某工程在投标报价过程中，投标人针对招标控制价提出部分质疑：如招标控制价中的钢材、商品混凝土、PHC 管桩、砂石等材料价格均远低于基期指导价格，其中钢材偏低近 40%，施工企业即使不下浮，也会导致严重亏损；如招标控制中未计临时设施费用、降水费用、未计打桩机械等进退场、组装拆卸费及塔吊及施工电梯基础、垂直运输费仅为 120d 计算一台塔吊费用，且未考虑地下部分工期，因此也将导致工程严重亏损。招标方则认为招标控制价中材料价格仅供参考，投标方应根据市场行情自主报价，措施项目则由投标方在投标报价中自行考虑。由此产生相应工程造价纠纷。

【纠纷分析】 该工程在投标报价过程中，投标人理应根据实际市场价格水平结合自身具体情况确定其投标报价中的材料价格水平，而不是根据招标控制价中的材料价格水平进行报价，同时招标控制价中的材料价格也不是工程价款结算的依据。但是作为最高限价的招标控制价，其中的材料价格应按基准期的材料指导价进行编制，材料指导价缺项的按市场价格水平计取，不应严重偏离市场实际水平，从而失去其公信力和应有的作用。至于临时设施费用、降水费用、打桩机械等进退场、组装拆卸费及塔吊及施工电梯基础、垂直运输费等，本工程招标控制价中严重漏算少算，虽然措施项目费用应由投标人在投标报价中自行考虑，但并不意味着作为最高限价的招标控制价中就不用考虑或者随意降低标准，招标控制价也应按合理的施工方案完整地计算其措施项目费用，否则就起不了其最高限价的作用并给工程招投标带来相当程度的困扰。

【结论与建议】 类似招标控制价编制质量的纠纷在工程结算阶段已毫无意义，在目前的清单计价体系中，招标控制价编制质量问题并不是结算阶段调整承包人合同价款的理由，因此有关各方在工程招投标阶段应重视招标控制价的编制质量，发包人和招标代理要合理计算招标控制价，不应任意下浮或降低标准，投标人则应认真研究招标文件及已备案的招标控制价，制定合理的投标策略，一旦发现招标控制价有严重质量问题，应在开标前及时向有关部门提出质疑和投诉，保证招标控制价的合理计取，从而顺利展开招投标工作。

5.6 项目特征与综合单价的计算

5.6.1 项目特征含义

项目特征是构成分部分项工程项目、措施项目自身价值的本质特征。

5.6.2 准确标注分部分项和措施项目费项目特征的重要意义

1. 分部分项和措施项目费清单中项目特征是决定其实体消耗的实质性特征和内容，是计算综合单价的前提和依据。

根据《建设工程工程量清单计价规范》GB 50500—2013 第 5.2.3 条规定：招标控制价中"分部分项工程和措施项目中的单价项目，应根据拟定的招标文件和招标工程量清单项目中的特征描述及有关要求确定综合单价计算"。第 6.2.3 条规定：投标报价中"分部分项工程和措施项目中的单价项目，应根据招标文件和招标工程量清单项目中的特征描述确定综合单价"。此条文规定了分部分项工程和措施项目中的单价项目综合单价的确定依据和原则，项目特征是构成清单项目价值的本质特征，单价的高低与其具有必然联系，因此，发包人在招标工程量清单中对项目特征的描述，应被认为是准确的和全面的，并且与实际施工要求相符合，否则，投标人无法报价。投标人依据工程量清单进行投标报价，对工程量清单不负有核实的义务，更不具有修改和调整的权力。在投标报价中招标工程量清单中的项目特征描述是构成综合单价的本质和唯一的依据。

【造价纠纷】 某工程在编制和发布招标工程量清单时，其钢筋清单中的项目特征中没有描述钢筋带 E，其招标控制价中也没有计算带 E 钢筋的费用。而设计图纸中明确钢筋为带 E 钢筋，承包人按图施工采用了带 E 钢筋。在结算审计过程中，审计方认为：投标人在投标报价时，应认真仔细核对工程量清单特征描述与设计图纸描述是否一致，施工中出现工程量清单特征描述与设计施工图纸不符或工程量清单描述不全面的，应以图纸描述为准，结算时投标人报价将不予调整。承包人认为：招标清单没有列入带 E 钢筋，钢筋不是同一强度的钢筋，属于漏项，而且招标控制价也没有计取带 E 钢筋的费用，在结算中应根据指导价中带 E 钢筋与不带 E 钢筋的价差同比例下浮后计取差价。由此产生工程造价纠纷。

【纠纷分析】《建设工程工程量清单计价规范》GB 50500—2013 规定，分部分项工程量清单综合单价计算应以招标清单的项目特征描述为准，而不是以设计图纸为准。审计方所认为"投标人在投标报价时应认真仔细核对工程量清单特征描述与设计图纸描述是否一致"以及"施工中出现工程量清单特征描述与设计施工图纸不符或工程量清单描述不全面的，应以图纸描述为准，结算时投标人报价将不予调整"。两种观点并没有在招标文件与施工合同中有明确规定。同时投标人依据工程量清单进行投标报价，对工程量清单不负有核实的义务，更不具有修改和调整的权力，投标人只能根据招标工程量清单中项目特征描述的普通钢筋进行报价，但招标控制价仅作为最高限价，其中虽未计取带 E 钢筋的费用，但却不是施工企业变更价款的理由。

【结论与建议】 本工程根据《建设工程工程量清单计价规范》GB 50500—2013 第 9.4.1 条规定："发包人在招标工程量清单中对项目特征的描述，应被认为是准确的和全面的，并且与实际施工要求相符合。承包人应按照发包人提供的招标工程量清单，根据项目特征描述的内容及有关要求实施合同工程，直到项目被改变为止。"第9.4.2条规定："承包人应按照发包人提供的设计图纸实施合同工程，若在合同履行期间出现设计图纸（含设计变更）与招标工程量清单任一项目的特征描述不符，且该变化引起该项目工程造价增减变化的，应按照实际施工的项目特征，按本规范第9.3节相关条款的规定重新确定相应工程量清单项目的综合单价，并调整合同价款。"本工程在工程结算中应按有关规定将其综合单价中的普通钢筋价格调整为带E钢筋的价格。

在工程建设工程发布招标工程量清单时，其项目特征描述必须规范、严谨和全面，必须跟设计图纸要求保持一致，才能做好工程造价的确定和控制工作，在结算时避免造价纠纷，防止不平衡报价的产生。

2. 项目特征是区分清单项目的依据。相同或相似的清单项目需要通过项目特征的准确描述加以区分。

3. 招标工程量清单项目特征描述是发包人和承包人双方履行合同权利和义务的共同基础。如果项目特征描述不清甚至漏项、错误，都会引起工程造价纠纷。

【造价纠纷】　某工程招标工程量清单中项目编码为"011101001001"，项目名称为"水泥砂浆楼地面"，项目特征描述为："1. 素土夯实；2. 320mm厚加气混凝土砌块；3. 60mm厚C15细石混凝土保护层；4. 1.5mm厚聚氨酯防水涂料；5. 用于室内覆土处。"而施工图纸上做法为："1. 素土夯实；2. 320mm厚加气混凝土砌块；3. 60mm厚C15细石混凝土保护层；4. 1.5mm厚聚氨酯防水涂料；5. 60mm厚的C20细石混凝土（内配4@150）；6. 用于室内覆土处。"该工程施工中承包人已按图纸要求施工，在工程结算时承包人认为施工图纸中的做法"60mm厚的C20细石混凝土（内配4@150）"原招标工程量清单中未列出，属于清单缺项，审计方则认为60mm厚的C20细石混凝土（内配4@150）是属于工程量清单项目特征描述不全，而不是漏项，故不应计取该项费用。

【纠纷分析】　本工程显然为招标工程量清单项目特征与设计图纸不符，虽然根据《建设工程工程量清单计价规范》GB 50500—2013其不符时应按设计图纸为准重新计算其综合单价，但本工程招标文件中规定："各投标人在投标报价时，应认真仔细核对工程量清单特征描述与设计图纸描述是否一致，如有异议请按招标文件约定答疑时间以书面形式提出，招标人核对后进行调整。施工中出现工程量清单特征描述与设计施工图纸不符或工程量清单描述不全面的，以图纸描述为准，结算时投标人报价将不予调整。"因此从表面上看本工程属于项目特征描述不全面，投标报价应以图纸描述为准，投标人的报价应不予调整，根据《建设工程工程量清单计价规范》GB 50500—2013规定，项目编码由12位阿拉伯数字表示，一至九位为统一编码，其中一、二位为附录顺序码，三、四位为专业工程顺序码，五、六位为分部工程顺序码，七、八、九位为分项工程顺序码；该项目编码为"011101001001"，项目名称为"水泥砂浆楼地面"，其项目特征应包括水泥砂浆找平层厚度、砂浆配合比、素水泥浆遍数、水泥砂浆面层厚度、砂浆配合比，但问题是本工程招标工程量清单中的所谓项目特征描述是按图纸设计中的做法直接移植，显然不符合清单计价规范的规定，而且移植过程中又遗漏一项细石混凝土面层，而这个面层虽然在图纸中属于地面做法内容，却不属于水泥砂浆楼地面的项目特征内容，其在工程量清单计价中应该是单独的一项工程量清单即"细石混凝土楼地面"清单项目。所以本工程招标工程量清单中的所谓遗漏的项目特征描述（即细石混凝土面层）并不属于水泥砂浆楼地面清单项目特征描述不全面，而属于招标人提供的工程量清单漏项或缺项，应按合同的有关约定另行予以计取其费用。

5.6.3 项目特征标注的注意点

项目特征描述是确定工程量清单综合单价的本质依据，涉及其价值的关键特征必须在清单中加以描述，如土方类别、桩基类型及混凝土强度等级、砌筑材料的类型、钢筋的种类、规格以及强度等级、商品混凝土的强度等级与添加剂要求、防水材料的品种、规格、层数、遍数，刚性防水层的种类、厚度以及混凝土强度等级，管道工程中材料种类、规格、安装方式等应严格按照《建设工程工程量清单计价规范》GB 50500—2013 中的项目特征描述要求加以详细标注。

5.6.4 项目特征与工作内容的关系

项目特征描述是确定工程量清单综合单价的本质依据，是决定分部分项工程量清单及单价措施项目清单综合单价价值的唯一标准，而清单中的工作内容只是为实现清单中的相关项目特征而采取的施工工序，不同的清单有不同的项目特征，也有不同的工作内容，根据其工作内容达到完成清单项目特征的目的，完成的过程可能会涉及多项定额子目的计算形成其相应综合单价。

【造价纠纷】 某工程合同约定根据招标工程量清单项目特征描述进行投标报价及工程结算，关于墙面乳胶漆工程量清单描述见表 5-4。

某墙面乳胶漆清单表 表 5-4

序号	项目编码	项目名称	项目特征描述	计量单位	工程量	金额（元）		
						综合单价	合价	其中
								暂估价
1	011407001001	墙面喷刷涂料	1. 内墙面乳胶漆两遍 2. 用于会议室	m²	320.05			

本工程在结算审计阶段时，承包人提出根据图纸设计要求会议室内墙面乳胶漆有腻子两遍，因此在工程结算中应另行计算其腻子费用，发包人认为腻子根据清单的工作内容应予以完成，应含在承包人的投标报价中，不应另计，由此产生工程造价纠纷。

【纠纷分析】 根据《建设工程工程量清单计价规范》GB 50500—2013 的要求，墙面乳胶漆应按表 5-5 要求列出清单，其项目特征中应包含基层类型、喷刷涂料部位、腻子种类刮腻子要求、涂料品种、喷刷遍数等。

喷刷涂料（编号：011407） 表 5-5

项目编码	项目名称	项目特征	计量单位	工程量计算规则	工作内容
011407001	墙面喷刷涂料	1. 基层类型； 2. 喷刷涂料部位； 3. 腻子种类； 4. 刮腻子要求； 5. 涂料品种、喷刷遍数	m²	按设计图示尺寸以面积计算	1. 基层清理； 2. 刮腻子； 3. 刷、喷涂料

但本工程墙面乳胶漆的招标工程量清单中项目特征只列出了内墙面乳胶漆两遍。根据《建设工程工程量清单计价规范》GB 50500—2013 的有关要求，分部分项工程和措施项目中的单价项目，应根据招标文件和招标工程量清单项目中的特征描述确定综合单价计算，即根据项目特征中的内墙面乳胶漆两遍作出报价，工作内容只是完成工序的流程，不是其综合单价的确定依据。

【结论和建议】　本工程该清单的投标报价仅指内墙面乳胶漆两遍的费用，不含腻子两遍的相关费用，在工程结算时，腻子两遍的费用应根据本工程施工合同的有关约定另行计取。

因此在实际工作中，发包人在编制和发布招标工程量清单时应严格按照《建设工程工程量清单计价规范》GB 50500—2013 的要求列出清单，按项目特征的要求而非工作内容计算其综合单价，并作为工程结算的依据，否则在工程结算时易引起造价纠纷，甚至导致承包人不平衡报价，影响发包人权益。

5.7　暂估价

在当前建设工程计价中，暂估价是较常见术语，顾名思义即是指在招标阶段预见肯定要发生，只是因为标准不明确或者需要由专业承包人完成，暂时又无法确定具体价格时采用的一种价格形式。但由于相关法规政策等未形成完整的体系以及招标文件、施工合同中相关计价条款的缺失，暂估价在工程计价过程中常常引起诸多纠纷和争议，所以需要有关各方对暂估价计价有全面的认识和理解，从而能在招投标过程和施工合同签订过程中明确约定暂估价的相关计价条款，保证暂估价的合理计价。

5.7.1　暂估价之溯源及定义

在《建设工程工程量清单计价规范》GB 50500—2003 中并没有暂估价的名词概念，而在发改委等 9 部委的 56 号令中发布的《中华人民共和国标准施工招标文件（2007 年版）》中的施工合同通用条款中则最早出现了暂估价的概念，即其中的施工合同通用条款的词语定义第 1.1.5.5 条规定："暂估价：指发包人在工程量清单中给定的用于支付必然发生但暂时不能确定价格的材料、设备以及专业工程的金额。"因此与之相对应，自 2008 年 12 月 1 日起实施的国家标准《建设工程工程量清单计价规范》GB 50500—2008 中也增加了关于"暂估价"的相关规定，第 2.0.7 条明确："暂估价指招标人在工程量清单中提供的用于支付必然发生但暂时不能确定价格的材料的单价以及专业工程的金额。"但其中仅包括材料暂估单价和专业工程暂估价两项，而不包括工程设备暂估价。根据国家标准《建设工程计价设备材料划分标准》GB/T 50531—2009 的规定，在进行工程计价文件编制时，凡属于设备范畴的有关费用，包括设备费、设备运杂费等从属费用，均应列入设备购置费；凡属于材料范畴的有关费用，包括材料运杂费、保管费等可按专业类别分别列入建筑工程费或安装工程费。《建设工程工程量清单计价规范》GB 50500—2008 采用这一价格形式，既保持了与《标准施工招标文件》中的施工合同通用条款的定义一致性，又通过一系列规范条文对施工招标阶段中一些无法确定价格的材料、设备或专业工程分包提出了更具有操作性的解决办法。

《建设工程工程量清单计价规范》GB 50500—2013 第 2.0.19 条则明确规定暂估价为：招标人在工程量清单中提供的用于支付必然发生但暂时不能确定价格的材料、工程设备的单价以及专业工程的金额。

5.7.2 暂估价之工程实践存在问题

随着建设工程工程量清单计价方式的日益推广，暂估价项目的设置能够解决在工程招投标初期易出现的一些问题，诸如专业分包工程设计深度不到位、部分"四新工程"缺少计价依据与市场信息、部分建筑材料品质及价格档次暂时无法确定等，从而能够缩短招投标周期，降低招投标难度，甚至能在某种程度上转嫁部分风险，所以暂估价的形式较受招标人欢迎，目前在工程量清单计价中采用得也越来越多，所占的资金比例也越来越多。但是暂估价的设置虽然在招投标阶段使得一些难题迎刃而解，而相关管理的缺失却使得其在随后的工程建设与工程结算中埋下了诸多隐患，也成为部分造价纠纷的源头之一。目前暂估价的计价过程中存在以下问题：

1. 暂估价项目设置存在问题，材料暂估价和专业工程暂估价界定不清，或是建设单位直接发包的专业工程也列入暂估价中，或是将专业工程暂估价列入材料暂估价项目甚至分部分项工程中，或是将设备价格列入暂估价项目。暂估价项目设置的混乱，会导致工程结算时，相关措施费用、总承包管理服务费用、规费、税金等的计取同样陷入混乱。

2. 暂估价发布的价格内容组成存在问题。招标人在发布暂估价价格时往往过于笼统，对其价格的组成明细缺少说明，如材料暂估价的组成，是否包含采购管理费及现场保管费，专业工程暂估价的组成是否包含相应的措施费用及规费等，暂估价发布价格时缺少内容界定，因此在随后确定的分包价款及材料价格无法与之对应，也会在结算时导致重重争议。

3. 暂估价项目设置过多，占工程总造价的资金比重增大。由于暂估价理论上是在结算阶段按实调整的，所以暂估价项目设置过多且未考虑到暂估价实际价格的因素，有可能会突破招标人的预算投资规模，使最终的工程结算造价失去控制，再加上工程建设阶段暂估价项目管理中的一些不确定因素，无形当中给招标人自身增加了很多风险。

4. 暂估价项目发布之后，事先未约定或在建设过程中任意改变材料的供应方式或是专业工程的分包方式，也易引起工程建设管理和结算过程中的混乱。

5. 有部分招标发包方在工程建设中将普通的分部分项工程与建筑材料也作为暂估价计价暂时计入工程总承包价，事后另行分包，易成为滋生腐败的另一源头。

6. 暂估价项目的内容在工程建设过程中，缺少相关的规范性文件以及合理的专业工程分包合同，导致暂估价定价过程中存在规避招标及暗箱操作等违法行为。如暂估材料单价部分，如为乙供时，往往缺少合理规范的价格招标或价格认定的方式、程序等，由招标方单方面定价，定价过程又过于随意，价格过高时易造成招标方的损失，增加工程结算时的难度，价格过低时施工企业会拒绝采购，从而增加工程建设管理的难度；如专业分包工程相关合同的规范签订也容易受到忽视，缺少包括招标人、总承包人及分包商各自的权利和义务，分包工程的范围、分包工程的变更，分包工程定价方式、分包工程的价款与支付等方面内容的约定，均易造成工程结算中的纠纷隐患。

7. 在工程建设过程中，对于暂估价定价过程中其价格内容组成跟招标阶段一样过于模糊和笼统，比如暂定材料价格的组成，是否包含采购管理费及现场保管费，专业工程暂估价的组成是否包含相应的措施费用及规费等，是否考虑总承包方配合内容因素在内等都是暂估价结算时纠纷的主要内容。

8. 暂估价竣工结算时的调整历来存在广泛争议，暂估价中的材料暂估价和专业工程暂估价在结算时都存在差价，而差价部分的结算涉及相关总承包合同价格、措施费、规费、税金的计取，当前的规范性文件或总承包施工合同中普遍缺少相应条文或条款约定，致使工程结算时产生大量争议。

9. "营改增"之后，尤其是推行建设项目总承包的工程，往往会出现总承包工程与分包工程计税方式不一样，使得总承包工程没有办法合理抵扣。

5.7.3 暂估价之招标文件与工程量清单的发布

1. 暂估价清单的列项。

在发布招标文件时，根据《建设工程工程量清单计价规范》GB 50500—2013 第4.4.1条规定，其他项目清单应按照下列内容列项：①暂列金额；②暂估价，包括材料暂估单价、工程设备暂估单价、专业工程暂估价；③计日工；④总承包服务费。因此在发布招标文件时，应在工程量清单中的"材料暂估单价表"和"专业工程暂估价表"中分别进行发布。同时专业工程暂估价应在"其他项目清单与计价汇总表"中予以汇总，而材料暂估单价则由投标人按"材料暂估单价表"中的单价进入工程量清单的综合单价报价中，不在此表中汇总。

2. 暂估材料单价的发布。

根据《建设工程工程量清单计价规范》GB 50500—2013 第4.4.3条规定：暂估价中的材料、工程设备暂估单价应根据工程造价信息或参照市场价格估算，列出明细表；专业工程暂估价应分不同专业，按有关计价规定估算，列出明细表。因此发布暂估材料单价时，应注意明确其发布材料内容，原则上经工程造价管理部门以指导价形式发布过的材料价格，不应设置暂估价，只有新型、非通用或单一来源的特定材料以及同类材料价格在不同品牌、品质、产地之间价格差异较大且招投标阶段因时间紧迫，不适宜作出确定性合理控制价的，方可设置材料暂估单价，如一些新型特殊材料、装饰材料、电气卫浴器具等。暂估价材料的单价由招标人提供，其暂估原则应参照预算定额中材料预算价格的组成原则，即材料单价组成中应包括场外运输与采购保管费，并选定符合设计要求的近似对象，参考品牌与估价方式，以来源地或交货地运至施工工地仓库（或施工工地指定堆放地点）的费用之和，合理估算其材料暂估单价价格。

招标工程量清单中发布材料暂估单价时，应根据工程所在地造价管理机构发布的材料指导价进行发布，如其中有缺项的材料可参照市场价格估算，列出明细表。暂估材料单价组成应包括场外运输及采购保管费。

适用一般计税方法的工程，招标人应在招标文件中明确材料暂估单价为除税价；适用简易计税方法的工程，招标人应在招标文件中明确材料暂估单价为含税价。

3. 专业工程暂估价的发布。

发布专业工程暂估价时，其拟建工程中必然发生但暂时不能确定价格，由总承包人与专业工程分包人签订分包合同的专业工程，方能由发包人在暂估价清单项目中发布其专业工程暂估价，如一些专业工程施工图设计不够完整齐全、设计深度不够、技术参数不明等或工程设计明确有特定艺术或特定技术项目需要二次深化设计的，或专业工程技术复杂，总承包无法自行完成的仅有少数专业施工队伍具备施工资质，或仅有特定施工组织方案选择的，且短期无法询价确定造价的专业工程，如玻璃幕墙工程、智能工程、钢结构工程等，可以设置专业工程暂估价项目。

发布专业工程暂估价金额时，应区分不同专业，按有关清单计价规定进行估算，选定符合设计要求的施工组织设计（或模拟施工方案），以清单项目自开工至合格验收所发生的全部费用之和，或结合专业分包直接成本加上合理利润等方式，估算其专业工程暂估价格。应当包括除规费和税金以外的管理费、利润等取费，也应考虑专业分包工程所采用的措施项目工程费用以及总承包单位的服务配合工作因素在内，其金额内唯独不含规费和税金。专业工程暂估价金额的组成在其他项目清单中应有明确的说明，以便后续工作的逐一对应展开。

在招标工程量清单中发布专业工程暂估价时，应区分不同专业，按有关计价规定估算，列出明细表，同时明确专业工程暂估价的组成内容，专业工程暂估价一般应是综合暂估价，应当包括除规费和税金以外的管理费、利润等。

其中适用一般计税方法的工程，招标人应在招标文件中明确专业工程暂估价为除税价格，均不包含增值税可抵扣进项税额；适用简易计税方法的工程，招标人应在招标文件中明确专业工程暂估价为含税价格，均包含增值税进项税额。

4. 发包人拟单独发包的专业工程，不应以专业工程暂估价的形式进行发布。部分招标人出于规避招标市场等的目的，在工程招投标阶段把这部分工程列入专业工程暂估价，并计入工程总造价，而在工程建设阶段时，重新将这部分工程从总造价中扣除，另行招投标，此种形式往往在合同中没有明确约定，同时又涉及原合同价款的结算调整问题，专业工程的合同签订主体问题（部分工程招标方往往又会要求总承包方和分包商签订合同）以及总承包服务费的计取和支付问题，最终在工程结算阶段形成一片乱局。因此发包人拟单独发包的专业工程不得以分部分项工程或暂估价的形式列入主体工程招标文件的分部分项或其他项目工程量清单中，发包人应与专业工程承包人另行签订施工合同。

5. 根据相关法律法规及政策文件规定应由总承包人发包的专业工程，应在其他项目费中以专业工程暂估价清单形式进行发布，不得以独立费等形式列入分部分项及措施费等工程量清单中。

当前还有很多工程，发包人在招投标阶段大量指定分部分项工程中的综合单价，作为承包人投标报价的唯一依据，而后或另行发包，或指定分包。此种形式不能称之为暂估价，只能是某种"暂估综合单价"的形式。这种形式并不合法也不可取，将会造成工程结算时后患无穷，同时不符合工程量清单计价的根本原则，因此应逐步杜绝分部分项工程中暂定价格的现象产生。

6. 应尽量减少暂估价的列项数量。应尽可能减少暂估价项目，这既有利于质量与成本控制，又有利于建设项目管理。

7. 招标人在发布招标文件时，还有一点至关重要，就是应在招标文件中明确暂估价的一系列计价原则，包括暂估价的招投标、认价的方式方法以及程序等，也包括暂估价的结算方法等，这将为暂估价的合理确定和控制奠定好基础。

5.7.4　暂估价之招标控制价与投标报价的编制

根据《建设工程工程量清单计价规范》GB 50500—2013 第 5.2.5 条规定："暂估价中的材料、工程设备单价应按招标工程量清单中列出的单价计入综合单价。"第 6.2.5 条规定："材料、工程设备暂估价应按招标工程量清单中列出的单价计入综合单价、专业工程暂估价应按招标工程量清单中列出的金额填写。"

因此在编制招标控制价和投标报价时，暂估价不得变动和更改，其中适用一般计税方法的工程，其暂估价均应采用不包含增值税可抵扣进项税额的除税价格；适用简易计税方法的工程，其暂估价均应采用包含增值税进项税额的含税价格。

施工企业在编制投标报价时同样也不能针对招标文件中的暂估价内容进行更改，否则应视为未响应招标文件的要求，以废标处理。因此在工程实际中，招标文件应有相应的废标条款，评标阶段评标委员会对此也应有严格的审查程序。此外为避免有漏网之鱼，还应在总承包合同中进一步注明，如出现施工企业的报价与暂估价不符且未作废标处理的情况时，其价款结算时仍以工程量清单中暂估价为准或以不利于投标方为准等类似条款，以杜绝工程结算之后患。

【造价纠纷】　某工程在招投标过程中，评标专家发现某投标函中暂定材料费用与招标控制价相比严重偏低，经核查该投标函中的暂定材料的数量普遍低于政府发布消耗量定额含量，导致其暂定材料总费用偏低，评标委员会出于担心此种情况将来会导致在工程结算阶段按定额含量调整暂定材料费用时可能会有不当得利，因此决定将此投标函作为废标处理，由此引发工程造价纠纷。

【纠纷分析】　根据《建设工程工程量清单计价规范》GB 50500—2013 及本工程招标文件规定：投标人暂估价材料备单价应按招标工程量清单中列出的单价计入综合单价，本工程投标人在投标报价中暂估材料单价确按招标工程量清单中价格计算相关综合单价，没有违反招标文件的规定，而在工程招投标过程暂估材料的数量却属于投标人自主报价内容，即为投标人竞争部分。且该工程废标条款仅指未按招标工程量清单中暂估材料单价填入综合单价的投标报价为废标，因此该工程中此投标函显然不应作为废标处理。

同时该工程通过招投标如此投标人中标，今后在结算阶段时调整相应暂估材料价格时，其数量应以投标报价中的数量为准，而不是以定额含量为准，即投标报价中的暂估材料数量偏低但却是投标人的承诺，发包人仅需支付投标报价中相应数量的暂估材料费用，超出此部分的实际消耗的暂估价材料费用则应由投标人自行承担。

5.7.5　暂估价之总承包合同的签订

1. 在招标工程量清单中给定暂估价的材料、工程设备不属于依法必须招标的，招标人与总承包人应在总承包合同中约定其材料和设备的供应方式、其单价的组成内容、确认方式与相关程序，同时招标人和总承包人在总承包合同中还应约定材料暂估价的价款结算方法。

2. 在招标工程量清单中给定暂估价的材料、工程设备属于依法必须招标的，应由发承包双方在总承包合同中根据相关文件约定以招标的方式选择供应商，确定价格。

3. 在招标工程量清单中给定暂估价的专业工程不属于依法必须招标的，应按照有关规定确定专业工程价款，应由招标人与总承包人在总承包合同中约定专业工程的招标办法、分包方式及计价办法、价款结算方法等。

4. 在招标工程量清单中给定暂估价的专业工程，依法必须招标的，应当由发承包双方依法组织，并在总承包合同中根据相关文件规定约定以招标方式选择专业分包人，接受有管辖权的建设工程招标投标管理机构的监督，分包工程合同价款经招标人确认后作为总承包工程结算的依据。

5. 发包人在与中标人即总承包人签订总承包合同时应对暂估价的计价方式有明确规定。如《中华人民共和国标准施工招标文件（2013年版）》中相关内容有：暂估价专业分包工程、服务、材料和工程设备的明细由合同当事人在专用合同条款中如下约定：

10.7.1 依法必须招标的暂估价项目

对于依法必须招标的暂估价项目，采取以下第1种方式确定。合同当事人也可以在专用合同条款中选择其他招标方式。

第1种方式：对于依法必须招标的暂估价项目，由承包人招标，对该暂估价项目的确认和批准按照以下约定执行：

（1）承包人应当根据施工进度计划，在招标工作启动前14d将招标方案通过监理人报送发包人审查，发包人应当在收到承包人报送的招标方案后7d内批准或提出修改意见。承包人应当按照经过发包人批准的招标方案开展招标工作。

（2）承包人应当根据施工进度计划，提前14d将招标文件通过监理人报送发包人审批，发包人应当在收到承包人报送的相关文件后7d内完成审批或提出修改意见；发包人有权确定招标控制价并按照法律规定参加评标。

（3）承包人与供应商、分包人在签订暂估价合同前，应当提前7d将确定的中标候选供应商或中标候选分包人的资料报送发包人，发包人应在收到资料后3d内与承包人共同确定中标人；承包人应当在签订合同后7d内，将暂估价合同副本报送发包人留存。

第2种方式：对于依法必须招标的暂估价项目，由发包人和承包人共同招标确定暂估价供应商或分包人的，承包人应按照施工进度计划，在招标工作启动前14d通知发包人，并提交暂估价招标方案和工作分工。发包人应在收到后7d内确认。确定中标人后，由发包人、承包人与中标人共同签订暂估价合同。

10.7.2 不属于依法必须招标的暂估价项目

除专用合同条款另有约定外，对于不属于依法必须招标的暂估价项目，采取以下第1种方式确定：

第1种方式：对于不属于依法必须招标的暂估价项目，按本项约定确认和批准：

（1）承包人应根据施工进度计划，在签订暂估价项目的采购合同、分包合同前28d向监理人提出书面申请。监理人应当在收到申请后3d内报送发包人，发包人应当在收到申请后14d内给予批准或提出修改意见，发包人逾期未予批准或提出修改意见的，视为该书面申请已获得同意。

（2）发包人认为承包人确定的供应商、分包人无法满足工程质量或合同要求的，发包人可以要求承包人重新确定暂估价项目的供应商、分包人。

（3）承包人应当在签订暂估价合同后7d内，将暂估价合同副本报送发包人留存。

第2种方式：承包人按照第10.7.1项〔依法必须招标的暂估价项目〕约定的第1种

方式确定暂估价项目。

第 3 种方式：承包人直接实施的暂估价项目

承包人具备实施暂估价项目的资格和条件的，经发包人和承包人协商一致后，可由承包人自行实施暂估价项目，合同当事人可以在专用合同条款约定具体事项。

10.7.3 因发包人原因导致暂估价合同订立和履行迟延的，由此增加的费用和（或）延误的工期由发包人承担，并支付承包人合理的利润。因承包人原因导致暂估价合同订立和履行迟延的，由此增加的费用和（或）延误的工期由承包人承担。

所以总承包合同中关于暂估价的计价应有一整套的详细而周密的约定，包括明确暂估价中暂估材料和暂估专业工程的计价范围、总承包合同中招标人、总承包人、分包人之间各自的权利和义务、属于法定招标范围之内的暂估价采用何种招标方式确定材料供应商和专业工程分包商以及相应的材料单价和工程分包价、属于法定招标范围之外的暂估价如何由招标方和总承包方共同认质认价以及共同选择专业分包商、是否指定分包、如何共同确定工程分包价款的一系列方法和程序等。此外还包括暂估价的付款方式、暂估价的结算方式和结算方法应在总承包合同中有明确的约定。

5.7.6 暂估价之分包工程招投标与认质认价

依法必须招标的专业分包工程的招标工作应具体体现以下原则并应在总承包合同中事先予以明确约定：一是由总承包人作为招标项目招标人；二是招标人必须参与分包工程的招投标工作，主要体现在总承包人发布暂估价招标公告、招标文件等时应当经发包人审核签章。发包人对承包人报送的文件依法进行审核并合理提出修改意见对相关项目招标文件、评标标准和方法等能够体现招标目的和招标要求的文件进行审批，未经审批并加盖法人印章不得发出招标文件；三是评标时建设项目招标人可以作为共同的招标组织者，可以派代表进入评标委员会参与评标，除发包人或者承包人自愿放弃委派评标代表权利外，暂估价招标人评标代表由发包人与承包人等额委派，否则，中标结果对建设项目招标人没有约束力，并且，建设项目招标人有权拒绝相应项目拨付工程款，对相关工程拒绝验收。四是专业分包工程的招标文件应明确专业分包工程的范围，并与总承包工程招标文件中专业工程暂估价的组成明细相对应，进一步明确专业分包工程的价款，应含相应的分部分项工程费和相应的专业措施项目费等，同时考虑总承包人提供的协调配合管理因素等。分包价款中也应确定不含规费和税金，以免总承包工程结算时重复计取。五是评标之后应由总承包人与分包人按招标结果签订分包合同，并由总承包单位协调管理。

此外有下列情形的，经招投标监管机构批准，材料和设备采购可以采用邀请招标：①货物技术复杂或有特殊要求，只有少量几家潜在投标人可供选择的；②涉及国家安全、国家秘密或者抢险救灾，适宜招标但不宜公开招标的；③拟公开招标的费用与拟公开招标的节资相比，得不偿失的；④法律、行政法规规定不宜公开招标的。

未达到招标要求的暂估价项目，可不经过公开招标或邀请招标的形式，而直接通过议标、市场询价、认质认价等形式确定分包工程价格或材料单价，一般也经招标人同意后由总承包单位分包，但都由总承包单位协调管理。这种形式虽然周期短，效率高，但操作过程缺少规范性程序，人为影响因素大，极易造成其价格的偏差，给后续管理带来很多难度，因此非招标的暂估价项目也应参照招标项目的流程，根据总承包合同的约定，逐步规范和完善其招投标的程序，主要包括：根据总承包合同的规定，确定专业分包工程的范围、设计图纸、工艺要求等，以及暂估材料单价的质量品牌要求，规格型号、工艺参数等；招标人和总承包人以及建立单位进行市场询价，了解市场行情水平；发布招标公告或邀请招标函；通过对投标的专业分包人或材料供应商的价格进行认质认价、分析比选、评定优劣，最终决定专业分包价款及材料单价，并与最终的中标人签订专业工程分包合同或材料供应合同。

5.7.7 暂估价之分包合同的签订

实践中，往往一般要求由总承包中标人和工程建设项目招标人共同依法组织招标，也有人认为暂估价毕竟属于建设单位费用，应由发包人进行主导，所以所谓共同招标很容易被理解为双方共同作为招标人，最后共同与招标人签订合同。但是这种做法易导致招标人、承包人、分包人之间的责权利划分不清，并不利于合同履行，所以恰当的做法应当是仍由总承包中标人作为招标人与分包商签订分包合同。其原因包括：一是属于总承包范围内的材料、设备采购主体当然是总承包人；二是承包范围内的工程质量、安全和工期的责任主体是一元化的，均归于总承包人；三是根据合同法规定的要约承诺机理，如果招标人作为招标主体一方发出要约邀请，势必要作为合同的主体与中标人签约。因此，为了避免出现两方作为共同招标人、一方作为合同主体的法律的难题，招标主体仍应是施工总承包人，建设项目招标人参与的所谓共同招标可以通过恰当的途径体现建设项目招标人对这类招标组织的参与、决策和控制，实践中能够约束总承包人的最佳途径就是通过合同约定的相关的程序。

总承包人和分包人可参照住房和城乡建设部、国家工商行政管理总局印发的《建设工程施工专业分包合同（示范文本）》有关内容签订分包合同，可由合同协议书、通用条款和专用条款组成。合同协议书包括分包工程概况、分包合同价款、工期、工程质量标准、分包合同解释程序、分包合同的生效条款，通用条款和专用条款应分别包括词语定义及合同文件的组成、各方一般权利和义务、质量与安全、合同价款与支付、工程变更、竣工验收及结算、违约、索赔及争议、保障、保险及担保等内容，才能有效地约束和规范分包工程的管理。

总承包人应与专业材料供应商或专业工程分包商签订供货合同及专业工程分包合同，关键是应在专业分包合同中明确约定专业材料单价及专业工程分包价款金额，以此作为建设单位与总承包人进行工程价款结算的依据。其中专业材料供货合同中应明确其材料单价的组成与工程量清单中的暂估材料单价组成一致，即应包括市场采购价格、采购保管费以及运输费用等在内。其中专业工程分包合同中应明确专业分包工程价格的组成应与工程量清单中的专业工程暂估价组成一致，即应当包括除规费和税金以外的管理费、利润等取费，并以此作为建设单位与总承包商的结算依据。除此以外的费用，由总承包人与专业分包人另行结算。

5.7.8 建筑业实施"营改增"后，暂估价部分应明确的原则

1. 材料及设备暂估价

1) 总承包人应与招标人根据总承包合同的约定确认材料暂估单价，确认过程中应明确其材料单价的组成，并应与招标工程量清单中其他项目工程量清单内的暂估材料单价组成内容一致，即应包括采购保管费以及运输费用在内。其中，适用一般计税方法的工程，

材料暂估单价应最终确认为除税价格；适用简易计税方法的工程，材料暂估单价应最终确认为含税价格。

2）总承包合同须明确以确认后的材料单价取代材料暂估单价，并调整其合同价款。

2. 专业工程暂估价

1）工程总承包合同需明确专业工程暂估价中专业分包事项，包括分包内容、范围等。

2）工程总承包合同及专业分包合同应明确其分包工程的计价原则、风险分担机制、价款变更方法等计价口径，应与总承包合同保持一致。

3）专业工程暂估价中明确需要公开招投标的专业工程，应根据《财政部　国家税务总局关于全面推开营业税改征增值税试点的通知》（财税〔2016〕36号）精神选择其适用的计税方式，原则上应与总承包工程保持一致。

4）总承包及专业分包均采用一般计税方式的工程，应在总承包合同中注明专业工程分包人的纳税人资格要求，总承包人应尽可能选择一般纳税人作为专业工程分包人，并满足总承包人抵扣过程中的相关要求。

5）总承包合同及专业分包合同价款应约定实行价税分离原则，将不含税价款与增值税税金分别计列，具体税金金额根据承发包模式结合分包商纳税身份确定的增值税税率进行计算。

6）总承包合同中应明确约定专业分包工程仍包含在总承包人的合同范围内，专业工程款应由发包人支付给总承包人、总承包人支付给专业工程分包人。

7）总承包合同应明确专业工程暂估价及专业分包工程相应总承包服务费的费用内容、计取范围及计取办法。

8）总承包人在与专业工程分包人签订的专业分包合同中应明确，分包人开具的增值税发票总额等于总承包人应付给专业工程分包人竣工结算总额，应按不含税金额和税金分别填写。

5.7.9　暂估价之工程结算

1. 关于暂估价项目的工程结算问题，各政策法规文件等历来着墨不多，所以易形成暂估价计价中的一些盲点，招标人和总承包人应根据有关政策性文件在总承包合同中明确暂估价结算的原则和方法，作为暂估价工程结算的依据，从根源上避免相关造价纠纷和争议的产生。

《建设工程工程量清单计价规范》GB 50500—2013也有条款作出了规定：

9.9.1　发包人在招标工程量清单中给定暂估价的材料、工程设备属于依法必须招标的，应由发承包双方以招标的方式选择供应商，确定价格，并应以此为依据取代暂估价，调整合同价款。

9.9.2　发包人在招标工程量清单中给定暂估价的材料、工程设备不属于依法必须招标的，应由承包人按照合同约定采购，经发包人确认单价后取代暂估价，调整合同价款。

9.9.3　发包人在工程量清单中给定暂估价的专业工程不属于依法必须招标的，应按照本规范第9.3节相应条款的规定确定专业工程价款，并应以此为依据取代专业工程暂估价，调整合同价款。

9.9.4　发包人在招标工程量清单中给定暂估价的专业工程，依法必须招标的，应当由发承包双方依法组织招标选择专业分包人，并接受有管辖权的建设工程招标投标管理机构的监督，还应符合下列要求：

1　除合同另有约定外，承包人不参加投标的专业工程发包招标，应由承包人作为招标人，但拟定的招标文件、评标工作、评标结果应报送发包人批准。与组织招标工作有关的费用应当被认为已经包括在承包人的签约合同价（投标总报价）中。

2　承包人参加投标的专业工程发包招标，应由发包人作为招标人，与组织招标工作有关的费用由发包人承担。同等条件下，应优先选择承包人中标。

3　应以专业工程发包中标价为依据取代专业工程暂估价，调整合同价款。

此类条款大致规定了适用暂估价时的合同价格的调整规则。即经各种方式确认的材料单价及专业分包工程价格与原来工程量清单的差价应计入工程结算的合同价格中，差价部分同时应计取税金，使得发包人与承包人双方之间合法权益得以平衡。但言辞往往言简意赅，涉及具体问题时则显得过于简单，难以解决一些工程造价中常见争议问题，如差价部分是否计取措施费、规费、税金等。

在工程结算时，针对暂估材料单价，需明确在施工过程中由谁采购和供应，如为发包人供应，其结算方法应按甲供材料的计价原则予以确定，如为总承包公司购买，则应作为暂估材料单价予以结算。结算过程中应首先明确材料单价的变化不应影响总承包合同中的分部分项工程量综合单价，然后按承发包双方最终确认的材料价格为准计算其与工程量清单中暂估材料单价的单价价差，再按总承包合同约定以此单价价差乘以总承包人中标价格中的相应消耗量最终计算出暂估材料单价的价差金额。一般总承包合同中往往仅约定此价差金额应计入工程结算价格，而由此引起的其他的费用的调整则没有约定，常常引起纠纷和争议。暂估材料单价的结算还应在总承包合同中进一步约定其调整方法，即暂估材料的价差产生变化，相应的价差金额仍然属于分部分项工程费用，因此也应作为分部分项工程的内容计取相应的费用，以分部分项工程费为基础乘以一定费率计算而得的措施项目费，如总承包合同中约定这部分措施项目费包干使用，则不调整，如没有相关约定，则价差部分应乘以中标价格中的相应费率计算其措施费。此外暂估材料单价部分的价差金额还应计取相应的规费和税金等。

针对专业工程暂估价，在工程量清单中的专业工程暂估价如由发包方另行直接发包并签订合同的工程，应由发包方与相应承包人进行结算，总承包人应按合同约定计取相应的总承包管理服务费。由总承包人和专业分包商签订合同的专业分包工程，办理工程结算时应按总承包人与专业工程分包人所签订的分包合同中的相应工程价格进行结算，以此价格与工程量清单中的专业工程暂估价之间的价差为准办理结算，价差部分计入工程结算造价中，原中标工程合同价款中的措施费不作调整，价差部分同样计取相应的规费和税金。

2. 工程量清单计价采用固定价格合同的工程，暂估价的结算方式如总承包合同有约定按合同约定，如无合同约定或合同约定不明的应按以下原则进行暂估价的结算。

3. 在工程结算时，材料暂估单价应按总承包人与发包人确认的材料价格进行结算，其材料确认价格与材料暂定价格差价部分应计入总承包合同结算价款中，并计取相应的规费和税金等，差价部分同时也应计取相应的措施项目费用（合同约定包干的措施费用除外）。

4. 在工程结算时，专业工程暂估价中公开招标的分包工程价款应按总承包人与专业工程分包人所签订的分包合同中的相应工程价款，经发包人确认后进行结算并调整总承包合同价款。计算公式见下：

1）总承包及专业分包工程均为一般计税方式，其总承包工程价款结算公式应为：

$$(A-a+B)\times(1+9\%)$$

式中　A——总承包工程中经审定后的不含增值税可抵扣进项额的税前工程总造价（原专业工程暂估价未调整）；

　　　a——总承包工程中原专业工程暂估价及相关计取规费；

　　　B——专业分包工程中经审定后的不含增值税可抵扣进项额的税前工程总造价。

2）总承包及专业分包工程均为简易计税方式，其总承包工程价款结算公式应为：

$$(A-a+C)\times(1+D)$$

式中　A——总承包工程中经审定后的含增值税可抵扣进项额的税前工程总造价（原专业工程暂估价未调整）；

　　　a——总承包工程中原专业工程暂估价及相关计取规费；

　　　C——专业分包工程中经审定后的含增值税进项额的税前工程总造价；

　　　D——简易计税方法税金费率。

5.8　总承包服务费

5.8.1　传统意义上的总承包服务费概念

根据《建设工程工程量清单计价规范》GB 50500—2013 第 2.0.21 条规定：总承包服务费为总承包人为配合协调发包人进行的专业工程分包，对发包人自行采购的材料、工程设备等进行保管以及施工现场管理、竣工资料汇总整理等服务所需的费用。

"总承包服务费"是在工程建设的施工阶段实行施工总承包时，当招标人在法律、法规允许的范围内对专业工程进行发包和自行采购供应部分材料、工程设备时，需要总承包人提供相关服务（如分包人使用总包人的脚手架、水电接驳等）和施工现场管理等所需的费用。

根据《江苏省建设工程费用定额》（2014 年）规定：总承包服务费是指总承包人为配合、协调建设单位进行的专业工程发包，对建设单位自行采购的材料、工程设备等进行保管以及施工现场管理、竣工资料汇总整理等服务所需的费用。总包服务范围由发包人在招标文件中明示，并由发承包双方在施工合同中约定。

两者在概念上是一致的，即作为总承包服务费其前提是发包人直接将专业工程发包给专业承包人，而施工现场需使用总承包方配合管理、提供必要施工条件等，此时应由总承包方向发包人或专业承包人收取相关管理或配合服务费用，但是专业承包人此项费用的支出归根到底应由发包人支付，因此简化费用计取方式后，截弯取直由发包人根据合同约定直接支付给总承包人，如图 5-3 所示。此外总承包人在得到发包人的许可在总承包范围内自行分包工程不应存在总承包配合费，更不应由发包人支付此项费用。

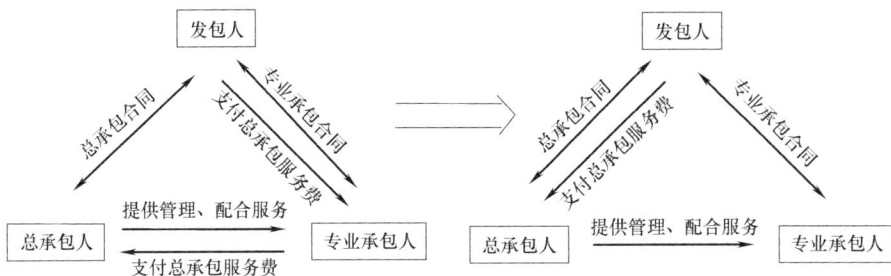

图 5-3　总承包服务费支付示意图

5.8.2　传统意义上的总承包服务费管理流程

根据《建设工程工程量清单计价规范》GB 50500—2013 的有关规定，招标人拟将某些专业工程与总承包进行平行发包，且需要总承包单位提供服务时，亦需在招标文件相应条款中载明，同时明确需要总承包单位提供的具体服务内容。在发布招标工程量清单时，"总承包服务费应列出服务项目及其内容等"。在编制招标控制价时，"总承包服务费应根据招标工程量清单列出的内容和要求估算"。在投标报价时，"总承包服务费应根据招标工程量清单中列出的内容和提出的要求自主确定"。

5.8.3　总承包服务费计价方法

根据《江苏省建设工程费用定额》（2014 年）规定，总承包服务费应根据招标文件列出的内容和向总承包人提出的要求，参照下列标准计算：

1. 建设单位仅要求对分包的专业工程进行总承包管理和协调时，按分包的专业工程估算造价的 1% 计算。

2. 建设单位要求对分包的专业工程进行总承包管理和协调，并同时要求提供配合服务时，根据招标文件中列出的配合服务内容和提出的要求，按分包的专业工程估算造价的 2%～3% 计算。

【造价纠纷】　某工程建设过程中，发包人将单位工程中外墙涂料、铝合金门窗、屋面防水等工程另行发包，总承包人发生大量现场配合工作，在工程结算时要求计取总承包服务费用，发包人则认为根据合同约定，该费用已经包含在合同价款中，不应另行计取，由此产生工程造价纠纷。

【纠纷分析】　本工程招标文件及施工合同中明确约定："本工程的总包管理费指本项目的所有内容均实行总包管理，但不排除发包人对特殊项目按程序直接发包。经发包人直接发包的工程，总包单位必须在监理单位的协调下，根据合同约定做好总包管理工作，即无条件承担安全文明施工管理、质量管理、进度管理、签证管理、信息管理、现场协调、现场材料合理布置和看管、消防工作、进场人员的安全技术交底工作并做好民工工资发放检查工作、成品保护、工程资料填写与报验、工序质量验收等工作，总包单位无正当理由不得拒绝对分包单位的管理及配合工作。总包管理费金额由投标人自行考虑，并列入投标报价，工程结算时不再增加任何费用。如承包人不提供以上管理工作、管理不到位或不在发包人指定的时间内完成，发包人每发现一次，按 2000 元/次向发包人支付违约金。若分包单位发生安全、质量事故，总包单位承担不可推卸总包管理责任，除承担因总包单位疏于管理所应承担的经济补偿外，将按 2000 元/次向发包人支付违约金。本工程的总包配合费：指本项目的所有内容均实行总包管理，但不排除发包人对特殊项目行直接发包。经发包人直接发包的工程，总包单位必须在监理单位的协调下，根据合同约定做好总包配合工作，总包单位无正当理由不得拒绝对分包单位的配合工作，即无条件提供所需要的内外墙脚手架、垂直运输机械、施工用水电接入（含楼层内、仓库、生活区）、作业面、工程定位、基准线的提供、材料堆放、保管、泵送商品混凝土的布拆管和清洗、非泵送混凝土的垂直运输、临时仓库、预留孔洞留设、预埋构件、门窗侧等洞口砂浆、混凝土嵌缝、节点收头、外立面门窗与墙体之间所有的封堵、修补及质量缺陷连带责任等，场地清理等和必要的临时设施等配合工作（水电费除外）。总包配合费金额由投标人自报，包含在投标报价中，列入其他项目清单，工程结算时不再增加任何费用。如承包人不提供以上配合工作或不在发包人指定的时间内完成，发包人每发现一次，按 3000～20000 元/次向发包人支付违约金。若因总包单位不在发包人指定的时间内完成，发包人有权安排其他单位施工，施工费用将从总包单位的工程款中抵扣。"

本工程中约定的工程总包管理费类似于本书 5.8.3 节第 1 条：发包人仅要求对分包的专业工程进行总承包管理和协调时，按分包的专业工程估算造价的 1% 计算，即总承包人仅对现场管理进行投入配合时，应按分包的专业工程估算造价的 1% 计算；总包配合费则类似于发包人要求总承包人对分包的专业工程进行总承包管理和协调，并同时要求提供配合服务时，即施工现场总承包人实施配合服务时，发生了工程直接费用的支出，此时应根据招标文件中列出的配合服务内容和提出的要求，按分包的专业工程估算造价的 2%～3% 计算。根据合同约定这部分费用均应由投标人自报，包含在投标报价中，列入其他项目清单，工程结算时不再增加任何费用。

经核查，本工程在投标报价过程中，招标工程量清单的其他项目费清单虽然列出了总承包服务费项目，但招标控制价与承包人的投标报价均未计算相关费用，应视为总承包人对该项费用作出让利，因此在工程结算时不应计取此项费用。

【结论与建议】 传统意义上的总承包服务费，实质上属于总承包人针对发包人直接发包给专业承包商的专业过程中所付出的现场配合与管理工作，俗话说天下无免费的午餐，总承包人付出的服务工作，理应由发包人或专业承包商支付其费用。但是在工程建设过程中，应从招投标阶段就应规范其计取办法，在招标工程量清单中应列出其费用清单及服务配合深度、内容，在编制招标控制价时，应根据费用定额规定予以估算，投标人在投标过程中应自主报价，在合同中明确约定其费用计算办法，才能做到在工程建设中公平合理地计算该项费用。

5.9 合同价款约定

5.9.1 一般规定

1. 实行招标的工程合同价款应在中标通知书发出之日起 30 天内，由发承包双方依据招标文件和中标人的投标文件在书面合同中约定。

合同约定不得违背招标、投标文件中关于工期、造价、质量等方面的实质性内容。招标文件与中标人投标文件不一致的地方，应以投标文件为准。

2. 不实行招标的工程合同价款，应在发承包双方认可的工程价款基础上，由发承包双方在合同中约定。

3. 实行工程量清单计价的工程，应采用单价合同；建设规模较小，技术难度较低，工期较短，且施工图设计已审查批准的建设工程可采用总价合同；紧急抢险、救灾以及施工技术特别复杂的建设工程可以采用成本加酬金合同。

5.9.2 约定内容

发承包双方应在合同条款中对下列事项进行约定：

预付工程款的数额、支付时间及抵扣方式；安全文明施工措施的支付计划，使用要求等；工程计量与支付工程进度款的方式、数额及时间；工程价款的调整因素、方法、程序、支付及时间；施工索赔与现场签证的程序、金额确认与支付时间；承担计价风险的内容、范围以及超出约定内容、范围的调整办法；工程竣工价款结算编制与核对、支付及时间；工程质量保证金的数额、预留方式及时间；违约责任以及发生合同价款争议的解决方法及时间；与履行合同、支付价款有关的其他事项等。合同中没有约定或约定不明的，若发承包双方在合同履行中发生争议由双方协商确定；当协商不能达成一致的，应按清单计价规范的规定执行。

【造价纠纷】 某国有资金投资工程在招标文件中规定："本工程实施期间，如遇国家政策性人工工资动态调整，本工程一律不予调整。"在签订合同过程中，由于建筑劳务市场人工工资大幅度上涨，承包人跟发包人协商在合同中的专用条款中注明："本工程实际施工过程中，如遇国家政策性人工工资动态调整，其人工费用根据有关文件规定进行调整。"在施工过程中，有关建设行政主管部门发布了人工指导价动态调整文件，施工企业在结算中提出人工费应按施工合同约定进行调整，审计部门则认为应该执行招标文件要求不予调整，由此产生造价纠纷。

【纠纷解决】 本工程合同中关于人工费用调整的约定违背了招标文件中的实质性条款，按照《中华人民共和国招标投标法》第四十八条关于"中标人应当按照合同约定履行义务，完成中标项目"的规定，本施工合同中在协议书中已经明确约定其合同文件及解释顺序。合同文件组成及解释顺序为："（1）本合同协议书；（2）中标通知书；（3）招标文件；（4）投标书及其附件；（5）专用条款；（6）通用条款；（7）标准、规范及有关技术资料；（8）图纸；（9）工程报价单或预算书。"即招标文件也为合同的组成部分而且其解释顺序优先于合同专用条款，因此本工程人工工资动态调整费用应不予增加。

在工程建设实际中，经常会出现招标文件和施工合同约定不一致的情况，在工程结算时以何为准一直是颇为争议的问题。

根据《中华人民共和国合同法》第十五条规定："要约邀请是希望他人向自己发出要约的意思表示。寄送的价目表、拍卖公告、招标公告、招股说明书、商业广告等为要约邀请。"即招标文件应属于要约邀请，是吸引或引诱他人根据自己提出的条件来进行工程建设投标报价的意思表示。法学界一般认为，招标是要约邀请，而投标是要约，发出中标通知书是承诺。邀约和承诺共同构成合同。而邀约邀请是要约和承诺的共同基础，所以招标文件是有其重要的法律意义的，其对招标人和中标人有一定意义的法律约束力。

根据《中华人民共和国招标投标法》第四十六条规定：招标人和中标人应当自中标通知书发出之日起30d内，按照招标文件和中标人的投标文件订立书面合同。招标人和中标人不得再行订立背离合同实质性内容的其他协议。

根据《中华人民共和国招标投标法》第五十九条规定："招标人与中标人不按照招标文件和中标人的投标文件订立合同的，或者招标人、中标人订立背离合同实质性内容的协议的，责令改正；可以处中标项目金额千分之五以上千分之十以下的罚款。"即招投标结束之后，招标文件是招标人和中标人签订合同的基础，双方必须根据招标文件的主要及实质性条款签订合同，否则即背离了工程招标的初衷，同时对于其他投标人也是不公平的，因此需要承担其法律责任。

根据《中华人民共和国招标投标法实施条例》第五十七条规定：招标人和中标人应当依照招标投标法和本条例的规定签订书面合同，合同的标的、价款、质量、履行期限等主要条款应当与招标文件和中标人的投标文件的内容一致。招标人和中标人不得再行订立背离合同实质性内容的其他协议。

根据《中华人民共和国招标投标法实施条例》第七十五条规定：招标人和中标人不按照招标文件和中标人的投标文件订立合同，合同的主要条款与招标文件、中标人的投标文件的内容不一致，或者招标人、中标人订立背离合同实质性内容的协议的，由有关行政监督部门责令改正，可以处中标项目金额5‰以上10‰以下的罚款。

根据《建设工程工程量清单计价规范》GB 50500—2013第7.1.1条：实行招标的工程合同价款应在中标通知书发出之日起30d内，由发承包双方依据招标文件和中标人的投标文件在书面合同中约定。

合同约定不得违背招标、投标文件中关于工期、造价、质量等方面的实质性内容。招标文件与中标人投标文件不一致的地方应以投标文件为准。

根据《江苏省建设工程造价管理办法》（江苏省人民政府令 第66号）第十五条规定：建设工程采用招标方式发包的，建设工程合同中关于工程造价的约定应当与招标文件和中标人投标文件的实质性内容相一致；不一致的，不作为工程结算和审核的依据。

当事人签订的合同变更或者另行签订的其他协议与经过备案的施工合同在实质性内容上不一致的，以经过备案的合同作为工程结算和审核的依据。

根据以上法律法规条文内容，招投标文件（包括相关的招投标书）是建设工程合同订立的主要依据，以招投标文件为依据订立合同，其主要含义是合同的实质性内容与招投标文件相一致，包括工期、质量、造价等相关内容的约定。但是，建设工程合同是招投标文件的具体细化，建设工程合同以招投标文件为依据，并不仅仅是简单的雷同照搬，在合同签订阶段，甲乙双方根据招投标文件的原则经协商一致，在不违背国家法律规范的原则下，将合同在招标文件条文的基础上进行细化和完善则应是合理的，应作为工程结算的依据。所以一般情况下，如果"招标文件"与"施工合同"内容不一致是因为工作失误造成的，应以"招标文件"为准，如果是合同双方有意调整，在不违反招标文件实质性条款原则的基础上，双方另签订合同谈判纪要予以明确。

但是当建设工程施工合同中出现了与招标文件实质性条款不一致时，究竟以何为准，并无相应法律条文作出规定。《中华人民共和国招标投标法》及其实施条例也只是规定出现这种情况时，应由有关行政监督部门责令改正，同时可以处罚款。再结合《中华人民共和国招标投标法》第四十八条规定："中标人应当按照合同约定履行义务，完成中标项目。中标人不得向他人转让中标项目也不得将中标项目肢解后分别向他人转让。"即招标投标实质上是一种特殊的签订合同的方式。招标人通过招标投标活动选择了适合自己需要的中标人并与之订立合同。中标人应当全面履行合同约定的义务，完成中标项目。所谓中标人全面履行合同约定的义务，是指中标人应当按照合同约定的有关招标项目的质量、数量、工期、造价及结算办法等要求，全面履行其义务，不得擅自变更或者解除合同。当然，招标人也同样应当按照合同的约定履行其义务。所以在工程结算时出现了施工合同与招标文件实质性条款不一致的情况，在有关行政监督部门未责令改正的前提下，仍应以工程施工合同为准进行结算。而不能擅自认定其合同无效；当然有关审计部门也应在审计过程中披露有关事项，以便有关部门追究合同订立双方相应责任。

既然合同的非实质内容可以与招投标文件不相一致，按照《中华人民共和国招标投标法》第四十八条关于"中标人应当按照合同约定履行义务，完成中标项目"的规定，遇到合同内容改变了招投标书内容的情况时，双方的权利义务应当由正式的合同（前提为合同合法有效）来确立。也就是说，中标后进行修改的合同与招投标文件之间有冲突的，双方的权利义务应以合同为准，不能以招投标文件为准。但《最高人民法院关于审理建设工程施工合同纠纷案件适用法律问题的解释（二）》第十条规定："当事人签订的建设工程施工合同与招标文件、投标文件、中标通知书载明的工程范围、建设工期、工程质量、工程价款不一致，一方当事人请求将招标文件、投标文件、中标通知书作为结算工程价款的依据的，人民法院应予支持。"也即如果合同协议书在上述实质性条款方面与招标文件不一致，那么这些条款因为违反了《中华人民共和国招标投标法》的规定应属无效，不能产生约束当事人的法律效力，仍然应当以招投标文件作为结算工程价款的依据。因此在涉及法律诉讼时，仍应视具体情况而裁定。

5.10 工程计量

5.10.1 单价合同的计量

1. 固定单价合同其结算工程量必须以承包人完成合同工程应予计量的工程量确定。

正确的计量是发包人向承包人支付合同价款的前提和依据。不论何种计价方式，其工程量必须按照相关工程的现行国家计量规范规定的工程量计算规则计算。招标工程量清单所列的工程量是一个预计工程量，一方面是各投标人进行投标报价的共同基础，另一方面也是对各投标人的投标报价进行评审的共同平台，体现了招投标活动中的公开、公平、公正和诚实信用原则。发承包双方竣工结算的工程量应以承包人按照现行国家计量规范规定的工程量计算规则计算的实际完成应予计量的工程量计算，而非招标工程量清单所列的工程量。

2. 施工中进行工程计量，当发现招标工程量清单中出现缺项、工程量偏差，或因工程变更引起工程量增减时，应按承包人在履行合同义务中完成的工程量计算。

【案例】　某施工合同中约定："本合同价款包括的风险范围包括：1. 材料涨跌、国家政策性风险调整；2. 工程实施期间遇到发包人以外的单位和个人和其他可能出现的阻挠施工所发生的费用；3. 招标工程量清单中的少算、漏算工程量。"

"风险费用计算方法：视为投标人已预见上述合同价款中风险并足额把风险费用计入含有价格的项目中，在结算时一律不予计算此风险费用。"

某固定单价施工合同中约定："本工程结算时其工程量以招标工程量清单中的工程数量为准，工程结算时，实际完成的工程量与招标工程量清单中的数量相比，误差在±5％以内其工程量不予调整。"

【案例分析】　以上两种条文显然都不符合《建设工程工程量清单计价规范》GB 50500—2013 的规定，合同约定为固定单价的工程，在工程结算计量时，应以承包人完成合同工程应予计量的工程量为准进行计量，招标工程量清单中的工程量漏算、少算部分不应作为承包人所承担的风险，在结算时应予以补足；招标工程量清单中工程数量的计算误差，也应在工程结算时通过固定单价合同的工程计量予以修正，而不是完全由承包人承担其计算误差。

5.10.2　总价合同的计量

建设规模较小，技术难度较低、施工工期较短，并且施工图设计审查已经完备的工程，可以采用总价合同。采用总价合同，除工程变更外，其工程量不予调整。

采用工程量清单方式招标形成的总价合同，其工程量应除按照工程变更规定引起的工程量增减外，总价合同各项目的工程量是承包人用于结算的最终工程量。这是与单价合同的最本质区别。

【造价纠纷】　某工程施工合同约定为固定总价合同，工程竣工结算时除设计变更外，在合同范围内其量、价均不作调整。本工程在竣工结算时，承包人提出原招标工程量清单中钢筋工程量比设计图纸少算近20％，木门窗清单有大小数错误，数量非正常偏低，合同价款中防盗门综合单价低于市场平均价，因此承包人认为这部分费用应予以增加；发包人则认为不应该增加该部分工程量。同时发包人认为该工程招标工程量清单中的真石漆工程数量偏高，承包人实际没有完成相应工程量，应予以扣除，由此产生工程造价纠纷。

【纠纷分析】　本工程属于固定总价合同，在合同价款范围内其量与价均属包干，在没有设计变更的情况下，其合同价款中钢筋、木门窗工程量即便严重偏低，根据合同约定其价款也不应调整，同理该工程合同价款中真石漆工程数量计算偏高，也属于承包人包干范围，在没有设计变更的条件下，其工程价款也不应调减。

【结论与建议】　在工程量清单计价中，宜采用固定单价合同，在一定范围内由承包人承担价的风险，发包人承担量的风险较为合理。但工程量清单计价并不排斥固定总价合同，在签订固定总价合同时，应由双方核对确认好相应工程量及其单价再行签订施工合同较为合理。

5.11　合同价款调整

5.11.1　一般规定

根据《建设工程工程量清单计价规范》GB 50500—2013 规定，下列事项（但不限于）发生，发承包双方应当按照合同约定调整合同价款：法律法规变化；工程变更；项目特征不符；工程量清单缺项；工程量偏差；计日工；物价变化；暂估价；不可抗力；提前竣工（赶工补偿）；误期赔偿、索赔；现场签证；暂列金额；发承包双方约定的其他调整事项。

5.11.2　法律法规变化类价款调整

招标工程以投标截止日前 28d、非招标工程以合同签订前 28d 为基准日，其后因国家的法律、法规、规章和政策发生变化引起工程造价增减变化的，发承包双方应按照省级或行业建设主管部门或其授权的工程造价管理机构据此发布的规定调整合同价款。

【造价纠纷】　某公开招标工程在合同中约定本工程基准日前 28d 之后因国家的法律、法规、规章和政策发生变化引起工程造价增减变化的，发承包双方应按照有关规定调整合同价款。本工程 2018 年 3 月 5 日为投标截止日，后 3 月 30 日发承包双方签订施工合同。在工程结算时，承包人根据合同约定要求按省住房和城乡建设厅 2018 年 3 月 1 日发布的人工指导价调整其人工单价，发包人认为本工程 3 月 30 日签订合同，省住房和城乡建设厅 3 月 1 日发布的文件已在本工程基准日之前不应调整，由此产生工程造价纠纷。

【纠纷分析】　根据《建设工程工程量清单计价规范》GB 50500—2013 的规定，法律法规等变化导致工程价款变更其风险应由发包人承担，如税金的变化、人工指导价的变化、排污费用的变化等都属于法律法规的变化。公开招标工程应以投标截止日前 28d 为准。其后因国家的法律、法规、规章和政策发生变化引起工程造价增减变化的，发承包双方应按照省级或行业建设主管部门或其授权的工程造价管理机构据此发布的规定调整合同价款。本工程合同基准日应为投标截止日 2018 年 3 月 5 日，而非合同签订时间，因此 2018 年 3 月 1 日发布的人工指导价仍然在本工程基准日之前 28d 之内，本工程在工程结算时，应调整该期人工指导价。

5.11.3　工程变更类价款调整

1. 因工程变更引起已标价工程量清单项目或其工程数量发生变化时，应按照下列规定调整：

1）已标价工程量清单中有适用于变更工程项目的，应采用该项目的单价；但当工程变更导致该清单项目的工程数量发生变化，且工程量偏差超过 15% 时，该项目单价应另按规定调整。

2）已标价工程量清单中没有适用但有类似于变更工程项目的，可在合理范围内参照类似项目的单价。

3）已标价工程量清单中没有适用也没有类似于变更工程项目的，应由承包人根据变更工程资料、计量规则和计价办法、工程造价管理机构发布的信息价格和承包人报价浮动率提出变更工程项目的单价，并应报发包人确认后调整。承包人报价浮动率可按下列公式计算：

对于招标工程：

$$承包人报价浮动率 L = (1 - 中标价/招标控制价) \times 100\%$$

对于非招标工程：

$$承包人报价浮动率 L = (1 - 报价/施工图预算) \times 100\%$$

4）已标价工程量清单中没有适用也没有类似于变更工程项目，且工程造价管理机构发布的信息价格缺价的，应由承包人根据变更工程资料、计量规则、计价办法和通过市场调查等取得有合法依据的市场价格提出变更工程项目的单价，并应报发包人确认后调整。

【造价纠纷】　某工程合同中约定本工程价款采用固定单价合同方式确定，约定风险范围以外合同价款调整范围及方法如下：工程变更及招标人暂定价部分可作调整。工程量按实际发生，综合单价须调整时按如下办法执行：①工程变更引起工程量增减，在投标报价中有相同的工程项目综合单价的，执行原有的综合单价；②工程变更引起工程量增减，在投标报价中有类似的工程项目综合单价的，参照类似项目的综合单价；③工程变更引起工程量增减在投标报价中没有相同的工程项目综合单价的，其相应综合单价按标底编制依据计价并根据中标价（扣除暂定材料价、规费、税金等不可竞争费用）相对标底价（扣除暂定材料价、规费、税金等不可竞争费用）的下浮率同比例下浮，经监理工程师审核报发包人签认后作为结算的依据。其余均不作调整。

在工程结算时，原招标工程量清单中部分工程数量与根据设计图纸实际完成的工程数量有一定偏差，承包人认为应根据合同约定作相应调整，发包人认为根据合同约定只有设计变更导致工程量增减时方可调整价款，没有设计变更的部分工程量清单则不应调整，由此产生工程造价纠纷。

【纠纷分析】　根据《建设工程工程量清单计价规范》GB 50500—2013 第 2.0.16 条规定，工程变更是指合同工程实施过程中由发包人提出或由承包人提出经发包人批准的合同工程任何一项工作的增、减、取消或施工工艺、顺序、时间的改变；设计图纸的修改；施工条件的改变；招标工程量清单的错、漏从而引起合同条件的改变或工程量的增减变化。

建设工程合同是基于合同签订时静态的发承包范围、设计标准、施工条件为前提的，由于工程建设的不确定性，这种静态前提往往会被各种变更所打破。在合同工程实施过程中，工程变更可分为设计图纸发生修改，招标工程量清单存在错、漏，对施工工艺、顺序和时间的改变，为完成合同工程所需要追加的额外工作等。因此招标工程量清单的错、漏等工程量偏差情况也应属于工程变更，在工程结算时应根据实际完成的工程量进行工程价款结算，本工程原招标工程量清单工程数量偏差部分应作相应调整。

【造价纠纷】　某工程合同约定，招标人提供的工程量清单漏项或缺项，或因设计变更及招标人要求变动的按照以下的计价办法结算：变更或新增项目引起新的工程量清单项目，其相应综合单价由承包人按本招标文件招标控制价的计价办法提出，下浮率按投标下浮率（1-中标价）/标底价，综合单价经监理方、发包人确认后作为结算依据。本工程地下室底板防水做法发生了设计变更，防水卷材厚度由 1.5mm 改为 1.2mm 厚，在结算时发包人认为其综合单价仍然应按投标报价的综合单价组成重新组价，然后直接扣除两种厚度的防水卷材之间的指导价差价。承包人认为应该按合同要求调整价格，因为产生设计变更之后，其项目特征描述发生了实质性的变化，显然属于新的工程量清单项目。在结算时该清单应全部重新组价同比例下浮，由此产生工程造价纠纷。

【纠纷分析】 本工程项目特征中的一部分即防水卷材出现变更，应如何调整其单价，合同中并未有明确约定，事实上此类情况清单计价规范中也无法有明确规定。其中的防水卷材由 1.5mm 改为 1.2mm 厚，理论上也属于变更后新出现的清单项目，如果单价推倒重来，也属于无可厚非，但是一般情况下，清单当中改动了其中一项项目特征描述，也可作为类似项目考虑，可以只需调整其中的卷材价格。所以本工程应在尊重合同价格的基础上，扣除 1.5mm 厚防水卷材原有的合同材料报价，另行根据合同约定的原则增加 1.2mm 厚防水卷材的材料价款。

2. 因工程变更造成施工方案变更，引起措施项目发生变化时，措施项目费的调整，合同有约定的，按合同执行。合同中没有约定的按下列原则调整：单价措施项目变更原则同分部分项工程；总价措施项目中以费率报价的，费率不变；总价项目中以费用报价的，按投标时口径折算成费率调整；原措施费中没有的措施项目，由承包人提出适当的措施费变更要求，经发包人确认后调整。

【造价纠纷】 某公开招投标工程，其地下室施工时间正处于雨期，而东侧河港未疏浚。该工程地下室埋深深，距东侧河岸近，高压铁塔距基坑近。基坑开挖期间，虽然经过基坑护坡处理，但由于暴雨期间河水暴涨，已开始倒灌基坑，如基坑边坡不进行进一步加固措施，随时会有基坑塌方，严重威胁基坑的安全和施工人员安全，如仍然按照常规支护方案会带来不可弥补的安全隐患和损失。后经发包人要求邀请专家进行支护论证，临河道侧采用台阶式混凝土护坡、高压铁塔处采用钢筋混凝土硬化处理，保证了施工的安全和顺利。

在结算过程中承包人认为本工程在雨量大的时候河水根本排不出去，有时候会出现河水倒灌的情况，这种极端气候和特殊地理位置是任何有经验的承包人都无法预见的，同时招标控制价也未计取相关费用，因此相关护坡费用及基坑降水费用应给予计取。发包人认为根据合同约定不予计取，由此产生工程造价纠纷。

【纠纷分析】 本工程招标文件及合同中约定："投标人应自行踏勘现场，并熟悉施工现场的实际情况，施工红线内的场地平整、场地清表、沟塘填埋处理等费用投标单位在报价时自行考虑，工程结算时一律不作调整，同时下列项目由中标人负责，其费用由各投标人自行考虑，并作为措施项目费列入投标报价，工程结算时不作调整：施工所需水、电费用及临时水电接入、设施配套及设备费用；本工程所有材料、设备的场地租用费用及二次搬运费用；施工临时（包括建筑用地以外的）用地、道路、便道、绿化修建费用及拆除、恢复原样费用；本工程施工过程中降水、排水等费用；基坑支护相关费用；各类大型机械退场、组拆费用及闲置费用；现场垃圾清运费及环境保护费用。"本工程在投标前，投标人应自行勘察现场，应对工地周边的地理情况有所掌握，同时根据施工的季节气候，作为有经验的承包商应对暴雨天气的影响有所应对。本工程承包人的诉求理由还包括施工期间应发包人要求邀请专家进行支护论证以保证工地安全，并增加了井点降水台班费用，所以应该增加其费用。但实际上本工程恰恰是承包人未能合理考虑相关措施使得工地现场出现险情，才不得不邀请专家进行专项方案论证，事实上本工程即便没有专家论证方案，承包人在投标报价时也应编制安全合理的基坑支护方案，并将其费用完整体现在投标报价中，其跟招标控制价有没有计取并没有关系，再结合本工程的合同条文相关措施费不作调整的约定，本工程涉及专家论证基坑相关费用及降水费用不应另行计取。

【纠纷案例】 某工程为工程量清单招标项目，固定单价合同，合同约定本工程招标工程量清单中分部分项工程量清单工程数量发生变化时，其相应措施项目费用不予调整。

本工程在中标后第一次图纸会审及交底中，发包人对原先顶层屋面增加一个尖屋顶。由设计院作出变更并出图后，承包人实际施工时按照变更后图纸施工。在工程结算阶段，发包人认为根据合同约定其清单数量调整时措施费不调整，增加坡屋顶为清单数量的调整，故模板措施费不予以增加，而承包人认为应发包人的要求增加平屋面改坡屋面从而增加的混凝土和模板工程量属于实际完成工程量，应予以计价。

【纠纷分析】 本工程因发包人提出变更屋面增加平改坡工程，事实上增加了一层斜屋面的工程量，包括斜有梁板及相应模板等，不是招标工程量清单数量的变化，而是增加了一个新的分部分项清单项目，同时本工程平改坡工程部分应属于发包人要求变更工程，属于在合同范围之外增加的工作内容，其平改坡部分的模板费用在结算中应予以增加。

【纠纷案例】 某工程在招标时招标文件规定"本工程施工过程中降水、排水等费用由投标人自行考虑，并作为措施项目费列入投标报价，工程结算时不作调整"，施工合同中有关合同价款调整条文则对此未有明确约定。而本工程在招标结算时发包人未提供相关地质勘察资料，招标控制价中也未考虑地下车库基坑降水费用；承包人投标时，其施工组织设计对地下车库基坑降水按基坑内布置15口降水井及7口观测井进行降水施工考虑，但在投标报价中未计算相关费用，可视为其零报价或自行让利。

本工程在施工阶段，发包人考虑到工程所处位置的特殊性和复杂性，为确保周边道路和建筑物的安全，特委托建筑设计院另行出具了相关基坑降水方案，现场打降水井66只，观测井12只。并要求承包人按图施工，承包人根据设计图纸进行了基坑降水施工，并以现场签证形式确定了深井降水数量及台班等。

本工程正式开工后，承包人提出本工程因发包人另行提供降水施工图纸，改变了原投标报价及施工合同的签订条件，属于合同的变更，在工程结算时，应根据发包人提供的设计图纸及现场签证等另行计算其降水费用。

通过协商，本工程降水费用因发包人另行出具设计图纸并要求承包人按图施工，因此在工程结算时应根据设计图纸及现场签证的内容以及合同的有关计价约定计算其66只降水井与12只观测井的费用，同时应根据同口径扣除原投标报价以及施工方案中原15口降水井的相关费用方为合理。

【造价纠纷】 某外墙维修工程，合同约定本工程外墙维修相关措施项目为总价包干，任何设计变更及施工方案的改变均不调整其措施项目费。本工程在投标报价时，承包人制定了搭设外墙双排外脚手架以保证施工安全及质量的施工方案，并以此作为基础投标报价并顺利中标签订了施工合同。在施工过程中由于施工现场不具备搭设双排外脚手架的条件，因此实际施工时采用了蜘蛛人以及部分汽车吊配合施工。在结算时发包人认为承包人在实际施工时未按投标报价中的双排外脚手架进行施工，相应费用应该予以扣除，由此产生工程造价纠纷。

【纠纷分析】 本工程施工合同明确约定外墙维修相关措施项目为总价包干，任何设计变更及施工方案的改变均不调整其措施项目费，因此承包人在投标报价时所报的费用应为包干价格，即不论采用什么施工措施以保证本工程顺利实施，如改为蜘蛛人与汽车吊相配合进行施工，在结算时，其施工措施项目费均不应调整。

5.11.4 项目特征不符

项目特征对于工程价款变更的影响：

1. 发包人在招标工程量清单中对项目特征的描述，应被认为是准确的和全面的，并且与实际施工要求相符合。承包人应按照发包人提供的招标工程量清单，根据项目特征描述的内容及有关要求实施合同工程，直到项目被改变为止。

2. 承包人应按照发包人提供的设计图纸实施合同工程，若在合同履行期间出现设计图纸（含设计变更）与招标工程量清单任一项目的特征描述不符，且该变化引起该项目工程造价增减变化的，应按照实际施工的项目特征，按本规范相关规定重新确定相应工程量清单项目的综合单价，并调整合同价款。

5.11.5 工程量清单缺项

1. 合同履行期间，由于招标工程量清单中缺项，新增分部分项工程清单项目的，应按照相关规定确定单价，并调整合同价款。

2. 新增分部分项工程清单项目后，引起措施项目发生变化的，应按照相关规定，在承包人提交的实施方案被发包人批准后调整合同价款。

【工程概况】 某外墙装饰工程，采用固定单价合同，外立面装饰采用半隐框玻璃幕墙如图 5-4 所示。其招标工程量清单项目特征仅标注为全玻幕墙：正立面（西立面）玻璃幕墙。

【纠纷争议】 本工程在工程结算时，承包人认为在计算幕墙工程量时，应按幕墙整体框外围面积计算其工程量，审计方则认为计算工程量时，其幕墙中间竖向铝单板立柱面积应该从幕墙工程量中予以扣除，由此产生工程造价纠纷。

【纠纷解决】 本工程招标工程量清单发布时即存在问题，发包人发布招标工程量时若准备将玻璃幕墙和中间的铝塑板立柱合并在一个清单里报价，则应在招标工程量清单的项目特征描述中表述清楚其玻璃幕墙和铝塑板立柱的详细做法，以便投标报价时投标人计算其综合单价。而本工程招标工程量清单的表述显然只是针对其半隐框玻璃幕墙，其间的铝塑板小立柱做法如图 5-4 所示，实际为铝单板幕墙。根据《建设工程工程量清单计价规范》GB 50500—2013 第 6.2.3 条规定，投标人投标报价时分部分项工程和措施项目中的单价项目，应根据招标文件和招标工程量清单项目中的特征描述确定综合单价计算。所以本工程计算该工程量清单综合单价时，仅需考虑其半隐框玻璃幕墙的工程造价，而其间的铝单板立柱，则应为铝单板幕墙清单缺项。所以本工程在结算时，其玻璃幕墙清单工程量应扣除其间的铝单板立柱工程量，而铝单板立柱应作为铝单板幕墙清单缺项，另行计价。

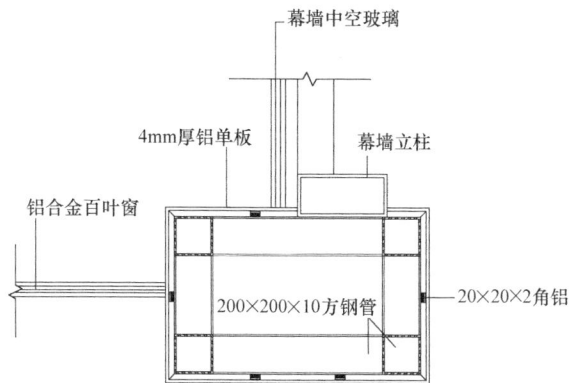

图 5-4　半隐框玻璃幕墙节点示意图

5.11.6　工程量偏差

1. 工程量偏差概念

工程量偏差指承包人按照合同工程的图纸（含经发包人批准由承包人提供的图纸）实施，按照现行国家计量规范规定的工程量计算规则计算得到的完成合同工程项目应予计量的工程量与相应的招标工程量清单项目列出的工程量之间出现的量差，是由于招标工程量清单出现疏漏，或合同履行过程中，出现设计变更、施工条件变化等影响，按照相关工程现行国家计量规范规定的工程量计算规则计算的应予计量的工程量与相应的招标工程量清单项目的工程量之间的差额。

2. 工程量偏差对于工程价款变更的影响

1）合同履行期间，当应予计算的实际工程量与招标工程量清单出现偏差，发承包双方应调整合同价款。

2）对于任一招标工程量清单项目，当因工程量偏差和工程变更等原因导致工程量偏差超过 15% 时，可进行调整。当工程量增加 15% 以上时，增加部分的工程量的综合单价应予调低；当工程量减少 15% 以上时，减少后剩余部分的工程量的综合单价应予调高。

3）当工程量出现变化，且该变化引起相关措施项目相应发生变化时，按系数或单一总价方式计价的，工程量增加的措施项目费调增，工程量减少的措施项目费调减。

3. 工程量偏差变更工程价款的具体方法

（1）当 $Q_1 > 1.15Q_0$ 时：

$$S = 1.15Q_0 \times P_0 + (Q_1 - 1.15Q_0) \times P_1$$

（2）当 $Q_1 < 0.85Q_0$ 时：

$$S = Q_1 \times P_1$$

式中　S——调整后的某一分部分项工程量结算价；

Q_1——最终完成的工程量；

Q_0——招标工程量清单列出的工程量；

P_1——按照最终完成工程量重新调整后的综合单价；

P_0——承包人在工程量清单中填报的最终单价。

【工程案例】 某公开招投标幕墙工程，在施工过程中承包人在备料时发现招标清单中工程量漏算较大，后经发包人、招标代理单位、监理单位、承包人经现场核实，招标代理单位确认发布招标工程量清单及编制招标控制价过程中漏算石材幕墙面积约 $1050m^2$、铝板幕墙面积约 $3500m^2$、钢材约150t，因合同中只明确了工程变更导致工程量变化时的价款调整办法，未明确招标工程量清单及编标遗漏部分的计价规则和措施费的计取方法，因此承包人要求增加部分按原综合单价计取分部分项工程费、措施费及其他相关费用，签订补充合同，并按原合同节点支付工程款。

经本工程有关建设主体研究分析，并根据有关政策文件规定，本着实事求是、公平合理的原则，形成以下共识：

本工程招标文件及合同条文中明确了经发包人确认的施工合同范围内施工图修改及施工现场签证、经发包人确认的施工合同范围以外与本工程相关的工程量增加或减少时其综合单价的调整方法，未明确招标清单中工程量漏算的具体计价方法。根据《建设工程工程量清单计价规范》GB 50500—2013规定：所谓工程变更的内容包括合同工程实施过程中招标工程量清单的错、漏从而引起合同条件的改变或工程量的增减变化。而工程量偏差为：承包人按照合同工程的图纸（含经发包人批准由承包人提供的图纸）实施，按照现行国家计量规范规定的工程量计算规则计算得到的完成合同工程项目应予计量的工程量与相应的招标工程量清单项目列出的工程量之间出现的量差。在结算时，"工程量必须以承包人完成合同工程应予计量的工程量确定"。本工程在结算时，招标工程量清单中漏算幕墙部分应予以结算，增加部分工程量在15%以内按投标报价单价结算，超出15%的部分根据招标控制价编制原则并结合承包人报价浮动率予以结算。但是本工程施工合同中约定，"本工程因设计变更以及分部分项工程量偏差引起的施工措施项目费用除施工现场安全文明施工措施费外，一律不作调整"，因此由于分部分项工程量漏算导致的脚手架等措施项目费漏算部分则不应另计。

第 6 章
装配式混凝土建筑工程计价

6.1 术语

6.1.1 装配式建筑

结构系统、外围护系统、设备与管线系统、内装系统的主要部分采用预制部品、部件集成的建筑。

6.1.2 装配式混凝土建筑

建筑的结构系统由混凝土预制构件（部件）为主构成的装配式建筑。

6.1.3 结构系统

由结构构件通过可靠的连接方式装配而成，以承受或传递荷载作用的整体。

6.1.4 外围护系统

由建筑外墙、屋面、外门窗及其他部品、部件等组合而成，用于分隔建筑室内外环境的部品部件的整体。

6.1.5 部品

由两个或两个以上的建筑单一产品或复合产品在现场组装而成，构成建筑某一部位的一个功能单元，或能满足该部位一项或者几项功能要求的、非承重建筑结构类别的集成产品的统称。包括屋顶、外墙板、幕墙、门窗、管道井、楼地面、隔墙、卫生间、厨房、阳台、楼梯和储柜等建筑外围护系统、建筑内装系统和建筑设备与管线系统类别的部品。

6.1.6 部件

在工厂或现场预先生产制作完成，构成建筑结构系统的结构及其他构件的统称。

6.1.7 装配式混凝土结构

由预制混凝土构件通过可靠的连接方式装配而成的混凝土结构，包括装配式整体式混凝土结构、全装配混凝土结构等。在建筑工程中，简称装配式建筑；在结构工程中，简称装配式结构。

6.1.8 装配整体式混凝土结构

由预制混凝土构件通过可靠的方式进行连接并与现场后浇混凝土、水泥基灌浆料形成整体的装配式混凝土结构，简称装配整体式结构。

6.1.9 装配整体式混凝土框架结构

全部或部分框架梁、柱采用预制构件构建成的混凝土框架结构，简称装配整体式框架结构，如图 6-1 所示。

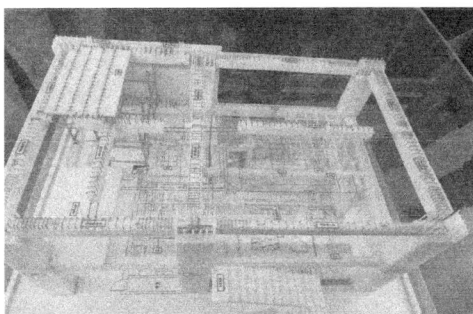

图 6-1　装配整体式框架结构

图 6-2　装配整体式剪力墙结构

6.1.10 预制装配整体式剪力墙结构体系

由墙板、叠合楼板、楼梯及阳台等混凝土预制构件组成，在施工现场拼装后，采用墙板间竖向连接缝现浇、上下墙板间主要竖向受力钢筋浆锚连接以及楼面梁板叠合现浇形成整体的一种结构形式，如图 6-2 所示。

6.1.11 预制混凝土构件

在工厂或现场预先制作的混凝土构件，简称预制构件，包括预制柱、预制墙板、预制飘窗板、叠合梁、叠合板、预制楼梯、预制阳台、PCF 板等，如图 6-3 所示。

6.1.12 预制墙板

由预制构件加工厂加工制作的钢筋混凝土墙板构件制品，分为承重墙板和非承重的填充墙板。

6.1.13 装配式隔墙

由工厂生产的，具有隔声、防火、防潮等性能，且满足空间功能和美学要求的部品集成，并主要采用干式工法装配而成的隔墙。

6.1.14 预制混凝土夹心保温外墙板

中间夹有保温层的预制混凝土外墙板，简称夹心外墙板，如图 6-4 所示。

图 6-3 预制柱

图 6-4 夹心外墙板

6.1.15 预制外挂墙板

安装在主体结构上，起围护、装饰作用的非承重预制混凝土外墙板，简称外挂墙板。

6.1.16 叠合构件

由预制混凝土构件（或既有混凝土结构构件）和后浇混凝土组成，以两阶段成型的整体受力结构构件。

6.1.17 叠合梁

采用预制部分梁体作为预制楼板的支撑及叠合现浇层的承力底模，当预制板安装就位后，现浇叠合层混凝土而形成的叠合梁。

6.1.18 叠合楼板

采用预制混凝土薄板作为承力底模，薄板叠合面进行增加新老混凝土抗剪力的毛面或桁架筋处理，在预制薄板上叠合现浇混凝土层而成的楼板，预制混凝土薄板如图 6-5 所示。

6.1.19 钢筋套筒灌浆连接

在金属套筒内插入单根带肋钢筋并注入灌浆料拌合物，通过拌合物硬化形成整体并实现传力钢筋对接连接方式。

6.1.20 钢筋套筒连接用灌浆料

以水泥为基本材料、并配以细骨料、外加剂及其他材料混合而成的用于钢筋套筒灌浆连接的干混料，简称灌浆料。

6.1.21 钢筋连接用灌浆套筒

采用铸造工艺或机械加工工艺制造，用于钢筋套筒灌浆连接的金属套筒，简称灌浆套筒。

6.1.22　半灌浆套筒

一端采用套筒灌浆连接，另一端采用机械连接方式连接钢筋的灌浆套筒。

6.1.23　全灌浆套筒

两端均采用套筒灌浆连接的灌浆套筒，如图 6-6 所示。

图 6-5　叠合楼板

图 6-6　全灌浆套筒

6.1.24　干式工法

采用干作业施工的建造方法。

6.1.25　吊装

吊车或起升机构对预制构件吊运、就位、安装的统称。

6.1.26　预制率

装配式混凝土建筑室外地坪以上主体结构和围护结构中预制构件部分的材料用量占对应构件材料总用量的体积比。

图 6-7　PCF 板

6.1.27　装配率

装配式建筑中预制构件、建筑部品的数量（或面积）占同类构件或部品总数量（或面积）的比率。

6.1.28　PCF 板

用于外墙 L 形转角处作模板使用的预制混凝土板，由保温层和混凝土外叶板组成，如图 6-7 所示。

6.1.29　设备及管线装配一体化

装配式设备及管线施工，由施工单位主导，采用 BIM 技术进行深化设计、工厂化预制加工，物联网化运输配送、模块化装配式施工的一体化流程。

6.1.30 集成化厨房

由工厂生产的楼地面、吊顶、墙面、橱柜和厨房设备及管线等集成并主要采用干式工法装配而成的厨房。

6.1.31 集成化卫生间

由工厂生产的楼地面、墙面（板）、吊顶和洁具设备及管线等集成并主要采用干式工法装配而成的卫生间。

6.1.32 集成吊顶

由装饰模块、功能模块及构配件组成的，在工厂预制的，可自由组合的多功能一体化吊顶。装饰模块是具有装饰功能的吊顶板模块。功能模块是具有供暖、通风、照明等器具的模块。

6.1.33 装配式隔墙、吊顶和楼地面

由工厂生产的，具有隔声、防火、防潮等性能，且满足空间功能和美学要求的部品集成，并主要采用干式工法装配而成的隔墙、吊顶和楼地面。

6.1.34 同层排水

在建筑排水系统中，器具排水管及排水支管不穿越本层结构楼板到下层空间、与卫生器具同层敷设并接入排水立管的排水方式。

6.1.35 预制电梯井筒

由预制构件加工厂加工制作的钢筋混凝土电梯井筒构件制品。

6.1.36 预制楼梯

由预制构件加工厂加工制作的钢筋混凝土楼梯构件制品，如图 6-8 所示。

6.1.37 预制阳台板

由预制构件加工厂加工制作的钢筋混凝土阳台板构件制品。

图 6-8 预制楼梯段

6.1.38 钢筋浆锚接头

墙板主要受力钢筋采用插入钢套筒或预留金属波纹管孔洞一定长度，灌入高性能灌浆料形成的钢筋锚固连接接头。

6.1.39 金属波纹浆锚管

采用镀锌钢带卷制形成的双波形咬边扣压制成的预埋于预制钢筋混凝土构件中用于竖

向钢筋浆锚连接的金属波纹管。

6.1.40　可调钢支撑

用于竖向构件吊装时临时固定、竖向构件校正以及叠合板预制薄板临时支撑的可调节长度的钢制支撑。

6.1.41　堆放架

预制构件运输及临时堆放时，采用竖直立放或靠放的工具式架体。

6.1.42　现浇连接带

为增强构件连接整体性，在预制构件（墙板、电梯井筒等）间预留一定宽度的条带，并用现浇混凝土填充。

6.2　预制构件深化设计

预制构件深化设计，应加强建筑、结构、设备、装修等专业之间的配合，应采用BIM等新技术进行全过程、全专业协同一体化管控。

【造价纠纷】　某装配式工程在工程招标阶段，尚未进行PC构件二次深化设计，其装配式混凝土剪力墙招标工程量清单中的项目特征描述为："1. 墙类型（内墙或外墙）：PC预制外墙板（含门窗框预埋）。2. 混凝土强度等级：C30。3. 墙厚度：200mm。4. 门窗情况：墙板带窗洞口。5. 钢筋：含PC预制构件内的钢筋以及需要与现浇构件搭接的钢筋，预制构件中的钢筋详见施工图、预制构件拆分图，若深化设计图中含钢量有变化，综合单价不调整。6. 包含根据发包人提供的图纸进行二次深化设计并配合通过相关部门审查通过、预制装配式构件的模具费、构件浇筑、预埋件制安、预埋套筒制安、养护、吊装运输（货至工地）、场内运输、卸车、现场吊装、成品保护等一切费用，投标单位需综合现有图纸、说明等资料进行综合报价，结算时综合单价不做调整。"投标人在计算该清单的投标综合单价时，未考虑计算二次深化设计费用并中标该工程。在工程结算阶段，承包人以招标控制价未计算二次深化设计费用为由，要求另行计取该项费用，发包人认为该项费用应由承包人在投标报价时自行考虑，由此产生工程造价纠纷。

【纠纷分析】　该工程分部分项工程量清单的项目特征中要求投标人投标时的综合单价包含根据发包人提供的图纸进行二次深化设计并配合通过相关部门审查通过、预制装配式构件的模具费、构件浇筑、预埋件制安、预埋套筒制安、养护、吊装运输（货至工地）、场内运输、卸车、现场吊装、成品保护等一切费用，结算时不作调整。承包人在投标报价时应考虑相关费用，招标控制价未考虑相关费用并不是承包人在结算时追加该项费用的理由，本工程结算不应另行计算二次深化设计费用。

但是使用国有资金投资的装配式混凝土房屋建筑工程，必须采用工程量清单计价方式。其工程量清单应采用综合单价计价，其分部分项及措施项目清单综合单价中不应包含混凝土预制构件等发包人委托承包人进行二次深化设计的费用，即PC构件二次深化设计费用应由发包人承担，预制混凝土构件分部分项及措施费工程量清单中的项目特征描述不应包含发包人所委托二次深化设计工作内容，相关二次深化设计费用可在招标工程量清单中的措施费工程量清单中单列项目考虑。

6.3　装配式建筑定额与计价

6.3.1　装配式混凝土建筑工程定额的作用

《江苏省装配式混凝土建筑工程定额》是装配式混凝土建筑工程编制设计概算、施工图预算、招标控制价（最高投标限价）以及调解处理工程造价纠纷的依据；是投标报价、工程结算审核的指导；是相关企业内部核算和制定企业定额的参考。

6.3.2　装配式建筑预制装配率计算方法

装配式混凝土结构计算公式：

$$预制装配率 = \sum_{i=1}^{3}(\alpha_i Z_i) + S$$

$$Z_1 = \frac{整栋建筑主体结构和外围护结构预制混凝土构件体积之和}{整栋建筑对应混凝土总体积之和} \times 100\%$$

$$Z_2 = \frac{整栋建筑装配式内外围护构件表面积之和}{整栋建筑全部内外围护构件表面积之和} \times 100\%$$

$$Z_3 = \frac{整栋建筑工业化内装部品投影面积或表面积之和}{整栋建筑全部建筑部品投影面积或表面积之和} \times 100\%$$

式中　Z_1——整栋建筑中主体结构和外围护结构预制构件的预制装配率；

Z_2——整栋建筑中装配式内外围护构件的预制装配率；

Z_3——整栋建筑中工业化内装部品的预制装配率；

α_i——预制装配率计算权重系数。

6.3.3　装配式混凝土建筑工程类型

《江苏省装配式混凝土建筑工程定额》适用于采用标准化方式设计、工业化方式生产、装配化方式施工的新建、扩建的，按《江苏省装配式建筑预制装配率计算细则（试行）》（苏建科〔2017〕39号）计算出的Z_1值不低于30%的装配式混凝土房屋建筑工程。如Z_1值小于30%，则施工措施项目不执行本定额，仍按《江苏省建筑与装饰工程计价定额》（2014版）规定执行；同时取费仍按《江苏省建设工程费用定额》（2014年）中建筑工程规定执行。

【案例】　某装配式混凝土建筑装配率为45%，该工程应执行《江苏省装配式混凝土建筑工程定额》，该建筑工程不区分工程类别，执行《江苏省装配式混凝土建筑工程定额》中的装配式混凝土房屋建筑工程或混凝土构件单独吊装工程费用标准，装配式混凝土建筑工程装配式部分（含吊装及后浇部分）及相应措施项目费用执行《江苏省装配式混凝土建筑工程定额》相关定额子目，非装配式部分工程仍执行《江苏省建筑与装饰工程计价定额》（2014版）相关定额子目。

某装配式混凝土建筑装配率为 20%，该工程类别取定及取费仍按《江苏省建设工程费用定额》（2014 年）中建筑工程规定执行，装配式混凝土建筑工程装配式部分（含吊装及后浇部分）执行《江苏省装配式混凝土建筑工程定额》相关定额子目，非装配式部分工程及相应措施项目费用仍执行《江苏省建筑与装饰工程计价定额》（2014 版）相关定额子目。

1. 装配式混凝土房屋建筑工程施工总承包：指符合装配式混凝土房屋建筑工程标准（$Z_1 \geqslant 30\%$）土建工程。但工程承包内容中的安装工程（PC 构件内的管线敷设除外）、钢结构制作安装、桩基工程、基坑支护、大型土石方工程、配套工程、单独装饰工程（包括幕墙工程）应单列出来，执行《江苏省建设工程费用定额》（2014 年）。

2. 混凝土构件单独吊装工程专业发包：指单独发包的混凝土构件吊装工程。

6.3.4 装配式混凝土建筑工程措施项目费

1. 单价措施项目：按清单工程量乘以综合单价计算。依据设计图纸和施工组织设计方案进行组价。包括脚手架工程，混凝土模板及支架（撑）、垂直运输、超高施工增加、大型机械设备进出场及安拆、施工排水、降水等项目。

2. 以费率计算的总价措施项目：计算方法同建筑工程。

6.3.5 装配式混凝土构件制作定额

1. 成品构件制作价格构成

成品构件作为工业制成品，价格构成应遵循工业品价格构成。工业品价格出厂价格由产品生产成本加利润、税金构成，其中生产成本由制造成本和期间费用构成，见表 6-1。

成品构件生产成品构成　　　　　　　　　表 6-1

建造合同成本		工业品生产成本		
直接费用	材料费	制造成本	直接费用	直接材料
	人工费			直接人工
	机械使用费		间接费用	制造费用
	其他直接费			
间接费用	统一列为企业管理费计算	期间费用	管理费用	
			财务费用	
			销售费用	

2. 成品构件制作项目设置

1）混凝土成品构件主要有柱、梁、叠合板、墙板、楼梯、阳台板、空调板等，据此设置相关定额项目。与此同时，成品构件安装项目与制作项目同步设置。

2）定额工作内容包括：钢筋（网片）制安，模具制安，安装预埋铁件与吊装预埋铁件的制安，预拌混凝土、泵送、浇捣，蒸养，场内运输、成品堆放等制作全部生产过程。

3）构件制作未考虑内容：构件制作综合考虑了门窗框、水电线管及线盒等的预埋人工增加，但其材料未包括在内，由现场安装施工单位按照施工图设计另行计价。建设单位、现场施工单位与构件制作单位应就相关预埋项目的材料供应及相关的结算等事宜协商一致。

3. 成品构件制作工程量计算规则

混凝土构件的工程量按施工图（构件加工图）图示尺寸以体积计算，应扣除门窗洞口、空心板空洞体积，不扣除构件内钢筋、铁件、套筒、波纹管及单个面积 300mm×300mm 的孔洞所占的面积。

6.3.6　装配式混凝土构件运输定额

1. 成品构件的运输费用是指成品构件从工厂出厂至工地仓库或指定堆放地点所发生的全部运杂费用。构件运输费用与构件制作费用应分别计算。

2. 成品构件运输由成品构件生产企业负责的执行本定额，不执行《江苏省建筑与装饰工程计价定额》（2014 年版）。如由专业运输企业负责成品构件运输的，运输费用应根据市场价确定。

3. 鉴于成品构件现场吊装需要对构件合理配运，成品构件运输不区分构件种类，运输距离以 25km 为基本运距（包括装车、运输及卸车三个环节），并设置 25km 以外每增 5km 运距子目。运输距离应由构件工厂至施工现场的实际距离确定。构件运输超过 100km，运输费用应根据市场价确定。

4. 构件运输工程量同构件制作工程量，不再附加考虑运输损耗费用。

5. 构件运输的工作内容：设置支架、垫方木、装车绑扎、运输、按规定地点卸车堆放、支架稳固。

6.3.7　装配式混凝土构件安装定额

1. 成品构件安装不分构件外形尺寸、截面类型（但在工程量清单计价时，可作为项目特征），按构件种类套用相应定额。

2. 定额的工作内容仅说明了主要的施工工序，但相应定额子目的施工过程中的施工准备、场内搬运、施工操作到完工清理等全部工序的消耗已包含在定额内。

3. 构件安装定额消耗量包括了构件固定所需临时支撑搭设及拆除的人工及材料（支撑预埋件已包括在构件制作中）。支撑种类、数量及搭设方式综合考虑，实际方案不同不作调整。因此，构件安装的支撑不应单列措施项目计算。

4. 构件安装定额消耗量不包含成品构件，也不包括吊装机械。另行单独计算的垂直运输工程费（措施项目）已包括了为现场全部施工过程服务的吊装机械的消耗量，安装项目不再计算吊装机械消耗量。

5. 构件安装工程量计算规则：

构件安装工程量按成品构件设计图示尺寸的实体体积以立方米计算，依附于构件制作的各类保温层、饰面层的体积并入相应构件安装中计算，应扣除门窗洞口、扣除空心板体积；不扣除构件内钢筋、预埋铁件、配管、套管、线盒及墙板中单个面积小于等于300mm×300mm 的孔洞等所占体积；构件外露钢筋体积亦不再增加，同时不再附加考虑安装损耗。

【纠纷案例】　某装配式建筑工程，采用工程量清单计价，经过公开招投标之后签订固定单价合同，在施工过程中承包人提出由于预制构件体量太大，卸货及吊装时增设人力和汽车起重机，并有现场签证予以确认，因此在结算时要求增加该部分费用，由此产生工程造价纠纷。

【**纠纷分析**】 本工程采用工程量清单计价，招标工程量清单及所执行定额的工作内容均已包括 PC 构件的卸车和吊装等工作内容，即相应定额子目的施工过程中的施工准备、场内搬运、施工操作到完工清理等全部工序的消耗已包含在定额内。而且本工程投标报价时已经具备二次深化设计图纸，承包人作为有经验的承包商在投标报价时应充分考虑 PC 构件吊装的难易程度，并将有关费用考虑在投标报价中，因此本工程所增加汽车起重机用于卸车及辅助吊装费用，即使现场有相应签证，也不应在结算中追加此项费用。

6.3.8 装配式混凝土构件连接定额

钢筋套筒灌浆连接是在金属套筒中插入单根带肋钢筋并注入灌浆料拌合物，通过拌合物硬化形成整体并实现传力的钢筋对接连接方式。柱及墙板安装一般采用这种连接方式。

计算规则为：套筒注浆按设计数量以个计算。套筒注浆不分部位、方向，按锚入套筒内的钢筋直径执行相应定额。柱及墙板所用的套筒包括在构件制作项目内，其含量参见相应定额。构件制作的套筒数量与套筒注浆数量应当一致。

6.3.9 装配式混凝土后浇混凝土定额

1. 预制构件之间连接形成整体的后浇混凝土，区分柱墙之间、墙墙之间，叠合梁上部、叠合板上部，梁板之间、板板之间等三大部位，在执行《江苏省建筑与装饰工程计价定额》（2014 年版）时，乘以根据调研情况而确定的调整系数（表 6-2）。

后浇混凝土部分增加系数表　　　　　　　　　　　　　　　表 6-2

序号	部位	混凝土浇筑	钢筋制安	模板制安	
1	柱、墙之间	执行"后浇墙带"子目，人工、混凝土振捣器乘以系数 1.20	执行相应"钢筋制安"子目，人工、焊接机械乘以系数 1.30	执行"T、L、+形柱"子目，人工乘以系数 1.20，材料乘以系数 2.0	工程量按混凝土与模板接触面积计算
2	墙、墙之间				
3	叠合梁上部	执行"平板"子目，人工、混凝土振捣器乘以系数 1.30		执行"平板"子目，人工、材料乘以系数 1.3。工程量按混凝土与模板接触面积计算	
4	叠合板上部				
5	梁板之间板和板之间	执行"后浇板带"子目		执行"平板子目"人工乘以系数 1.2，材料乘以系数 1.4	

2. 后浇部分工程量计算规则

1）后浇混凝土工程量按设计图纸尺寸以实际体积计算，不扣除混凝土内钢筋、预埋铁件及单个面积不大于 $0.3m^2$ 的孔洞所占体积。

2）后浇混凝土钢筋工程量应按设计图纸及规范要求计算，其接头的搭接长度应按设计图纸及规范要求计算，如设计要求钢筋接头采用机械连接、电渣压力焊及气压焊时，按其数量计算，不再计算该处的钢筋搭接长度。

钢筋工程量应包括双层及多层钢筋的"铁马"数量，不包括预制构件外露钢筋的数量。

3）后浇混凝土模板工程量按后浇混凝土与模板接触面积以平方米计算。伸出后浇混凝土部分与预制构件抱合部分的模板面积不增加计算。不扣除后浇混凝土墙、板单孔面积小于等于 $0.3m^2$ 的孔洞，洞口侧壁模板面积亦不增加，应扣除单孔面积大于等于 $0.3m^2$ 的孔洞，孔洞侧壁模板面积并入相应的墙、板模板工程量内计算。

后浇混凝土应综合考虑钢筋、模板和混凝土三部分工程量关联的一致性。

6.3.10 装配式混凝土施工措施项目

附着式电动整体提升架定额适用于高层建筑的外墙施工。外脚手架工程则可参照建筑工程外脚手架定额。

【造价纠纷】 某混凝土装配建筑工程，其投标报价中的措施项目费用已经计取了塔吊、施工电梯等垂直运输费用。该工程没有结构工程变更，在施工过程中，由于工程内施工操作面狭小特点，无法使用塔吊进行预制楼梯安装施工，承包人在得到发包人的许可之后，另行增设了 2 台汽车吊至施工现场进行预制楼梯梯段的吊装并办理了现场签证，在工程结算时，承包人认为 2 台汽车吊机械是必须增加的措施项目，在招标工程量清单中并未列出相应清单，且得到发包人进场许可，因此其使用机械台班以及进退场组装拆卸费用应另行计算，审计方则认为该费用应包含在投标报价中，不应计取，由此产生工程造价纠纷。

【纠纷分析】 该工程执行《江苏省装配式混凝土建筑工程定额》，其构件安装定额消耗量不包含成品构件，也不包括吊装机械。另行单独计算的垂直运输工程费（措施项目）已包括了为现场全部施工过程服务的吊装机械的消耗量，安装项目不再计算吊装机械消耗量。同时装配式混凝土建筑工程投标报价按《建设工程工程量清单计价规范》GB 50500—2013 及有关省、市文件精神予以编制。其中对招标人所列的措施项目，投标人可根据工程实际与施工组织设计进行增补，但不应更改招标人已列措施项目，结算时，除工程变更引起施工方案改变外，承包人不得以招标工程措施项目清单缺项为由要求新增措施项目。该工程无结构设计变更，没有引起施工方案变更，而作为措施项目费用的吊装机械，承包人在投标报价时应根据工程特点、施工组织设计及自身施工技术水平在投标报价中充分考虑相关费用，因此本工程增设的汽车吊费用在结算时不应另行计算。

第 7 章
费 用 定 额

7.1 费用定额的作用

《江苏省建设工程费用定额》是建设工程编制设计概算、施工图预（结）算、最高投标限价（招标控制价）、标底以及调解处理工程造价纠纷的依据；是确定投标价、工程结算审核的指导；也可作为企业内部核算和制定企业定额的参考。适用于在新建、扩建和改建的建筑与装饰、安装、市政、仿古建筑及园林绿化、房屋修缮、城市轨道交通工程等，与江苏省现行的建筑与装饰、安装、市政、仿古建筑及园林绿化、房屋修缮、城市轨道交通工程计价定额配套使用。

7.2 费用定额中的承包方式

1. 包工包料：是施工企业承包工程用工、材料、机械的方式。

2. 包工不包料：指只承包工程用工的方式。施工企业自带施工机械和周转材料的工程按包工包料标准执行。

3. 点工：适用于在建设工程中由于各种因素所造成的损失、清理等不在定额范围内的用工。

4. 包工不包料、点工的临时设施应由建设单位（发包人）提供。

【纠纷争议】 某工程采用由承包人承包用工和辅助周转材料及小型机械，并且自建临时设施，发包人提供主材及施工机械的承包方式，在结算时，发包人认为应按包工不包料方式进行结算，由此产生工程造价纠纷。

【纠纷分析】 包工包料工程是指承包人承包工程用工、材料、机械的方式。包工不包料工程是指只承包工程用工的方式。承包人自带施工机械和周转材料的工程按包工包料标准执行。而点工适用于在建设工程中由于各种因素所造成的损失、清理等不在定额范围内的用工。包工不包料、点工的临时设施应由建设单位（发包人）提供。因此本工程应属于包工包料计价方式，不属于包工不包料方式。

7.3 建设工程费用的组成

建设工程费用由分部分项工程费、措施项目费、其他项目费、规费和税金组成。

7.3.1 分部分项工程费

分部分项工程费是指各专业工程的分部分项工程应予列支的各项费用，由人工费、材料费、施工机具使用费、企业管理费和利润构成。

1. 人工费：是指按工资总额构成规定，支付给从事建筑安装工程施工的生产工人和附属生产单位工人的各项费用。内容包括计时工资或计件工资、奖金、津贴补贴、加班加点工资、特殊情况下支付的工资。

2. 材料费：是指施工过程中耗费的原材料、辅助材料、构配件、零件、半成品或成品、工程设备的费用。内容包括材料原价、运杂费、运输损耗费、采购及保管费。

工程设备是指房屋建筑及其配套的构成或计划构成永久工程一部分的机电设备、金属结构设备、仪器装置等建筑设备，包括附属工程中电气、采暖、通风空调、给水排水、通信及建筑智能等为房屋功能服务的设备，不包括工艺设备。

3. 工机具使用费：是指施工作业所发生的施工机械、仪器仪表使用费或其租赁费。

4. 企业管理费：是指施工企业组织施工生产和经营管理所需的费用。内容包括：

管理人员工资、办公费、差旅交通费、固定资产使用费、工具用具使用费、劳动保险和职工福利费、劳动保护费、工会经费、职教经费、财产保险费、财务费、税金、意外伤害保险费、工程定位复测费、检验试验费、非建设单位所为4小时以内的临时停水停电费用。企业技术研发费、其他：业务招待费、远地施工增加费、劳务培训费、绿化费、广告费、公证费、法律顾问费、审计费、咨询费、投标费、保险费、联防费、施工现场生活用水电费等。

【造价纠纷】 某工程施工过程中发生建筑物沉降观测费用，发包人认为该费用与工程定位复测费用均属于承包人在投标报价中自行考虑的费用，不应另行计取，由此产生造价纠纷。

【纠纷分析】 工程定位复测费是指工程施工过程中进行全部施工测量放线和复测工作的费用，在企业管理费中列支，由承包人在投标报价时自行考虑，不应另行计取。而建筑物沉降观测应由发包人直接委托有资质的检测机构完成，费用由发包人自行承担，不包含在工程定位复测费中，不应由承包人承担。

5. 利润：是指施工企业完成所承包工程获得的盈利。

7.3.2 措施项目费

措施项目费是指为完成建设工程施工，发生于该工程施工前和施工过程中的技术、生活、安全环境保护等方面的费用。根据现行工程量清单计算规范，措施项目费分为单价措施项目与总价措施项目。

1. 单价措施项目是指在现行工程量清单计算规范中有对应工程量计算规则，按人工费、材料费、施工机具使用费、管理费和利润形式组成综合单价的措施项目。

2. 总价措施项目是指在现行工程量清单计算规范中无工程量计算规则，以总价（或计算基础乘费率）计算的措施项目。其中各专业都可能发生的通用的总价措施项目如安全文明施工、夜间施工、二次搬运、冬雨期施工、地上、地下设施、建筑物的临时保护设施、已完工程及设备保护费、临时设施费、赶工措施费、工程按质论价、特殊条件下施工增加费、地下不明障碍物、铁路、航空、航运等交通干扰而发生的施工降效费用等。

【造价纠纷】 某工程在开工前发包人已经自行搭设了围墙，合同、招标文件中均没有约定对临时围墙的计价办法，同时合同中约定该工程临时设施费用进行包干使用，不作调整。在工程结算时，发包人提出该工程承包人未进行临时围墙的施工，因此在办理工程竣工价款结算时应扣除临时设施费中的围墙费用，由此产生工程造价纠纷。

【纠纷分析】 本工程在投标报价前，承包人已经勘察过现场，应明确了解现场已搭设临时围墙，并针对该工程临时设施投入情况进行了投标报价，根据施工合同约定该工程临时设施费包干使用不作调整，因此本工程临时设施费不应扣除围墙费用，同理该工程承包人如自行增加临时设施，其费用也不增加。

【造价纠纷】 某住宅小区项目，合同约定临时设施费包干使用，不作任何调整，在施工期间承包人应发包人要求，针对施工场地范围之外的小区样板房进行了场地及临时机动道路的施工并办理了签证，在工程结算时，承包人要求计取相关费用，发包人认为该部分费用含在临时设施费中，根据合同约定不作任何调整，由此产生工程造价纠纷。

【纠纷分析】 该工程承包人应发包人要求，针对小区样板房进行了场地及临时机动道路，经现场核查，该住宅小区样板房的位置已处在该工程施工红线范围之外，应不属于施工合同承包范围，为发包人要求另行增加的工作量，其场地及临时机动道路的施工费用应不含在该工程的临时设施费中，应由发包人另行支付。

【造价纠纷】 某工程施工场地狭小，发包人在招标文件中规定由投标人根据施工现场实际情况自行考虑临时设施费用，该费用包干使用，在结算时不作调整。承包人在施工进场之后，自行选择在工地道路另一侧租用民房及搭设部分板房等临时设施施工方案并报发包人许可。在施工过程中，该地段面临拆迁，承包人另行选址进行了施工板房的搭设等，在竣工结算时承包人提出该地段拆迁属于不可抗力，为有经验的承包商所不可预见的内容，因此在结算中应计取板房等临时设施的二次搭拆费用，同时相应的工期延误责任也应由发包人承担，由此产生工程造价纠纷。

【纠纷分析】 该工程发包人在招标文件和施工合同中明确约定由投标人根据施工现场实际情况自行考虑临时设施费用，该费用包干使用，在结算时不作调整。该工程的临时设施的选址由承包人自行选择，发包人并未强制要求，同时作为有经验的承包商在选择临时设施场地时应对该地是否拆迁有所了解，从而自行选择更为经济、合理和可行的临时设施所在地。该工程施工工程中临时设施所在地面临拆迁，产生临时设施费的二次搭拆费用，不应由发包人承担，应由承包人自行承担。

【造价纠纷】 某工程含大型地下室施工，发包人认为无须计取非夜间施工照明费用，由此产生造价纠纷。

【纠纷分析】 非夜间施工照明费用指为保证工程施工正常进行，在如地下室、地宫等特殊施工部位施工时所采用的照明设备的安拆、维护、摊销及照明用电等费用，在工程建设中应保证足额计取，同时在计取非夜间施工照明费时，建筑工程、仿古工程、修缮土建部分仅地下室（地宫）部分可计取；单独装饰、安装工程、园林绿化工程、修缮安装部分仅特殊施工部位内施工项目可计取。同时非夜间施工增加费在计取时，建筑工程、仿古工程以地下室（地宫）部分的分部分项工程费＋单价措施项目费为计费基础；单独装饰、安装工程、园林工程以特殊施工部位内施工项目对应的分部分项工程费＋单价措施项目费为计费基础。

【造价纠纷】 某住宅工程在计取住宅工程分户验收费用时产生如下造价纠纷，发包人认为室内空气污染测试费用含在分户验收费用内，不应另计，而承包人则认为计取住宅工程分户验收费的基础应为整个单项工程费用。

【纠纷分析】 住宅工程分户验收为按《住宅工程质量分户验收规程》（DGJ32/TJ103—2010）的要求对住宅工程进行专门验收（包括蓄水、门窗淋水等）发生的费用。室内空气污染测试不包含在住宅工程分户验收费用中，由发包人直接委托检测机构完成并承担费用。在计取住宅分户验收时，大型土石方工程、桩基工程和地下室部分不计入计费基础。

7.3.3 其他项目费

7.3.3.1 暂列金额：建设单位在工程量清单中暂定并包括在工程合同价款中的一笔款项。用于施工合同签订时尚未确定或者不可预见的所需材料、工程设备、服务的采购，施工中可能发生的工程变更、合同约定调整因素出现时的工程价款调整以及发生的索赔、现场签证确认等的费用。由建设单位根据工程特点，按有关计价规定估算；施工过程中由建设单位掌握使用，扣除合同价款调整后如有余额，归建设单位。

7.3.3.2 暂估价：建设单位在工程量清单中提供的用于支付必然发生但暂时不能确定价格的材料的单价以及专业工程的金额。包括材料暂估价和专业工程暂估价。材料暂估价在清单综合单价中考虑，不计入暂估价汇总。

7.3.3.3 计日工：是指在施工过程中，施工企业完成建设单位提出的施工图纸以外的零星项目或工作所需的费用。

7.3.3.4 总承包服务费：是指总承包人为配合、协调建设单位进行的专业工程发包，对建设单位自行采购的材料、工程设备等进行保管以及施工现场管理、竣工资料汇总整理等服务所需的费用。总包服务范围由建设单位在招标文件中明示，并且发承包双方在施工合同中约定。

7.3.4 规费

规费是指有权部门规定必须缴纳的费用。

7.3.4.1 社会保险费：企业应为职工缴纳的养老保险、医疗保险、失业保险、工伤保险和生育保险等五项社会保障方面的费用。为确保施工企业各类从业人员社会保障权益落到实处，省、市有关部门可根据实际情况制定管理办法。

7.3.4.2 住房公积金：企业应为职工缴纳的住房公积金。

7.3.5 税金

税金是指国家税法规定的应计入建筑安装工程造价内的增值税、城市维护建设税、教育费附加及地方教育附加。

7.3.5.1 建筑业增值税。

7.3.5.2 城市建设维护税：是为加强城市公共事业和公共设施的维护建设而开征的税。

7.3.5.3 教育费附加及地方教育附加：是为发展地方教育事业，扩大教育经费来源而征收的税种。

7.4 工程类别的划分

【造价纠纷】 某小区建设项目总建筑面积为20000m²，承包人认为其小区内的建筑智能化系统设备安装工程和消防工程类别应套用一类工程，由此产生工程造价纠纷。

【纠纷分析】 单体建筑的分项工程中建筑面积在15000m²以上的建筑智能化系统设备安装工程和消防工程才能套用一类工程的工程类别。

【造价纠纷】 某住宅工程，檐高32m，层数12层，根据工程类别划分标准，民用建筑工程类别檐高大于等于34m，层数大于等于12层为二类工程，在工程结算时，发包人认为该工程没有满足二类工程类别要求，应为三类工程，承包人认为应该为二类工程，由此产生工程造价纠纷。

【纠纷分析】 建筑工程判别工程类别时，有檐口和层数两个指标，一般采取就高不就低的原则，两个指标只要有一个指标达到较高的标准，则按较高的标准确定工程类别。本工程层数为12层，达到了民用建筑二类工程标准，因此应为二类工程。

【造价纠纷】 某工程在确定工程类别檐口高度指标时，承包人认为其高度应算至屋面混凝土女儿墙墙顶标高为准，由此产生造价纠纷。

【纠纷分析】 建筑物、构筑物高度系指设计室外地面标高至檐口顶标高，不包括女儿墙以及高出屋面电梯间、楼梯间、水箱间等的高度，因此一般檐口标高是指房屋建筑其外墙墙体和屋面结构板交界处的屋面结构板顶标高，檐口高度就是檐口标高处至室外设计地坪标高的距离。按以下情况确定：坡（瓦）屋面按檐墙中心线屋面板面或椽子上表面的高度计算，平屋面以檐墙中心线处平屋面的板面高度计算如图7-1～图7-5所示。

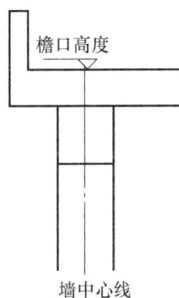

图 7-1 檐口高度示意图　　　图 7-2 檐口高度示意图　　　图 7-3 檐口高度示意图

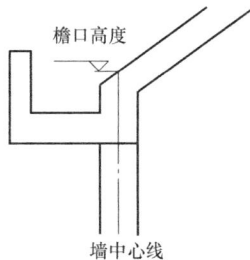

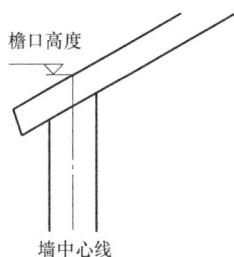

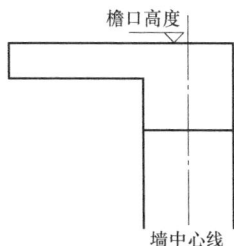

图 7-4　檐口高度示意图

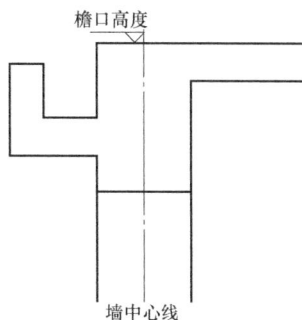

图 7-5　檐口高度示意图

【造价纠纷】　某写字楼工程由不同层数组成，其中高层部分檐高为 58m，层数为 18 层，建筑面积为 2100m²，低层部分檐高为 31.50m，层数为 11 层，建筑面积为 5100m²。在确定工程类别时，承包人认为应按高层部分指标确定其写字楼工程类别，由此产生工程造价纠纷。

【纠纷分析】　不同层数组成的单位工程，不是仅按高层指标或仅按低层指标确定工程类别，而是根据其建筑面积判断。当高层部分的面积（竖向切分）占总面积 30% 以上时，按高层的指标确定工程类别，不足 30% 的按低层指标确定工程类别。本工程高层部分建筑面积占总面积比例为 29.16%，不足 30%，因此本工程应按低层指标确定工程类别即为二类建筑工程。

【造价纠纷】　某工程在确定工程类别时，承包人认为地下室应计算层数作为确定工程类别的依据之一，由此产生工程造价纠纷。

【纠纷分析】　在确定建筑工程类别时，地下室、半地下室和层高小于 2.2m 的楼层均不计算层数。空间可利用的坡屋顶或顶楼的跃层，当净高超过 2.1m 部分的水平面积与标准层建筑面积相比达到 50% 以上时应计算层数。底层车库（不包括地下或半地下车库）在设计室外地面以上部分不小于 2.2m 时，应计算层数。

【造价纠纷】　某单独地下室工程建筑面积为 3000m²，发包人认为应按三类工程类别取费，由此产生工程造价纠纷。

【纠纷分析】　单独地下室工程建筑及水电安装均应按二类标准取费，如地下室建筑面积大于等于 10000m² 则建筑及水电安装均应按一类标准取费。

【造价纠纷】　某住宅工程，其多栋建筑物下有连通的地下室，地下室部分建筑面积为 11000m²，地上多栋多层住宅檐高为 32m，地上部分层数为 10 层，在工程结算时，发包人认为本工程项目均应按三类工程取费，由此产生工程造价纠纷。

【纠纷分析】　多栋建筑物下有连通的地下室时，地上建筑物的工程类别同有地下室的建筑物，即工程类别不低于二类。其地下室部分的工程类别同单独地下室工程。即地下室工程建筑及水电部分按二类标准取费，如地下室建筑面积大于等于 $10000m^2$ 则按一类标准取费。因此本工程地上部分住宅建筑应按二类工程标准取费，地下室建筑及水电安装部分应按一类工程标准取费。

【造价纠纷】 某工业厂房，除基础部分外均为钢结构工程，在工程结算时，承包人认为本工业厂房均应按建筑工程进行取费，由此产生工程造价纠纷。

【纠纷分析】 作为钢结构工程，如为施工现场完成加工制作的钢结构工程其费用标准按照建筑工程执行。在工程实际中。钢结构一般为加工厂完成制作，然后运至施工现场进行安装，此种情况的钢结构工程（包括网架屋面）如加工厂为施工企业自有的，费用标准按建筑工程执行，但安全文明施工措施费按单独发包的构件吊装标准执行。如加工厂非施工企业自有，钢结构为企业成品购入的，钢结构以成品预算价格计入材料费，各项取费费用标准及安全文明施工措施费率标准均应按照单独发包的构件吊装工程执行。

【造价纠纷】 某单独地下室工程，建筑面积 $12000m^2$，由两家单位施工，各自承担建筑面积不足 1 万 m^2，在工程结算时发包人认为其地下室工程类别不应按一类取定，由此产生工程造价纠纷。

【纠纷分析】 工程类别是按单位工程的工程特征划分的，与人为的标段划分无关，因此该单独地下室工程类别应按一类工程计取。

【造价纠纷】 某文化中心为 BT 工程建设模式，发包人通过招标确定总承包人，总承包人按照总承包合同的方式约定对工程项目的勘察、设计、采购、建筑、安装、精装修等施工以及竣工验收等实行全过程的承包，但在施工合同中未对精装修工程如何取费作出明确约定，在工程结算时总承包人认为其中的精装修工程另行分包给专业装饰公司施工，实际劳务支出明显高于普通建筑工程，因此在结算时装修部分应按单独装饰工程取费，发包人认为施工合同中约定按建筑安装工程取费，不应按单独装饰工程取费，由此产生工程造价纠纷。

【纠纷分析】 单独装饰工程是指发包人单独发包的装饰工程，不分工程类别，本工程精装修工程部分并不属于发包人（建设单位）单独发包并签订施工合同的装饰工程，因此该文化中心装饰工程部分不能按单独装饰工程取费，应按建筑工程类别进行取费。

【造价纠纷】 某单独装饰工程，合同约定固定单价工程，工程量按设计图纸及发包人设计变更要求实际完成的工程量为准。在工程施工过程中，根据发包人要求发生部分设计变更，产生相应零星拆除工程，该部分根据何种工程类别进行取费，引起工程造价纠纷。

【纠纷分析】 专业工程中涉及大量修缮、加固部分，应在招投标阶段另列单位工程招标工程量清单予以计算费用。本工程在施工过程中产生零星拆除费用，在合同框架之下并未存在单独修缮拆除单位工程，因此应在工程结算中根据实际发生的拆除工程量，借用修缮定额中的人工、材料含量，然后按合同中单独装饰工程取费标准予以结算。

7.5 规费取费标准及有关规定

1. 工程排污费：原规定按工程所在地环境保护等部门规定的标准缴纳，按实计取列入，现已取消收费。

【造价纠纷】 某工程由发包人向税务部门缴纳了环境保护税，在办理工程价款结算时，发包人认为承包人在工程价款中已经计取了工程排污费，因此环境保护税应由承包人承担并在工程结算价款中予以扣除，由此产生工程造价纠纷。

【纠纷分析】 依据《中华人民共和国环境保护税法实施条例》规定，从2018年1月1日起，不再征收工程排污费，改征环境保护税，建设工程费用定额中的工程排污费名称相应调整为环境保护税。根据《江苏省大气颗粒物污染防治管理办法》第十六条规定，各类建设工程的建设方应当承担施工扬尘的污染防治责任，将扬尘污染防治费用纳入工程概算。各类工程的建设方对施工过程中无组织排放应税大气污染物的，应当计算应税污染物排放量，并按照《中华人民共和国环境保护税法》规定向施工工地所在地主管税务机关申报纳税。"环境保护税"由各类建设工程的建设方（含代建方）向税务机关缴纳。据此规定，建设工程招标文件（含招标工程量清单、招标控制价）、投标报价、工程结算等建设工程计价中不再计列"环境保护税"。在办理固定单价合同工程价款计算时，应扣除原报价中的工程排污费，环境保护税则由发包人自行承担。

2. 社会保险费及住房公积金按有关标准计取。

社会保障费包括养老保险费、失业保险费、医疗保险费、工伤保险费、生育保险费；点工和包工不包料的社会保障费和公积金已经包含在人工工资单价中。社会保险费费率和公积金费率将随着社保部门要求和建设工程实际率的提高，适时调整。

【造价纠纷】 某包工不包料工程及其中的点工费用在结算时，承包人认为其人工费应计取社会保障费及公积金费用，由此产生工程造价纠纷。

【纠纷分析】 社会保险费包括养老保险费、失业保险费、医疗保险费、工伤保险费、生育保险费；社会保险费费率和公积金费率应根据社保部门要求和建设工程实际缴纳，点工和包工不包料的社会保险费和公积金已经包含在人工工资单价中，不应另计，只计取税金即可。

第8章
建筑与装饰工程计价

8.1 计价定额总说明

8.1.1 定额人工单价及消耗量的取定

定额中规定的工作内容均包括完成该项目过程的全部工序以及施工过程中所需的人工、材料、半成品和机械台班数量。除定额中有规定允许调整外，不因具体工程的施工组织设计、施工方法和工料机等耗用量与定额有出入而改变定额含量。

1. 计价定额人工工日消耗量。

计价定额中人工工日以"综合工日"表示，不分工种、技术等级，综合工日中包括基本用工、定额规定距离内的材料场内运输用工（超运距用工）、部分项目的材料加工（辅助用工）及人工幅度差，其计算公式为：

综合工日＝（劳动定额基本用工＋超运距用工＋辅助用工）×（1＋人工幅度差率）

人工幅度差内容包括：工序交叉、搭接停歇的时间损失、机械临时维修、小修、移动不可避免的时间损失；工程检验影响的时间损失；施工收尾及工作面小影响工效的时间损失，施工用水用电管线移动影响的时间损失；工程完工、工作面转移造成的时间损失。其中机械土石方、打桩工程、构件运输及安装工程等人工随机械产量计算的人工幅度差按机械幅度差计算。

2. 人工预算工资单价内容包括基本工资、工资性津贴、流动施工津贴、房租补贴、职工福利费、劳动保护费等。

8.1.2 定额材料单价及消耗量的取定

1. 计价定额材料消耗量的取定

计价定额材料消耗量包括主要材料、辅助材料、零星材料，并按品种、规格列出消耗量，并计入了相应损耗，包括从工地仓库或现场集中堆放地点至现场加工地点或操作地点以及加工地点至安装地点的运输损耗、施工操作损耗、施工现场堆放损耗。其中施工用周转性定额项目如脚手架、模板等按不同施工方法及材质列出一次性使用摊销量。无法用数量计量的材料，采用"其他材料费"的形式以"元"表示。

2. 计价定额材料预算单价的取定

"营改增"后，材料含税价格为包含采保费的预算单价：

含税价格＝出厂原价（含运输费）＋采购保管费＝出厂原价（含运输费）×（1＋2%）

其中出厂原价按市场实际交易价格水平确定，包含了供销部门进货费、供销部门经营费和包装费等有关费用，不包括包装品押金，也不计减包装品残值。以上出厂原价及场外运输费均为含税价格。

8.1.3 定额施工机械台班消耗量及台班单价的取定

施工机械按各种类别、型号、规格的机械台班产量综合考虑取定，并包括机械幅度差以台班量表示。机械幅度差的内容包括配套机械相互影响的时间损失、工程开工或结尾工作不饱满的损失时间、临时停水停电影响的时间、检查工程质量影响的时间、施工中不可避免的故障排除、维修及工序间交叉影响的时间间歇。其机械幅度差系数见表8-1。

机械幅度差系数表 表8-1

序号	名称	幅度差系数（%）	序号	名称	幅度差系数（%）
1	挖土方机械	25	6	打桩机械	33
2	夯击机械	25	7	钻孔桩机械	33
3	运土方机械	25	8	构件运输机械	25
4	挖掘机挖碴	33	9	构件安装机械	25
5	推土机推碴	33			

【造价纠纷】 某打桩工程执行计价定额，承包人提出根据发包人认可的施工方案实际采用的打桩机械与定额中的机械型号不同，因此要求按实际使用的打桩机械类型进行调整，由此产生工程造价纠纷。

【纠纷分析】 执行计价定额时，当实际使用施工机械型号与各专业计价定额中定额子目的机械型号不同时，按计价定额执行不调整。

8.1.4 工程施工用水电费用

工程施工用水、电应由建设单位在现场装置水表、电表，交施工单位保管使用，施工单位按电表读数乘以单价付给建设单位，如无条件装表计量，由建设单位直接提供水电、在竣工结算时按定额含量乘以单价付给建设单位，生活用水电按实际发生金额支付。

【造价纠纷】 某工程在办理竣工结算时，承包人认为实际缴纳水电费用远远高于工程竣工结算价款中的水电费用，因此要求水电费按甲供材处理，即仅按工程竣工结算价款中的水电费用扣除，发包人认为应按实际缴纳费用扣除，由此产生工程造价纠纷。

【纠纷分析】 在工程价款计价中，施工用水用电一般已按水电的实际缴纳单价乘以定额里水电的含量计取了费用并含在工程结算价款中，由发包人支付给承包人（而定额水电费含量不含生活用水电），但在工程实际中建设工程施工现场水表、电表往往仅能由发包人开户并缴纳费用并开具发票，因此易出现发包人重复承担水电费用。根据有关规定，工程施工用水用电费用应在财务决算时按电表读数乘以单价付给建设单位，即按实际缴纳费用进行扣还。如无条件装表计量，由发包人直接提供水电、可在办理财务决算时按定额含量乘以单价付给建设单位。但部分工程中承包人认为实际缴纳的水电费远高于价款中计算出的水电费似不合理，其实此种情况为承包人忽略了施工现场的生活用水用电的计取，生活用水用电相关费用在价款中的临时设施费中已经计取,同时往往也是跟施工用水用电一起挂表计量,因此最终扣还水电费时应按实际缴纳费用进行扣还。而在工程建设实际中施工现场水电表如由承包人开户及直接缴纳水电费,则一般不会出现此纠纷。

【造价纠纷】 某执行计价定额工程,由于发包人原因现场不能提供电力及相关发电设施,由承包人在现场用发电机发电进行施工,在结算时易产生工程造价纠纷。

【纠纷分析】 该工程由于发包人原因无法提供施工用电及相关发电设备,后经双方协商由承包人自行负责现场发电设施以保证顺利施工,因此在办理竣工结算时,应扣除定额中分析出的施工及工人生活所用电费,发电机组的相关费用则根据现场签证另行计取。

【造价纠纷】 某住宅开发项目执行计价定额,合同约定按实结算,其中电表由发包人安装,并代为缴纳电费,该工程根据定额汇总出电费为 120 万元,根据电表示数缴纳费用为 180 万元,含其发包人售楼处用电及部分发包人直接发包专业工程用电在内,在结算时发包人根据定额规定要求承包人根据电表示数 180 万元进行扣还,承包人认为应按结算价款中的电费进行扣还,由此产生工程造价纠纷。

【纠纷分析】 根据定额规定,在结算时如由发包人在现场装置水表、电表,交承包人保管使用,承包人按电表读数乘以单价付给发包人,但本工程电表读数中含发包人售楼处所用电费以及发包人直接发包专业工程用电在内,该部分电费不应由承包人完全承担,应由有关各方通过协商进行合理分摊。

【造价纠纷】 某工程采用工程量清单计价,合同约定为固定单价合同,而该工程由发包人装置现场电表,后过户给承包人,在施工过程中由承包人自行缴纳电费。该工程在竣工结算时,发包人认为其实际缴纳电费低于合同价款中的电费,因此在结算时其电费应按实际缴纳电费为准进行计算(即扣除两者差价),由此产生工程造价纠纷。

【纠纷分析】 根据定额规定,在结算时如由建设单位在现场装置水表、电表,交施工单位保管使用,施工单位按电表读数乘以单价付给建设单位,其前提条件应为该工程电费由发包人进行缴纳,而在结算价款中已含电费,不应重复计取。而本工程电费已由承包人自行缴纳,则其电费应作为自行采购材料为准进行考虑,并根据本工程固定单价合同的约定,工程价款结算时其电费应以投标报价价格为准,不应另行调整。

【造价纠纷】 某公开招标的桩基础工程,合同约定为固定总价合同,涉及设计变更方可调整其工程价款,关于水电费的扣除,合同分别约定为:"施工单位使用甲方提供的电和水,按甲方缴纳的单价和实际施工中使用的数量计算后在结算中扣除退还给甲方",以及"施工用水用电由甲方提供,按实计量,工程结算价款中应扣除施工单位使用的水电费,施工期间的水电费的结算,由发包人以现场承包人使用的水电表读数及水、电市场价计算后统一扣除"。在办理工程竣工结算时,发包人认为该工程实际缴纳的水费电费远远低于工程价款中的水电费,因此应按工程价款中的水电费调整竣工结算工程价款,承包人认为不应调整工程价款,由此产生工程造价纠纷。

【纠纷分析】 该工程水电费如何扣除，其实在施工合同中已经作出明确约定，即应按发包人实际缴纳的费用予以扣除，而工程价款中的水电费由承包人通过投标报价形成，并约定为固定单价合同，合同价款中所计算水电费用过高或过低均由承包人自行承担，若无设计变更，工程价款不应调整，因此该工程在办理工程价款结算时，应按合同约定扣除水电费，而原合同价款中的水电费不应调整。

8.1.5　定额计价"×××以内"与"×××以上"的区分

定额计价中凡标注为"×××以内"的均包含"×××"本身，"×××以上"的均不包含"×××"本身。

8.1.6　二次搬运费的计取范围

计价定额中的综合工日，均包括完成该项目的全部工序及场内运输所耗用的人工在内，遇到下列情况之一，应计算二次搬运费：

1. 市区沿街建筑在现场堆放材料有困难。
2. 发包人不能按正常合理的施工组织设计提供材料、构件堆放场地和临时设施用地。
3. 汽车不能将材料运入巷内的建筑工程。
4. 材料不能直接运到单位工程周边，需再次中转。
5. 在山上的建筑工程或构筑物，材料不能直接运上山而发生二次搬运的工程。

8.2　土方工程

8.2.1　土方工程工程量计算注意事项

建筑工程施工的场地和基础、地下室的建筑空间，都是由土、石方工程施工完成的。所谓土、石方工程，即采用人工或机械的方法，对天然土（石）体进行必要的挖、运、填，以及配套的平整、夯实、排水、降水等工作内容。土、石方工程施工的特点是人工或机械的劳动强度大，施工条件复杂，施工方案要因地制宜。土、石方工程造价与地基土的类别和施工组织方案关系极为密切。

8.2.2　土方工程清单列项及定额计价

1. 土方开挖工程工程量清单项目设置、项目特征描述的内容、计量单位及工程量计算规则，应按清单计算规范的规定执行。
2. 挖槽、坑、一般土方的划分及场地平整与土方的区别：

沟槽、基坑、一般土方的划分为：底宽小于等于7m且底长大于3倍底宽为沟槽；底长小于等于3倍底宽且底面积小于等于$150m^2$为基坑；超出上述范围则为一般土方，而山坡切土仅指山脚边切去一部分土方，按一般土方项目进行清单列项。

平整场地：对建筑场地自然地坪与设计室外标高高差±30cm内的人工或机械就地挖、填、找平，便于进行施工放线。围墙、挡土墙、窨井、化粪池等不计算平整场地。平整场地工作内容包括厚度300mm以内的挖、填、找平，如图8-1所示。

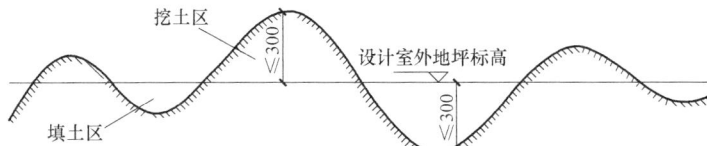

图 8-1　平整场地示意图

【造价纠纷】　某工程执行《建设工程工程量清单计价规范》GB 50500—2013，并根据清单计算规范要求列出相应挖土方工程量清单，在具体施工时，根据工程建设实际情况以及发包人要求，承包人在开挖土方时实施了截桩头工程，在本工程结算时，承包人提出应计取相关截桩头费用，发包人认为该费用应含在土方开挖工作内容中，不应予以计取，由此产生工程造价纠纷。

【纠纷分析】　根据《房屋建筑与装饰工程工程量计算规范》GB 50854—2013 的规定，挖土方如需截桩头时，应按桩基工程相关项目列项，其截桩头不含在土方开挖清单的工作内容中，应在桩基工程中另计，本工程的桩基工程中未列出截桩头的清单，属于清单漏项，在工程结算时，应按合同约定另行计取截桩头的费用。

【造价纠纷】　某工程在施工进场后发现施工场地内存在原房屋的钢筋混凝土基础，须采用机械破碎并将破碎的混凝土等垃圾外运；施工场地存在部分暗河河塘，需要挖除清运暗沟淤泥，并掺入 6% 石灰回填压实土方；同时施工现场的暗沟和杂填物区需要增加井点降水相应台班。在本工程结算时，承包人提出应追加相应费用，发包人认为本工程已经计取了平整场地费用，因此相关费用不应另行计取，由此产生工程造价纠纷。

【纠纷分析】　本工程在招标阶段并未提供地质勘察报告相应资料，地下的钢筋混凝土基础、暗沟河塘以及相应增加的降水费用均为有经验的承包商所不能预见的内容，且不在本工程承包合同范围之内；同时相关钢筋混凝土基础的拆除和外运、暗沟淤泥开挖以及回填费用、增加的降水台班费用等均不属于平整场地的范畴，因此本工程相关费用应根据现场签证另行计取。

3. 土方出现流砂、淤泥时，如设计未明确，在编制工程量清单时，其工程数量可为暂估量，结算时应根据实际情况由发包人与承包人双方现场签证确认工程量。

【造价纠纷】　何种土质的土方可作为挖淤泥、流砂易引起工程造价纠纷。

【纠纷分析】　淤泥是指在静水或缓慢的流水条件下沉积并经生物化学作用形成的黏性土，流砂系指土方挖到地下水位以下，槽坑底面或侧面的土或细砂形成流动状态，随地下水一起涌出而出现的流砂现象。挖淤泥、流砂工作内容包括挖、装淤泥流砂，不包括其排水费用。

4. 土方开挖深度的确定

土方平整厚度应按自然地面测量标高至设计室外地坪标高间的平均厚度确定。基础土方开挖深度应按基础垫层底表面标高至交付施工场地标高确定，无交付施工场地标高时，应按自然地面标高确定。

在同一槽坑内同时有干、湿土时，湿土直接套用挖湿土定额，但不论干湿土如何划分，挖土深度均按槽坑全深计算。

【纠纷争议】　某工程土方工程在结算审核时认为本工程已经计取场地平整费用，因此在土方工程结算时挖土深度应扣除场地平整所包含的 0.3m 高度，由此产生工程造价纠纷。

【纠纷分析】　在土方工程中自然地坪标高是建筑物开工以前的原始地形地貌标高，室外设计地坪标高是设计师根据原始地形地貌标高和建筑的功能需要所制定的建筑物交付使用后的室外标高，一般情况下场地平整应参照这室外地坪标高来做，做完场地平整后的室外地面应和设计图纸上给的室外地坪标高一致。因此挖土工程量均以设计室外地坪标高为起点计算，不扣除平整场地的深度 0.3m。

【造价纠纷】　某工程量清单计价工程在工程结算时，承包人认为本工程自然标高高于室外设计标高，因此在计算土方开挖工程量时，其挖土深度应从垫层底标高算至自然标高，发包人认为应按室外设计标高为准计算，由此产生工程造价纠纷。

【纠纷分析】　土方开挖工程量计算规则中规定土方开挖深度按设计室外地坪起算，前提是发包人完成"三通一平"工作后，交付施工场地自然标高即为设计室外标高，而本工程场地平整工作由发包人自行完成，交付施工场地自然标高高于设计室外标高，则应在本工程土方开挖之前，由发包人、承包人及监理单位以现场签证的形式共同确定施工场地开挖前的自然标高，并作为土方开挖工程量结算的依据，而计算土方回填的工程量时，则应以设计室外标高为准计算。

【造价纠纷】　某总承包工程含体育场、体育馆、地下车库、室外运动场等单项工程，采用"投资＋施工"的 BT 建设模式交由总承包单位投资建设，项目建成验收合格后移交给发包人，发包人按约定方式回购并支付回购款。其中室外运动场占地面积约 $40000m^2$，由足球场、篮球场、排球场、网球场等项目组成，篮球场位置有地下车库，地下车库建筑面积 $11000m^2$。在工程建设过程中出现两份室外自然地面标高，第一份为整个项目开工前的室外地面自然标高，第二份为室外运动场开工前的室外地面自然标高，第二份运动场开工前测的地坪高出约 50cm。承包人认为运动场土方开挖厚度及外运应以第二份标高为准，由此产生工程造价纠纷。

【纠纷分析】　本工程总承包人认为运动场土方开挖厚度应按第二份标高计算，是因为各单项工程结束后运动场实际开挖前标高是由建设单位、监理、总承包人共同测量，所以应作为土方工程量计算的依据。但经核查，本工程项目由发包人整体发包，工程开工前已由发包人、总承包人、监理公司等共同测量了整体项目开工前的原始自然地面标高，通过查阅各单项工程的结算及签证资料，各单项工程土方已全部计取场外运输费用，运动场位置并没有堆放土方的要求，发包人也没有另外运土方到现场，运动场开工前测量的现场标高变化只能是各单项工程施工中，土方没有按签证要求完成运输或者其他施工方的因素导致，而不是发包人原因造成的，且发包人已计量了各单项工程的土方费用，这部分费用不应由发包人重复支付，因此本工程运动场土方工程量的计算仍应以第一份原始自然地坪标高为准。

5. 土方体积应按挖掘前的天然密实体积计算。非天然密实土方应按表 8-2 折算。其中虚土是指未经填压自然形成的土方，天然密实土是指未经扰动的自然土，夯实土是指按规范要求经过分层碾压、夯实的土，松填土是指挖出的自然土，自然堆放未经夯实填在槽、坑内的土方。

土方体积折算系数表

表 8-2

天然密实度体积	虚方体积	夯实后体积	松填体积
0.77	1.00	0.67	0.83
1.00	1.30	0.87	1.08
1.15	1.50	1.00	1.25
0.92	1.20	0.80	1.00

【纠纷争议】 某工程土方开挖后堆放在施工现场基坑边，基坑回填后由挖掘机将多余的土方开挖运至场外指定地点，在办理该部分土方开挖及运输的工程量时，承包方提出其工程量应按现场堆放土方的虚方量计算，由此产生工程造价纠纷。

【纠纷分析】 土方工程中虚方指未经碾压、堆积时间不到1年（含1年）的土壤，土方开挖体积应以天然密实体积为准进行计算，而不能以虚方体积计算。而运土工程量＝挖土工程量-回填土所需天然密实工程量，因此计算运土工程量也应以天然密实体积为准。若仅能以虚方计算，应按上表折算成天然密实体积计算。

6. 土壤分类见表 8-3。

土壤分类表

表 8-3

土壤分类	土壤名称	开挖方法
一、二类土	粉土、砂土（粉砂、细砂、中砂、粗砂、砾砂）、粉质黏土、弱中盐渍土、软土（淤泥质土、泥炭、泥炭质土）、软塑红黏土、冲填土	用锹、少许用镐、条锄开挖。机械能全部直接铲挖满载者
三类土	黏土、碎石土（圆砾、角砾）混合土、可塑红黏土、硬塑红黏土、强盐渍土、素填土、压实填土	主要用镐、条锄、少许用锹开挖。机械需部分刨松方能铲挖满载者或可直接铲挖但不能满载者
四类土	碎石土（卵石、碎石、漂石、块石）、坚硬红黏土、超盐渍土、杂填土	全部用镐、条锄挖掘、少许用撬棍挖掘。机械须普遍刨松方能铲挖满载者

【纠纷争议】 某工程土方工程采用井点降水施工，地下水位下降之后，其土方开挖是否全部执行干土开挖定额易产生工程造价纠纷。

【纠纷分析】 干土与湿土的划分应以地质勘察资料为准，如无资料时以地下常水位为准，常水位以上为干土，常水位以下为湿土。采用人工降低地下水位时，干、湿土土方开挖的划分仍以常水位为准。

7. 放坡系数及工作面计算，见表 8-4、表 8-5。

放坡系数表

表 8-4

土类别	放坡起点（m）	人工挖土	机械挖土		
			在坑内作业	在坑上作业	顺沟槽在坑上作业
一、二类土	1.20	1：0.5	1：0.33	1：0.75	1：0.5
三类土	1.50	1：0.33	1：0.25	1：0.67	1：0.33
四类土	2.00	1：0.25	1：0.10	1：0.33	1：0.25

注：1. 沟槽、基坑中土类别不同时，分别按其放坡起点、放坡系数、依不同土类别厚度加权平均计算。

2. 计算放坡时，在交接处的重复工程量不予扣除，原槽、坑作基础垫层时，放坡自垫层上表面开始计算。

基础施工所需工作面宽度计算表 表8-5

基础材料	每边各增加工作面宽度(mm)
砖基础	200
浆砌毛石、条石基础	150
混凝土基础垫层支模板	300
混凝土基础支模板	300
基础垂直面做防水层	1000(防水层面)

8. 平整场地

平整场地定额每 $10m^2$ 取定挖土 $2m^3$，平均挖 20cm，其中一、二类土各占40%，三类土占20%，运土 $1m^3$，运距按20m计算，考虑到厚度超过30mm的土方是另列项目计算的，所以凡已经按设计要求进行过场区竖向土方平整的，不再计算场地平整费用。

【纠纷争议】某工程在结算时，承包人报送了平整场地相关项目清单，发包人认为承包人在施工过程中没有完成相关项目则应予扣除，由此产生工程造价纠纷。

【纠纷分析】平整场地是指对建筑场地自然地坪与设计室外标高高差±30cm内的人工或机械就地挖、填、找平，便于进行施工放线。围墙、挡土墙、窖井、化粪池等不计算平整场地。平整场地属于"三通一平"内容，一般应由发包人完成施工场地的平整之后交由承包人进场施工，如发包人没有能力进行场地平整，委托承包人完成的，应根据现场签证资料予以结算其费用。平整场地工作内容包括厚度300mm以内的挖、填、找平，如图8-1所示。

此外场地平整清单规范的规则是按建筑物首层建筑面积计算，但从施工考虑，平整场地是与建筑物占地面积相关的。因此平整场地定额预算工程量计算规则按建筑物外墙外边线每边各加2m，以平方米计算。"首层面积"应按建筑物外墙外边线计算。落地阳台计算全面积；悬挑阳台不计算面积。设地下室和半地下室的采光井等不计算建筑面积的部位也应计入平整场地的工程量。地上无建筑物的地下停车场按地下停车场外墙外边线外围面积计算，包括出入口、通风竖井和采光井计算平整场地的面积。其中，建筑物外墙外边线指：从建筑物地上部分、地下室部分整体考虑，以垂直投影最外边的外墙边线为准，即：当地上首层外墙在外时，以地上首层外墙外边线为准（图8-2）；当地下室外墙在外时，以地下室外墙外边线为准（图8-3）；当局部地上首层外墙在外、局部地下室外墙在外时（外墙外边线有交叉），则以最外边的外墙外边线为准（如图8-4和图8-5所示）（虚线部位为地下室部分）。

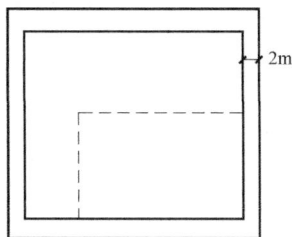

图8-2 场地平整计算示意图

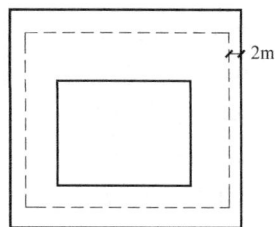

图8-3 场地平整计算示意图

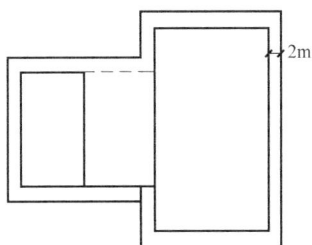

图 8-4　场地平整计算示意图

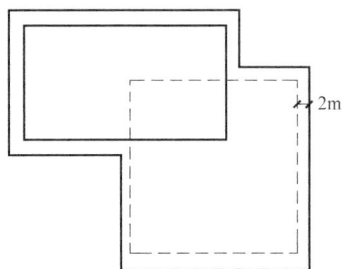

图 8-5　场地平整计算示意图

9. 坑上作业与坑下作业

【纠纷争议】　挖土面积较大，深度 1.5m 左右，挖掘机挖土斗容 $1m^3$ 内反铲装车。该部分挖土是按"坑内作业"还是按"坑上作业"易引起工程造价纠纷。

【纠纷分析】　坑上作业与坑下作业的区分标准应该是按照挖掘机械与开挖面的相对位置，如果待开挖土方在挖掘机械行车面以上，则按坑下作业，如图 8-6 所示，反之为坑上作业，如图 8-7 所示。此案例挖深 1.5m，一般采用反铲挖机，机械在坑上作业，机械臂可以直接挖掘，边挖边后退，应属于"坑上作业"。

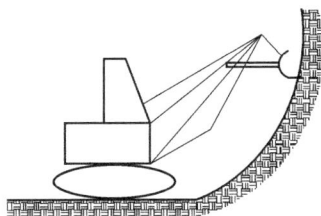

图 8-6　坑下作业示意图

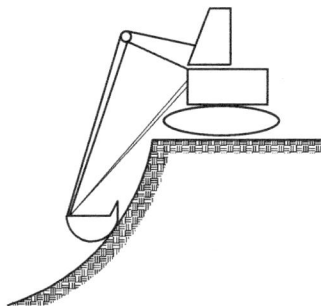

图 8-7　坑上作业示意图

10. 土方开挖工程量计算方法

1）挖基坑计算方法：

地坑无放坡体积：

$$V = a \cdot b \cdot H$$

地坑有放坡体积：

$$V = 1/6H[A \cdot B + a \cdot b + (A+a) \cdot (B+b)]$$

式中　V——基坑体积；

　　　A——基坑上口长度；

　　　B——基坑上口宽度；

　　　a——基坑底面长度；

　　　b——基坑底面宽度。

2）挖基槽工程量计算

人工挖沟槽（以 m^3 计算）：

$$V = S \cdot L$$

式中 L——沟槽长度（m），外墙按图示基础中心线长度计算，内墙按图示基础底宽加工作面宽度之间净长度计算；

S——沟槽截面面积，如图8-8所示：

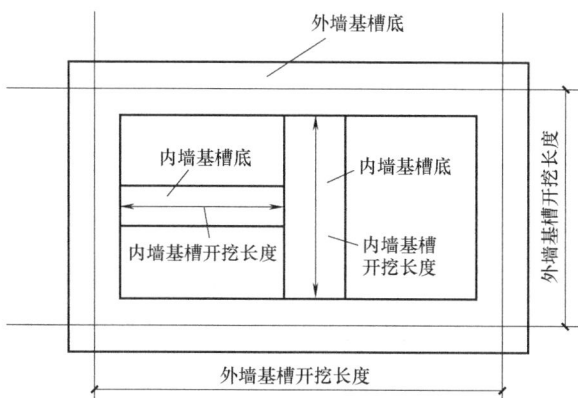

图8-8 沟槽长度计算示意图

3）机械挖土方计算方法

机械挖土方工程量其土、石方体积均按天然实体积（自然方）计算，并按机械实际完成工程量计算。机械确实挖不到的地方，用人工修边坡、整平的土方工程量按人工挖一般土方定额（最多不得超过挖方量的10%），人工乘以系数2。机械挖土、石方单位工程量小于2000m³ 或在桩间挖土、石方，按相应定额乘以系数1.10。

【造价纠纷】 某地下室工程执行计价定额并按实结算，在工程结算时，承包人认为根据计价定额计算规则，其土方工程中人工修边坡的工程量应以挖方量的10%进行计算并套用人工挖一般土方定额，同时人工乘以系数2，发包人则认为人工修边坡实际工程量远远低于挖方量的10%，由此产生工程造价纠纷。

【纠纷分析】 机械土方开挖时为了配合机械挖土进行人工修边坡，同时为了不扰动基础土，影响土层承载力，需要预留一定的厚度用人工挖土找平。一般预留20~30cm厚度进行人工清土，此部分土方在编制招标控制价时可按总挖方量的10%计算，投标报价时则由投标人自行考虑在综合单价中。而执行计价定额按实结算的工程在工程结算时则不应直接按10%计算，因为本工程地下室体量较大，土方开挖工程量为上万立方米，而基坑采用钻孔灌注桩等支护措施。人工修边坡的量有限，再加上基坑底的人工清土，远不足挖土方的10%，因此此种情况人工修边坡的工程量在结算时应根据现场签证确定其人工修边坡、清土的工程量。

采用放坡开挖的土方工程量，可按棱台体积计算其工程量，如图8-9所示。

$$V=1/6H[A \cdot B+(A+a)(B+b)+a \cdot b]$$

或 $V=1/3H(A \cdot B+a \cdot b+\sqrt{AB \cdot ab})$

11. 回填土工程量计算

回填土项目区分为夯填与松填，其工程量计

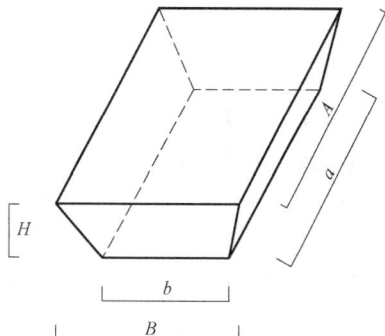

图8-9 机械土方工程量计算示意图

算规则为：

基槽、坑回填土工程量＝挖土体积-设计室外地坪以下埋设的体积（包括基础垫层、柱、墙基础及柱等）

室内回填土工程量按主墙间净面积乘以填土厚度计算，填土厚度＝室内外高差-（地坪铺筑厚度＋垫层厚度），不扣除附垛及附墙烟囱等体积，如图8-10所示。

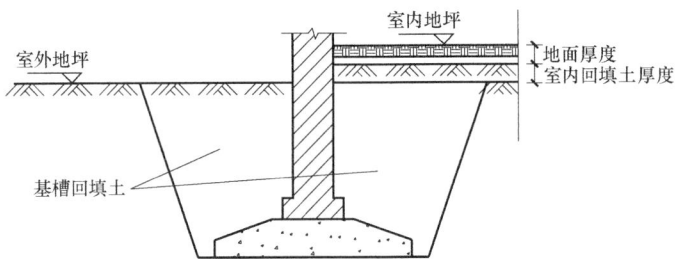

图8-10 土方回填工程量示意图

回填土工程量按挖土体积减去设计室外地坪以下埋设的体积，该部分数据均按设计图纸尺寸算出，其应为夯填后的体积，因此回填土工程量不应为天然密实土体体积，应为夯实后的土体体积。

运土工程量按实际发生的需运进或运出的土方运输情况，以天然密实体积为准，以立方米为单位进行计算。

运土工程量＝挖土工程量－回填土工程量－其他需土体积

正值为余土外运，负值为缺土内运。式中回填土总体积及其他需土体积应为天然密实状态的体积。如某工程挖土定额工程量10000m³，回填土定额工程量2000m³，其土方外运定额工程量为10000-2000×1.15＝7700m³为宜。

【造价纠纷】 基础回填清单项目的综合单价是否应考虑挖土运土的费用，易引起工程造价纠纷

【纠纷分析】 基槽（坑）回填定额工作内容包括5m以内取土、碎土、找平、泼水、夯实等工作内容，也即其定额单价考虑为挖土后土方就近堆放于基坑或基槽边，回填时就近取土夯填。而在实际工程中，如按施工组织设计方案要求或现场施工条件限制无法堆放土方，土方开挖后全部外运，则计算基础回填土时需考虑土方挖取及回运费用，如取自然土回填时，按土壤类别执行挖土定额，如运余松土或挖堆积期在一年以内的堆积土，除按运土方定额执行外，另增加挖一类土的定额项目，其工程量均应根据所需回填土的工程量折算成天然密实体积进行计算。

【造价纠纷】 原土打夯与基础回填工作内容易引起工程造价纠纷。

【纠纷分析】 原土打夯是指自然状态下的土面，如已经挖好的槽坑底面的夯实，以及其他需要打夯的原形土面，不包括回填土，包括碎土、平土、找平、洒水、夯实等过程。

【造价纠纷】 某固定单价工程施工招标文件和合同约定："本工程土方工程含挖土、回填土、弃土、建筑垃圾处置费、运输距离及堆放点等，以及回填土源费用由投标单位在报价中自行考虑，一次性包定，结算时不调整"。在实际施工时，施工现场发现该地块实

际高程与建设单位提供的原始地形图及原设计总平面图高程不一致，现有场地实际高程在国家85高程2.80m左右，原始地形图高程在国家高程3.35m左右。因此在实际施工时，如按原设计图纸施工会增加深度为0.5m左右较大的回填土方量，根据发包人、承包人、现场监理、设计单位等相关部门协调会精神，结合场地实际现状，并考虑尽量减少需增加的回填土方量，双方办理签证将建筑物室外场地及道路较原设计高程降低0.20m，尽量有效控制因现场高程与原始地形图高程差值给项目投资所增加的工程造价。

在工程结算中，承包人提出因该地块实际高程与发包人提供的原始地形图及原设计总平面图高程不一致，导致室外回填土增加了0.2m深度的工程量，由此产生的造价增加责任在于发包人，且此项费用不在合同价款范围内，因此在工程结算时应予以增加。而审计方则认为不应增加，由此产生造价纠纷。

【问题分析】　根据有关规定，挖槽、坑、土方的深度编制预算时一律以设计室外标高为起点，现场实际的自然标高与设计室外标高发生的差额，在竣工结算时可调整。本工程因该地块实际高程与发包人提供的原始地形图及原设计总平面图高程不一致，导致室外回填土增加了相应工程量，的确是属于发包人责任，导致承包人在合同价款范围之外增加了投入，但是本工程招标文件与合同已经明确约定挖土、回填土、弃土、建筑垃圾处置费、运输距离及堆放点等，以及回填土源费用由投标单位在报价中自行考虑，一次性包定，结算时不调整。也即无论属于合同主体哪一方的责任，造成土方工程量的增减，土方费用均一次性包定，结算时不调整。同理即便因为工程变更导致回填土方工程量的减少，结算时也不作调整。

当前土方工程中招标人往往在所提供的土方工程量清单中给出了各类土方工程量，要求投标单位应根据现场勘察及现有的设计文件，并结合施工方案和已明确的现场实际情况自行进行计算，若计算结果与清单提供的工程量有出入，可将增减的那部分工程量列入土方工程分部分项工程量清单中"土方平衡调整项"中（包括挖、填、清淤、老路的破除、原有部分管道拆除、现场土方利用、余方弃置等可能影响工程造价），该费用以项列入报价，一次性包死，结算时一律不作调整。这种做法并不符合工程量清单计价规范的要求，首先土建工程中并无"土方平衡调整项"这一清单项，同时发包人往往用这种方式把土方工程中的量和价的风险全部转嫁给承包人，属于免责条款或霸王条款，导致在工程结算中承包人即便出现土方工程的变更或是招标工程量的偏差等情况，均无法争取自身合法权益。所以为公平公正起见，在实际工作中尽量避免这种做法。

本案例即便要求土方工程包干结算，也应针对投标前发包人提供的相应资料，招标文件及施工合同如能加上如下约定，即施工时如发现与设计文件、勘察文件、目前的现场实际不一致而导致的土方调整除外，其余土方结算时不作调整，则较为合理。

【造价纠纷】　填土碾压定额子目是否包含机械取土费用易引起工程造价纠纷。

【纠纷分析】　填土碾压定额子目是指挖至原土后进行分层回填碾压，一般由推土机回填推平，然后由压路机进行分层碾压。定额考虑为施工现场就近取土，如需场外取土回填，其费用应另计。

【造价纠纷】　某公开招投标工程为消防水池及泵房等，根据发包人所提供的地质勘察报告，该工程土质为海边吹填土，土质较差，在发包人提供的招标工程量清单中其机械挖土土方工程量中按常规方案1：0.33放坡考虑，未考虑其他基坑防护措施。承包人在投标报价时根据现场勘察报告情况，其施工方案考虑为1：0.5放坡进行施工，亦未考虑其他基坑防护措施，并在合同签订过程中得到发包人的认可。在施工过程中，承包人根据其发包人认可的施工方案进行施工，发现由于土质较差的原因，即使按1：0.5放坡系数进行施工，仍然不能保证基坑施工安全，加之施工现场工作面较小，不可能继续增大放坡系数，因此承包人采取了1：0.5放坡同时采用水泥砂浆钢丝网护坡措施，保证了施工安全。在工程结算阶段，承包人认为应按1：0.5放坡系数进行土方量的计算，同时追加基坑防护措施费用，发包人认为应按定额规定计取1：0.33计算土方工程量，基坑防护措施费用不应另计，由此产生工程造价纠纷。

【纠纷分析】　本工程在编制招标工程量清单时，可按定额规定计算其土方开挖工程量，但却不应是结算工程量的计算依据。办理工程结算时，应按经发包人认可的施工组织设计规定计算机械挖土土方工程量，即按实际开挖1：0.5的放坡系数进行土方开挖工程量的结算，但是其施工过程中所增加的水泥砂浆钢丝网护坡基坑措施费用，属于有经验的承包商所能预见发生的费用，应在其投标报价中根据自身的施工方案进行计价，与招标工程量清单是否列项以及招标控制价是否计取费用并无关系，同时本工程有完整的地质勘察报告，承包人也实现勘察过施工现场，所增加的基坑防护措施不属于非承包人原因引起的工程变更导致的施工措施费增加，所以本工程水泥砂浆钢丝网护坡措施不应另行计取费用。

12. 土方运输工程量计算

余土外运、缺土内运工程量按下式计算：运土工程量＝挖土工程量－回填土工程量。正值为余土外运，负值为缺土内运。机械土、石方运距按下列规定计算：

推土机推距：按挖方区重心至回填区重心之间的直线距离计算。铲运机运距：按挖方区重心至卸土区重心加转向距离45m计算。自卸汽车运距：按挖方区重心至填土区（或堆放地点）重心的最短距离计算。

其中，重心是指挖（填）方区土方体积重力作用点，一般利用土方方格网图法求土方坐标值计算，计算公式为：

$$重心点横坐标\,x\,值＝各方格挖(填)土方×各方格中心至\,Y\,轴距离/$$
$$各方格挖（填）土方之和$$
$$重心点纵坐标\,y\,值＝各方格挖(填)土方×各方格中心至\,X\,轴距离/$$
$$各方格挖（填）土方之和$$

【造价纠纷】　某按实结算工程，其土方工程中经发承包双方确认，基坑底部的人工清土、集水坑、排水沟、电梯井、后浇带、整板基础反梁等部位均采用人工挖土，但就其人工挖土部分土方运输问题双方产生纠纷争议，发包人认为该部分土方运输费用不应另行计算，承包人认为应按单（双）轮车人力运土定额计算，其土方量按实际运输的虚方量进行计算，即便不能按人力车运土计算，也应计算塔吊吊运土方的垂直运输费用，由此产生工程造价纠纷。

【纠纷分析】　按实结算工程中土方相关费用，应根据发包人许可的施工方案结合实际发生的工作内容进行计算。该工程发包人许可的施工方案中提到该部分人工开挖土方须由人力车运土至基坑周边，统一装车运输至场外，因此承包人应提供相关人力车运土的实际签证，并按其天然密实体积进行计算。如相关土方由塔吊吊运至指定地点，则该部分费用包含在该单位工程的垂直运输费中，不应另行计取。

8.2.3 大型土石方工程

大型土石方工程为单位工程挖或填土方超过 $5000m^3$ 的土石方工程，一般应以单位工程为标准进行划分，因为单独的大型土石方工程在施工企业进场之前通常独立施工，现场投入人力物力较一般建筑工程更少，因此其管理费率以及利润率低于建筑工程。一般情况下划分其土方标准时，不应将挖方量和填方量汇总计算，亦不能把非连续性时间、地段施工的土方量汇总计算。

【造价纠纷】 某工程土石方工程中的土方大开挖为大型土石方，并由发包人直接单独发包，总承包人只负责修边坡及基底清土30cm，总承包人在结算时认为该部分土方应执行人工修边坡、整平定额子目，发包人认为仅执行普通土方即可，由此产生工程造价纠纷。

【纠纷分析】 该工程虽然土方大开挖为发包人直接单独发包，总承包只负责修边坡、基底清土30cm，但是该部分土方工程仍然由于施工现场的限制有一定工作难度，工效受到一定影响，因此该部分土方应执行人工修边坡、整平定额子目，其工程类别也不属于大型土石方，应按建筑工程主体工程类别取费。

【造价纠纷】 某住宅小区为别墅群，其土方工程按单栋别墅分别单独开挖，经计算，本小区所有别墅土方开挖量超过 $5000m^3$，发包人认为本住宅小区土方应合并为大型土石方工程计算，由此产生工程造价纠纷。

【纠纷分析】 大型土石方工程为单位工程挖或填土方超过 $5000m^3$ 的土石方工程，本工程为别墅群住宅小区，土方不是采用整体大开挖的方式，而是单栋别墅单独开挖，单栋别墅中的土建工程属于单位工程，其中的土方开挖量均未超过 $5000m^3$，所以本工程土方不应合并为大型土石方工程计算，而是应按每栋别墅的建筑工程类别进行取费计算。

【造价纠纷】 某单位工程土方开挖量 $4100m^3$，回填量 $1300m^3$，此处挖或填均未超过 $5000m^3$，但挖和填相加超过 $5000m^3$，发包人认为此土方工程应按大型土石方工程取费，由此产生工程造价纠纷。

【纠纷分析】 单位工程挖土或填土满足其中一个大于等于 $5000m^3$ 的条件属大型土石方，而非将挖方和填方汇总计算判别，因此本土方工程不属于大型土石方工程。

【造价纠纷】 某土建工程中挖方或填方总量均未超过 $5000m^3$，应不能作为大型土石方工程界定其工程类别取费，但本工程根据发包人许可的施工方案，现场部分开挖土方需要堆放于施工现场，然后通过二次短驳将其运走，发包人认为该部分土方工程量加上土方开挖工程量后超过了 $5000m^3$，因此本土方工程应按大型土石方工程取费，另开挖出的土方用挖机翻运，承包人认为应按现场堆放虚方体积计算其翻运费用，由此产生工程造价纠纷。

【纠纷分析】 二次翻土或短驳土方工程量不应并入土方总量中界定大型土石方工程，

因此本工程土方不能执行大型土石方工程类别。但如果土方工程根据其挖方或填方量已属于大型土石方，则该部分土方也应按大型土石方取费。开挖出的土方用挖机翻运，其工程量应按天然密实体积进行计算，而不应以虚方体积计算。

【纠纷背景】 某建筑工程地下室土方挖方量为 $5600m^3$，土方工程应按大型土石方计，其基础回填采用了 1∶1 砂石回填，砂石回填部分是否也应按大型土石方工程计取费用产生纠纷争议。

【纠纷解决】 基槽坑回填砂、灰土、碎石工程量不执行大型土石方工程，按相应的主体建筑工程类别标准执行。同时管道沟槽回填采用石屑、砂石、灰土或固化粉煤灰回填均不能视为土石方工程，即便工程量超过 $5000m^3$，也不能按大型土石方工程取费。

【纠纷争议】 如图 8-11 所示，市政工程中道路路面结构层以下路基处理（包括灰土、河塘处理石方）如工程量超过 $5000m^3$，是否应按大型土石方工程取费易引起争议。

【纠纷调解】 市政工程中土石方工程量包含弹软土基处理、坑槽内实体结构以上路基部位（不包括道路结构层部分）的多合土、砂、碎石回填工程量。道路路面结构层以下路基处理（包括灰土、河塘处理石方）如工程量超过 $5000m^3$，也应按大型土石方工程取费。但路基结构层以上及以下的土方量不应合并计算。

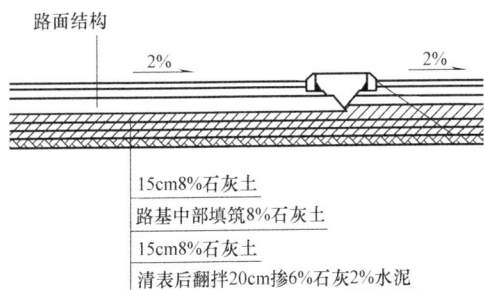

图 8-11 某道路路面结构层示意图

【造价纠纷】 某园区绿化景观工程，园区内有 9 条道路，分为 3 个标段，9 条道路的挖土方工程量合计超过 $5000m^3$，因此在结算审计阶段时，发包人将 9 条道路工程土方及园林绿化工程种植土方量汇总作为市政工程大型土石方工程进行计价，承包人认为其土方应作为道路工程分别进行取费，由此产生工程造价纠纷。

【纠纷分析】 根据《江苏省建设工程费用定额》规定，市政工程类别划分以标段内的单位工程为准，一个单项工程中如由几个不同类别的单位工程组成，其工程类别分别确定，通用项目的类别划分按主体工程确定，且树坑挖土、园林小品的土方项目不属于大型土石方工程项目。因此本工程大型土石方划分标准不应将 9 条道路及绿化种植的挖土方进行汇总判断，应将各标段内的单位工程为准进行判断和划分。本工程各条道路作为单位工程其土方开挖工程量均未超过 $5000m^3$，而且 9 条道路土方开挖的工作面和工作时段都不存在关联和连续性，所以本工程不应将 9 条道路的土方汇总作为市政工程大型土石方工程单独进行计价，而应根据其道路主体工程类别进行取费。

8.2.4 土石方工程计价定额消耗量取定

1. 人工消耗量

人工挖土方、基槽、基坑、回填土等定额项目人工幅度差取定为 20%，其余项目取定为 10%。

机械土石方工程中的综合人工为辅助用工，用于工作面内排水、现场内机械行走道路的养护、配合洒水汽车洒水，清除车、铲斗内积土，现场机械工作时的看护。推土、铲运土、填土碾压按每 1000m³ 配 6 个工日计，挖土按每 1000m³ 配 3 个工日计，平整场地、原土碾压按每 1000m³ 配 1 个工日计。

2. 材料消耗量

填土碾压用水量计算，土壤的自然重度是 1800kg/m³，最优含水率 18%，若土壤含水量小于最佳含水量 2% 时，每 1000m³ 土中水用下式计算：

$$1800÷[1+(18\%-2\%)]=1552kg/m³$$

即每 1000m³ 土需加水 31t，所碾土方 1/3 需洒水，则每 1000m³ 土需洒水 10t。

3. 机械消耗量

主要机械和辅助机械台班用量为：

$$台班使用量=(单位工作量÷台班产量)×幅度差系数$$

其中，机械幅度差的内容包括：施工中作业区之间的转移及配套机械相互影响所损失的时间；施工初期限于条件所造成的工效差，结尾时工程量不饱满所损失的时间；临时停电停水所发生的工作间歇；挖土机只能向一侧装车，且无循环路线，挖土机必须等待汽车调车的间歇时间；汽车装土或卸土倒车距离过长所影响的时间等。

推土机推土方机械幅度差系数取定为 1.25。

拖式铲运机辅助机械考虑履带式推土机 75kW 作平整和助推作用，按铲运机台班的 10% 计算。其中洒水汽车台班计算为每一主机台班配洒水汽车 0.3 台班，每工地平均配 7 台铲运机，即洒水汽车台班=(1000m³×0.3 台班)÷(228m³/台班×7 台班)=0.19 台班，其中 228m³/台班为拖式铲运机的综合台班产量。

自行式铲运机辅助机械考虑履带式推土机 75kW 作平整和助推作用，按铲运机台班的 10% 计算。其中洒水汽车台班计算为每一主机台班配洒水汽车 0.3 台班，每工地平均配 6 台铲运机，即洒水汽车台班=(1000m³×0.3 台班)÷(217m³/台班×6 台班)=0.23 台班，其中 217m³/台班为自行式铲运机的综合台班产量。

挖掘机机械幅度差系数取定为 1.15，辅助机械考虑履带式推土机 75kW 作平整和助推作用，按挖掘机台班的 10% 计算。

装载机机械幅度差系数取定为 1.25。

自卸汽车机械幅度差系数取定为 1.15，其中一个台班配洒水汽车 0.3 台班，即洒水汽车台班=(1000m³×0.3 台班)÷(691m³/台班×1 台)=0.43 台班，其中 691m³/台班为挖掘机的综合台班产量。

填土碾压辅助机械配 75kW 推土机按主机的 10% 计算，用水量按洒水汽车台班 20m³ 计算。

地面夯填及原土打夯的人工按 90% 使用打夯机、10% 人工打夯计算，打夯机械台班的计算面 250m²/台班。基槽 150m²/台班，垫层每立方米按厚 15cm 一皮折算成平方米，每立方米土折算成平方米：1÷1.15=6.67m²。

原土打底夯，地面 250m²/台班，即 10÷250=0.04 台班，基槽 150m²/台班，即 10÷150=0.067 台班。

回填土，每立方米按 0.15m 厚一皮折算成平方米，每立方米土折算成平方米：1/0.15=6.67m²。即地面夯填为 6.67÷250=0.027 台班，基槽夯填 6.67÷150=0.045 台班。

8.3　地基处理及边坡支护工程

8.3.1　强夯地基

强夯加固地基，即用几十吨重锤从高处落下，反复多次夯击地面，对地基进行强力夯实。利用重锤自由下落时的冲击能来夯实浅层填土地基，使表面形成一层较为均匀的硬层来承受上部载荷，经夯击后的地基承载力可提高 2～5 倍，压缩性可降低 200%～500%，影响深度在 10m 以上。其工程量计算规则为以夯锤底面积计算，并根据设计要求的夯击能量和每点夯击数执行相应定额。强夯法加固地基是在天然地基土上或在填土地基上进行作业的，不包括强夯前的试夯工作和费用。如设计要求试夯，可按设计要求另行计算。

8.3.2　深层搅拌桩

1. 深层搅拌桩概况

深层搅拌桩是利用水泥或其他固化剂通过特制的搅拌机械，在地基中将水泥和土体强制拌合，使软弱土硬结成整体，形成具有水稳性和足够强度的水泥土桩或地下连续墙，处理深度可达 8～12m。

2. 三轴搅拌桩工程量计算规则

其工程量计算按设计长度另加 500mm（设计有规定的按设计要求）乘以设计桩径截面积，以立方米计算（重叠部分面积不得重复计算），群桩间的搭接不扣除。其工程量计算公式为：

水泥搅拌桩工程量＝桩径截面积×（设计桩顶标高－设计桩底标高＋500mm）×根数

空搅部分工程量＝桩径截面积×（自然地坪标高－设计桩顶标高－2）×根数

深层搅拌桩分为单轴、双轴、三轴列项。工程量计算规则：轴间重叠部分不重复计算；组与组间搭接不扣除；深层搅拌桩不分桩径大小，执行相应子目；设计水泥量不同可换算，其他不调。深层搅拌桩（三轴除外）和粉喷桩是按四搅二喷施工编制，设计为二搅一喷，定额人工、机械乘以系数 0.7；六搅三喷，定额人工、机械乘以系数 1.4。

【纠纷争议】　计算三轴搅拌桩时，其工程量计算按设计长度另加 500mm（设计有规定的按设计要求）乘以设计截面积，以立方米计算（重叠部分面积不得重复计算），群桩间的搭接不扣除。如何理解易产生工程造价纠纷。

【纠纷分析】　三轴搅拌桩重叠部分面积不得重复计算是指其每根桩设计桩径截面重叠阴影部分不能重复计算。计算方法如图 8-12 所示：

应按投影面积×实际深度（投影面积是要扣除两圆交叉重叠部分），一般按双头或三头为一组来计算。投影面积应该是一组的面积。一组与一组间的交叉重叠部分是不扣除的，这部分在定额里面考虑了，如图 8-13 所示：设桩径为 850mm，桩轴（圆心）矩为 600mm，

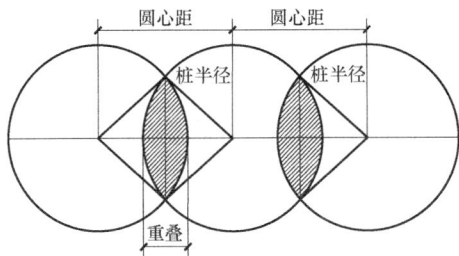

图 8-12　三轴搅拌桩工程量计算规则示意图

则每次成活桩截面积 S 为 3 个圆面积扣减 4 个重叠的弓形面积，计算方式为：

圆面积 $S_1=(0.85/2)2\times3.1416\times3=1.7024\text{m}^2$。

圆心角 $\theta=2\times a\cos(0.3/0.425)=90.1983°$。

一个扇形面积 $S_2=(0.85/2)2\times3.1416\times90.1983/360=0.1423\text{ m}^2$。

三角形面积 $S_3=(0.4252-0.32)1/2\times2\times0.3/2=0.0903\text{ m}^2$。

一个弓形面积 $S_4=S_2-S_3=0.1423-0.0903=0.052\text{ m}^2$。

每次成活桩截面积 $S=S_1-4\times S_4=1.7024-0.052\times4=1.4944\text{m}^2$。

群桩间的搭接不扣除是指每根搅拌桩按打桩顺序之间的重叠部分，即便是套打工艺也不扣除其重叠阴影部分工程量，如图 8-13 所示。

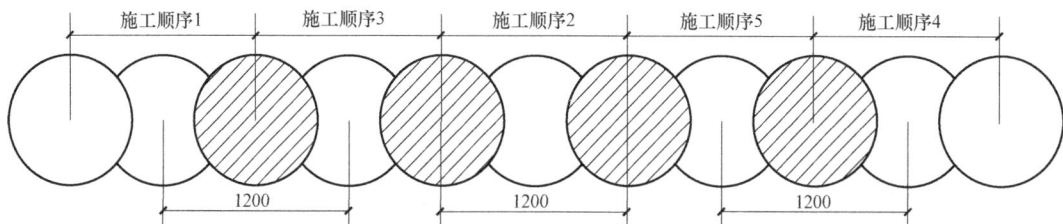

图 8-13　三轴搅拌桩工程量计算规则示意图

8.3.3　地下连续墙

地下连续墙是通过专用的挖（冲）槽设备，沿着地下建筑物或构筑物的周边，按预定的位置开挖出或冲钻出具有一定宽度和深度的沟槽，用泥浆护壁，并在槽内设置一定刚度的钢筋笼结构，然后用导管浇灌水下混凝土，分段施工，用刚性或柔性等工艺接头，使之连成地下连续的钢筋混凝土墙体。其主要作用在于地下水位的截水、防渗以及挡土结构、基坑支护等。

8.3.4　基坑锚喷护壁

基坑锚喷护壁指的是借高压喷射水泥混凝土和打入岩层中的金属锚杆的联合作用（根据地质情况也可分别单独采用）加固岩层或土层，锚杆的一端与围护结构如混凝土护坡连接；另一端锚固在土层或岩石层中，将围护结构所承受的侧向荷载通过锚杆传递到周围的土层或岩石层中。

8.3.5　土钉墙基坑支护

土钉墙基坑支护是由天然土体通过土钉墙就地加固并与喷射混凝土面板相结合，形成一个类似重力挡墙以此来抵抗墙后的土压力，从而使开挖坡面稳定。土钉墙基坑支护工程量计算：土锚杆按设计图示尺寸以长度计算。挂钢筋网按设计图纸以面积计算。

8.3.6　高压旋喷桩

高压旋喷桩是以高压旋转的喷嘴将水泥浆喷入土层与土体混合，形成连续搭接的水泥加固体。施工占地少、振动小、噪声较低，但容易污染环境，成本较高，对于特殊的不能使喷出浆液凝固的土质不宜采用。高压旋喷桩计算方法：其钻孔长度按自然地面至设计桩底标高以长度计算，喷浆按设计加固桩的截面面积乘以设计桩长以体积计算。

8.3.7 压密注浆

8.3.7.1 压密注浆施工工艺

是利用较高的压力灌入浓度较大的水泥浆或化学浆液，注浆开始时浆液总是先充填较大的空隙，然后在较大的压力下渗入土体孔隙。随着土层孔隙水压力升高挤压土体，直至出现剪切裂缝，产生劈裂，浆液随之充填裂缝，形成浆脉，使得土体内形成新的网状骨架结构。浆脉在形成过程中由于占据了土体中一部分空间，加上土层内孔隙被浆液所渗透，从而将土体挤密，构成了新的浆脉复合地基，改善了土体的强度和防渗性能，同时也改变了土体物理力学性质，提高了软土地基的承载力。

8.3.7.2 压密注浆计算方法

其钻孔按设计长度计算。注浆工程量按以下方式计算：设计图纸注明加固土体体积的，按注明的加固体积计算；设计图纸按布点形式图示土体加固范围的，则按两孔间距的一半作为扩散尺寸，以布点边线各加扩散半径形成计算平面，计算注浆体积；如果设计图纸上注浆点在钻孔灌注桩之间，按两注浆孔距的一半作为每孔的扩散半径，以此圆柱体体积计算。

8.4 打桩工程

8.4.1 打桩工程计价定额耗用量取定

8.4.1.1 人工耗用量计算公式：

$$打桩工程综合工日数＝主机机械台班数×桩机劳动组合成员数$$

8.4.1.2 机械耗用量计算：

$$机械台班数＝定额计量单位÷（劳动定额台班产量×选用桩型综合体积）×（1＋机械幅度差率）$$

打压预制方桩与静力压管桩定额均选用履带式起重机予以配合，主机与辅助机械比1：0.4。

【案例】 静力压预制方桩12m以内计价定额消耗量计算。

静力压桩机压力1200kN机械台班含量计算：

$V_1＝0.30×0.30×8＝0.72m^3$，台班量为$1÷（23.6×0.72）＝0.059$台班，占60％。

$V_2＝0.35×0.35×8＝0.98m^3$，台班量为 $1÷（23.6×0.91×0.98）＝0.048$台班，占20％。

$V_3＝0.40×0.40×8＝1.28m^3$，台班量为$1÷（23.6×0.91×0.91×1.28）＝0.040$台班，占20％。

综合台班数量为：$（0.059×60％＋0.048×20％＋0.040×20％）×1.10$（增加机械幅度差）$＋0.004$（桩架90°直面调架增加台班）$＝0.062$台班。

辅助机械按履带式起重机10t考虑，主辅比为1：0.4，则履带式起重机台班为：$0.062×0.4＝0.025$台班。

综合工日数量为：0.062×7＝0.43 工日。

定额材料用量预制钢筋混凝土方桩损耗 0.01m³，方木用于超运距移动 0.009m³。

【案例】 静力压预制方桩送桩 30m 以内计价定额消耗量计算

静力压桩机 2000kN 机械台班数量＝0.026×1.49＝0.039 台班，助拔机械履带式起重机 15t 台班数量＝0.039×0.3＝0.012 台班。

人工消耗量＝0.039×7＝0.27 工日。

【案例】 方桩包角钢计价定额消耗量计算。

机械台班含量：每个接头增加静力压桩机压力 1200kN 机械 0.115 台班×1.10（机械幅度差）＝0.127 台班。

辅助机械按履带式起重机 15t 考虑，主辅比为 1：0.25，则履带式起重机台班为 0.127×0.25＝0.032 台班。

综合工日数量计算：0.127×8＝1.02 台班。

定额材料消耗量：每个接头角钢 44kg，垫铁 0.11kg，电焊条 4.00kg。型钢用量设计与定额不同时，按设计用量乘以系数 1.05 调整。

【案例】 钻孔灌注混凝土桩钻土孔计价定额消耗量计算。

机械台班含量：钻孔灌注混凝土桩取定为平均直径 0.65m，平均体积 7.30m³，平均长度 22.0m。回转式钻机机械消耗量为：劳动定额 2.486 台班/50m，则 22m 时为 2.486×22÷50＝1.094 台班，每立方米钻机＝1.094÷7.30＝0.15 台班，泥浆泵同钻机台班为 0.15 台班，泥浆搅拌机＝钻机台班×2/3＝0.10 台班。

15t 履带式吊机工作内容包括吊钻机移位、吊钢筋、吊拔导管，按 4 台钻机配置 1 台吊机考虑，取定为 0.181×25％＝0.045 台班。

定额综合工日取定：每台钻机配置 7 人（钻孔、安放钢筋笼、灌混凝土等），0.15×7＝1.05 工日/m³。

8.4.2 预制桩

1. 打桩工程计算方法

打预制钢筋混凝土桩的体积，按设计桩长（包括桩尖，不扣除桩尖虚体积）乘以桩截面面积计算；管桩（空心方桩）的空心体积应扣除，管桩（空心方桩）的空心部分设计要求灌注混凝土或其他填充材料时，应另行计算。

打预制钢筋混凝土桩工程量计算公式：

1）方桩体积：

$$V=a^2 \cdot L \cdot N$$

式中 a——方桩边长；

L——设计桩长，包括桩尖长度（不扣减桩尖虚体积）；

N——桩根数。

2）管桩体积：

$$V=\left[(\pi/4)\cdot D^2\cdot L-(\pi/4)\cdot d^2\cdot L\right]\cdot N=0.7854\cdot(D^2-d^2)\cdot N$$

式中　D——管桩外径；

　　　d——管桩内径；

　　　L——设计桩长，包括桩尖长度（不扣减桩尖虚体积）；

　　　N——桩根数。

方桩、圆桩如图 8-14 所示：

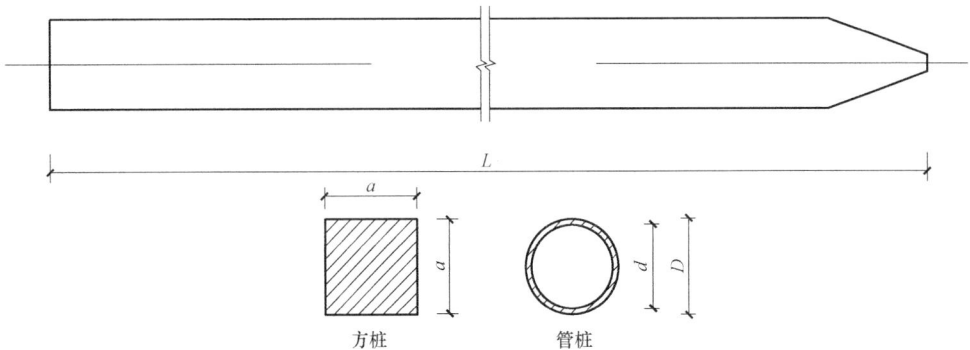

图 8-14　单根桩工程量计算示意图

2. 接桩计算方法

接桩是指按设计要求，按桩的总长分节预制，运至现场先将第一根桩打入，将第二根桩垂直吊起和第一根桩相连接后再继续打桩，这一过程称为接桩，如图 8-15 所示。其工程量按设计数量进行计算。

3. 送桩计算方法

打桩过程中如果要求将桩顶面打到低于桩架操作平台以下，或打入自然地坪以下时，由于桩锤不能直接触击到桩头，就需要另用一根冲桩（送桩），放在桩头上，将桩锤的冲击力传给桩头，使桩打到设计位置，然后将送桩去掉，这个施工过程叫送桩，如图 8-16 所示。

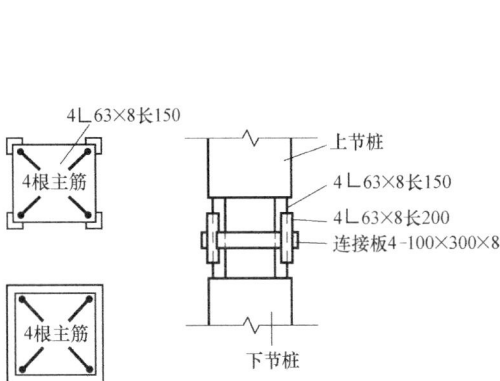

图 8-15　接桩示意图

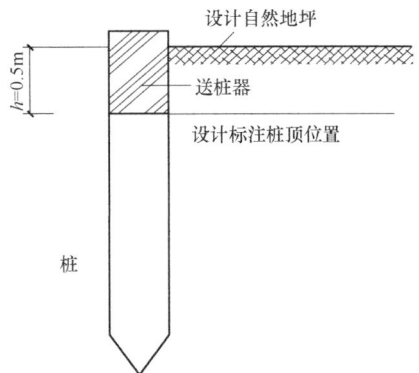

图 8-16　送桩示意图

送桩工程量计算：以送桩长度（自桩顶面至自然地坪另加 500mm ）乘以桩截面面积以体积计算。

$$V_{桩} = S \cdot H \cdot N = S \cdot (h + 0.5) \cdot N$$

式中　S——桩截面积；

N——桩根数；

h——设计桩顶标高至自然地坪之间高度差。

【造价纠纷】　打压预制钢筋混凝土桩，场内运输费用如何计算易引起工程造价纠纷。

【纠纷分析】　打压预制钢筋混凝土桩，起吊、运送、就位是按操作周边 15m 以内的距离确定的，超过 15m 以外另按场内运输定额项目计算，如图 8-17 所示。

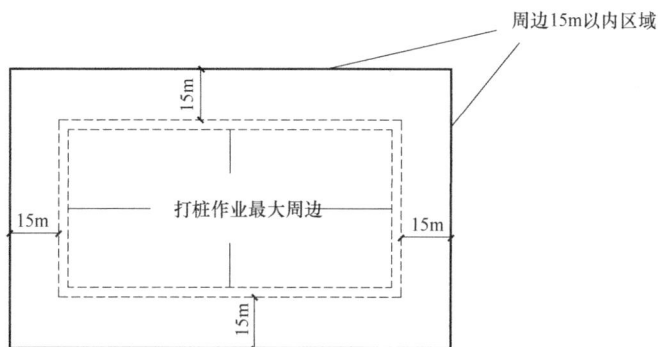

图 8-17　打桩作业最大周边示意图

【造价纠纷】　某静力压桩工程执行定额子目时，施工方提出该工程使用 10600kN 静力压桩机，而定额中最高的机械仅为 3000kN，因此应调整其机械台班定额含量，由此产生工程造价纠纷。

【纠纷分析】　执行定额时打桩机的类别、规格执行中不换算，打桩机以及为打桩机配套的施工机械的进（退）场费和组装、拆卸费用，另按实际进场机械的类别规格计算，因此本工程执行定额时其机械台班不作调整，但可以根据实际使用的压桩机规格计算其大型机械进（退）场费和组装、拆卸费用。

【造价纠纷】　某打桩工程执行定额时，承包人提出定额含量中管桩的含量只有 0.01，无法计算其材料费用，因此需要调整定额含量，由此产生工程造价纠纷。

【纠纷分析】　定额中管桩的含量为 0.01 仅指施工损耗，在计算静力压桩综合单价时，成品桩的价格应另计。

4. 管桩桩承台连接计算方法

1）承压桩顶低于设计标高时，应在管腔内设置托板，并放入钢筋骨架，然后浇灌微膨胀混凝土，其强度等级宜与承台相同。管桩桩承台连接如图 8-18 所示。

2）承压桩顶高于设计标高要求截桩时，应在管腔内设置托板并放入钢筋骨架后。首先浇灌桩顶设计标高以下范围内的混凝土，桩顶填芯微膨胀混凝土，其强度等级宜与承台相同，且不应低于 C40，与承台连接如图 8-19 所示。

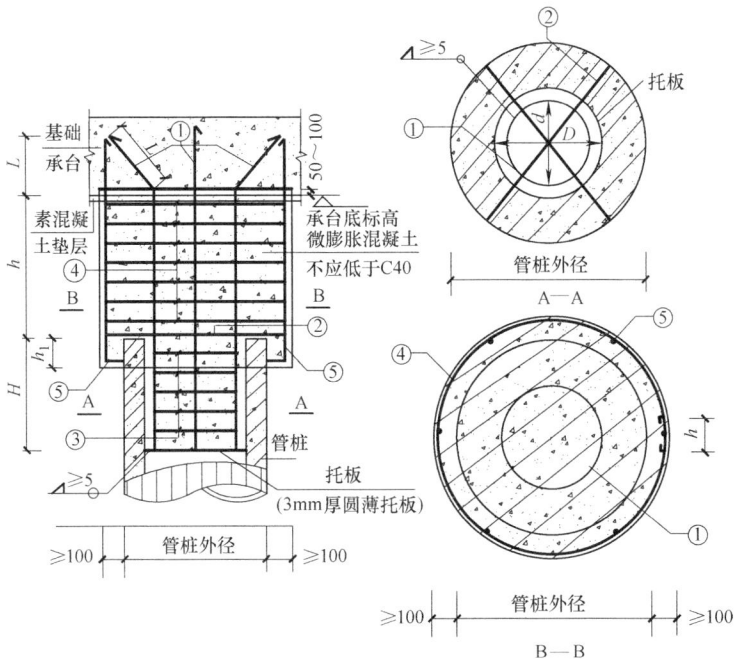

图 8-18　管桩桩承台连接示意图

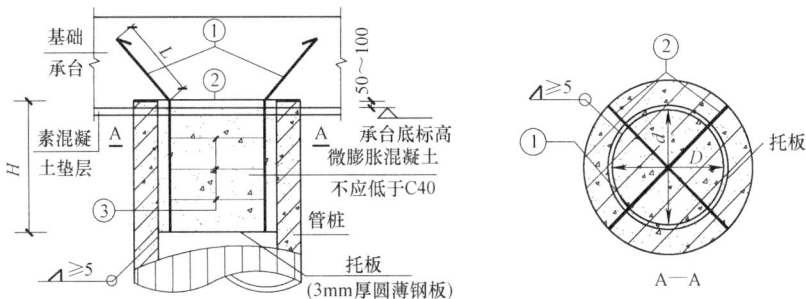

图 8-19　管桩桩承台连接示意图

3）计价方法：桩头灌芯部分按灌注桩定额执行；设计设置钢骨架、钢托板分别按沉管桩钢筋笼、预埋铁件定额执行。

【造价纠纷】　预制混凝土管桩的钢桩尖是否按实际计算易引起工程造价纠纷。

【纠纷分析】　通常砂土较厚的土层中，设计单位往往设计采用桩尖，目的是为了提高桩对砂土层的穿透力，这种方法比较适合锤击法施工的管桩。近年来随着静压桩机的性能不断提升，400t～800t 的桩机的普及，静压法桩机对砂土层的穿透能力大有提高，桩尖的意义实际上并不大了。因此是否采用桩尖要看设计图纸的要求，如设计要求静压法预应力管桩需采用钢桩尖，桩尖不计入桩长工程量，桩尖的费用另计。

【造价纠纷】　什么情况下可以称为群桩，其人工乘以 1.3 的系数易引起工程造价纠纷。

【纠纷分析】　独立基础下有三根以上的桩都按群桩考虑。

8.4.3 钻孔灌注桩

泥浆护壁钻孔灌注桩计算方法:

1. 钻土孔与钻岩石孔工程量应分别计算。土与岩石地层分类详见土壤分类表和岩石分类表。钻土孔自自然地面至岩石表面之深度乘以设计桩截面积以体积计算；钻岩石孔以入岩深度乘桩截面面积以体积计算。

2. 钻孔灌注混凝土桩、旋挖法灌注混凝土桩中的泥浆护壁是以自身钻出的黏土及灌入的自来水进行的护壁,施工现场如无自来水供应而用水泵抽水时,定额中的相应水费应扣除,水泵台班费另外增加,若需外购黏土的,按实际购置量计算。挖蓄泥浆池及地沟土方已含在钻孔的人工中,但砌泥浆池的人工及耗用材料暂按 2.00 元/m^3 计算,竣工结算时泥浆池的人工及材料应按实际调整,如图 8-20 所示。

泥浆运输项目是针对潜水钻机钻孔灌注混凝土桩泥浆排出量虚体积折成实体积后测算的,因此泥浆运输数量为实际钻孔的土方体积,包括充盈系数值在内。

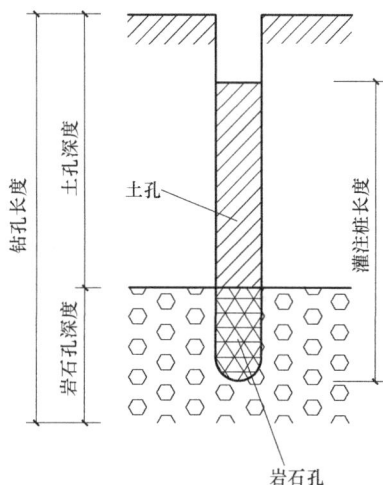

图 8-20　泥浆护壁钻孔灌注桩计算示意图

3. 混凝土灌入量以设计桩长(含桩尖长)另加一个直径(设计有规定的,按设计要求)乘以桩截面积以体积计算,地下室基础超灌高度按现场具体情况另行计算。

4. 泥浆外运的体积按钻孔的体积计算。

5. 成孔工程量计算公式:

$$V = 桩径截面积 \times 成孔长度$$

式中　V——入岩增加=桩径截面积×入岩长度;

成孔长度——自然地坪至设计桩底标高;

入岩长度——实际进入岩石层的长度。

6. 成桩工程量计算公式:钻孔或沉孔灌注桩计价定额中已经考虑了充盈系数,计算工程量时,不再考虑充盈系数。

$$V = 桩径截面积 \times (设计桩长另加一个桩直径)$$

式中　设计桩长——桩顶标高至桩底标高。

7. 注浆管、声测管。

在灌注桩施工中将钢管沿桩钢筋笼外壁埋设,桩混凝土强度满足要求后,将水泥浆液通过钢管由压力作用压入桩端的碎石层孔隙中,使得原本松散的沉渣、碎石、土粒和裂隙胶结成一个高强度的结合体。注浆管、声测管按打桩前的自然地坪标高至设计桩底标高的长度另加 0.2m,按长度计算,如图 8-21 所示。灌注桩后注浆按设计注入水泥用量,以质量计算。

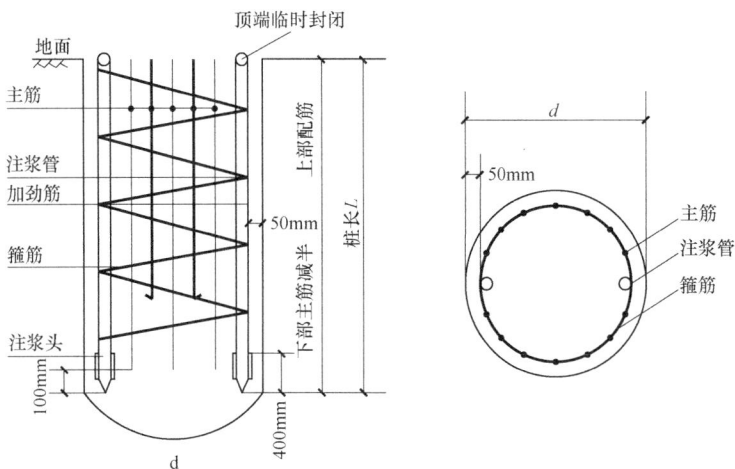

图 8-21 注浆管、声测管示意图

【造价纠纷】 灌注桩桩基础设计长度应如何确定，与其工程量计算长度的区别易产生工程造价纠纷。

【纠纷分析】 一般情况下，桩基础设计长度是指桩基础的有效长度，即图纸上所标的长度，而桩身混凝土要按规范和设计要求进行超灌，在承台施工前，凿除最上面的混凝土浮浆，泥浆、砂浆、夹层等影响桩身质量的东西全部凿除，确保截除桩头后桩身混凝土质量。桩头凿除混凝土应比设计标高高出 10cm，用于嵌入承台内，起到连接作用。所以钢筋混凝土桩灌注混凝土的体积按设计桩长与超灌长度之和乘以桩断面面积以体积计算。超灌长度有设计要求按设计要求或按计价定额规定计算。

【造价纠纷】 某钻孔灌注桩工程，合同约定为固定单价，除工程变更及项目特征描述不符外，综合单价不予调整，在工程结算阶段，发包人提出在施工过程中由于不可控因素，造成该工程混凝土灌入量增加，其充盈系数超出了定额中的含量，因此在结算时应予以增加，发包人提出根据固定单价合同约定其综合单价应不予调整。

【纠纷分析】 充盈系数：又叫超灌量，土体受到沉管和灌注混凝土的振动，破坏了结构，强度下降，混凝土产生了扩散导致用量的增加，称为充盈系数。

充盈系数 $K=$（桩成孔后浇灌混凝土量/施工图计算量-1）$\times 100\%$，一般在 $1.2\sim$ 1.3，土建定额中各种灌注桩中的灌注材料用量已经包括充盈系数和操作损耗在内，这个数量是给编制预算、标底、投标报价参考使用，竣工结算时应按有效打桩记录灌入量进行调整，换算后的充盈系数 $=$（实际灌注混凝土量/按设计图纸计算混凝土量-1）$\times 100\%$。

换算充盈系数后的混凝土含量 $=$ 实际灌注混凝土量/按设计图计算混凝土量 $\times(1+$ 操作损耗率)

例：钻孔灌注桩计价定额混凝土含量为 $1.0\times 1.2\times 1.015=1.218\text{m}^3$。

若现场记录充盈系数为 1.30，混凝土含量应调整为：$1.0\times 1.3\times 1.015=1.320\text{m}^3$。

各种灌注桩中的材料用量预算暂按表 8-6 的充盈系数和操作损耗计算，结算时充盈系数按打桩记录灌入量进行调整，操作损耗不变。

灌注桩充盈系数及操作损耗率表　　　　　表8-6

项目名称	充盈系数	操作损耗率（%）
打孔沉管灌注混凝土桩	1.20	1.50
打孔沉管灌注砂（碎石）桩	1.20	2.00
打孔沉管灌注砂石桩	1.20	2.00
钻孔灌注混凝土桩（土孔）	1.20	1.50
钻孔灌注混凝土桩（岩石孔）	1.10	1.50
打孔沉管夯扩灌注混凝土桩	1.15	2.00

但是本工程为公开招投标的固定单价合同，其钻孔灌注桩在施工过程中不存在工程变更及项目特征不符情况，其充盈系数的变化导致混凝土实际灌入量的变化，应由承包人在投标报价阶段根据本工程地质情况及其工程特点进行自主报价，自行考虑其混凝土用量，在结算时不再另行调整。

【造价纠纷】　某工程中在开挖土方工程中，发生大量凿桩头的费用，而在招标工程量清单中没有列出清单项目，在工程建设过程中承包人认为出现大量凿桩头的工作内容应不属于承包人的责任，同时此项费用属于工程量清单缺项，应予以支付，发包人认为该费用应含在挖土方清单工作内容中，不得另计，由此产生工程造价纠纷。

【纠纷分析】　当前桩基础工程深度越来越深，例如钻孔灌注桩根据计算规则其超灌量仍按一个桩径控制，实际施工时施工单位准确控制超灌量的难度较大，超出部分的凿桩头属于常见现象，易引起纠纷。在土建施工过程中，应在根据各类桩的类型在招标工程量清单列出凿（截）桩头的工程量清单，其费用应由发包人承担，凿灌注混凝土桩头按体积计算，凿、截断预制方（管）桩均以根计算。

8.4.4　打孔沉管灌注桩

灌注混凝土、砂、碎石桩使用活瓣桩尖时，单打、复打桩体积均按设计桩长（包括桩尖）另加250mm（设计有规定，按设计要求）乘以标准管外径以体积计算。使用预制钢筋混凝土桩尖时，单打、复打桩体积均按设计桩长（不包括预制桩尖）另加250mm乘以标准管外径以体积计算。

打孔、沉管灌注桩空沉管部分，按空沉管的实体积计算。

计算公式：

$$V=管外径截面积×[设计桩长（含活瓣桩尖）+加灌长度]$$

式中　设计桩长——含活瓣桩尖但不包括预制桩尖；

加灌长度——超灌高度一般是设计根据规范要求在图纸中明确注明了的要求，是在保证设计桩顶标高处混凝土强度符合设计要求的基础上应多灌注的高度。用来满足混凝土灌注充盈量，按设计规定，无规定时，按0.25m计取。

8.4.5 混凝土夯扩桩

1. 混凝土夯扩桩施工工艺

混凝土夯扩桩的施工过程是将内外管同时捶击（或振动）进入预定标高，然后提起内管，灌注一定量的混凝土，放入内管，进行捶击，在桩底部形成一个类球形扩大头，增加桩体的端承力。桩身施工同钢筋混凝土灌注。

从成桩工艺来讲，钻孔灌注桩是用钻机成孔，再向里面灌注混凝土；沉管灌注桩是将钢管打入土中，再边灌注混凝土边拔出钢管；爆扩桩也叫夯扩桩（在岩石里面爆扩），是将桩打到指定深度后，灌入硬性混凝土，用夯锤夯击（或用爆炸方式扩大桩头），形成扩大头，再灌注上部的混凝土。这三种桩都是钢筋混凝土桩，所不同的是，钻孔桩是将桩内的土清出，沉管桩是把桩内的土挤向桩周边，爆扩桩可以用两种方法成桩，只是把桩头扩大，提高桩的承载力，如图8-22所示。

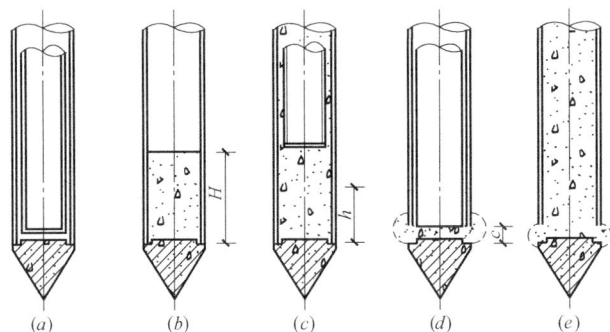

图8-22　混凝土夯扩桩施工工艺

（a）埋置混凝土桩尖，外套管及内夯管，对准桩位，同步沉管至设计标高。

（b）拔出内夯管，灌注高度为 H（设计投料长度）的混凝土。

（c）外管拔出 h 值高度（设计拔出管高度），放入内夯管。

（d）锤击桩管，使内外桩管同步下沉至 $h-c$ 高度，c 为夯扩中内外管同步下沉至桩底的距离，一次夯扩结束，如需要再次夯扩，重复（c）、（d）工序。

（e）拔出内管，灌注混凝土（安放钢筋笼）桩成型，在桩成型过程中借锤和内管自重压住管内混凝土，徐徐拔出外管，直至外管拔出地面。

2. 混凝土夯扩桩计算方法

夯扩桩体积分别按每次设计夯扩前投料长度（不包括预制桩尖）乘以标准管内径体积计算，最后管内灌注混凝土按设计桩长另加250mm乘以标准管外径体积计算。计算公式为：

$$V=标准管内径×设计夯扩前投料长度$$

最后管内灌注＝标准管外径截面积×[设计桩长（不包括桩尖）＋加灌长度250]

其中，夯扩前投料长度按设计规定计算。

8.5　砌筑工程

8.5.1　砌筑工程工程量清单设置

1. 砖砌体

砖砌体按照其砌筑部位及砌砖材料等区分为砖基础、实心砖墙、多孔砖墙、空心砖墙、空斗墙、空花墙等清单项目。

无孔洞或空洞率小于 25％的砖为实心砖。根据国家标准《烧结普通砖》GB/T 5101—2017 规定，凡以黏土、页岩、煤矸石和粉煤灰、建筑渣土、淤泥、污泥等为主要原料，经成型、焙烧而成的砖，称为烧结普通砖。经过焙烧而成的实心或孔洞率不大于规定值且外形尺寸符合规定的砖为实心普通烧结砖。烧结普通砖分烧结黏土砖、烧结页岩砖、烧结煤矸石砖、烧结粉煤灰砖、蒸压灰砂砖等。通常尺寸为 240mm(长)×115mm(宽)×53mm(高)。

孔洞率等于或大于 25％，孔的尺寸小而数量多的砖为多孔砖。多孔砖包括以黏土、页岩、煤矸石、粉煤灰为主要原料的烧结多孔砖，包括 DM 型多孔砖（M 型模数系列多孔砖）和 KP1 型（P 型多孔砖）两大类，砖的规格尺寸如图 8-23 所示。孔洞率等于或大于 40％，孔的尺寸大而数量少的砖为空心砖。

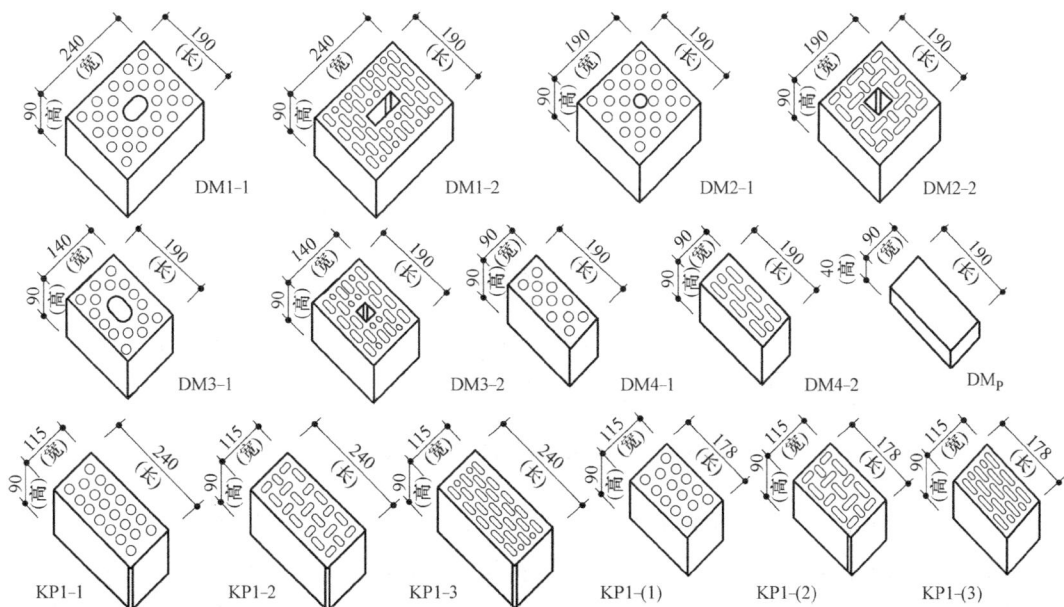

图 8-23　砖规格尺寸示意图

2. 砌块砌体

砌块是砌筑用的人造块材，外形多为直角六面体，也有各种异形的。砌块系列中主规格的长度、宽度或高度有一项或两项以上分别大于 365mm、240mm 或 115mm，但高度

不大于长度或宽度的 6 倍，长度不超过高度的 3 倍。其中系列中主规格的高度大于
115mm 而又小于 380mm 的砌块，可简称为小砌块。系列中主规格的高度为 380～980mm
的砌块可简称为中砌块。系列中主规格的高度大于 980mm 的砌块可简称为大砌块。

用水泥、粗细骨料等制成的砌块可称为混凝土砌块，主要规格有 390mm×190mm×
190mm、190mm×190mm×190mm、90mm×190mm×190mm。

轻骨料混凝土砌块是用轻骨料混凝土制成的砌块。常结合骨料名称命名，如陶粒混凝
土砌块。

用硅酸盐混凝土制成的砌块，常冠以主要原料命名，如粉煤灰硅酸盐混凝土砌块、煤
矸石硅酸盐混凝土砌块。在不致混淆的情况，可省略硅酸盐混凝土六字。常用规格有
430mm×430mm×240mm、880mm×430mm×240mm、580mm×430mm×240mm、
280mm×430mm×240mm。

蒸压加气混凝土砌块是以粉煤灰、石灰、水泥、石膏、矿渣等为主要原料，加入适量
发气剂、调节剂、气泡稳定剂，经配料搅拌，浇筑，静停，切割和高压蒸养等工艺过程而
制成的一种多孔混凝土制品。

8.5.2 砖基础

1. 墙身与墙基的分界线

墙基与墙身使用同一种材料时以设计室内地坪为界（有地下室时以地下室地坪为界）；
墙基与墙身使用不同材料，且不同材料分界线位于设计室内地坪±300mm 内时，以不同
材料为分界线，分界线以上为墙身，以下为基础；超过 300mm 时，仍以设计室内地坪为
界，设计室内地坪以上为墙身，以下为基础，如图 8-24 所示。

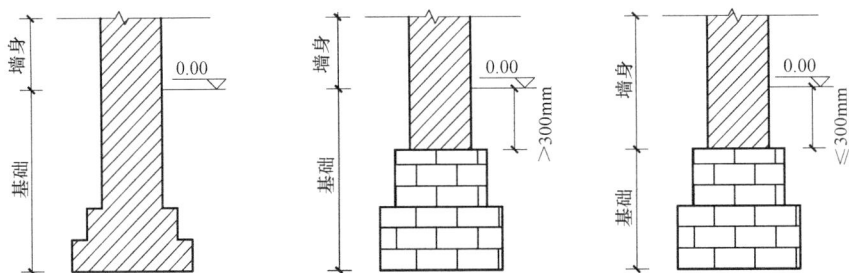

图 8-24 墙身与墙基的分界线示意图

当 $H \leqslant 300$mm 时，以不同材料为分界线；以下为基础，以上为墙身。

当 $H > 300$mm 时，以室内设计地坪为分界线；以下为基础，以上为墙身。

【案例】 如图 8-25 所示，以−0.060m 处的水泥砂浆防潮层为分界线，以上为 KP1
黏土多孔砖，以下为混凝土标准砖，分界线位于设计室内地坪±300mm 内，因此本工程
基础与墙身的分界线应为材料分界线，即−0.060m 处的水泥砂浆防潮层，以上为墙身，
以下为基础。

2. 砖基础大放脚

砖基础根据砖的规格尺寸和刚性角要求，砌成特定的台阶形断面，称为大放脚。大放

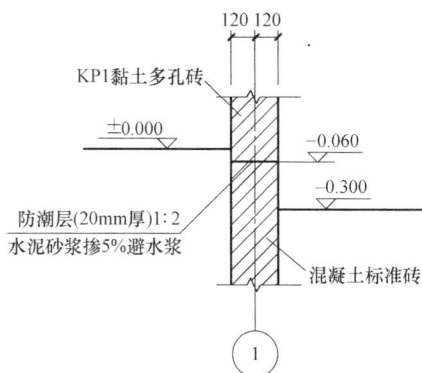

图 8-25　墙身与墙基的分界线实例图

脚的形式有两种：等高式和间隔式。在等高式和间隔式中，每步大放脚宽始终等于 1/4 砖长，即：（砖长 240＋灰缝 10）×1/4＝62.5mm。一种大放脚高等于 2 皮砖加 2 灰缝，即：53×2＋10×2＝126mm。另一种大放脚高度等于一皮砖加一条灰缝，即：53＋10＝63mm。等高式大放脚高都等于 126mm，间隔式大放脚高为 126mm 与 63mm 相间隔，如图 8-26 所示。

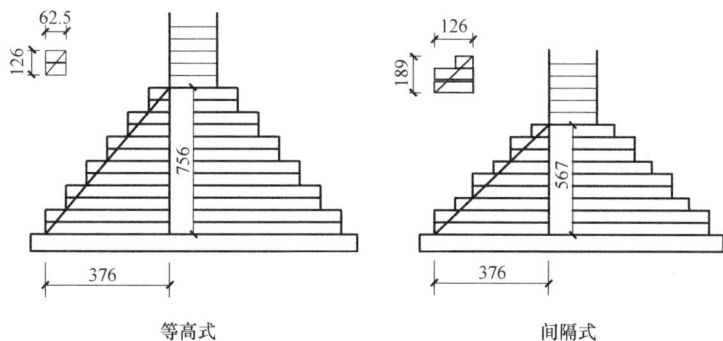

图 8-26　砖基础大放脚示意图

3. 工程量计算规则

砖基础工程量为基础断面积乘以基础长度以体积计算，计量单位 m³。计算公式如下：

砖基础断面积＝基础墙高×基础墙宽＋大放脚面积

为计算方便，也可将大放脚面积折算成一段等面积的基础墙，这段基础墙高度叫作折算高度，计算公式如下：

折算高度＝大方脚面积/基础墙高度

则：

基础断面积＝基础墙宽×（基础墙高度＋折算高度）

基础长度的确定：外墙砖基础按外墙中心线长度，内墙砖基础按内墙净长线计算（最上一步净长度），如图 8-27 所示。

注意：基础大放脚 T 形接头处重叠部分以及基础防水砂浆所占体积不扣除，如图 8-28 所示。遇有偏轴线时，应将轴线移为中心线计算。

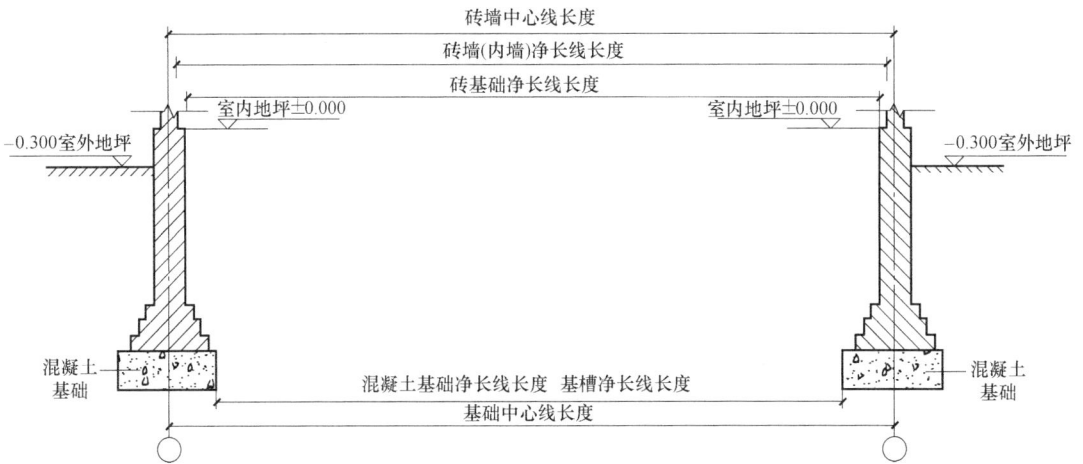

图 8-27 砖基础长度计算示意图

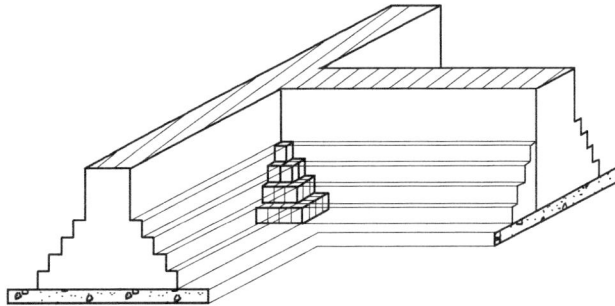

图 8-28 砖基础重叠部分示意图

基础计算公式：

基础体积＝基础厚×（设计基础高度＋折加高度）×基础长度－应扣除的体积。

式中　应扣除的体积——地圈梁、柱等非砖基础的体积。

8.5.3 墙体砌筑工程

1. 墙体砌筑工程一般计算规则

计算墙体工程量时，应扣除门窗、洞口、嵌入墙内的钢筋混凝土柱、梁、圈梁、挑梁、过梁及凹进墙内的壁龛、管槽、暖气槽、消火栓箱所占体积，不扣除梁头、板头、檩头、垫木、木楞头、沿缘木、木砖、门窗走头、砖墙内加固钢筋、木筋、铁件、钢管及单个面积不大于 $0.30m^2$ 时的孔洞所占的体积。凸出墙面的腰线、挑檐、压顶、窗台线、虎头砖、门窗套的体积亦不增加。凸出墙面的砖垛并入墙体体积内计算。女儿墙高度自外墙顶面至女儿墙顶面高度，分别不同墙厚并入外墙计算。

梁头是指梁搁置在墙体上的部分，外墙板头是指板搁置在外墙上的部分，梁板头搁置在墙上的空隙部分通常用砖填满，为计算简明适用，其计算规则中梁头、板头体积不予扣除。但现浇板梁工程量与墙体工程量不应重复计算。

砖砌体内、外墙综合考虑了三皮砖以内的封沿及凸出墙面的装饰线，以及嵌入墙内的构件体积如梁头、梁垫因素，因此其定额计算规则内不扣除梁头、板头等，亦不增加凸出墙面的腰线。此外砌块墙、多孔砖墙中窗台虎头砖、腰线、门窗洞边接茬用标准砖已包含在定额中。

【造价纠纷】 某工程按设计要求为部分清水墙，承包人认为清水墙人工耗用量高，应该调整相应定额人工含量，由此产生工程造价纠纷。

【纠纷调解】 清水墙就是砖墙外墙面砌成后，只需要勾缝，即成为成品，不需要外墙面装饰，砌砖质量要求高，灰浆饱满，砖缝规范美观。混水墙是需要表面抹灰或喷涂饰面材料的墙体。混水墙对砌筑墙体的外观要求略低于清水墙。表面抹灰和喷涂饰面材料可以保护墙体免遭风雨侵蚀，提高墙体的防水、保温、隔热等物理性能。墙体定额中，墙体厚度及清水墙、混水墙的综合比重，已区分不同部位按不同的比例进行了综合，套用定额时，不再区分清水墙与混水墙，工料机含量不作调整。如1砖内墙考虑为混水墙90％，单面清水墙10％；1砖外墙考虑为单面清水墙30％，混水墙70％。

2. 墙体厚度计算规定

多孔砖、空心砖墙、加气混凝土、硅酸盐砌块、小型空心砌块墙均按砖或砌块的厚度计算，不扣除砖或砌块本身的空心部分体积。

【造价纠纷】 某工程墙体工程1砖KM1多孔砖墙，设计图纸标注为墙厚200mm，而实际砌块厚度为190mm，如图8-29、图8-30。在工程结算时，承包人认为计算砖墙工程量应按设计墙厚为准，发包人认为应按砌块厚度为准，由此产生工程造价纠纷。

【纠纷分析】 在墙体工程中，设计图纸标注为墙厚200mm，往往是指混凝土梁、墙厚，实际1砖KM1多孔砖墙厚度并非200mm厚，仅为砖长190mm厚，然后通过增加粉刷层厚度使得现浇混凝土墙面与砖砌填充墙墙面平齐，因此计算多孔砖、空心砖墙、加气

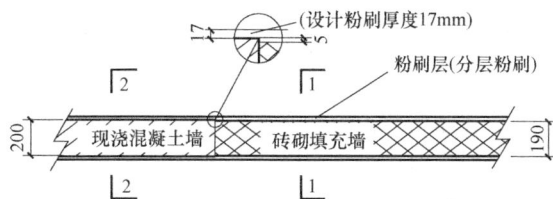

图8-29 某KM1多孔砖墙示意图

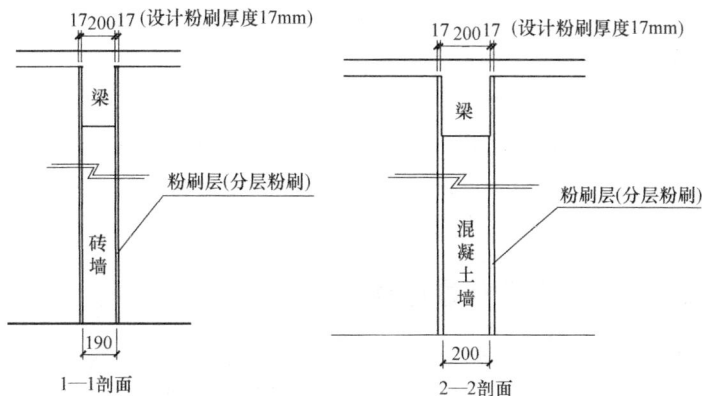

图8-30 某KM1多孔砖墙剖面图

混凝土、硅酸盐砌块、小型空心砌块墙工程量时均按砖或砌块的厚度计算，同时增加的粉刷层厚度费用应另行计算。

标准砖尺寸应为 240mm×115mm×53mm，标准砖墙厚度应按表 8-7 计算。

标准砖墙厚度计算表　　　　　　　　　　　　表 8-7

砖数（厚度）	1/4	1/2	3/4	1	$1\frac{1}{2}$	2	$2\frac{1}{2}$	3
计算厚度(mm)	53	115	180	240	365	490	615	740

部分设计图纸中标注墙厚为 120mm 或 370mm，但是计算其工程量时仍应按其砌块尺寸即 115mm 或 365mm 等进行计算，如图 8-31 所示。

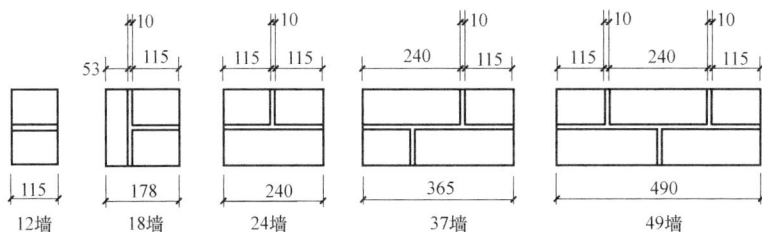

图 8-31　砖墙计算厚度示意图

3. 墙体长度计算规定

长度计算：外墙按中心线、内墙按净长计算。弧形墙按中心线处长度计算。框架间墙则不分内外墙，按墙体净长度尺寸计算，如图 8-27 所示。

4. 墙体高度计算规定

1）外墙：坡（斜）屋面无檐口天棚者，算至屋面板底；有屋架且室内外均有天棚者，算至屋架下弦底另加 200mm；无天棚者，算至屋架下弦另加 300mm；出檐宽度超过 600mm 时按实砌高度计算；有现浇钢筋混凝土平板楼层者，算至平板底面。

2）内墙：位于屋架下弦者，算至屋架下弦底；无屋架者，算至天棚底另加 100mm；有钢筋混凝土楼板隔层者，算至楼板底；有框架梁时，算至梁底。同一墙上板厚不同时，按平均高度计算。

3）女儿墙：从屋面板上表面算至女儿墙顶面（如有混凝土压顶时算至压顶下表面）。

5. 砌体工程量计算公式

$$V = 墙厚×墙长×墙高－应扣体积＋应并入体积$$
$$= (墙长×墙高－门窗洞口面积)×墙厚－应扣体积＋应并入体积$$

6. 框架间墙

不分内外墙，按墙体净尺寸以体积计算，如图 8-32 所示。

8.5.4　砌筑工程计价定额消耗量计算

1. 人工耗用量计算

人工：超运距为 100m，人工幅度差为 15%，计算公式为：

$$定额工日＝\sum(各项计算量×时间定额)×(1＋人工幅度差)$$

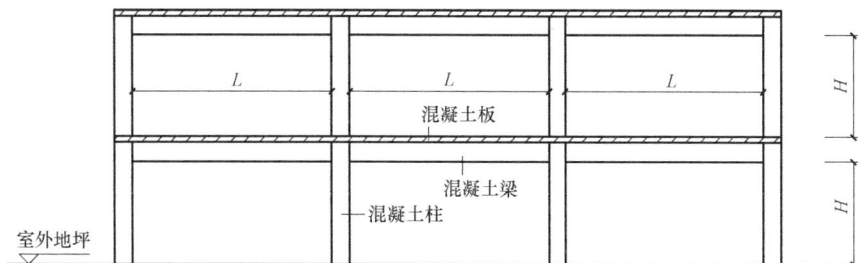

图 8-32 框架间墙工程量计算示意图

2. 材料耗用量计算

砖砌体内外墙综合考虑了三皮砖以内的封沿及凸出墙面的装饰线，嵌入墙内的构件体积等因素。砌块墙、多孔砖墙中窗台虎头砖、腰线、门窗洞口接茬用标准砖已包括在定额内。

1）每立方米各种不同厚度砖墙用砖和砂浆用量的理论计算公式：

$$A=\frac{1}{墙厚\times(砖长+灰缝)\times(砖厚+灰缝)}\times K$$

式中 A——砖理论耗用量；

K——墙厚的砖数×2（墙厚的砖数指 0.5、1、1.5、2 等）。

砂浆净用量公式：

$$砂浆净用量=1-砖墙\times每块砖体积$$

水的用量：每千块砖按 $0.2m^3$ 取定。

2）多孔砖用量公式：

$$多孔砖用量=\frac{1}{(砌块长+灰缝)\times砌块宽\times(砌块厚+灰缝)}\times砌块比率\times(1+损耗率)$$
$$标准砖=1m^3 砖砌体用砖量\times比率$$

砂浆净用量=1-各种规格砌块数×各种规格砌块每块砌体体积-每块砖体积×砖数

3）加气混凝土砌块：

$$砌块=1/[(砌块长+灰缝)\times砌块宽\times(砌块厚+灰缝)]$$
$$砂浆=1-砌块净用量\times每块砌块体积$$

4）空心砌块墙、硅酸盐砌块墙：

$$砌块=1/[(砌块长+灰缝)\times砌块宽\times(砌块厚+灰缝)]$$
$$标准砖=1m^3 砖砌体用砖量\times比率$$

砂浆净用量公式：

$$砂浆=1-各种规格砌块数\times各种规格砌块每块砌体体积-每块砖体积\times砖数$$

5）砖砌体内各种增减因素比重计算：

砖基础、T 形接头大放脚重叠部分为 0.785%，附墙柱基大放脚宽出部分为 0.2575%，总减 0.53%。

1.5 砖内墙：梁头、垫块所占体积 0.11%，总减 0.11%。

1 砖内墙：梁头、垫块所占体积 0.376%，总减 0.376%。

1.5 砖外墙：凸出墙面砖线条 1.25%，梁头、垫块及预制板头等所占体积 0.115%，总增 1.135%。

1 砖外墙：凸出墙面砖线条 0.336%，梁头、垫块及预制板头等所占体积 0.058%，面积在 0.3m² 以内空洞体积 0.01%，总增 0.268%。

3/4 外墙：凸出墙面砖线条 0.9425%，梁头、垫块及预制板头等所占体积 0.4893%，总增 0.4532%。

3/4 内墙：梁头、垫块所占体积 0.104%，总减 0.104%。

1/2 砖外墙：凸出墙面的砖线条 0.36%，总增 0.36%。

空斗墙：凸出墙面砖线条 0.26%，梁头、垫块及预制板头等所占体积 0.376%，总减 0.12%。

3. 机械耗用量计算

机械台班用量计算：如灰浆搅拌机台班＝定额砂浆耗用量÷搅拌机台班产量，灰浆拌合机台班产量为 5m³。

【实例计算】 以 1 砖标准砖外墙子目为例

$$标准砖用量为：\frac{2}{0.24\times(0.24+0.01)\times(0.053+0.01)}=529.10 块/m^3$$

凸出墙面砖线条、扣梁头、垫块、预制板头等增加 0.268%，即 529.10×(1+0.268%)＝530.51 块/m³，另计损耗：530.51×(1+1%)＝536 块/m³。

砂浆用量为 1−0.24×0.115×0.053×529.10＝0.226m³/m³，损耗率按 1% 计算，则 (0.226+6.0×0.01×0.10 门窗四周嵌缝)×(1+1%)＝0.234m³/m³。

200L 灰浆拌合机机械台班：0.234÷5＝0.047 台班/m³。

【实例计算】 1/2 砖标准砖外墙。

标准砖用量为：1÷[0.115×(0.24+0.01)×(0.053+0.01)]×2×0.5×(1+0.36% 凸出墙面砖线条)×(1+1% 损耗)＝559.63 块/m³，取 560 块/m³。

砂浆用量为：(1−0.24×0.115×0.053×552.1)×(1+1%)+0.005 门窗四周嵌缝＝0.199m³/m³。

水用量为：0.112m³/m³。

200L 灰浆拌合机机械台班：0.199÷5＝0.04 台班/m³。

【实例计算】 3/4 标准砖外墙。

标准砖用量为：1÷[0.178×(0.24+0.01)×(0.053+0.01)]×2×3/4×(1+0.9425% 凸出墙面砖线条−0.4893% 扣梁头、垫块、预制板头)×(1+1% 损耗)＝542.84 块/m³。取 543 块/m³。

砂浆用量为：(1−0.24×0.115×0.053×535.05)×(1+1%)+0.005 门窗四周嵌缝＝0.225m³/m³。

水泥用量为：0.3kg/m³（用于砖拱提高砂浆强度等级）。

200L 灰浆拌合机机械台班：0.225÷5＝0.045 台班/m³。

【实例计算】 1.5 砖标准砖内墙用量计算。

标准砖用量为：$1 \div [0.365 \times (0.24+0.01) \times (0.053+0.01)] \times 2 \times 1.5 = 521.85$ 块/m^3。扣梁头、垫块所占体积为 0.11%，则用量为 $521.85 \times (1-0.11\%) \times (1+1\%$ 损耗率$) = 526$ 块/m^3。

砂浆用量为：$(1-0.24 \times 0.115 \times 0.053 \times 521.85) \times (1-0.11\%$ 扣梁头$) \times (1+1\%$ 损耗$) \times 1.008$ 门窗四周嵌缝 $= 0.241 m^3/m^3$。

【实例计算】 1 砖八五砖外墙用量计算。

八五砖用量为：$1 \div [0.216 \times (0.216+0.01) \times (0.043+0.01)] \times 2 \times (1+0.178\%$ 凸出墙面砖线条等因素$) \times (1+1\%$ 损耗率$) = 782$ 块/m^3。

砂浆用量为：$(1-0.216 \times 0.105 \times 0.043 \times 773.02) \times (1+1\%) \times 1.0265$ 门窗四周嵌缝 $= 0.256 m^3/m^3$。

【实例计算】 标准砖基础材料用量计算。

1 砖墙砖基础为大放脚等高式八皮四收，按 1m 计算。其中大放脚八皮砖，1 砖部分 $= 99.6 \div 6.3 = 15.81$ 皮砖，每米墙基用标准砖：$8 \times 15.81 + 24 + 32 + 40 + 48 = 233.48$ 块/m。如图 8-33 所示。

其中 8 为 1m 墙每皮八块砖，高度为 996mm，24 为最上二皮砖 1m 墙长砖用量，即 $8 \times 1.5 \times 2 = 24$ 块，往下依次为 $8 \times 2 \times 2 = 32$ 块，$8 \times 2.5 \times 2 = 40$ 块，$8 \times 3 \times 2 = 48$ 块。

每 $1 m^3$ 墙基础标准砖用量为：270.48 块 $\div [0.24 \times 1 \times (1.5+0.656)] = 522.82$ 块/m^3。

1.5 砖墙身大放脚等高式十皮五收，按 1m 计算，其中大放脚十皮砖。1.5 砖部分 $= 87/6.3 = 13.81$ 皮砖

每米墙基用标准砖为 $12 \times 13.81 + 32 + 40 + 48 + 56 + 64 = 405.72$ 块/m，每 $1 m^3$ 墙基础标准砖用量为 405.72 块 $\div [0.365 \times 1 \times (1.5+0.647)] = 517.70$ 块/m^3，如图 8-34 所示。

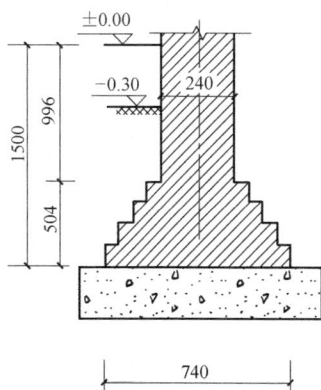

图 8-33　1 砖墙砖基础示意图

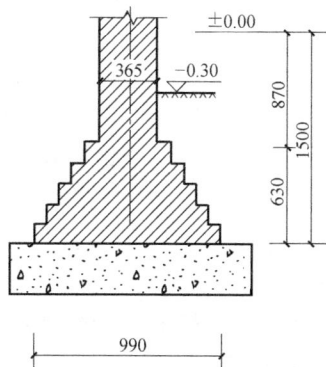

图 8-34　1.5 砖墙砖基础示意图

砖基础定额中考虑 1 砖基础工程量为 85%，1.5 砖基础工程量为 15%。

则砖基础定额中标准砖含量为：$(522.82 \times 0.85 + 517.70 \times 0.15) \times (1-0.785\%$ 大放脚重叠部分 $+ 0.2575\%$ 附墙垛宽出部分增加部分$) \times (1+0.5\%$ 损耗率$) = 522$ 块/m^3。

砂浆用量为：$(1-0.24\times0.115\times0.053\times522)\times(1-0.5275\%)=0.24m^3/m^3$。

200L 的灰浆拌合机产量定额为：$5m^3/$工日。台班量为：$0.242\div5=0.048$ 台班$/m^3$。

【实例计算】 以 KP1 砖砌体为例：

KP1 砖用量为：$\dfrac{1}{(0.24+0.01)\times0.115\times(0.09+0.01)}\times95\%\times(1+2\%)=336$ 块$/m^3$。

标准砖用量为：15 块$/m^3$。

【实例计算】 以硅酸盐砌块为例：

某 280mm×380mm×240mm 硅酸盐砌块砌筑，墙厚 240mm、灰缝 10mm。

砌块净用量为：$1\div[0.24\times(0.38+0.01)\times(0.28+0.01)]=36.84$ 块$/m^3$。

砂浆净用量为：$1-36.84\times0.28\times0.38\times0.24=0.059m^3$。

8.5.5 基础垫层

1. 基础垫层工程量计算规则：基础垫层按设计图示尺寸，以立方米计算。

2. 基础垫层计价定额消耗量取定：

1）人工耗用量取定

基础垫层除按劳动定额规定计算的基本用工之外，另行考虑超运距，其中炉渣、石灰、碎石、黏土、碎砖、砂、毛石为 100m，混凝土为 190m，人工幅度差为 10%。基础垫层的打夯包括在相应的定额内，但如打底夯（槽、坑底的打夯）应按土方中的打底夯定额执行。

2）材料耗用量计算

灰土、砂、碎石等单一材料，定额用量按下列公式计算：

$$定额用量=定额计量单位\times压实系数\times(1+损耗率)$$
$$压实系数=虚铺厚度/压实厚度$$

多种材料混合垫层则用混合物的半成品数量编入定额，其压实系数在配合比中已经考虑。

碎石或碎砖灌浆垫层，其砂浆或砂的用量按下式计算：

$$砂浆（砂）=[(碎石比重-碎石重度\times压实系数)\div碎石比重]$$
$$\times填充密实度\times(1+损耗率)\times定额计量单位$$

台班消耗量计算：

混凝土搅拌机按 $26m^3/$台班产量计算。砂浆拌合机按 $5m^3/$台班产量计算，每台混凝土搅拌机配 2 台震动器，每台打夯机打 $25m^3$ 地面垫层，即每立方米需要 0.04 台班，基础增加 20%，即基础每立方米垫层需要 0.048 台班。

【实例计算】 2：8 灰土基础垫层。

2：8 灰土用量，2：8 灰土定额用量为：定额单位×(1+损耗率)=$1\times(1+1\%)=1.01m^3$。

打夯机台班用量为：$\dfrac{1}{25}\times1.2=0.048$ 台班。

【实例计算】 碎石干铺基础垫层。

碎石 40mm 用量为：定额单位×压实系数×重度×（1+损耗率）=1×1.08×1.5×（1+2%）=1.65t。

碎石 15mm 用于填空隙 0.12t。

打夯机台班用量为：$\frac{1}{25}×1.2=0.048$ 台班。

【实例计算】 碎石灌砂浆基础垫层。

碎石 40mm 用量为：定额单位×压实系数×重度×（1+损耗率）=1×1.08×1.5×（1+2%）=1.65t。

填缝间砂浆，空隙灌浆率 80%。砂浆损耗率为 1%，则定额用量为：$\frac{碎石比重-碎石重度×压实系数}{碎石比重}$×填实密实度×（1+损耗率）×定额计量单位=（2.7-1.5×1.08）/2.7×0.8×（1+1%）=0.32m³。

打夯机台班用量为：$\frac{1}{25}×1.2=0.048$ 台班。

灰浆拌合机台班用量为：0.32÷5=0.064 台班。

【实例计算】 1∶1 碎石和砂基础垫层。

碎石的空隙率$-\frac{2700-1500}{2700}×100\%=44.4\%$，碎石的空隙率用砂填缝填的密实度为 90%。

碎石 40mm：0.5×1.04×1.5×1.02=0.8t。

黄砂：0.5×1.04×（1.46×1.05÷1.18）=0.676t。填缝隙用黄砂：[0.5-0.5×0.56（石子密实体积）]×0.9×1.04×（1.46×1.05÷1.18）=0.28t。合计用黄砂：（0.676+0.28）×1.02=0.98t。

打夯机台班用量为：$\frac{1}{25}×1.2=0.048$ 台班。

8.6 钢筋工程

8.6.1 钢筋常识

钢筋材料分类：

1. 热轧光圆钢筋：经热轧成型，横截面通常为圆形，表面光滑的成品钢筋。牌号为 HPB300，其中 HPB 为热轧光圆钢筋的英文缩写，300 表示钢筋的屈服强度特征值为 300 级。

2. 热轧带肋钢筋：横截面通常为圆形，且表面带肋的混凝土结构用热轧钢筋。钢筋牌号由 HRB+屈服强度特征值+（E）构成。HRB 为热轧带肋钢筋的英文缩写，屈服强度特征值分别为 400、500、600 级。括号内 E 是地震的英文首位字母，表示具有抗震性能的普通热轧带肋钢筋。

3. 冷轧带肋钢筋：热轧圆盘条经冷轧后，在其表面带有沿长度方向均匀分布的三面或两面横肋的钢筋。

4. 冷拔低碳钢丝：低碳钢热轧圆盘条或热轧光圆钢筋经一次或多次冷拔制成的光圆钢丝。

8.6.2 钢筋连接方式

钢筋连接是通过绑扎搭接、机械连接、焊接等方法实现钢筋之间内力传递的构造形式。

1. 钢筋焊接

钢筋焊条电弧焊：钢筋焊条电弧焊是以焊条作为一极，钢筋为另一极，利用焊接电流通过产生的电弧热进行焊接的一种熔焊方法。在焊接钢筋的时候，两个钢筋接头，只在接头的一面（或侧）施焊的焊接就叫作单面焊。双面焊，就是在第一个面焊完后，再在工件背面施焊。搭接焊，宜采用双面焊，如图 8-35（a）所示，当不能进行双面焊时，可采用单面焊，如图 8-35（b）所示，其搭接长度单面焊大于等于 $10d$，双面焊大于等于 $5d$。

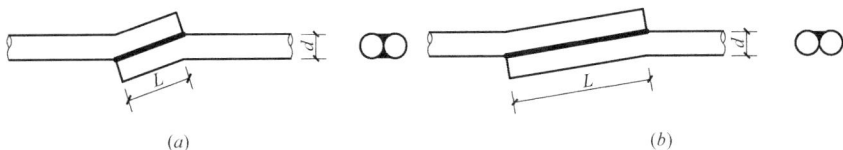

图 8-35　钢筋搭接焊接头示意图
L—搭接长度；d—钢筋直径

【造价纠纷】　某工程施工合同约定为按实结算并执行江苏省计价定额，其中地下室整板基础部分钢筋根据发包人许可的施工方案采用闪光对焊进行焊接，在工程结算中承包人提出闪光对焊接头部分费用应另计，由此产生工程造价纠纷。

【纠纷分析】　现浇构件钢筋制作安装定额中电焊与绑扎综合取定，其中 $\phi10$ 以上按电焊接头 60%，对焊接头 30%，绑扎接头 10% 进行综合取定，$\phi10$ 以内取定为绑扎接头。其人工及材料含量均综合考虑，在执行定额时，不因焊接接头与绑扎接头数量的多少而换算其定额含量。

【造价纠纷】　某工程量清单计价固定单价合同，电渣压力焊作为单独分部分项工程量清单设置。在办理工程竣工价款结算时，承包人根据双方签证内容即直径 12mm 以上的竖向钢筋均采用电渣压力焊计算了其工程量，发包人则认为根据有关施工规范要求，直径为 12mm 及以下的钢筋不应采用电渣压力焊，本工程相关电渣压力焊属于承包人自行采取增加的施工措施费，结算时不应计算其费用，由此产生工程造价纠纷。

【纠纷分析】　在钢筋工程中，电渣压力焊以及钢筋机械连接接头数量在工程结算时，应结合相关施工规范、施工方案和现场签证等内容确定其工程量。根据《钢筋焊接及验收规程》JGJ 18—2012 规定，电渣压力焊适用于现浇钢筋混凝土结构中竖向或斜向（倾斜度在 4:1 范围内）的钢筋的连接，适用于直径为 12～32mm 的各级钢筋，而直径 12mm

钢筋电渣压力焊时，应采用小型焊接夹具，上下两钢筋对正，不偏歪，多做焊接工艺试验，确保焊接质量。本工程经核查投标后经发包人和监理许可的施工方案中明确直径为12mm的竖向钢筋采用电渣压力焊，并经现场签证进行了明确，因此本工程电渣压力焊的接头数量应按现场签证中的数量进行工程价款结算。

2. 钢筋机械连接

通过钢筋与连接件或其他介入材料的机械咬合作用或钢筋断面的承压作用，将一根钢筋中的力传递至另一根钢筋的连接方法。机械接头应根据极限抗拉强度、残余变形、最大力下总伸长率以及高应力和大变形条件下反复拉压性能，分为Ⅰ级、Ⅱ级、Ⅲ级三个等级，如套筒挤压接头、锥螺纹接头、镦粗直螺纹接头、套筒灌浆接头等。

8.6.3 保护层

结构构件中钢筋外边缘至构件表面范围用于保护钢筋的混凝土，简称保护层。

混凝土保护层厚度指最外层钢筋外边缘至混凝土表面的距离，适用于设计使用年限为50年的混凝土结构。构件中受力钢筋的保护层厚度不应小于钢筋的公称直径。基础地面钢筋的保护层厚度，有混凝土垫层时应从垫层顶面算起，且不应小于40mm，如图8-36所示。

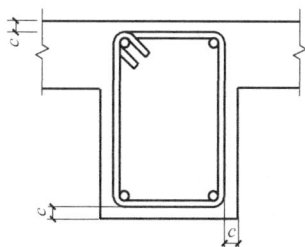

图8-36 钢筋混凝土保护层厚度示意图

8.6.4 锚固长度

受力钢筋依靠其表面与混凝土的粘结作用或端部构造的挤压作用而达到设计承受应力所需的长度。

锚固长度的表示：l_a为非抗震受拉钢筋锚固长度，l_{aE}为抗震锚固长度。支座宽度足够直锚时，采用直锚，如图8-37所示，通常端支座采用弯锚如图8-38所示，锚固长度为$15d+0.4l_{aE}$。

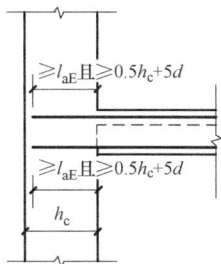

图8-37 钢筋直锚示意图

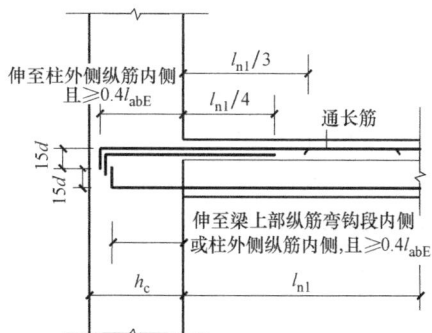

图8-38 钢筋弯锚示意图

8.6.5 钢筋工程量计算

1. 钢筋质量计算

$$钢筋质量计算公式＝钢筋长度×相应规格单位长度质量$$
$$＝钢筋长度×0.006165d^2$$

式中 d——钢筋直径（mm）。

【造价纠纷】 某工程在工程结算审核阶段中，审计方认为该工程施工现场检测报告中的钢筋实际重量低于钢筋理论重量，在计算钢筋工程量时应以检测报告中的钢筋实际重量为准计算其钢筋工程量，承包人认为跟材料供应商也是按钢筋理论重量进行结算，因此工程结算价款中的钢筋数量也应以理论重量为准，由此产生工程造价纠纷。

【纠纷分析】 在测量钢筋重量偏差时，试样应随机从不同根钢筋上截取，数量不少于5支，每支试样长度不小于500mm，长度应逐支测量，应精确到1mm，测量试样总重量时，应精确到不大于总重量的1%。钢筋实际重量与理论重量的偏差计算公式：

[试样实际总重量—(试样总长度×理论重量)]/(试样总长度×理论重量)

本工程钢筋检测报告中钢筋实际重量与理论重量的偏差均在允许范围之内，因此本工程计算钢筋工程量时应以单位理论重量为准。如钢筋实际重量与理论重量的偏差超出允许范围，钢筋数量可以调整，调整系数由施工单位提出资料与建设单位、设计单位共同研究确定。

【造价纠纷】 在工程施工中，图纸钢筋直径为6mm的一级钢，钢厂供应一般为6.5mm线材，每米中间存在的误差0.039kg，其工程量计算易引起工程造价纠纷。

【纠纷分析】 应按6.5mm理论质量计算其工程量。

2. 钢筋长度计算公式

矩形构件：

两端无弯钩的直钢筋：

$$L = l - 2a$$

式中 L——钢筋长度；

l——构件长度；

a——构件两端保护层厚度。

两端有弯钩的钢筋：

$$L = l_1 + l_2 - 2a$$

式中 L——钢筋长度；

l_1——构件长度；

l_2——弯钩增加长度；

a——构件两端保护层厚度。

180°半圆弯钩的弯钩增加长度为$6.25d$；90°直弯钩的弯钩增加长度为$3d$；45°斜弯钩的弯钩增加长度为$4.9d$。

箍筋长度计算：

箍筋长度=(构件长度-2×保护层厚度+构件宽度-2×保护层厚度)×2+24×箍筋直径

箍筋根数=加密区根数+非加密区根数=[(加密区长度-50)/加密区间距+1]×2+

(净跨长-加密区长×2)/非加密区间距-1

3. 钢筋接头数量计算

在计算钢筋工程量时，搭接长度按规范规定计算。当梁、板（包括整板基础）$\phi8$以上的通筋未设计搭接位置时，预算书暂按9m一个双面电焊接头考虑，结算时应按钢筋实际定尺长度调整搭接个数，搭接方式按已审定的施工组织设计确定。

电焊接头搭接长度＝（钢筋设计通长长度/定尺长度－1）×5d（双面焊）

电渣压力焊、直螺纹、冷拉套管挤压等接头以"个"计算，在预算书中，底板、梁暂按9m一个定尺接头的50%计算，柱按自然层每根钢筋一个接头计算，结算时应按钢筋实际接头计算。

4. 钢筋工程质量计算

钢筋结算工程量计算应按设计图、标准图集和规范以及清单计价规范、定额等要求计算，工程量计算规则按设计图示钢筋（网）长度（面积）乘以单位理论质量计算。钢筋制作安装定额工作内容包括钢筋除锈，制作，绑扎，接头，看护钢筋，材料的超运距用工。

现浇混凝土构件钢筋图示用量公式如下：

现浇混凝土构件钢筋图示用量＝（构件长度－两端保护层＋弯钩长度＋弯起增加长度＋钢筋搭接长度）×线密度（每米钢筋理论重量）

【造价纠纷】 某按实结算工程，其施工场地狭小，现场不具备钢筋加工制作条件，需要由加工厂制作完成后运至施工现场进行施工，在工程结算时承包人要求计算钢筋场外运输费，而发包人认为钢筋构件运输费用已包含在钢筋制作安装定额中，不应另行计取，由此产生工程造价纠纷。

【纠纷分析】 钢筋制作安装定额按正常施工条件进行编制，即考虑在施工现场制作并进行安装，定额中并不包含钢筋成品构件场外运输费用，施工现场材料场内运输除有特殊注明者，一般指材料施工现场内运输距离在150m以内，该场内运输费用则包含在定额中，不应另行计取。本工程钢筋构件因非承包人原因无法在施工现场进行加工制作，应由发承包双方共同确定钢筋成品加工厂进行加工制作，并根据加工厂至施工现场距离另行计算其钢筋成品构件场外运输费用。

【造价案例】 整板基础中型钢支架、垫铁、马凳等钢筋间隔件的计算易引起工程量计算纠纷。

钢筋间隔件是指混凝土结构中用于控制钢筋保护层厚度或钢筋间距的物件。按材料分为水泥基类钢筋间隔件、塑料类钢筋间隔件、金属类钢筋间隔件；按安放部位分为表层间隔件和内部间隔件；按安放方向分为水平间隔件和竖向间隔件。钢筋混凝土保护层厚度则为钢筋混凝土构件中被保护钢筋外缘到混凝土构件表面的距离。其中表层间隔件是指在钢筋与模板之间用于控制保护层厚度的物件。内部间隔件是指在钢筋与钢筋之间用于控制钢筋间距或兼有控制保护层厚度的物件。水平间隔件是指用于控制钢筋和模板或者钢筋相互之间水平间距的物件。竖向间隔件是指用于控制钢筋和模板或者钢筋相互之间竖向间距的物件，它承受钢筋自重荷载。

间隔件放置方式为阵列式放置（间隔件在相邻行和列呈直线的安放方式）以及梅花式放置（间隔件在相邻行和列中间的安放方式）。

混凝土结构及构件施工前均应编制钢筋间隔件的施工方案，施工方案应包括钢筋间隔件的选型、规格、间距及固定方式等内容。钢筋安装应设置固定钢筋位置的间隔件，并宜采用专用间隔件，不得用石子、砖块、木块等作为间隔件。清水混凝土的表层间隔件应根据功能要求进行专项设计。金属类钢筋间隔件可根据混凝土构件和被间隔钢筋的特点选择弓形、鼎形、立柱形、门形等钢筋间隔件。金属类钢筋间隔件所用的钢材宜采用HPB300

热轧光圆钢筋及 Q235 级型钢。

混凝土柱类的表层间隔件应放置在纵向钢筋的外侧面，其水平间距不应大于 0.4m；竖向间距不宜大于 0.8m；水平与竖向表层间隔件每侧均不应少于 2 个，并对称放置。

因此采用工程量清单计价的工程，整板基础及现浇钢筋中的撑筋、马凳等钢筋间隔件在编制预算或编制招标控制价时，应根据相关施工规范及常规施工组织设计计算其数量以及费用，在投标报价时则由投标人根据自身施工组织设计方案确定其间隔方式及数量等，在竣工结算时，则应根据发包人审批的施工组织设计方案以及施工隐蔽工程验收记录确定其结算工程量。

其中现浇楼板中设置的撑筋、马凳等按已审定的施工组织设计用量与现浇构件中的钢筋用量合并计算。整板基础中的型钢支架、垫铁、撑筋等按金属结构的钢平台、走道制作安装定额执行（整板基础上下层钢筋设置型钢支架、撑筋等一般不需要再设置马凳筋）。

【纠纷争议】 根据江苏省计价定额规定，现浇构件钢筋工程中层高超过 3.6m，在 8m 以内人工乘以系数 1.03，12m 以内人工乘以系数 1.08，12m 以上人工乘以系数 1.13。某工程为单层厂房，层高为 8.6m，在计算以上系数时，发包人认为仅有柱梁板钢筋可以乘以相关系数，承包人则认为整层结构钢筋均应乘以相关系数，由此产生工程造价纠纷。

【纠纷分析】 江苏省计价定额该规定指层高超过 3.6m 后钢筋制作安装会有一定降效而增加的费用，基于定额执行时简明适用的原则，该层应整层结构含基础、楼地面、柱、梁、板等钢筋工程量同时乘以相关系数，而非仅柱梁板结构层乘以降效增加系数。

【纠纷争议】 在计算钢筋预算工程量时，某施工单位认为钢筋预算工程量应按钢筋外皮尺寸计算，审计单位认为应按钢筋中心线计算，由此产生造价纠纷。

【纠纷分析】 根据《建设工程工程量清单计价规范》GB 50500—2013 要求：钢筋长度按钢筋图示尺寸乘以单位理论质量计算，所以钢筋的图示尺寸就是钢筋的预算长度，由于通常按钢筋外皮标注并量取，所以钢筋预算长度指的是钢筋工程量的计算长度。预算长度按图示尺寸计算，即构件几何尺寸、钢筋保护层厚度，并不考虑图示尺寸与钢筋制作的实际尺寸之间的量度差值，但是在施工实践中钢筋弯曲后的特点是弯曲处内皮收缩、外皮延伸、轴线长度不变。钢筋预算长度的量度方法是沿直线外包尺寸，因此弯起钢筋的量度尺寸大于下料尺寸，两者之差即为弯曲调整值。计算钢筋预算工程量时不需考虑弯曲调整值，下料长度则都要考虑构件几何尺寸、钢筋保护层厚度以及图示尺寸与钢筋制作的实际尺寸之间的量度差值等。所以钢筋下料长度实际是钢筋中心线长度。但我们通常量度的钢筋预算长度则往往被理解为钢筋外形长度。

那么，是否意味着传统钢筋预算工程量计算方式应为钢筋外皮尺寸呢？如传统圆钢计算公式：

$$L = 构件长度 - 保护层厚度 + 6.25d \times 2$$

分析如下：如图 8-39 所示，如从图示设计长度计算钢筋工程量考虑，即根据钢筋外皮尺寸量取作为预算工程量，则工程量应为：量取长度$_1$＋量取长度$_2$＋量取长度$_3$。即：

$$L = 构件长度 - 2c + 2.25d + 3d$$
$$= 构件长度 - 2c + 5.25d \times 2$$

这显然与传统钢筋计算公式不符。

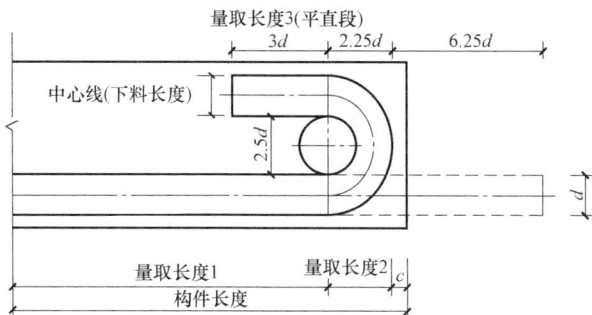

图 8-39 180°弯钩工程量计算示意图

传统圆钢带 180°弯钩钢筋预算长度计算公式为 $L=$ 构件长度$-$保护层厚度$+6.25d\times$ 2 则已经考虑了钢筋的延伸率和量度差值,如图 8-40 所示,B-D 段为弯起部分,外皮拉长,内皮缩短,而中心线长度不变。弧长 $B_2D_2=3.14\times(1/2D+1/2d)=3.14\times(1.25d+0.5d)=5.50d$,而 B-D 段量取水平长度时长度 $OC_1=1/2d+d=2.25d$,则弯曲部分中心线相对于水平长度的增加值为 $B_2D_2-OC_1=5.50d-2.25d=3.25d$,再加上 AB 段水平长度不变为 $3d$,所以圆钢 180°每个弯钩需要增加长度为 $3.25d+3d=6.25d$,由此可见,本计算公式计算长度实则为钢筋的中心线长度,即与钢筋下料长度相等。

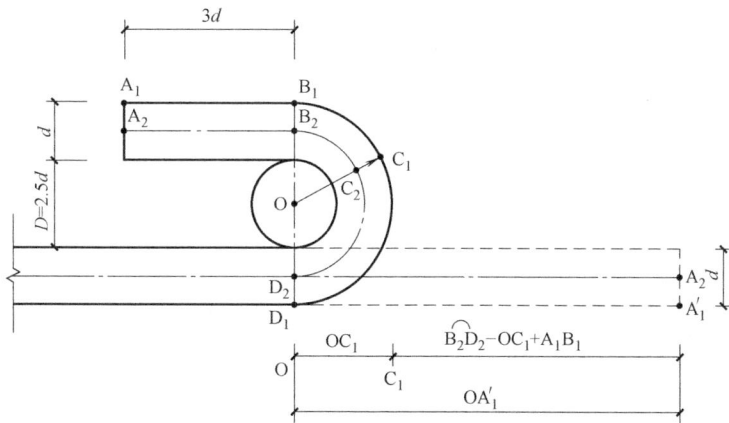

图 8-40 180°弯钩钢筋预算长度计算示意图

而作为 90°弯折钢筋,一般钢筋预算量的计算公式都会根据其设计量取长度计算,如图 8-41 所示,通常公式为构件长度-保护层厚度$\times2+$弯折长度$\times2$。这个弯折长度为图中的量取长度 2 和量取长度 3,因此这种算法既不是钢筋外皮尺寸。更不是钢筋中心线长度,而是设计量取长度。

而作为有角弯钩的钢筋而言,同样存在钢筋量度差值情况,如图 8-42 所示。

计算带 90°弯钩钢筋下料长度时,应以钢筋中心线为准。图示量度长度为 $3d\times2=6d$,中心线长度弧长 $ac=1/4\times3.14\times(D+d)=1/4\times3.14\times5d=3.93d$,在图示量度尺寸基础上计算钢筋中心线长度时需要扣减 $3.93d-6d=-2.07d$。因此 90°弯钩钢筋的量度差值为 $-2.07d$。

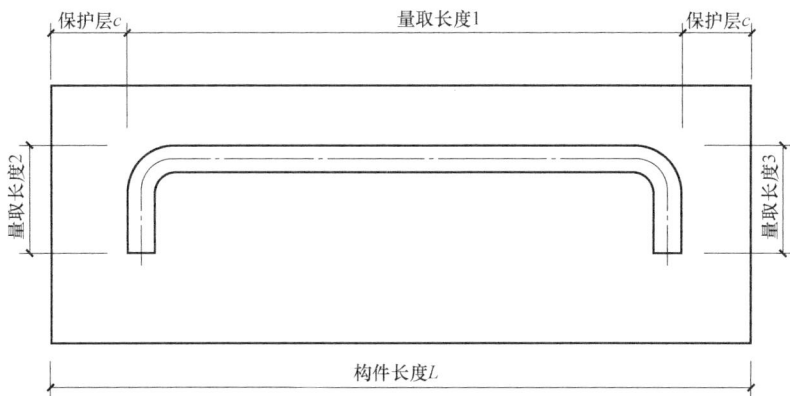

图 8-41 90°弯折钢筋工程量计算示意图

如果弯心直径为 2.5d 时，弧长 ac＝1/4×3.14×(D＋d)＝1/4×3.14×3.5d＝2.75d，量度差值为 2.75d－4.5d＝－1.75d。

因此计算带 90°弯钩钢筋工程量时，根据通常的计算公式，其预算工程量是高于下料长度的。

计算带 135°弯钩钢筋长度时，若按图示量取长度计算时如图 8-43 所示，即构件长度－保护层厚度，所以弯曲部分的水平图示量取长度为 3d，而这段钢筋弯曲之后，外皮伸长，内皮缩短，中心线不变，中心线长度为弧长 a′b′＝(D＋d)×3.14×135/360＝5d×3.14×135/360＝5.89d，此在图示量度尺寸基础上计算钢筋中心线长度时需要用增加 5.89d－3d＝2.89d，所以 135°弯钩钢筋量度差值为 2.89d。

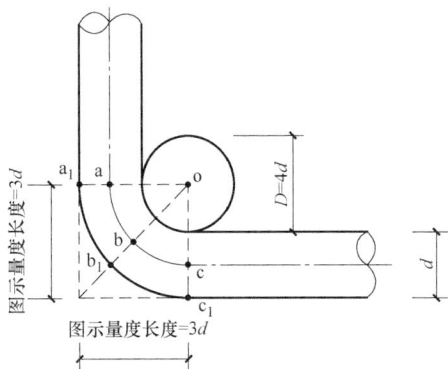

图 8-42 90°弯折钢筋量度差值计算示意图

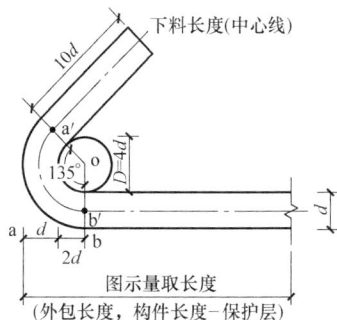

图 8-43 135°弯钩钢筋工程量计算示意图

而如果弯心直径为 2.5d 时，弯曲部分的水平图示量取长度为 0.5D＋d＝2.25d，中心线弧长＝(D＋d)×3.14×135/360＝3.5d×3.14×135/360＝4.12d，因此此时 135°弯钩钢筋量度差值为 4.12d－2.25d＝1.9d。

根据传统箍筋预算长度计算公式为（构件长度－保护层厚度）×2＋（构件宽度－保护层厚度）×2＋2.89d(1.9d)×2＋max(10d，75mm)×2，如图 8-44 所示，可见传统箍筋预算长度公式以构件尺寸即以设计钢筋量度尺寸为基础计算其预算长度，但其两个 135°弯头部分考虑了量度差值，即两个 135°弯曲部分实则计算的是其中心线长度，而三个 90°弯曲部分则未考虑量度差值的扣减，即实则计算的是钢筋设计量取长度。

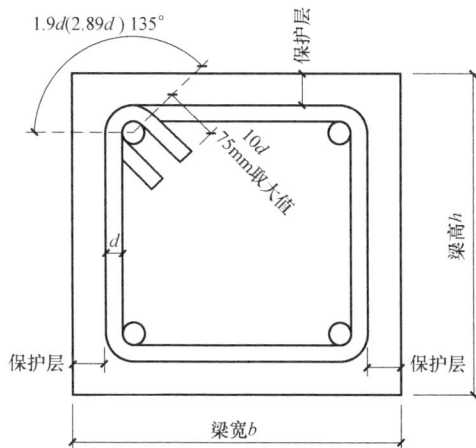

图 8-44　箍筋预算长度计算示意图

【结论】　一般钢筋在弯曲后外侧延伸，内侧缩短，钢筋中心线长度不变，用构件长度－保护层厚度＋钢筋量度差值方式计算的钢筋下料长度，实际上指的是钢筋的中心线长度，即钢筋的实际理论用量。而工程各阶段计价过程中计算的钢筋工程量即钢筋预算长度，则是按设计图示长度计算，即仅需考虑构件几何尺寸、钢筋保护层厚度，并不需要考虑图示尺寸与钢筋制作的实际尺寸之间的量度差值，是计算造价所需的预估量，不需要像下料长度那样详细和准确，至于各计价定额以及传统教材中的钢筋预算长度公式则是在钢筋的设计图示尺寸基础上适当考虑了钢筋量度差值，从而既能使工程预算人员计算过程中保证简明适用原则，也能使钢筋预算长度尽可能与实际理论用保持一致。至于用钢筋中心线算出的下料长度，还要另行考虑优化断料、优化下料、节约钢筋等因素，与施工现场实际钢筋消耗量也不完全相符合，而这个问题则应属于施工管理范畴，不再属于造价范畴了。

【造价纠纷】　框架结构墙体拉结筋，施工单位施工时，加固钢筋未预埋，后期采用植筋与墙体拉结加固，植筋费用可否计取易引起工程造价纠纷。

【纠纷分析】　承包人应按图施工，墙体拉结筋一般可采用预埋，由于自身原因造成的失误，所增加的施工费用，应自行承担，不应另行计算植筋费用；如施工过程中由于设计变更或设计要求采用植筋的，则可以计取植筋费。

8.7　混凝土工程

8.7.1　现浇混凝土基础垫层

1. 混凝土基础垫层与混凝土基础的区分

混凝土基础垫层是指砖、石、混凝土、钢筋混凝土等基础下的混凝土垫层，混凝土垫层厚度以 15cm 以内为准，厚度在 15cm 以上的按混凝土基础计算。

2. 混凝土基础垫层工程量计算规则

混凝土垫层工程量按图示尺寸以体积计算。不扣除伸入承台基础的桩头所占体积。其工程量计算公式为：

$$带形基础垫层工程量＝垫层长度×垫层断面面积$$
$$独立基础或满堂基础垫层工程量＝垫层的实铺面积×垫层厚度$$

其中，带形基础垫层长度的取定：外墙基础下垫层长度取外墙中心线长度；内墙基础下垫层长度取内墙基础垫层的净长线长度。

8.7.2 现浇钢筋混凝土基础工程

钢筋混凝土基础工程的计算规则：基础按图示尺寸以体积计算。不扣除伸入承台基础的桩头所占体积。

1. 钢筋混凝土带形基础

当墙下基础和柱与柱间相距较近，荷重较大或有松软不均匀土壤时，将单独基础互相联结组成带形结构，亦称条形基础。断面形式有梯形、阶梯形和矩形等。

钢筋混凝土带形基础在套定额时要区分有梁式和无梁式。

【造价纠纷】 混凝土带形基础如何区分有梁式和无梁式在工程计价中易产生工程造价纠纷。

【纠纷分析】 带形无梁式基础：指基础底板上无肋，如图8-45所示。带形有梁式基础：指基础底板有肋，且肋部配置有纵向钢筋和箍筋，如图8-46所示。

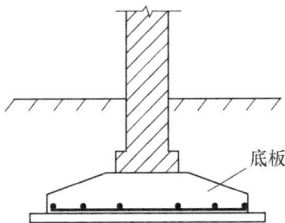

图 8-45 带形无梁式基础

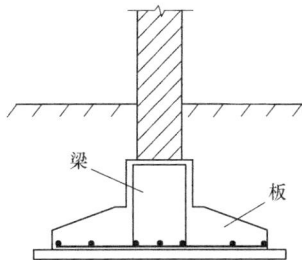

图 8-46 带形有梁式基础

【造价纠纷】 有梁式带形基础其基础梁部分是否作为混凝土墙体进行计算，易引起争议。

【纠纷分析】 有梁带形混凝土基础，其梁高与梁宽之比在1∶4以内的，按有梁式带形基础计算（带形基础梁高是指梁底部到上部的高度）。超过1∶4时，其扩大面以下按无梁式带形计算，上部按墙计算，如图8-47所示。

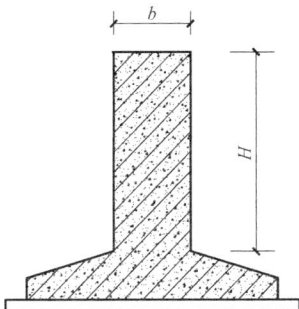

图 8-47 有梁带形混凝土基础梁高与梁宽之比示意图

带形基础混凝土工程量计算方法：其工程量根据图示尺寸以立方米计算。即带形基础工程量计算公式为：

$$带形基础体积＝基础断面积×基础长度$$

基础断面积如图 8-48 所示。

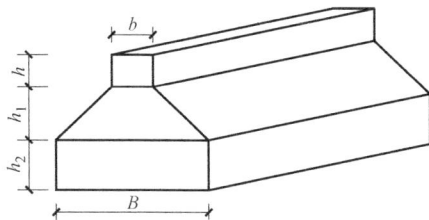

图 8-48 带形基础工程量计算示意图

式中，基础断面积为：$B×h_2＋1/2(B+b)×h_1＋b×h$。

带形基础长度其外墙下按外墙中心线长度、内墙下带形基础按基底净长、有斜坡的按斜坡间的中心线长度、有梁部分按梁净长计算，独立柱基间带形基础按基底净长计算，如图 8-49 所示。

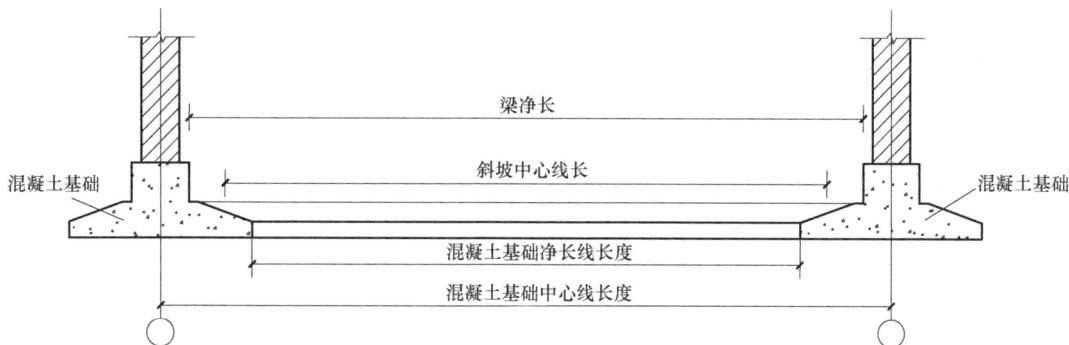

图 8-49 带形基础计算长度示意图

2. 独立基础

独立基础是指现浇钢筋混凝土柱下的单独基础。其施工特点是柱子与基础整体浇筑为一体。独立基础是柱子基础的主要形式，按其断面形式有矩形、阶梯形、锥形等。

【造价纠纷】 在工程计价中，独立基础与柱的划分易引起工程造价纠纷。

【案例分析】 独立基础与柱子的划分，以柱基上表面为分界线，以下为独立基础，如图 8-50 所示。

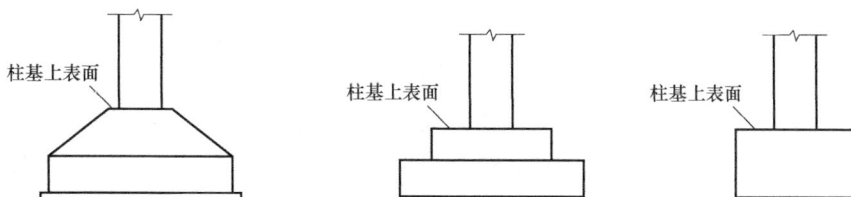

图 8-50 独立基础与柱子的划分示意图

独立基础工程量计算：独立基础是指基础扩大面顶面以下部分的实体，其工程量按图示尺寸以立方米计算。独立基础的平面一般多为长方形和正方形，此外还有圆锥及锥壳形基础，通常称柱基。按基础构造（几何形状）划分为独立基础（图8-51）和杯形基础。

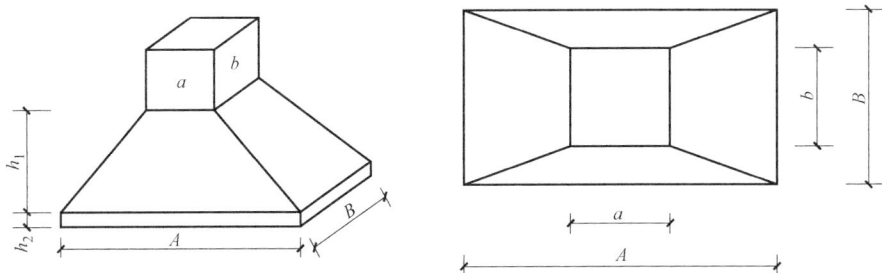

图8-51 独立基础工程量计算示意图

独立基础工程量计算公式：

$$V=A \cdot B \cdot h_2+h_1/6\left[A \cdot B+a \cdot b+(A+a)(B+b)\right]$$

式中　A、B——分别为基础底面的长与宽（m）；

　　　a、b——分别为基础顶面的长与宽（m）；

　　　h_1——基础棱台的高度（m）；

　　　h_2——基础底部长方体的高度（m）。

杯形基础混凝土工程量计算：杯形基础的混凝土工程量也是按图示尺寸以立方米计算。其体积等于上下两个六面体体积及中间四棱台体积之和，再扣减杯槽的体积。

3. 钢筋混凝土满堂基础

由成片的混凝土板和柱、梁组合浇筑，支承着整个建筑物，板直接由地基土层承担（土质不好时，可作换土处理），形式有筏式和箱形，按结构方式分无梁式和有梁式满堂基础。形式如无梁楼板的倒转，适用于地基承载力较弱，建筑物重量大时使用。

满堂基础按构造又分为无梁式和有梁式，如图8-52所示。

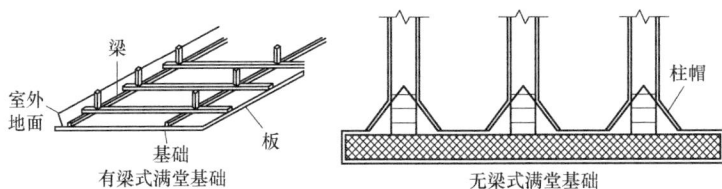

图8-52 满堂基础类型示意图

1）有梁式满堂基础的体积：基础底板面积×板厚+梁截面面积×梁长。

注：梁和柱子的分界——柱高应从柱基上表面计算，即从梁的上表面计算，不能从底板的上表面计算柱高。

2）无梁式满堂基础体积：（底板面积×板厚）+柱帽总体积。

其中，柱帽总体积——柱帽个数×单个柱帽体积；单个柱帽体积按独立基础中截头方锥形基础体积计算。

3）箱式满堂基础体积：

应分别按满堂基础、柱、墙、梁、板的有关规定计算。

4. 设备基础

设备基础是基础工程中的一种较特殊的基础形式，是为工业与民用建筑工程中安装设备所设计的基础。对于一般无强烈震动的设备，当受力均匀，体积较大时，常做成无筋或毛石混凝土块体基础。当受力不均、震动强烈的设备基础，则常做成钢筋混凝土或框架式基础，设备基础的几何形体，大部分以块体形式表现，其组成有混凝土主体，沟、孔、槽及地脚螺栓，如图 8-53 所示。

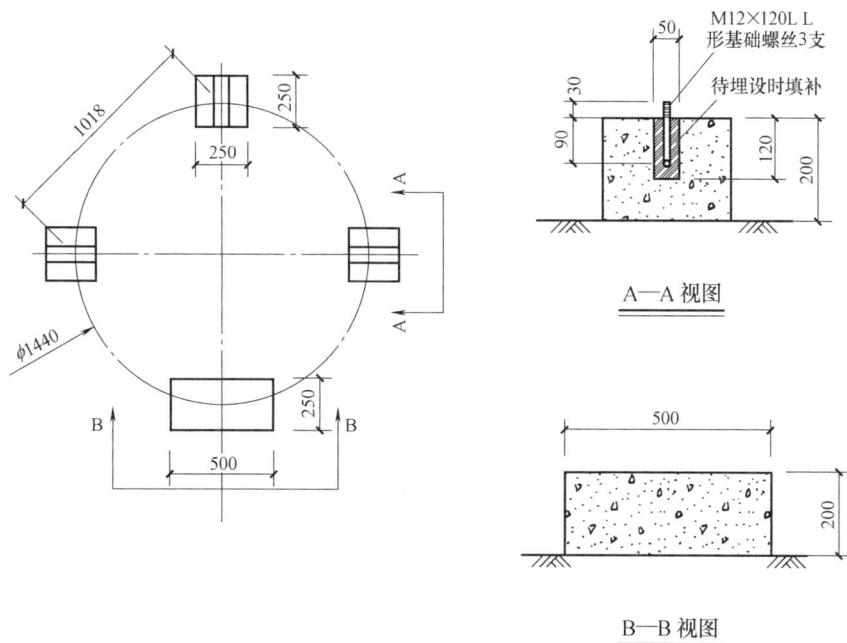

图 8-53　某设备基础图

框架式的设备基础则由多种结构构件组成，如基础，柱、梁、板或者墙。使用定额时分别套用基础，柱、梁、板或者墙的相关子目。

5. 桩承台

桩承台按图示实际尺寸以体积计算，套用独立柱基定额，伸入到垫层及桩承台中的桩头体积不予扣除。

【造价纠纷】　在计算混凝土垫层工程量时，伸入垫层的桩头所占体积是否扣除易引起工程造价纠纷。

【纠纷分析】　垫层工程量按设计图示尺寸以体积计算，规定不扣除伸入垫层的桩头所占体积。

8.7.3　现浇钢筋混凝土柱

1. 现浇框架柱的混凝土工程量，按图示断面尺寸乘柱高以体积计算，应扣除构件内型钢体积。依附于柱上的牛腿体积，按图示尺寸计算后并入柱的体积内，但依附于柱上的悬臂梁，则以柱的侧面为界，界线以外部分，悬臂梁的体积按实计算后执行梁的相应定额子目。

现浇框架柱柱的工程量按以下公式计算：

$$柱的体积＝柱的断面面积×柱高$$

计算钢筋混凝土现浇柱高时，应按照以下情况正确确定：

1）有梁板的柱高，应自柱基上表面（或楼板上表面）至上一层楼板上表面之间的高度计算，不扣除板厚。

2）无梁板的柱高，自柱基上表面（或楼板上表面）至柱帽下表面的高度计算。

3）有预制板的框架柱柱高自柱基上表面至柱顶高度计算。

4）构造柱按全高计算，与砖墙嵌接部分的混凝土体积并入柱身体积内计算。

5）依附柱上的牛腿、和升板的柱帽，并入相应柱身体积内计算。

6）L、T、十字形柱，按L、T、十字形柱相应定额执行。当两边之和超过2000mm，按直形墙相应定额执行，如图8-54所示。

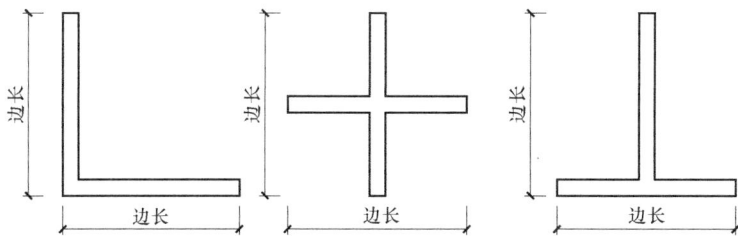

图8-54 T、L、十字形柱示意图

【造价纠纷】 计价定额中混凝土柱定额的混凝土含量为 $0.985m^3$ 而不是 $1.015m^3$，易引起造价纠纷。

【纠纷分析】 现浇混凝土柱定额中，铺底水泥砂浆占3%，现浇柱混凝土含量即为：$1×0.97×1.015＝0.985m^3/m^3$。

2. 现浇构造柱的混凝土工程量计算

为了加强建筑物结构的整体性、增强结构抗震能力，在混合结构墙体内增设钢筋混凝土构造柱，构造柱与砖墙用马牙槎咬接成整体。构造柱的工程量计算，与墙身嵌接部分的体积也并入柱身的工程量内。构造柱一般是先砌墙后浇混凝土，在砌墙时一般是每隔五皮砖（约300mm）留一马牙槎缺口以便咬接，每缺口按60mm留槎。计算柱断面积时，槎口平均每边按30mm计入柱宽内，如图8-55所示。

计算公式：

$$V＝(B^2＋n×1/2×B×b)×H$$

式中 V——构造柱混凝土体积（m^3）；

B——构造柱宽度；

b——马牙槎宽度；

H——构造柱高度；

n——马牙槎咬接面数。

计算柱断面积时，槎口平均每边按30mm计入柱宽内，可将构造柱断面积计算为表8-8。

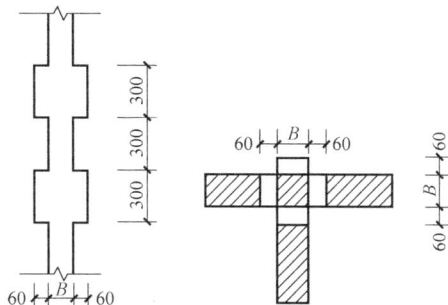

图 8-55 混凝土构造柱工程量计算示意图

构造柱计算表格   表 8-8

构造柱的平面形式	构造柱计算断面积 $d_1 \times d_2$ (m²)			
	0.24×0.24	0.24×0.365	0.365×0.24	0.365×0.365
	0.072	0.1095	0.1020	0.1551
	0.072	0.1058	0.1058	0.1551
	0.0792	0.1167	0.1130	0.1661
	0.0864	0.1239	0.1239	0.1770

构造柱断面积为：$d_1 \times d_2 + 0.03(n_1 \times d_1 + n_2 \times d_2)$，$n$ 为马牙槎的个数。

【造价纠纷】 工程量清单计价中构造柱的高度如何确定易引起工程造价纠纷。

【纠纷分析】 在清单规范以及计价定额中构造柱的工程量计算规则均为其柱高按全高计算，但结合构造柱的施工特点与施工工艺，计价定额工程量计算规则注明其高度按全高计算，但应扣除与现浇板、梁相交部位的体积，所以计算构造柱的高度时，有梁时（含圈梁）高度算至梁底，无梁时，高度算至板底，即与墙体的高度保持一致，从而避免构造柱与板、梁混凝土工程量重复计算，构造柱一般是先砌墙后浇混凝土，其高度下算至混凝土基础顶面，上算至圈梁或女儿墙压顶下口。

8.7.4 现浇混凝土梁

1. 现浇钢筋混凝土梁工程量计算规则

现浇钢筋混凝土梁按其形状、用途和特点，可分为基础梁、连续梁、圈梁、单梁或矩形梁和异形梁等分项工程项目。各类梁的工程量均按图示断面尺寸乘以梁长以体积计算。即：

$$V(体积)=梁长 \times 梁断面面积$$

【案例】 一般结构设计图中标注为 KL 与 L 的钢筋混凝土梁，在执行清单计价规范及相关计价定额时，如何区分其列项，易引起争议。

在清单计算规范中，梁按其截面形状进行划分为矩形梁和异形梁，但仅针对单独设置的梁，即没有与混凝土楼板连接的梁才能按此清单列项，有梁板中的肋梁则应与有梁板体积合并按有梁板清单项目进行列项，部分平板中的现浇单梁则可按矩形梁进行列项。

在执行计价定额时，"单梁、框架梁、连续梁"定额子目中框架梁本意指与框架柱相连接的梁，单梁指仅有两个支承点的框架梁，连续梁指有两个以上支承点的框架梁，但该定额子目所指梁均与混凝土楼板没有连接，部分平板中的现浇单梁则可执行该子目，但有梁板中的肋梁则应与有梁板体积合并执行有梁板定额子目。

2. 现浇钢筋混凝土梁工程量计算

1）梁与柱连接时，梁长算至柱侧面。

2）主梁与次梁连接时，次梁长算至主梁侧面。伸入砖墙内的梁头、梁垫体积并入梁体积内计算，如图 8-56 所示。

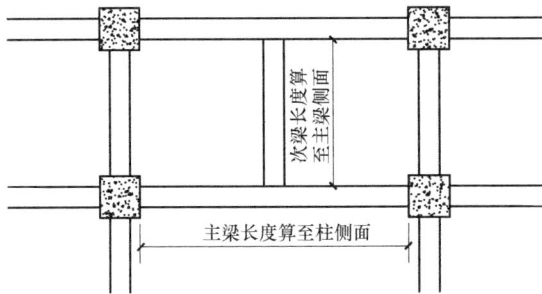

图 8-56 混凝土梁长度计算示意图

3）圈梁、过梁应分别计算，过梁长度按图示尺寸，图纸无明确表示时，按门窗洞口外围宽另加 500mm 计算。平板与砖墙上混凝土圈梁相交时，圈梁高应算至板底面。

【造价纠纷】 计算圈梁工程量时，按《建设工程工程量清单计价规范》GB 50500—2013 规定应按图示尺寸以体积计算，按计价定额规定则应算至平板板底，两者是否矛盾易引起工程造价纠纷。

【纠纷分析】 两者并不矛盾。圈梁是沿外墙四周及部分内墙设置在同一水平面上的连续闭合交圈的梁，起着墙体配筋的作用，可提高建筑物的空间刚度和整体性，增加墙体的稳定性，减少由于地基不均匀沉降而引起的墙身开裂。根据《建设工程工程量清单计算规范》GB 50854—2013 或计价定额规定计算圈梁的工程量时，分为两种情况：第一种情况是搁置预制板时，圈梁根据布板方式有不同的断面，包括搁置单板板头、搁置相邻两板板头、与两板侧边相贴而不相交等，此时应按其不同的图示断面尺寸计算工程量。第二种情况是圈梁与平板相交时，针对《建设工程工程量清单计算规范》GB 50854—2013 及计价定额中板的计算规则，圈梁的高度应算至板底，否则圈梁与现浇板的工程量就会重复计取。

4）依附于梁、板、墙（包括阳台梁、圈过梁、挑檐板、混凝土栏板、混凝土墙外侧）上的混凝土线条（包括弧形线条）按小型构件定额执行（梁、板、墙宽算至线条内侧）。

5）现浇挑梁按挑梁计算，其压入墙身部分按圈梁计算；挑梁与单、框架梁连接时，其挑梁应并入相应梁内计算。

6）花篮梁二次浇捣部分执行圈梁子目。

8.7.5　现浇混凝土板

现浇混凝土板工程量计算规则：

现浇混凝土板工程量计算按图示面积乘板厚以体积计算（梁板交接处不得重复计算），不扣除单个面积 $0.3m^2$ 以内的柱、垛以及孔洞所占体积。应扣除构件中压形钢板所占体积。其中：

1. 有梁板又称肋形楼板，是由一个方向或两个方向的梁连成一体的板构成的，如图8-57所示。有梁板按梁（包括主、次梁）、板体积之和计算，有后浇板带时，后浇板带（包括主、次梁）应扣除。厨房间、卫生间墙下设计有素混凝土防水坎且与板整体现浇时，工程量并入板内，执行有梁板定额。若某开间现浇板下只设有一根主梁者，不能按有梁板计算，应分开按平板和单梁计算。

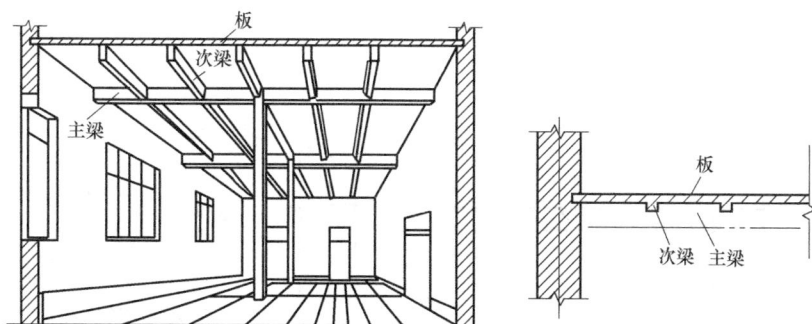

图 8-57　肋形楼板示意图

2. 井式楼板也是由梁板组成的，没有主次梁之分，梁的断面一致，因此是双向布置梁，形成井格。井格与墙垂直的称为正井式，井格与墙倾斜成 $45°$ 布置的称为斜井式。

3. 无梁板按板和柱帽之和计算。无梁楼板是将楼板直接支承在墙、柱上。为增加柱的支承面积和减小板的跨度，在柱顶上加柱帽和托板，柱子一般按正方格布置。

4. 平板按实体积计算。

5. 现浇混凝土空心楼板混凝土按图示面积乘板厚以立方米计算，其中空心管、箱体及空心部分体积扣除。在计算空心楼板模板工程量时，不适用含模量表，宜按设计图示面积计算。现浇混凝土空心楼板内筒芯按设计图示中心线长度计算；无机阻燃型箱体按设计图示数量计算。

8.7.6 现浇混凝土墙

外墙按图示中心线（内墙按净长）乘墙高、墙厚以体积计算，应扣除门、窗洞口及 $0.3m^2$ 外的孔洞体积。单面墙垛其突出部分并入墙体体积内计算，双面墙垛（包括墙）按柱计算。弧形墙按弧线长度乘墙高、墙厚以体积计算，地下室墙有后浇墙带时，后浇墙带应扣除，另行执行相应定额。梯形断面墙按上口与下口的平均宽度计算。墙高按下列规定确定：

1. 墙与梁平行重叠，墙高算至梁顶面；当设计梁宽超过墙宽时，梁、墙分别按相应定额计算。

2. 墙与板相交，墙高算至板底面。

3. 屋面混凝土女儿墙按直（圆）形墙以体积计算。

8.7.7 混凝土雨篷及阳台

混凝土及阳台清单工程量计算规则为按设计图示尺寸以墙外部分体积计算，包括伸出墙外的牛腿和雨篷反挑檐的体积。混凝土雨篷、阳台、楼梯的混凝土含量设计与定额不符要调整，按设计用量加 1.5% 损耗进行调整。

雨篷投影面积如图 8-58 所示：

$$S = B \cdot L$$

式中　S——雨篷投影面积（m^2）；

　　　B——雨篷宽度（m）；

　　　L——雨篷长度（m）。

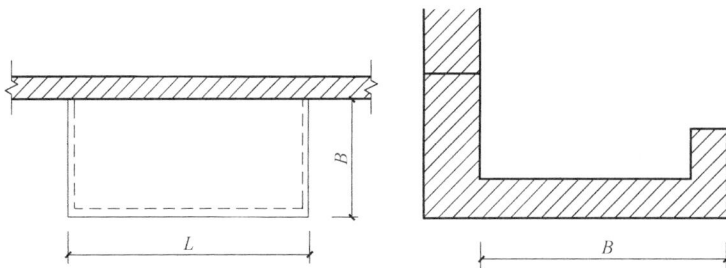

图 8-58　雨篷平、剖面

在执行江苏省计价定额时，雨篷挑出超过 1.5m、柱式雨篷不执行雨篷子目，另按有梁板和柱子目执行，雨篷三个檐边往上翻的为复式雨篷，仅为平板的为板式雨篷，如图 8-59 所示。飘窗上下挑板按板式雨篷以板底水平投影面积计算。

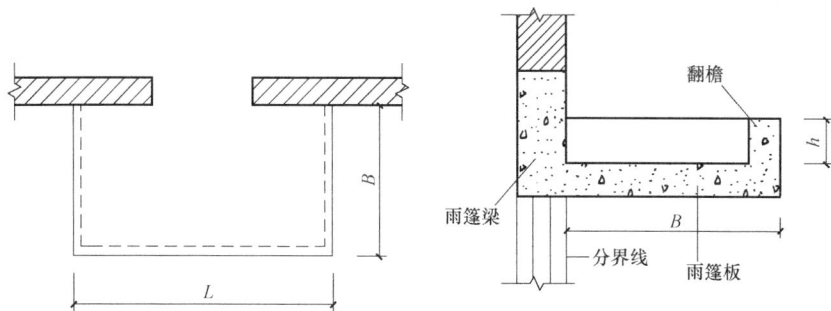

图 8-59　雨篷工程量计算示意图

8.7.8　现浇混凝土楼梯

现浇混凝土楼梯以平方米计量，按设计图示尺寸以水平投影面积计算。不扣除宽度小于等于 500mm 的楼梯井，伸入墙内部分不计算，以立方米计量，按设计图示尺寸以体积计算。整体楼梯包括休息平台、平台梁、斜梁及楼梯梁，按水平投影面积计算，不扣除宽度在 500mm 以内的楼梯井，伸入墙内部分不另增加，楼梯与楼板连接时，楼梯算至楼梯梁外侧面。当现浇楼板无梯梁连接时，以楼梯的最后一个踏步边缘加 300mm 为界。圆弧形楼梯包括圆弧形梯段、圆弧形边梁及与楼板连接的平台，按楼梯的水平投影面积计算，如图 8-60 所示。

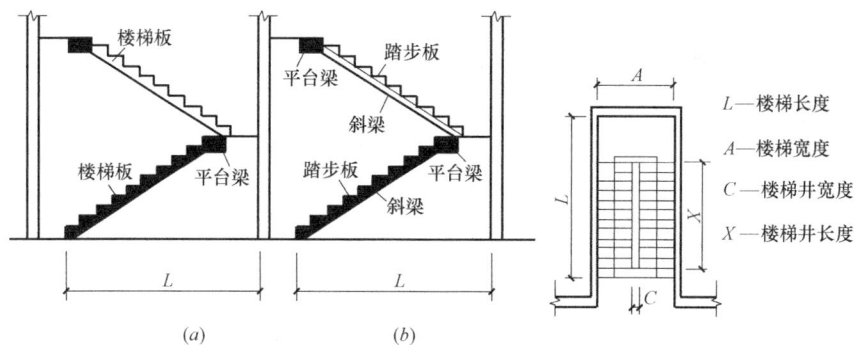

图 8-60　混凝土楼梯工程量计算示意图
（a）板式楼梯；（b）斜梁楼梯

楼梯间的底层只有两个等长的梯段，这时楼梯的水平投影面积即为楼梯间的净面积乘以自然层数，但楼梯间底层地面应另行计算。楼梯间的底层除有两个等长跑梯段外，还有部分砖砌或素混凝土台阶，该台阶应另行列项计算。当跑梯段互相重叠时，如剪刀式楼梯，这时楼梯的水平投影面积应按跑梯段数的水平投影面积加休息平台面积计算，底层地面另算。

当 $C \leqslant 50 \text{cm}$ 时，投影面积：

$$S = L \cdot A$$

当 $C > 50 \text{cm}$ 时，投影面积：

$$S = (L \cdot A) - (C \cdot X)$$

式中　S——楼梯的水平投影面积；

　　　L——楼梯长度；

　　　A——楼梯宽；

　　　C——楼梯井宽度；

　　　X——楼梯井长度。

【造价纠纷】 现浇钢筋混凝土整体楼梯工程量计算时楼梯与楼板连接部分工程量应如何划分易引起工程造价纠纷。

【纠纷分析】 整体楼梯包括休息平台、平台梁、斜梁及楼梯梁，按水平投影计算面积计算，不扣除宽度小于 200mm 的楼梯井。整体楼梯按与之相连的楼梯梁作为楼梯与相连的楼板的分界线，楼梯与楼板连接时，楼梯算至楼梯梁外侧面，楼梯梁外边线以外的部分，按照楼板计算。没有楼梯梁时，整体楼梯计算至梯段最上一个踏步的边缘另加 300mm。平台外侧的梁计入混凝土楼梯投影面积，但这个平台指的是休息平台，而不是与楼层相接的平台。计算楼梯水平投影面积时，休息平台伸至墙内部分不另增加。

8.7.9　现浇挑檐、天沟

现浇挑檐、天沟与板（包括屋面板、楼板）连接时，以外墙面为分界线，与圈梁（包括其他梁）连接时，以梁外边线为分界线。外墙边线以外或梁外边线以外为挑檐、天沟。天沟底板与侧板工程量应分别计算，底板按板式雨篷以板底水平投影面积计算，侧板按天、檐沟竖向挑板以体积计算，如图 8-61 所示。

【案例】 某混凝土檐沟如图 8-62 所示，其工程量计算如下：

檐沟底板面积：$[35.24 \times 2 + (15.24 + 0.5 \times 2)] \times 0.5 = 42.86 \text{m}^2$。

侧板体积：$(35.24 \times 2 + 0.5 \times 2 + 15.24 \times 2 + 0.5 \times 2 - 0.08 \times 4) \times (0.4 - 0.08) \times 0.08 = 2.63 \text{m}^3$。

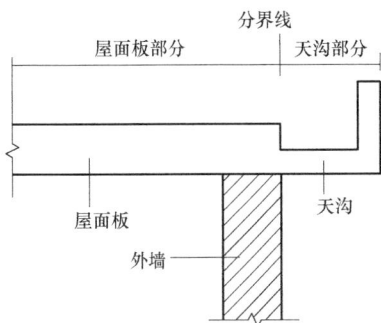

图 8-61　天沟工程量计算示意图

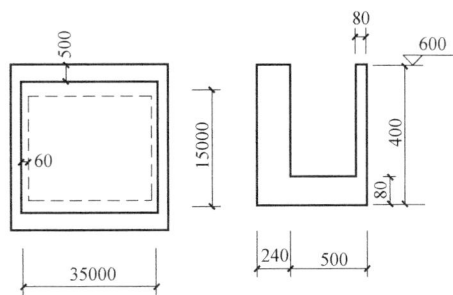

图 8-62　某混凝土檐沟结构图

8.7.10　现浇混凝土台阶

现浇混凝土台阶按水平投影以面积计算，设计混凝土用量超过定额含量时，应调整。台阶与平台的分界线以最上层台阶的外口增 300mm 宽度为准，台阶宽以外部分并入地面工程量计算，如图 8-63 所示。

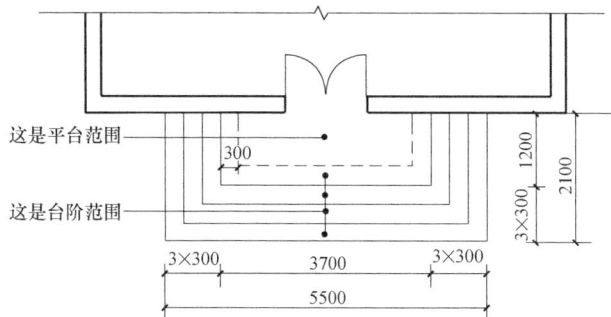

图 8-63　台阶与平台区分示意图

【案例】　如图 8-64 所示，现浇混凝土台阶工程量计算为：$5.5 \times 2.1 - (3.7 - 0.3 \times 2) \times (1.2 - 0.3) = 8.76\text{m}^2$。

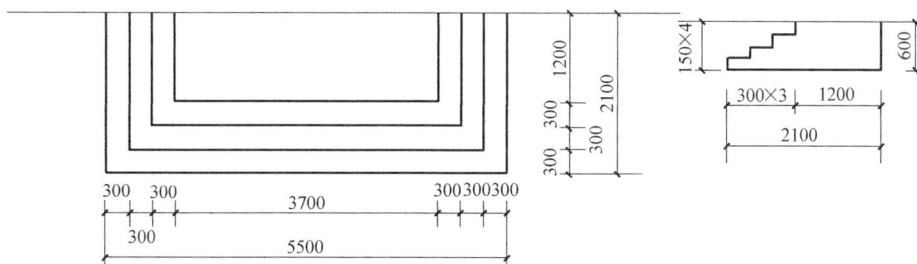

图 8-64　某工程混凝土台阶平、立面图

8.7.11　后浇带

为防止现浇钢筋混凝土结构由于温度、收缩不均等可能产生的有害裂缝，按照设计或施工规范要求，在楼板、基础底板、墙、梁相应位置留设临时施工缝，将结构划分为若干部分，经过构件内部收缩，在若干时间后再浇捣该施工缝混凝土，将结构联成整体。设置后浇带的位置、距离通过设计计算确定，其宽度常为 800～1200mm，后浇带混凝土强度一般比原结构要高一级。

【造价纠纷】　根据《江苏省建筑装饰工程计价定额》规定："泵送混凝土定额中已综合考虑了输送泵车台班，布拆管及清洗人工、泵管摊销费、冲洗费。当输送高度超过 30m 时，输送泵车台班（含 30m 以内）乘以 1.10；输送高度超过 50m 时，输送泵车台班（含 50m 以内）乘以 1.25；输送高度超过 100m 时，输送泵车台班（含 100m 以内）乘以 1.35；输送高度超过 150m 时，输送泵车台班（含 150m 以内）乘以 1.45；输送高度超过 200m 时，输送泵车台班（含 200m 以内）乘以 1.55。"某工程在计取其增加费用时，发包人认为其输送泵车台班增加系数应按其不同输送高度分段计算，承包人认为不应分段，由此产生工程造价纠纷。

【纠纷分析】　计价定额有简明适用原则，泵车输送高度不同时增加的系数应综合考虑，即整个工程的混凝土工程量乘以相应系数，不应再将各混凝土构件分段计算。

【造价纠纷】　部分执行计价定额按实结算的建设工程中其商品混凝土由发包人采购，

其单价中含泵送费，即由商品混凝土公司负责泵送，但执行商品混凝土泵送定额时，定额工作内容中也已包含泵送机械费用，在结算时如何计取该项泵送费用，易引起纠纷争议。

【纠纷分析】 商品混凝土由发包人采购，其单价中含泵送费，一般由商品混凝土公司负责泵送，则在执行商品混凝土泵送定额时，不应重复计算商品混凝土的泵送费用。商品混凝土材料费中已经计取泵送费之后，应将商品混凝土泵送定额中的混凝土输送泵车机械台班费用在计取管理费、利润之后予以扣除，同时扣除定额中的泵管摊销费用。

【造价纠纷】 在工程计价时混凝土外加剂如何计算其费用易引起工程造价纠纷。

【纠纷分析】 常用的混凝土外加剂有早强减水剂，可作为混凝土预制厂和现浇混凝土工程的早强措施，能节约水泥和混凝土拌合用水用量；混凝土高效增强剂，能提高混凝土的抗裂能力和防渗效果，提高钢筋与混凝土之间的粘结力；早强防冻剂，可使新拌混凝土免遭冻害，使其在负温下凝结硬化，并在规定时间内达到预期的强度；防水剂，适用于大体积、超长无缝结构的混凝土、砂浆和对防水防潮设计要求很高的工程；AEA 膨胀剂，能使混凝土体积在水化硬化过程中产生的膨胀以补偿其收缩。计算混凝土外加剂 JM-Ⅲ 改进型（抗裂、防渗）混凝土高效增强剂费用时，应根据施工图纸设计要求或混凝土外加剂产品说明中的掺入量要求，以定额混凝土配合比中的水泥含量为基础计算其用量，同时以发承包双方认可的价格计入综合单价。如按相应规定可节约水泥及拌合用水的用量时，应按规定以定额混凝土配合比中的水泥和拌合水含量为基础扣除。

【造价纠纷】 装配式楼梯休息平台是现浇的，是套用梁板子目还是按现浇楼梯子目算水平投影面积易引起工程造价纠纷。

【纠纷分析】 装配式楼梯中休息平台采用现浇的，应套用现浇混凝土楼梯相关定额子目。楼梯梯段范围之外的与楼板相连的部分如采用现浇则应执行现浇有梁板定额子目。

8.8 金属结构及构件场外运输、安装工程

8.8.1 金属结构制作

1. 金属结构制作工程量计算规则

金属结构制作按图示尺寸以质量计算，不扣除孔眼、切肢、切角、切边的质量，电焊条、铆钉、螺栓、紧定钉等质量不计入工程量。计算不规则或多边形钢板时，以其外接矩形面积乘以厚度再乘以单位理论质量计算。其中金属杆件一律以设计长度乘以相应规格型钢的单位重量计算。

1）扁钢工程量计算

$$扁钢工程量（质量）＝扁钢理论质量×长度×数量$$
$$扁钢理论质量＝0.00785×d×b$$

式中　d——边宽（mm）；

　　　b——厚度（mm）。

如边宽 30mm、厚 4mm 的扁钢，每米理论质量为：$0.00785×30×4kg＝0.94kg$。

2）方钢工程量计算

$$方钢工程量(质量)=方钢理论质量×长度×数量$$
$$方钢理论质量=0.00785×d^2$$

式中　d——边宽（mm）。

如边宽 30mm 的方钢，每米理论质量为：$0.00785×30^2\text{kg}=7.07\text{kg}$。

3）等边角钢工程量计算

$$等边角钢工程量(质量)=等边角钢理论质量×长度×数量$$
$$等边角钢理论质量=0.00785×[d(2b-d)+0.215(R^2-2r^2)]$$

式中　b——边宽；

　　　d——边厚；

　　　R——内弧半径；

　　　r——端弧半径。

如 4mm×20mm 等边角钢的 R 为 3.5mm，r 为 1.2mm，每米质量为：$0.00785×[4(2×20-4)+0.215(3.5^2-2×1.2^2)]\text{kg}=1.15\text{kg}$。

4）不等边角钢工程量计算

$$不等边角钢工程量(质量)=不等边角钢理论质量×长度×数量$$
$$不等边角钢理论质量=0.00785×[d(B+b-d)+0.215(R^2-2r^2)]$$

式中　B——长边宽；

　　　b——短边宽；

　　　d——边厚；

　　　R——内弧半径；

　　　r——端弧半径。

如 30×20×4 不等边角钢的 R 为 3.5mm，r 为 1.2mm，每米质量为：$0.00785×[4(30+20-4)+0.215(3.5^2-2×1.2^2)]\text{kg}=1.46\text{kg}$。

5）槽钢工程量计算

$$槽钢工程量(质量)=槽钢理论质量×长度×数量$$
$$槽钢理论质量=0.00785[h·d+2t·(b-d)+0.349(R^2-r^2)]$$

式中　h——高；

　　　b——腿长；

　　　d——腰厚；

　　　t——平均腿厚；

　　　R——内弧半径；

　　　r——端弧半径。

如 80mm×43mm×5mm 的槽钢每米质量，t 为 8mm，R 为 8mm，r 为 4mm，每米质量为：$0.00785[80×5+2×8(43-5)+0.349(8^2-4^2)]\text{kg}=8.04\text{kg}$。

6）工字钢工程量计算

$$工字钢工程量(质量)=工字钢理论质量×长度×数量$$
$$工字钢理论质量=0.00785[h·d+2t·(b-d)+0.8584(R^2-r^2)]$$

式中　h——高；

b——腿长；

d——腰厚；

t——平均腿厚；

R——内弧半径；

r——端弧半径。

如250mm×118mm×10mm的工字钢，t为13mm。R为10mm，r为5mm，每米质量为：$0.00785[250×10+2×13×(118-10)+0.8584(10^2-5^2)]$kg＝42.2kg。

7）钢板工程量计算

$$钢板工程量（质量）＝钢板理论质量×面积×数量$$
$$钢板理论质量＝7.85×d$$

式中 d——钢板厚度。

如厚度6mm的钢板，每平方米质量为：$7.85×6$kg＝47.1kg。

计算不规则或多边形钢板时，以其外接矩形面积乘以单位理论质量计算其工程量。

【案例】 如图8-65所示，该多边形钢板面积计算以外接矩形尺寸为准计算为：$0.635×0.320=0.20$m²。

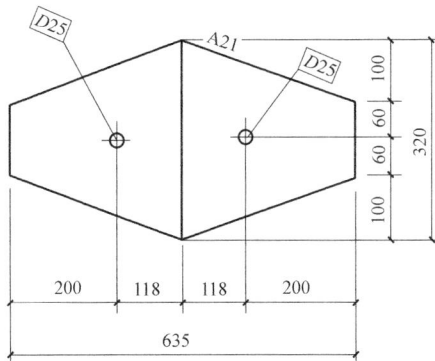

图8-65 某多边形钢板设计图

8）钢管（包括无缝钢管及焊接钢管）工程量计算公式如下：

$$钢管（包括无缝钢管及焊接钢管）工程量＝钢管理论质量×长度×数量$$
$$钢管理论质量＝0.02466×S(D-S)$$

式中 D——外径；

S——壁厚。

如外径60mm、壁厚4mm的无缝钢管，每米质量为：$0.02466×4×(60-4)$kg＝5.52kg。

2. 金属结构制作定额人工含量的确定

超运距运输按100m运距，人工幅度差为10%。

3. 金属结构制作定额材料含量的确定

1）主要材料钢材的损耗率为5%。

金属构件都是由若干钢件如角钢、钢板等焊接而成，计算主材耗用量时，应按图示设计尺寸分别计算各种型钢和钢板的定额耗用量。

$$型材耗用量=\frac{型材长度或钢板体积\times 单位重量}{构件总钢材耗用量}\times(1+损耗率)$$

2）部分辅助材料的消耗率计算

氧气：应按图示要求确定需要氧割的件号和数量并分别计算氧割长度，按不同钢板厚度的长度乘以氧气耗用定额计算出氧气耗用量并汇总氧气合用量。

以吊车梁 3t 以内定额为例，其氧气耗用量计算见表 8-9。

氧气耗用量计算表　　　　　　　　　　　　　　　　　　　　　　表 8-9

件号	钢板厚度 (mm)	氧割长度（m）	氧气耗用定额量（m³/m）	氧气耗用量（m³）
1	14	$(1.5+11.95)\times 2=26.90$	0.287	$26.90\times 0.287=7.72$
2	20	$(0.4+1.56)\times 2=3.92$	$0.328+(0.328-0.287)\times[(20-16)\div 2]=0.41$	$3.92\times 0.41=1.61$
3	20	$(0.48+11.95)\times 2=24.86$	$0.328+(0.328-0.287)\times[(20-16)\div 2]=0.41$	$24.81\times 0.41=10.17$
4	24	$(0.6+11.95)\times 2=26.90$	$0.328+(0.328-0.287)\times[(24-16)\div 2]=0.492$	$26.9\times 0.492=12.35$

吊车梁重量为 4.558t/根，氧气耗用量为：$(7.72+1.61+10.17+12.35)\div 4.558=6.99m^3/t$。

乙炔气一般按氧气耗用量除以 2.3 等于乙炔气耗用量，例如吊车梁定额中乙炔耗用量为 $6.99\div 2.3=3.04m^3/t$。

4. 金属结构制作主要机械台班含量测算

轨道平车：考虑为 5 台，总装配车间 1 台，组装车间 4 台，平均每天工作 4h，$4\times 5\times 25.5\div 8\div 228=0.28$ 台班/t。

空压机：2 台，总装配车间，每天平均工作 3h，$3\times 2\times 25.5\div 8\div 228=0.08$ 台班/t。

型钢剪断机：屋架等取 0.07 台班/t，柱梁等取 0.02 台班/t。

剪板机：屋架等取 0.02 台班/t，柱梁等取 0.07 台班/t。

型钢校正机与型钢剪断机相同，钢板校平机与剪板机相同。

刨边机：一台每天工作 6h，梁柱占 85%，$6\times 25.5\div 8\times 85\%\div(228\times 55\%)=0.13$ 台班/t。其他占 15%，$[(6\times 25.5\div 8)-(0.13\times 228\times 55\%)]\div(228\times 45\%)=0.03$ 台班/t。

摇臂钻床：2 台，每天工作 5h，$5\times 2\times 25.5\div 8\div 228=0.14$ 台班/t。

烘干箱及恒温箱各 8 只，平均每天工作 8h，$8\times 25.5\div 228=0.89$ 台班/t。

钢屋架制作平台机械消耗量摊销：

5t 汽车吊：平台组装用 0.5 台班，平均运输用 $12.56\times 2\div 24=1.05$ 台班，$(0.5+1.05)\div 160=0.0097$ 台班/m²。

4t 汽车吊：平台运输用 $12.56\times 2\div 16=1.57$ 台班，$1.57\div 160=0.0098$ 台班/m²。

搅拌机：$10.89\times 0.03\div 160=0.0021$ 台班/m²。

电焊机：平台组装用 $0.2\div 160=0.0031$ 台班/m²。

1.5t 以内钢屋架制作平台摊销：

5t 汽车吊：$160\div 11\div 1.278\times 0.0097=0.11$ 台班/t。

4t 汽车吊：$160/11/1.278\times 0.0098=0.11$ 台班/t。

搅拌机：$160/11/1.278\times 0.0021=0.02$ 台班/t。

电焊机：$160/11/1.278\times 0.0031=0.04$ 台班/t。

【造价纠纷】 某钢结构工程产生焊缝探伤费用，承包人认为应由发包人承担，而发包人认为该项费用应含在钢结构制定定额费用中或包含在钢结构成品价格中，不应另行计取，由此产生工程造价纠纷。

【纠纷分析】 金属结构制作定额中均未包括焊缝无损探伤，例如 X 光透视、超声波探伤、磁粉探伤、着色探伤等，亦未包括探伤固定支架和被检工件的退磁，该部分费用属于第三方检测，设计或发包人要求必须进行无损探伤时，其费用应由发包人承担。

【造价纠纷】 某金属结构工程采用定额计价，其金属结构制作经发包人同意采用附属企业加工厂制作方式，加工厂距离施工现场约 10km 左右，在结算时，承包人要求计算其金属结构场外运输费用，发包人认为金属构件场外运输费用已包含在金属结构制作定额中，不应另行计取，由此产生工程造价纠纷。

【纠纷分析】 执行金属结构工程计价定额时，金属构件不论在专业加工厂、附属企业加工厂或现场制作，均执行金属结构制作定额，现场制作金属构件则需搭设操作平台，其平台摊销费按金属制作计价定额中相应项目执行。金属制作定额工作内容均包括施工现场内或加工厂内的材料运输、下料、加工、组装及成品堆放等全部工序，加工点至安装点的构件运输费用应另按构件运输定额相应项目计算运输费用，金属构件作为成品购入价格包含运费的则不另计。

【造价纠纷】 执行金属结构工程计价定额时，根据设计图纸要求计取了机械喷砂除锈费用。发包人认为同时应扣除金属构件制作定额中除锈费用，由此产生工程造价纠纷。

【纠纷分析】 金属结构工程中的工作内容中包含除锈工作，其为人工常规除锈，与机械除锈工作内容并不冲突，因此在金属制作定额中，计取了机械除锈费用之后，不应扣除金属制作定额中的除锈费用。

【造价纠纷】 执行金属结构工程计价定额时，何种情况需要计取平台摊销费用易引起工程造价纠纷。

【纠纷分析】 金属构件不论在企业加工厂制作或现场制作均执行金属制作计价定额子目，在现场制作钢屋架、钢托架、钢架应计算现场制作平台摊销费。

【造价纠纷】 执行金属结构工程计价定额时，局部采用螺栓连接如何调整定额含量易引起工程造价纠纷。

【纠纷分析】 金属构件制作均按电焊焊接编制，其计价定额子目中所含螺栓是焊接前对构件临时加固之摊销螺栓，如果局部制作用螺栓连接，仍执行金属制作定额子目，螺栓不增加，电焊条、电焊机含量也不扣除。

【造价纠纷】 江苏计价定额中，零星钢构件和预埋铁件定额子目之间的区分易产生工程造价纠纷。

【纠纷分析】 金属工程中零星钢构件是指质量在 50kg 以内的其他非预埋零星铁件制作。而铁件定额则是指质量在 50kg 以内的预埋铁件。

5. 钢柱计算

钢柱区分为实腹柱和空腹柱，实腹柱就是钢柱纵向任意两个纵向截面均相同。（如H形钢、工字钢、角钢、槽钢、圆钢、C形钢、Z形钢、方钢、方管以及槽钢、C形钢直接对扣焊接的方管、矩管，角钢直接对扣焊接的方管、矩管）。空腹柱/格构柱的任意两个纵向截面不是完全相同的。是由两肢或多肢组成（肢一般是格构钢柱从柱脚到柱顶的纵向通长型钢），各肢间用缀条或缀板连接（缀条和缀板一般是连接肢的横向或斜向型钢，它一般比肢的规格型号要小）。

6. 钢梁计算

钢结构中钢梁分为型钢梁、组合梁、箱形梁等几种形式，其工程量按图示尺寸以质量计算，其中钢梁、吊车梁腹板及翼板宽度按图示尺寸每边增加8mm计算，即指传统施工工艺中用钢板焊接成工字形构件的腹板和翼缘板，一般经氧割后边口不齐，需经刨边机加工，保证受力构件的焊缝密实，有足够的强度，焊缝边必须平整而引起的损耗，如图8-66所示。

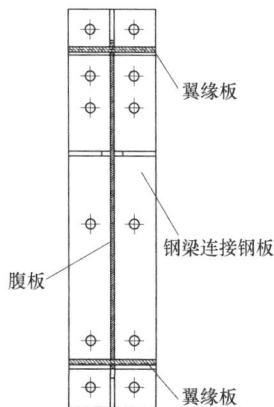

图8-66　腹板和翼缘板示意图

【造价纠纷】 根据定额规定，钢梁的腹板和翼板宽度都要每边增加8mm计算工程量。而图纸设计是用成品的H形钢，计算工程量时是否还需要将腹板和翼板宽度增加8mm后计算其重量易引起工程造价纠纷。

【纠纷分析】 钢梁设计采用成品H形钢时，计算工程量时是腹板和翼板宽度不再增加8mm。

7. 钢屋架计算

钢屋架是指用钢板焊接工字型截面、实腹式变截面的腹板制作而成的屋架，单榀重5t内、10t内、10t以外，而轻钢屋架是指单榀重量在1t以内，且用小型角钢或钢筋、管材作为支撑拉杆的钢屋架。

【造价纠纷】 轻钢屋架如何区分易引起工程造价纠纷。

【纠纷分析】 普通钢屋架一般是以型钢组成的单榀屋架，截面形式有圆钢、圆管、方管、角钢、槽钢、工字钢、H形钢等，轻型钢屋架包括圆钢小角钢屋架和冷弯薄壁型钢屋架两种，适用于跨度不大于18m，吊车起重重量不大于5t的屋架工程。

8. 柱间钢支撑计算

柱间钢支撑是指为加强横向水平刚度的钢杆件。按支撑方法的不同，通常有水平支撑和垂直支撑。柱间支撑的作用是加强厂房纵向刚度和稳定性。

9. 钢屋架隔撑计算

钢屋架隔撑是指钢梁与檩条之间的支撑杆，是用来保证梁的下翼缘受压部分的局部稳定。

10. 檩条计算

檩条用于屋架或椽子的水平屋顶梁，用以支撑椽子或屋面材料。

8.8.2　构件场外运输工程

1. 构件分类及装载系数的确定

1）混凝土构件运输Ⅰ类构件包括各类屋架、桁架、托架、梁、柱、桩、薄腹梁、风道梁。混凝土构件运输Ⅱ类构件包括大型屋面板、槽形板、肋形板、天沟板、空心板、平板、楼梯、檩条、阳台、门窗过梁、小型构件。混凝土构件运输Ⅲ类构件包括天窗架、端壁架、挡风架、侧板、上下挡、各种支撑。混凝土构件运输Ⅳ类构件包括全装配式内外墙板、楼顶板、大型墙板。

2）金属构件运输Ⅰ类构件包括钢柱、钢梁、屋架、托架梁、防风桁架。金属构件运输Ⅱ类构件包括吊车梁、制动梁、钢网架、型（轻）钢檩条、钢拉杆、盖板、垃圾出灰门、筐子、爬梯、平台、扶梯、烟囱紧固箍。金属构件运输Ⅲ类构件包括墙架、挡风架、天窗架、不锈钢网架、组合檩条、钢支撑、上下挡、轻型屋架、滚动支架、悬挂支架、管道支架、零星金属构件。

3）构件运输调车里程均采用20km，运输车辆与装卸车辆比例为3（运）：2（装卸），其中运输机械Ⅰ类构件按拖车组计算，Ⅱ、Ⅲ类构件按单机计算，Ⅳ类构件按综合取定计算，混凝土构件每立方米按2.5t比重换算。

2. 机械及人工的计算公式如下

混凝土构件运输机械需要台班＝[2.5/（劳动定额台班产量×0.9）]×1.25
金属构件运输机械需要台班＝[1.0/（劳动定额台班产量×0.9）]×1.25
装卸机械需要台班＝运输机械台班×2/3

由于Ⅰ、Ⅱ、Ⅲ、Ⅳ类构件均是超长笨重构件，白天实行交通管制、夜间行车；即使白天可以行驶，速度也慢，因此台班产量乘以系数0.9，机械及人工的幅度差系数取定为1.25，综合考虑了城镇、现场运输道路等级、上下坡等各种因素，不得因为道路条件不同调整定额含量。

装卸工配备为Ⅰ类构件12人，Ⅱ、Ⅲ、Ⅳ类构件8人。

装卸用工＝装配机械所需台班数×配装卸工人数/2

3. 材料消耗量的确定

构件安装定额中所使用材料垫木、钢丝绳和钢支架为周转材料，摊销次数如下：垫木：卸车15次，运输48次，木楔4次、钢丝绳50次、钢支架50次。

4. 构件运输定额中人工、材料、机械含量的取定

以Ⅰ类构件运输距离在10km以内为例，运输及装卸机械台班的取定为：

20t汽车（10km以内）的台班产量为31.7t，根据选型比例：

15t汽车 31.7×15÷20×15％＝3.57t。

30t汽车 31.7×30÷20×45％＝21.4t。

40t汽车 31.7×40÷20×40％＝25.36t。

运输机械台班为：2.5÷[（3.57＋21.4＋25.36）×0.9]×1.25＝0.069台班/m³。

装卸机械台班为：0.069×2/3＝0.046台班/m³。

其中装车为：0.046÷2＝0.023台班/m³。

卸车为：0.046÷2＝0.023台班/m³。

装卸人工的取定：

装卸人工为：$0.046 \times 12/2 = 0.276$ 工日/m^3（其中装车为：$0.276 \div 2 = 0.138$ 工日/m^3，卸车 $= 0.276 \div 2 = 0.138$ 工日/m^3）。

5. 构件运输工程量计算规则

构件运输工程量＝构件制作工程量

1）对于构件在外地加工厂完成所发生的运输费用，如果按定额中运输费用计算远远高于实际成本，定额不再适用。定额说明中明确构件场外运输距离超过 45km 的项目，场外运输费用根据市场价格考虑构件场外运输距离。

2）构件运输子目在执行时，按适用的步距直接套用相应子目，而不是按插入法计算。如Ⅰ类预制混凝土构件场外运输距离为 5.2km 时，运输费用直接执行江苏省计价定额 8-3 子目Ⅰ类预制混凝土构件场外运输距离 10km 以内，其定额单价不作调整。

8.8.3　构件安装工程

1. 构件安装场内运输费用

1）现场预制构件安装场内运输定额已经包含了机械回转半径 15m 以内的翻身就位，如受现场条件限制，混凝土不能就位预制，运距在 150m 以内，每立方米构件应另加场内运输费用。

2）加工厂预制构件安装定额已考虑 500m 以内的场内运输。如场内运输运距超过 500m，应扣除定额中的场内运输费用，另按 1km 以内的构件运输定额执行。

3）场外运输距离是指在施工现场以外的加工场地至施工现场堆放距离、场内运输是指现场堆放或预制地点到吊装地点的运输距离，场内、外运输的距离均以可行驶的实际距离计算。

2. 构件安装定额材料、机械费用取定

定额材料、数量均以安装用消耗材料和拼装、安装用周转材料为主，其消耗材料品种主要有电焊条、氧气、乙炔气、垫铁、普通螺栓，周转材料有方垫木、木楔、杉杆、方木、木支撑、麻绳、麻袋、镀锌钢丝、金属校正器、金属安全扶手。

起重机械台班定额由 1 被台班产量除其商乘以吊装机械台班数而得，起重机械台班定额由计算台班乘以（1＋机械台班幅度差）而得，起重机械台班幅度为 30%。机械幅度差的内容包括施工机械转移工作面损失的时间，配套机械中相互影响所损失的时间，工程开工或结尾工作量不饱满的工作损失，临时停水、停电影响的时间，检查工程质量影响机械操作的时间、在正常施工条件下，机械施工中不可避免的工序间歇、配合机械施工的人工，在人工幅度差范围内的工作间歇、影响机械操作的时间。

3. 构件安装工程定额执行原则

1）混凝土构件安装定额按履带式起重机和塔式起重机编制的，其中塔式起重机台班另行包括在垂直运输定额中。如施工组织设计采用汽车式起重机，其人工、吊装机械乘以系数 1.18。

2）金属构件安装，主要施工方法为整体吊装、焊接为主考虑，除轻钢檩条拉杆项目是按螺栓连接考虑，其余项目均按电焊考虑，设计用螺栓连接，其连接螺栓按设计用量另行计算，人工不再增加，电焊条、电焊机应扣除。

3）钢屋架、天窗架拼装是指在构件厂制作、在现场拼装的构件，在现场不发生拼装或现场制作的钢屋架、钢天窗不得套用拼装定额。安装是直接将构建固定于设计规定的位置上，拼装是经过组拼后，在固定在设计规定的位置上，一般钢筋混凝土三角形屋架、天窗架、钢屋架、钢网架、钢天窗架等需要拼装之后再组装。

【造价纠纷】 某金属安装工程，其钢屋架总跨度设计为24m，无法安全运输及直接安装，由承包人在加工厂按两个半榀进行制造，然后运输至施工现场，在施工现场将两个半榀屋架进行组装焊接成完整屋架并进行吊装。在执行相关定额时，发包人认为钢屋架拼装定额子目中已包含构件吊装工作内容，因此应根据施工工序，分别套用金属构件制作及拼装定额子目即可，承包人认为屋架安装费用应另计，由此产生工程造价纠纷。

【纠纷分析】 本工程钢屋架在加工厂进行制作，运输至施工现场后组装成完整的屋架，应为拼装过程，将完整的屋架按设计要求从地面吊装至设计位置，进行加固、焊接、校正等，应为安装过程，因此本工程钢屋架在执行定额时应分别套用钢屋架制作、运输、拼装定额子目，除拼装外，钢屋架安装费用含在拼装定额中，不应另行计取。

4. 构件安装工程量计算规则

构件安装工程量＝构件制作工程量

【造价纠纷】 金属面防火涂料如何划分厚涂型防火涂料、薄涂型防火涂料、超薄型防火涂料、如何套用定额易引起工程造价纠纷。

【纠纷分析】 金属面防火涂料厚度以涂料涂层厚度来划分，厚涂型防火涂料的使用厚度7～22mm，耐火极限为1～3h，属隔热防火非膨胀型防火涂料；薄涂型防火涂料的使用厚度3～7mm，耐火极限为0.5～2h，属膨胀型防火涂料；超薄型防火涂料的使用厚度1～3mm，耐火极限为0.5～2h，属膨胀型防火涂料；薄涂型防火涂料和超薄型防火涂料材料分树脂型和乳胶型两类，其施工工艺分别为抹、批、刷三种操作方法。目前建材市场中防火涂料品种较多，在套用《江苏省建筑与装饰工程计价定额》时，应根据甲乙双方认可的防火涂料使用说明书或现场测算数据确定其定额耗用量。

【造价纠纷】 计价定额中机械除锈项目喷砂除锈与抛丸除锈有什么区别，套用了该定额后，金属工程定额子目内的除锈工作内容是否需要扣除易引起工程造价纠纷。

【纠纷分析】 喷砂法除锈是利用压缩空气，把一定粒度的砂子通过喷枪喷在零件锈蚀的表面上，不仅除锈快，还可为涂装、喷涂、电镀等工艺做好表面准备，经喷砂处理的表面可达到干净的、有一定粗糙度的表面要求，从而提高覆盖层与零件的结合力。常用的喷砂除锈方法有干法喷砂、湿法喷砂、无尘喷砂和高压水喷砂等。干法喷砂尘土大，有碍环保，危害健康；湿法虽无粉尘，但水分会使表面再度生锈。防止的办法是在水中加入1％～15％的防锈剂（磷酸三钠、碳酸钠、亚硝酸钠等）和乳化剂或肥皂水，使其表面在短时期内不再生锈，然后再涂保养底漆。无尘喷砂是将加砂、喷砂和集砂回收等在一密闭系统里连续循环进行，以免粉尘飞扬。高压水喷砂主要用于大面积除锈，如船体、油舱、油罐、锅炉等，水中也常加入钝化剂和肥皂水。

抛丸除锈是用电机带动叶轮体旋转，靠离心力的作用，将直径在0.2～3.0mm的丸子（有铸丸、切丸、不锈钢丸等）抛向工件的表面，使工件的表面达到一定的粗糙度，使工件变得美观，或者改变工件的焊接拉应力为压应力，提高工件的使用寿命，几乎用于机械的大多数领域，如修造船、汽车零部件、飞机部件、枪炮坦克表面、桥梁、钢结构、玻璃钢板管道等。

喷砂除锈主要功能是零件表面除锈，除氧化皮等，比如热处理后的零件；而抛丸的作用和功能就较多：不但除锈，除表面氧化皮，还提高表面粗糙度，去除零件机加工毛刺，消除零件内应力，减少热处理后零件变形，提高零件表面耐磨，受压能力等。

金属工程计价定额中的除锈为常规手工除锈，即使套用了喷砂或抛丸除锈，其定额含量也不作调整。

【造价纠纷】 屋架安装工程中安装工程与拼装工程有何区别，在执行定额时易引起工程造价纠纷。

【纠纷分析】 构件安装有两大类：拼装和安装。拼装适用于大型屋架，在构件厂完成制作，分块（分件）运进施工现场，在设计位置处搭设支架、拼装台，然后用起重机械把构件各部分吊置空中设计位置，在支架上进行拼装。这种结构安装方法不需要特殊运输机械和大型起重设备，但拼装支架、拼装台用量大、高空作业多。如在现场制作的构件，不得套用拼装定额。

安装适用于较轻、小跨度钢屋架，金属构件在工厂拼装连接后，运至施工现场，无须现场拼装工序，即进行构件加固、翻身就位、吊装、校正、焊接或螺栓固定一系列工序直至稳定。

上述两者安装工艺不同，工料机消耗也不同，在实际工程中，安装时有拼装工序就应套用拼装定额，无拼装工序应套用安装定额，同一装配工程，不能同时套用两次定额。

钢屋架、天窗架在构件厂制作，运到现场后发生拼装其拼装费应按相应定额执行，运到现场后不发生拼装，不得套用该项目。凡在现场制作的钢屋架、钢天窗架不论拼与不拼均不得套用拼装项目。

【造价纠纷】 实腹和空腹钢构件，它们之间如何区别易引起工程造价纠纷。

【纠纷分析】 实腹钢构件是指腹部构件能够在模型中参与承受轴力及弯矩（如H形钢柱等），如H形钢柱、角钢、槽钢、工字钢、方管、矩管、箱形构件、T形钢、C形钢、Z形钢、圆管等；空腹钢构件的腹杆或腹板不考虑承受轴力及弯矩，只对翼缘构件相对开关及稳定性起支撑作用，减少翼缘构件的计算长度（如格构式构件、蜂窝梁等），如格构式构件、桁架、蜂窝梁、腹板连续开孔并且无补强的梁柱等。它们之间的区别是腹板在轴线方向有否断开或减弱，有则是空腹构件，反之则是实腹构件。

【造价纠纷】 钢屋架、钢桁架、钢托架现场制作平台摊销定额工程量如何计算易引起工程造价纠纷。

【纠纷分析】 钢屋架、钢托架制作平台是为制作钢屋架、钢托架而设置的临时性构筑物，不是一种工程构筑物。它是由于钢屋架跨度大、重量重，运输困难而一般在施工现场搭设的制作平台。钢平台的尺寸、长度依制作对象的尺寸而定。长度为制作物长度加

2m，宽度为制作物高的 2 倍再加 2m。又由于钢平台的搭设没有统一标准，因此钢屋架、钢托架制作平台摊销的工程量与钢屋架、钢托架制作的工程量相同，而套用钢屋架、钢托架制作平台摊销的，而摊销是因为这个平台不是一次性固定的，可以根据不同规格的构件重复利用。

【造价纠纷】 钢结构厂房计价取费按土建工程还是安装工程，均易引起工程造价纠纷。

【纠纷分析】 加工厂完成制作，到施工现场安装的钢结构工程（包括网架屋面），安全文明施工措施费标准按单独发包的构件吊装标准执行。加工厂为施工企业自有的，钢结构除安全文明施工措施费外，其他费用标准不变，仍按建筑工程执行。钢结构为企业成品购入的，钢结构以成品预算价格计入材料费，费用标准调整为按照单独发包的构件吊装工程执行。施工现场完成加工制作的钢结构工程费用标准不变，仍按照建筑工程执行。

【造价纠纷】 在计算不规则或多边形钢板重量时均以矩形面积计算，某工程采用不等截面高的 H 形钢梁或钢柱中的腹板承包人认为必须按此规则计算，发包人认为钢板价值偏高，应以实际尺寸面积计算其工程量，由此产生工程造价纠纷。

【纠纷分析】 本计算规则应适用于小预埋铁件，对于大型构件需考虑切割后剩余钢板的充分利用价值，由双方另行协商另行解决。

【造价纠纷】 如图 8-67 所示的螺栓球钢网架工程，在计算其工程量时，螺栓球、加劲板、顶丝、封板、套筒、锥头是否均需计算其质量，杆件长度是否为球体中到中长度计算，易引起工程造价纠纷。

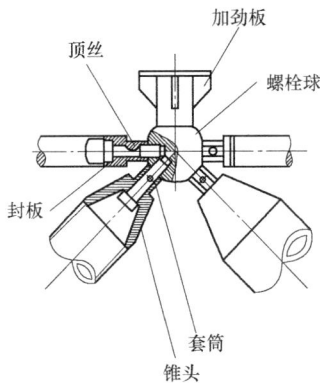

图 8-67 某螺栓球钢网架节点图

【纠纷分析】 在计算螺栓球网架制作工程量时，螺栓球按设计球径、锥头、套筒、封板、加劲板等构件按设计尺寸、杆件按设计下料尺寸等汇总其质量作为螺栓球网架工程量。高强度螺栓、顶丝（紧定钉）的质量不计算其工程量，但设计用量与定额不同时应调整。

江苏省计价定额中"焊接空心球节点网架制作"子目，按氩弧焊接方式，其中的空心焊接球矩形下料余量定额已考虑，按设计质量计算工程量。"螺栓球节点网架制作"子目，按 CO_2 气体保护焊为主焊接方式；高强度螺栓、紧定钉不计算工程量，但设计用量与定额含量不同时应调整。"不锈钢球节点网架制作"子目，不锈钢球按成品半球焊接考虑。定额按不锈钢钢管占 90%（损耗率 6%）、不锈钢网架球 10%（不计损耗）的质量比例计算，应按设计质量比例调整，损耗率不变。网架安装定额中未考虑地面拼装平台费用，若发生，可执行钢屋架、钢桁架、钢托架现场制作平台摊销子目。对需要搭设满堂支撑架的，满堂支撑架按脚手架工程章节的规定执行。

8.9　屋面及防水工程

8.9.1　瓦屋面

1. 瓦屋面施工工艺

1）屋面瓦的分类，瓦屋面是利用各种瓦材，如平瓦、波形瓦、小青瓦等作为防水材料，靠瓦与瓦之间的搭接错缝来达到防水的目的。屋面瓦的种类有混凝土瓦、小青瓦、琉璃瓦等，其常用瓦屋面的坡度见表 8-10，其中混凝土瓦面根据其外形可分为平板形、和波浪形（简称波形瓦），小青瓦有底瓦、盖瓦、筒瓦、滴水瓦等多种构件配合使用，琉璃瓦分平瓦和筒瓦两类，平瓦类有"S"瓦、平板瓦、波形瓦及空心瓦。

常用瓦屋面坡度表　　　　　　　　　　　　　表 8-10

材料种类	常用瓦屋面的坡度
混凝土瓦	$17.5°\sim51°$
小青瓦	$25°\sim35°$
琉璃瓦	$25°\sim35°$

2）平瓦屋面的施工工艺：清理基层→钉顺水条→钉挂瓦条→铺瓦→检查验收→淋水试验。

铺瓦方式包括：水泥砂浆卧瓦、钢挂瓦条挂瓦及木挂瓦条挂瓦等，其中木挂瓦条一般采用的方式为：挂瓦条固定在顺水条上，顺水条钉牢在细石混凝土找平层上，如图 8-68 所示。钢挂瓦条挂瓦一般做法为镀锌角钢挂瓦条固定在镀锌扁钢顺水条上，顺水条固定在细石混凝土找平层上。平瓦的搭接要求为其横向搭接（包括脊瓦的搭接）应顺应年最大频率风向，并且满足所选瓦材搭接的构造要求。平瓦的纵向搭接应按上瓦前端紧压下瓦尾墙的方式排列，搭接长度必须满足所选瓦材应搭接的长度要求。

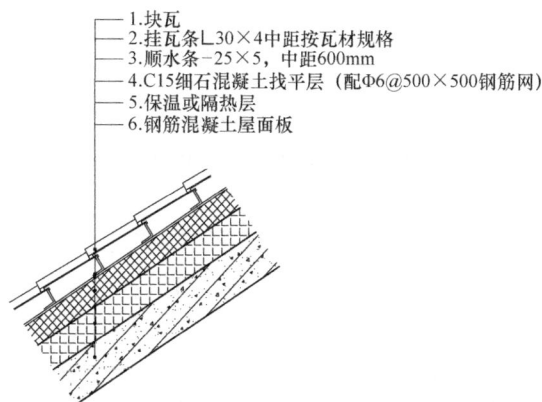

```
——1.块瓦
——2.挂瓦条L30×4中距按瓦材规格
——3.顺水条-25×5,中距600mm
——4.C15细石混凝土找平层（配Φ6@500×500钢筋网）
——5.保温或隔热层
——6.钢筋混凝土屋面板
```

图 8-68　平瓦屋面的施工工艺

2. 瓦屋面工程量清单项目设置

瓦屋面根据其瓦材品种不同按黏土瓦、混凝土瓦、小青瓦、琉璃瓦等按要求列出其工程量清单内容，见表 8-11。

瓦屋面清单设置

表 8-11

项目编码	项目名称	项目特征	计量单位	工程量计算规则	工作内容
010901001	瓦屋面	1. 瓦品种、规格 2. 粘结层砂浆的配合比	m²	按设计图示尺寸以斜面积计算； 不扣除房上烟囱、风帽底座、风道、小气窗、斜沟等所占面积。小气窗的出檐部分不增加面积	1. 砂浆制作、运输、摊铺、养护； 2. 安瓦、作瓦脊

3. 瓦屋面工程定额计价

1）瓦屋面定额工程量计算规则

（1）瓦屋面工程量计算内容如图 8-69 所示，其工程量计算规则为按图示尺寸的水平投影面积乘以屋面坡度延长系数 C 以平方米计算（瓦出线已包括在内），不扣除房上烟囱、风帽底座、风道、屋面小气窗、斜沟等所占面积，屋面小气窗的出檐部分也不增加，但天窗出檐与屋面重叠的面积，应并入所在屋面工程量内，瓦屋面的脊瓦以 10 延长米为计量单位，单列项目计算。但屋面坡度大于 $45°$ 时，按设计斜面积计算。

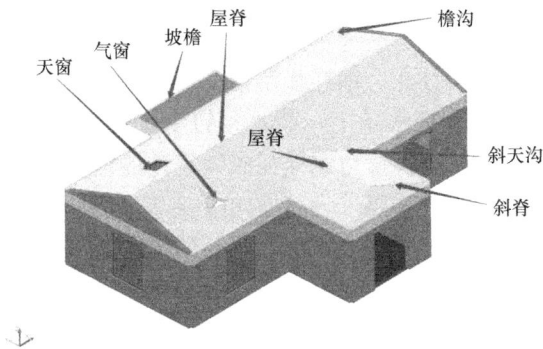

图 8-69 瓦屋面工程量计算示意图

其中屋面坡度系数就是屋面最低与最高点的高度差（相对于水平面）与最低点与最高点之间水平距离之比，即是指斜边比底边的比值，如图 8-70 所示，屋面坡度延长系数为 C/b。

坡屋面无论是两坡屋面还是四坡屋面，均按下列公式进行计算：

坡屋面工程量＝屋面水平投影面积×延尺系数

＝屋前后檐之宽×屋两山檐之长×延尺系数

（2）瓦屋面的屋脊、蝴蝶瓦的檐口花边、滴水应另列项目按延长米计算，四坡屋面斜脊长度（见图 8-70）中的"b"乘以隔延长系数 D（表 8-12）以延长米计算，山墙泛水长度为 $A×C$，瓦穿钢丝、钉铁钉、水泥砂浆粉挂瓦条按每 $10m^2$ 斜面积计算。隔延长系数是指在四坡时两端的坡与坡相交的斜脊处的延尺系数，是指双坡交接的斜边比底边的比值，隔延长系数为 D/b。

斜脊长＝半跨屋面水平宽度×D

坡屋面泛水长度：

$$每端山墙一边泛水长＝半跨屋面水平宽度×D$$

（3）屋面坡度延长系数 C 及隔延长系数 D 见表8-12。

屋面坡度延长系数 C 及隔延长系数 D

表 8-12

坡度比例$\dfrac{a}{b}$	坡度	角度 Q	屋面坡度延长系数 C	隔延长系数 D
1	1：1	45°	1.4142	1.7321
0.75	1：1.333	36°52′	1.25	1.6008
0.7	1：1.428	35°	1.2207	1.5779
0.666	1：1.501	33°40′	1.2015	1.562
0.65	1：1.539	33°01′	1.1926	1.5564
0.6	1：1.666	30°58′	1.1662	1.5362
0.577	1：1.732	30°	1.1547	1.527
0.55	1：1.817	28°49′	1.1413	1.517
0.5	1：2	26°34′	1.118	1.5
0.45	1：2.222	24°14′	1.0966	1.4839
0.4	1：2.5	21°48′	1.077	1.4697
0.35	1：2.858	19°17′	1.0594	1.4569
0.333	1：3	18°26′	1.0541	1.4530
0.3	1：3.333	16°42′	1.044	1.4457
0.25	1：4	14°02′	1.0308	1.4362
0.2	1：4.997	11°19′	1.0198	1.4283
0.15	1：6.662	8°32′	1.0112	1.4221
0.125	1：7.987	7°8′	1.0078	1.4191
0.1	1：10.02	5°42′	1.005	1.4177
0.083	1：12.034	4°45′	1.0035	1.4166
0.066	1：14.992	3°49′	1.0022	1.4157

（4）延长系数 C 和隔延长系数 D 的计算方法，如图 8-70 所示。

【案例】 已知坡度角 α，则延尺系数 $C=\dfrac{1}{\cos\alpha}$。

如某屋面坡度角为 30°，$\cos30°＝0.866$，则该屋面延尺系数 $C＝1/0.866＝1.1547$。

【案例】 已知斜坡的高度 h 和坡度水平长 A 时，则延尺系数 $=C\dfrac{\sqrt{A^2+h^2}}{A}$。

如某屋面坡度值比例为 0.7，即 $h＝1$，$A＝1.428$，则该屋面延尺系数 $=$

$\dfrac{\sqrt{1^2+1.428^2}}{1.428}＝1.2207$。

【案例】 隔延长系数 $D=\sqrt{1^2+C^2}$。

203

如当 $C=1.4142$，$D=\sqrt{1^2+1.4142^2}=1.6008$。

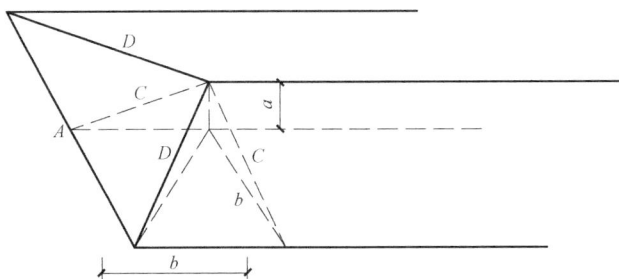

图 8-70　屋面坡度延长系数 C 及隅延长系数 D 示意图

2）瓦屋面定额耗用含量的取定

（1）各类瓦的规格和搭接尺寸见表 8-13。

瓦的规格和搭接尺寸表　　　　　　　表 8-13

规格	规格		搭接		每块瓦利用率(%)
	长(mm)	宽(mm)	长向(mm)	短向(mm)	
彩色水泥瓦	420	332	75	32	74.23
彩色水泥脊瓦	432	228	75		82.14
黏土瓦	400	240	85	25	70.55
黏土脊瓦	380	240	30		92.11
陶土波形瓦	250	250	20	20	92.00
陶土波形脊瓦	250		20		
小波石棉瓦	1820	720	150	62.5	79.41
大波石棉瓦	2800	994	150	165.70	79.41
石棉脊瓦	850	460	85		90.00

（2）瓦材料定额用量计算公式

平瓦用量＝[10m²÷（瓦有效长度×瓦有效宽度）]×（1＋损耗率）

脊瓦用量＝（10m÷脊瓦有效长度）×（1＋损耗率）

瓦有效长度＝瓦实长－长向搭接尺寸

瓦有效宽度＝瓦实宽－宽向搭接尺寸

【案例】　水泥瓦规格为 420mm×332mm，长向搭接 75mm，宽向搭接 32mm。水泥瓦的定额消耗量计算为（每 10m² 用量）：

10m²÷[（0.42－0.075）×（0.332－0.032）]×1.025＝99.03 块/10m²。

脊瓦规格为 432mm×228mm，长向搭接 75mm。脊瓦的定额消耗量计算为（每 10m 用量）：

[10m/（0.432－0.075）]×1.025＝28.71≈29 块/10m。

水泥瓦规格为 400mm×240mm，长向搭接 85mm，宽向搭接 25mm。其瓦的定额消耗量计算为（每 10m² 用量）：

[10m²÷[（0.4－0.085）×（0.24－0.025）]×1.025＝151.35，取 152（块/10m²）。脊

瓦规格为 380mm×240mm，长向搭接 30mm。

脊瓦的定额消耗量计算为：每 10m 用量＝10m÷[(0.38－0.3)]×1.025＝30 块/10m。

其梢头抹灰每 10m² 用量含梢头抹灰 0.8m，宽度 12cm，厚度 3cm，1∶2.5 水泥砂浆为：0.8×0.12×0.03×1.025＝0.003m³/10m²。

8.9.2 屋面卷材防水

1. 防水卷材施工工艺

SBS、APP 改性沥青防水卷材铺贴方式有下列几种：

满铺——即为满粘法（全粘法），铺贴防水卷材时，卷材与基层采用全部粘结的施工方法。

空铺——铺贴防水卷材时、卷材与基层仅在四周一定宽度内粘结，其余部分不粘结的施工方法。

条铺——铺贴防水卷材时，卷材与基层采用条状粘结的施工方法，每幅卷材与基层粘结面不少于两条，每条宽度不小于 150mm。

点铺——铺贴防水卷材时，卷材于基层采用点状粘结的施工方法。每平方米粘结不少于 5 个点，每个点面积为 100mm×100mm。

2. 防水卷材材料种类

高聚物改性沥青类防水卷材有：弹性体改性沥青防水卷材、改性沥青聚乙烯胎防水卷材、自粘聚合物改性沥青防水卷材。

合成高分子类防水卷材有：三元乙丙橡胶防水卷材、聚氯乙烯防水卷材、聚乙烯丙纶复合防水卷材、高分子自粘胶膜防水卷材。

3. 防水卷材工程量清单编制

卷材防水屋面又称柔性防水屋面，指用柔性材料做成防水层的屋面工程，用卷材或其他胶接材料形成满铺的防水面层，一般用在钢筋混凝土屋面，包括 SBS 卷材、APP 卷材、PVC 防水卷材、三元乙丙橡胶卷材等。

4. 卷材防水定额计价

1）卷材屋面计算规则：

卷材屋面按设计图示尺寸的面积计算。斜屋顶（不包括平屋顶找坡）按水平投影面积乘以规定的坡度系数计算，平屋顶按水平投影面积计算，不扣除房上烟囱、风帽底座、风道、屋面小气窗、斜沟等所占面积，屋面的女儿墙、伸缩缝和天窗等处的弯起部分，按图示尺寸并入屋面工程量内。如图纸无规定时，伸缩缝、女儿墙的弯起部分可按 250mm 计算，天窗弯起部分按 500mm 计算，檐沟、天窗按展开面积并入屋面工程量计算，如图 8-71 所示。

坡屋面卷材防水工程量可按以下公式计算：屋面水平投影面积×延尺系数＝屋前后檐之宽×屋两山檐之长×延尺系数，并另加弯起部分和天窗出檐重叠部分的面积。

平屋面卷材防水工程量按水平投影面积计算另加弯起部分的面积计算即可，对坡度小于 0.05 的屋面均按平屋面计算其工程量。

弯起部分的工程量包括从屋面向上或向下的直立部分的面积，如屋面板上的女儿墙、天窗墙、排水天沟的两个立边、屋顶上的楼梯间、电梯间墙等部位的弯起面积。

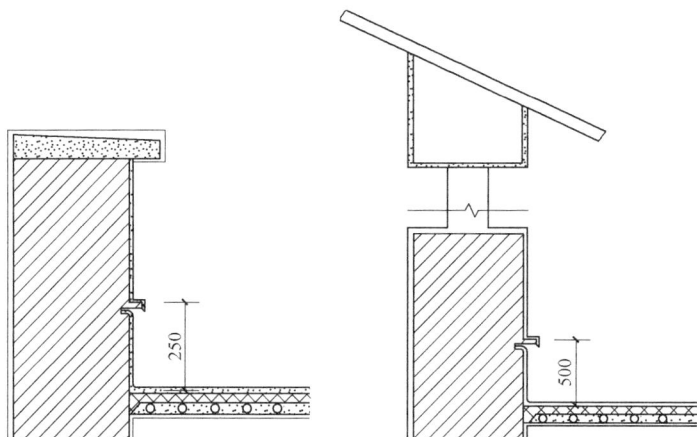

图 8-71　卷材防水弯起部分工程量计算示意图

2）卷材防水定额材料消耗量的取定

防水卷材接缝应采用搭接缝，卷材搭接宽度应符合表 8-14 的规定。

卷材搭接宽度表　　　　　　　　　　　　　　　　表 8-14

卷材类别		搭接宽度(mm)
合成高分子防水卷材	胶粘剂	80
	胶结带	50
	单缝焊	60,有效焊接宽度不小于 25
	双缝焊	80,有效焊接宽度 10×2＋空腔宽
高聚物改性沥青防水卷材	胶粘剂	100
	自粘	80

$$防水卷材定额用量＝\{[10m^2×层数/(卷材有效长×卷材有效宽)]×$$
$$每卷卷材面积＋附加层\}×(1＋损耗率)$$

SBS 卷材规格取定 $10m×1m＝10m^2$，长、短边搭接长度取定为 100mm，以计价定额单层 SBS 卷材防水子目为例：$\{[10m^2×1\ 层数/(1-0.1\ 短边搭接)×(10-0.1\ 长边搭接)]×(10×1\ 每卷卷材面积)＋1.16\ 附加层\}×(1＋1\%)＝12.5m^2/10m^2$。

以计价定额双层 SBS 卷材防水子目为例：$\{[10m^2×2\ 层数/(1-0.1\ 短边搭接)×(10-0.1\ 长边搭接)]×(10×1\ 每卷卷材面积)＋0.87\ 附加层\}×(1＋1\%)＝23.5m^2/10m^2$。

【纠纷案例】　某工程在计算屋面防水卷材工程量时，其中的附加层工程量是否需要另行计算，易引起工程造价纠纷。

【纠纷分析】　附加层为在易渗漏及易破损部位设置的卷材或涂膜加强层。附加层一般是设置在屋面易渗漏、防水层易破坏的部位，例如平面与立面结合部位、水落口、伸出屋面管道根部、预埋件等关键部位，防水层基层后期产生裂缝或可预见变形的部位。前者设置涂膜附加层，后者设置卷材空铺附加层。附加层设置得当，能起到事半功倍的作用。对于屋面防水层基层可预见变形的部位，如分格缝、构件与构件、构件与配件接缝部位，宜设置卷材空铺附加层，以保证基层变形时防水层有足够的变形区间，避免防水层被拉裂或疲劳破坏。附加层的卷材与防水层卷材相同，附加层空铺宽度应根据基层接缝部位变形量和卷材抗变形能力而定。空铺附加层的做法可在附加层的两边条粘、单边粘贴、铺贴隔离纸、涂刷隔离剂等，如图8-72、图8-73所示。

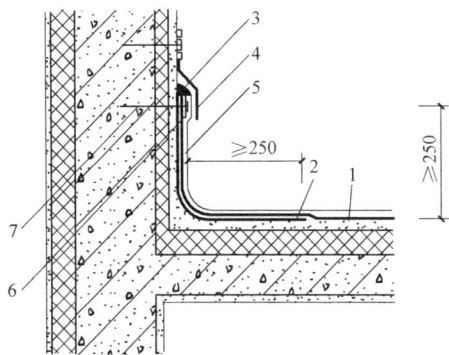

图 8-72　女儿墙防水附加层

1—防水层；2—附加层；3—密封材料；4—金属盖板；
5—保护层；6—金属压条；7—水泥钉

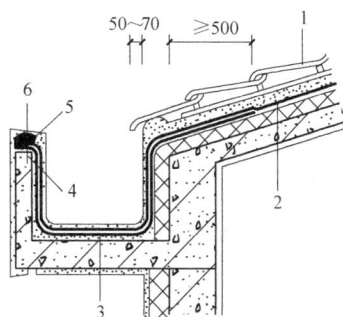

图 8-73　屋面檐沟防水附加层

1—瓦；2—防水层；3—附加层；4—水泥钉；
5—金属压条；6—密封材料

附加层设计应符合下列规定：①檐沟、天沟与屋面交接处、屋面平面与立面交接处，以及水落口、伸出屋面管道根部等部位，应设置卷材或涂膜附加层；②屋面找平层分格缝等部位，宜设置卷材空铺附加层，其空铺宽度不宜小于100mm；③附加层最小厚度应符合表8-15的规定。

附加层最小厚度　　　　　　　　　　　　　　　　表 8-15

附加层材料	最小厚度(mm)
合成高分子防水卷材	1.2
高聚物改性沥青防水卷材(聚酯胎)	3.0
合成高分子防水涂料、聚合物水泥防水涂料	1.5
高聚物改性沥青防水涂料	2.0

卷材屋面的附加层、接缝、收头、找平层的嵌缝、冷底子油、基底处理剂已计入定额材料用量内，不另计算。

【造价纠纷】　在卷材防水工程中，根据有关要求，基础卷材防水中柱基础、整板基础等阴阳角处应做成弧形或45°坡角，其尺寸应根据卷材品种确定，且增做卷材加强层，加强层宽度宜为300～500mm，某工程在工程计价中，该防水卷材加强层工程量部分发包人认为属于附加层不应计算工程量，承包人认为应该计算其加强层部分工程量，由此产生工程造价纠纷。

【纠纷分析】　基础工程中卷材防水分部分项工程量清单可按平面及立面卷材防水清单列项。当反边高度在300mm以内时，反边按展开面积并入平面工程量内，并在项目特征中注明反边高度；当反边高度超过 300mm 时，反边按立面防水列项并按图示防水尺寸展开面积计算其清单工程量。基础卷材防水及涂膜防水定额执行平、立面卷材防水及涂膜防水定额，同时按照设计要求的加强层及搭接部分用量并考虑相应损耗率之后调整定额中的卷材含量。

8.9.3 屋面涂膜防水

1. 双组分聚氨酯防水涂料施工工艺。

屋面涂膜防水指用可塑性金额粘结力较强的高分子防水涂料，直接涂刷在防水面的基层上，形成一层满铺的不透水的薄膜层，以达到防水的目的。聚氨酯涂膜防水材料一般为双组份，甲组份是以聚醚树脂和二异氰酸酯等原料，经过聚合及反应制成的含有端异氰酸酯基的聚氨基甲酸酯预聚物，外观为浅黄黏稠状，桶装。乙组份是由固化剂、促进剂、增韧剂、防霉剂、填充剂和稀剂等混合加工制成，外观有红、黑、白、黄及咖啡色等，膏状物。其工艺流程为：清理基层表面→细部处理→配制底胶→涂刷底胶（相当于冷底子油）→细部附中层施工→第一遍涂膜→第二遍涂膜→第三遍涂膜防水层施工→防水层一次试水→保护层饰面层施工→防水层二次试水→防水层验收。

2. 屋面涂膜防水工程量计算规则同屋面卷材防水工程。

8.9.4 屋面刚性层

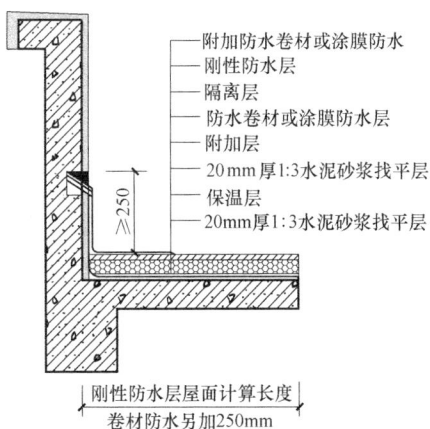

附加防水卷材或涂膜防水
刚性防水层
隔离层
防水卷材或涂膜防水层
附加层
20mm 厚1:3水泥砂浆找平层
保温层
20mm 厚1:3水泥砂浆找平层

≥250

刚性防水层屋面计算长度
卷材防水另加250mm

图 8-74 刚性防水层屋面计算示意图

屋面刚性层，刚性屋面防水层是指用防水砂浆抹面或浇捣细石混凝土而成的防水面层。为防止不规则裂缝以适应屋面变形需设置温度伸缩缝，称为分隔缝。其工程量计算规则为：按设计图示尺寸以面积计算。不扣除房上烟囱、风帽底座、风道等所占面积，即按实铺水平投影面积计算，如图 8-74 所示。刚性防水屋面定额项目是按（苏 J 01-2005）图集做法编制，防水砂浆、细石混凝土、水泥砂浆有分隔缝项目中均已包括分格缝及嵌缝油膏在内，细石混凝土项目中还包括了干铺油毡滑动层，设计要求与图集不符时应按定额规定换算。

【案例】 平面防水五层做法中，第一、三、五层涂刷 2mm 厚素水泥浆，第二、四层抹 8mm 厚水泥砂浆，则 1:2 水泥砂浆定额用量为 0.008×2 层 $\times 10 \text{m}^2 \times 1.01$ 损耗 $= 0.162 \text{m}^3/10 \text{m}^2$，素水泥浆定额用量为 0.002×3 层 $\times 10 \text{m}^2 \times 1.01$ 损耗 $= 0.606 \text{m}^3/10 \text{m}^2$。

8.9.5 屋面排水管

屋面排水管按设计图示尺寸以长度计算。如设计未标注尺寸，以檐口至设计室外散水上表面垂直距离计算。其中玻璃钢、PVC、铸铁水落管、檐沟，均按图示尺寸以延长米计算。水斗、女儿墙弯头、铸铁落水口（带罩），均按只计算。阳台 PVC 管通水落管按只计算。每只阳台出水口至水落管中心线斜长按 1m 计算（内含 2 只 135°弯头，1 只异径三通），设计斜长不同，调整定额中 PVC 塑料管的用料，规格不同应调整，使用只数应与阳台只数配套。其定额消耗量为：

PVC 塑料落水斗 $\phi160$ 每 10 只用量：$10 \times 1.02 = 10.20$ 只/10 只。

PVC 塑料抱箍 $\phi160$ 每 10 只用量：$10 \times 1.02 = 10.20$ 副/10 只。

PVC 塑料管束节 $DN160$ 每 10 只用量：$10 \times 1.02 = 10.20$ 个/10 只。

胶水每 10 只用量：$160/110 \times 0.27 = 0.39$kg/10 只。

8.9.6 屋面及防水工程清单列项要点

1. 屋面及防水工程相关保温工程分部分项工程量清单应按《房屋建筑与装饰工程工程量计算规范》GB 50854—2013 附录 K 有关规定按"保温隔热屋面"及"保温隔热楼地面"单独列项并注明其项目特征。

2. 屋面及防水工程相关水泥砂浆找平层分部分项工程量清单应按《房屋建筑与装饰工程工程量计算规范》GB 50854—2013 附录 L 有关规定按 011101006"平面砂浆找平层"单独列项并注明其项目特征。

3. 屋面细石混凝土防水层分部分项工程量清单应按《房屋建筑与装饰工程工程量计算规范》GB 50854—2013 附录 J 有关规定按 010902003"屋面刚性层"单独列项并注明其项目特征。

4. 屋面、墙面、楼地面卷材防水及涂膜防水应按《房屋建筑与装饰工程工程量计算规范》GB 50854—2013 附录 J 有关规定分别单独列项并注明其项目特征。

8.9.7 屋面防水工程定额计算实例

屋面防水工程计算其实际案例时，应按图纸设计构造要求分别计算。

1. 屋面找坡层是使平屋面形成一定排水坡度的结构层，一般用素混凝土、水泥砂浆、轻质砂浆等做成，应按楼地面工程中的相应定额进行计算，计算工程量时其厚度按平均厚度计算，如图 8-75 所示。

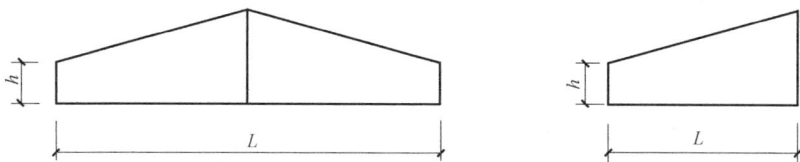

图 8-75 屋面找坡层工程量计算示意图

如为单坡屋面平均厚度计算公式：
$$平均厚度 = L \times 屋面坡度 \times 0.5 + h$$
如为双坡屋面平均厚度计算公式：
$$平均厚度 = 0.5 \times L \times 屋面坡度 \times 0.5 + h$$

2. 隔气层时为防止室内蒸汽湿度渗透到保温层中而降低保温及防水层功能的构造层，可采用涂刷冷底子油或采用卷材铺贴而成，可根据实际构造设计要求进行计算（各种卷材的防水层均已包括刷冷底子油一遍工料在内）。

3. 在刚性防水层中，为使钢筋混凝土防水层免受其下部结构变形导致防水层破坏，用水泥砂浆保护层进行保护隔离，应套用楼地面找平层相关定额子目。

4. 屋面保温层以及利用屋面保温层进行找坡部分，应按"防腐、保温、隔热"工程相应定额子目进行计算。

5. 屋面找平层是指为便于铺贴卷材而设置的水泥砂浆找平层，应根据"楼地面工程"中的清单项目进行列项并执行"楼地面工程"相应定额子目。有分隔缝的屋面找平层应执行屋面防水找平层相应定额子目。

6. 屋面防水层是指屋面的防雨层，包括刚性防水、卷材防水、涂膜防水、瓦材屋面等应分别按屋面工程部分的有关定额执行。

7. 屋面防水中的落水管、檐沟、天沟等应按设计要求分别计算。

8.10 楼地面工程

8.10.1 建筑地面构造

建筑地面是建筑物底层地面和楼（层地）面的总称，其构造由以下部分组成：

1. 面层：直接承受各种物理和化学作用的建筑地面表面层。

2. 结合层：面层与下一构造层相联结的中间层。

3. 基层：面层下的构造层，包括填充层、隔离层、绝热层、找平层、垫层和基土等。

4. 填充层：建筑地面中具有隔声、找坡等作用和暗敷管线的构造层。

5. 隔离层：防止建筑地面上各种液体或地下水、潮气渗透地面等作用的构造层；当仅防止地下潮气透过地面时，可称作防潮层。

6. 绝热层：用于地面阻挡热量传递的构造层。

7. 找平层：在垫层、楼板上或填充层（轻质、松散材料）上起整平、找坡或加强作用的构造层。

8. 垫层：承受并传递地面荷载于基土上的构造层。

9. 基土：底层地面的地基土层。

8.10.2 垫层

1. 垫层材料及人工定额耗用量的取定

1）半成品性质的垫层材料如灰土、混凝土等，其材料消耗量按下式计算：

$$半成品材料耗用量＝定额计量单位×（1＋损耗率）$$

垫层每立方米实体积与虚体积计算公式：

$$材料用量系数＝1÷（甲材料实体积＋乙材料实体积＋丙材料实体积）$$

$$材料实体积＝材料比例数×（1－孔隙率）$$

$$材料净用量＝材料比例数×材料用量系数×材料表观密度或1m^3体积$$

【案例计算】

灰土垫层定额含量取定：灰土是由石灰和黏土按一定配合比拌合而成的，如灰土取用 $3:7$ 时，即生石灰 243kg：黏土 $1.15m^3$，损耗率为 1%，灰土消耗量为 $1m^3×（1＋10\%）＝1.01m^3$。

灰土每间面积在 16m^2 以上基本用工取定为 0.4 工日/m^3，基本运距为 50m，超运距用工为 0.18 工日/m^3。

每间面积在 16m^2 以内按 30% 计算（时间定额增加 30%），即：$(0.4+0.18)×1.3×0.3=0.23$ 工日/m^3。

每间面积在 16m^2 以上按 70% 计算，即：$(0.4+0.18)×0.7=0.41$ 工日/m^3。

辅助用工按 10% 计算，$(0.23+0.41)×0.1=0.064$ 工日/m^3。

人工幅度差按 10% 计算：$(0.23+0.41+0.064)×0.1=0.07$ 工日/m^3。

合计 $0.23+0.41+0.064+0.07=0.77$ 工日/m^3。

电动夯实机的机械台班产量为 25m^3，台班含量取定为：$1.01÷25=0.04$ 台班/m^3。

【按体积比计算材料用量案例】

每立方米材料用量＝（虚铺总厚度/压实总厚度）×某材料的百分比

如 1:4 石灰炉渣垫层每立方米材料用量：

石灰用量为：1.455（石灰炉渣垫层压实系数）×$[1÷(1+4)]$（石灰百分比）×501.5（每立方米粉化生石灰需生石灰 kg）×1.01（生石灰损耗率为 1%）=147kg。

炉渣用量为：1.455（石灰炉渣垫层压实系数）×$[4÷(1+4)]$（炉渣百分比）×1.015（炉渣损耗率为 1.5%）=1.18m^3。

如 1:1:8 水泥石灰炉渣垫层每立方米材料用量：

石灰用量为：1.455（石灰炉渣垫层压实系数）×$[1÷(1+1+8)]$（石灰百分比）×501.5（每立方米粉化生石灰需生石灰 kg）×1.01（生石灰损耗率为 1%）=74kg。

炉渣用量为：1.455（石灰炉渣垫层压实系数）×$[1÷(1+1+8)]$（炉渣百分比）×1.015（炉渣损耗率为 1.5%）=1.18m^3。

水泥用量为：1.455（石灰炉渣垫层压实系数）×$[8÷(1+1+8)]$（水泥百分比）×1200（水泥表观密度）×1.01（水泥损耗率为 1%）=177kg。

如 3:7 灰土垫层每立方米材料用量：

石灰用量为：1.6（灰土垫层压实系数）×$[3÷(3+7)]$（石灰百分比）×501.5（每立方米粉化生石灰需生石灰 kg）×1.01（生石灰损耗率为 1%）=243kg。

黏土百分比为：1.6（灰土垫层压实系数）×$[7÷(3+7)]$（黏土百分比）×1.025（黏土耗率为 2.5%）=1.15m^3。

1:1:4 石灰、砂、碎砖三合土垫层材料用量测算：

石灰实体积为：$1×(1-0.44$ 石灰孔隙率$)=0.56$m^3，砂实体积$=1×(1-0.36$ 砂孔隙率$)=0.64$m^3，碎砖实体积$=4×(1-0.43$ 砂孔隙率$)=2.28$m^3。

材料用量系数为：$1÷(0.56+0.64+2.28)=0.287$。

石灰用量为：$1×0.287×501.5$（每立方米粉化生石灰需生石灰 kg）=143.9kg/m^3。

砂用量为：$1×0.287×1460$（砂表观密度）=419kg/m^3。

碎砖用量为：$4×0.287=1.148$m^3/m^3。

2）砂、石等单一材的垫层材料及机械台班定额用量按下式取定：垫层材料用量＝定额计量单位×压实系数×（1+损耗率），其中压实系数＝虚铺厚度/压实厚度，压实系数见表 8-16。

常用垫层材料压实系数

表 8-16

垫层名称	压实系数	垫层名称	压实系数
黏土	1.40	干铺炉渣	1.20
毛石	1.20	灰土	1.60
碎石	1.08	碎石三合土	1.45
天然级配砂石	1.20	石灰炉渣	1.455
砂	1.13	水泥石灰炉渣	1.455
碎砖	1.30	人工级配砂石	1.04

3）碎石或碎砖灌浆垫层，其砂浆或砂的用量按下式计算：

$$砂浆（砂）=\frac{碎石比重-碎石容重\times 压实系数}{碎石比重}\times 填充密实度\times（1+损耗率）\times 定额计量单位$$

【案例计算】 1：1 砂石垫层示例（配合比以体积比计算）：

（1）石子的空隙率为：$\frac{2700-1500}{2700}\times 100\%=44.4\%$，石子的空隙用砂填缝的密实度为 90%。

（2）碎石 40mm 用量为：0.5（定额计量体积）×1.04（压实系数）×1.5（碎石重度）×1.02（损耗）=0.8t。

（3）黄砂用量为：0.5（定额计量体积）×1.04（压实系数）×[1.46（重度）×1.05（密实系数）÷1.18（此处应考虑干砂含水膨胀率 18%）]=0.676t。

填缝隙用黄砂为：[0.5-0.5×0.56（石子密实体积）]×0.9×1.04×（1.46×1.05÷1.18）=0.28t。

合计黄砂用量为：（0.676+0.28）×1.02（损耗）=0.98t。

【案例计算】 干铺碎石垫层材料用量计算

碎石 5～40mm 用量为：1×1.08（碎石垫层压实系数）×1.5（碎石重度）×（1+2%碎石损耗率）=1.65t/m³。

碎石空隙率：（2700-1500）÷2700=44.44%，空隙的 20%用碎石 5～16mm 填满，碎石 5～16mm 用量为：（2700 碎石比重-1500×1.08 碎石垫层压实系数）÷2700×0.2（密实度）×1.5（碎石重度）（1+2%碎石损耗率）=0.12t/m³。

【案例计算】 碎石灌浆垫层材料用量计算

碎石 5～40mm 用量为：1×1.08（碎石垫层压实系数）×（碎石重度）×（1+2%碎石损耗率）=1.65t/m³。

碎石 5～40mm 孔隙用 80%的 M2.5 混合砂浆填充，M2.5 混合砂浆用量为：（2700 碎石密度-1500×1.08 碎石垫层压实系数）÷2700×0.8（密实度）（1+1%砂浆损耗率）=0.32m³/m³。

【案例计算】 砂垫层材料用量计算

砂垫层用量为：1×1.46（砂重度）$\times 1.13$（砂垫层压实系数）$\times 1.05$（含水率）$\times 1.02$（损耗）$=1.77 t/m^3$。

【案例计算】 干铺毛石垫层材料用量计算

毛石定额材料用量为：定额单位$\times$压实系数$\times$（$1+$损耗率）$\times$重度$=1 \times 1.2 \times 1.01 \times 1.65 = 2 t/m^3$，毛石孔隙率为 $(2700-1650) \div 2700 = 38.80\%$，其50%用碎石填充。

填空隙用碎石：$(2700-1650 \times 1.2) \div 2700 \times 0.5 \times 1.02 \times 1.5 = 0.2 t/m^3$。

【案例计算】 灌浆毛石垫层材料用量计算

毛石定额材料用量为：定额单位$\times$压实系数$\times$（$1+$损耗率）$\times$重度$=1 \times 1.2 \times 1.01 \times 1.65 = 2 t/m^3$。

毛石孔隙率为：$(2700-1650) \div 2700 = 38.80\%$。

毛石空隙80%用砂浆填充，填空隙用砂浆用量为：$(2700-1650 \times 1.2) \div 2700 \times 0.8 \times 1.01 = 0.215 m^3/m^3$。

灰浆拌合机用量为 $0.215 \div 5 = 0.043$ 台班$/m^3$。

【案例计算】 干铺碎砖垫层材料用量计算。

碎砖定额材料用量为：定额单位$\times$压实系数$\times$（$1+$损耗率）$\times$重度$=1 \times 1.3 \times 1.01 \times 1.25 = 1.65 t/m^3$。

【案例计算】 灌浆碎砖垫层材料用量计算。

碎砖定额材料用量为：定额单位$\times$压实系数$\times$（$1+$损耗率）$\times$重度$=1 \times 1.3 \times 1.01 \times 1.25 = 1.65 t/m^3$。

碎砖空隙率为：$(2000-1250) \div 2000 = 37.50\%$。

其80%空隙用砂浆填充，则填空隙用砂浆用量为：$(2000-1250 \times 1.3) \div 2000 \times 0.8 \times 1.01 = 0.152 m^3/m^3$。

【案例计算】 混凝土垫层材料用量计算。

混凝土用量为：$1 \times 1.01 = 1.01 m^3/m^3$。

混凝土搅拌机用量为：$1.01 \div 26$（台班产量）$=0.039$ 台班$/m^3$。

混凝土振动器用量为：$0.039 \times 2 = 0.078$ 台班$/m^3$。

2. 垫层工程量计算规则

地面垫层按主墙间净面积乘以设计厚度以立方米计算，应扣除凸出地面的构筑物、设备基础、室内铁道、地沟等所占体积，不扣除柱、垛、间壁墙、附墙烟囱及面积在 $0.3 m^2$ 以内孔洞所占面积，但门洞、空圈、暖气包槽、壁龛的开口部分亦不增加。

【造价纠纷】 计算地面垫层工程量时，轻质隔墙、半砖墙体等是否应扣除相应工程量，易引起工程造价纠纷。

【纠纷分析】 地面垫层工程量计算规则与基础垫层工程量计算规则不同，基础垫层应按设计尺寸计算，地面垫层则应按主墙间净面积扣除相关部分工程量，同时由于间壁墙一般是厚度小于120mm的隔断墙，一般不做承重基础，且所占面积不大，因此计算地面垫层工程量时为简化计算可以不予扣除，但如果是半砖墙体设置承重基础时，其所占体积应予扣除。

8.10.3 找平层

1. 找平层定额材料、机械耗用量的确定，公式如下

$$砂浆（混凝土）耗用量＝定额单位×铺筑厚度×（1＋损耗率）$$

清洗用水按每平方米取定 0.006m³ 计算，砂浆铺筑厚度为 20mm，混凝土为 40mm，若在填充材料上铺砂浆还应考虑 5mm 压入厚度，损耗率为 1%。素水泥浆为 1mm，损耗率为 1%。其材料定额用量应为：

在硬基层上砂浆用量为：$10×0.02×1.01＝0.202m²/10m²$。

灰浆拌合机用量为：$0.202÷5＝0.04 台班/10m²$。

在填充料上砂浆用量为：$10×(0.02+0.005)×1.01＝0.253m²/10m²$。

灰浆拌合机用量为：$0.253÷5＝0.051 台班/10m²$。

素水泥浆用量为：$10×0.001×1.01＝0.01m³/10m²$。

细石混凝土用量为：$10×0.04×1.01＝0.404m³/10m²$。

设计厚度不同时，可按每增减定额子目调整。

2. 找平层人工材料耗用量的确定

找平层、整体面层、块料面层每间面积 8m² 以内，按 30%（时间定额乘以系数1.25）、8m² 以上按 70%综合考虑。

3. 找平层定额工程量计算规则

找平层工程量均应按主墙间净空面积以平方米计算。应扣除：凸出地面构筑物、设备基础、室内管道、地沟等所占面积。不扣除柱、垛、间壁墙、附墙烟囱及面积在 0.3m² 以内的孔洞所占面积，但门洞、空圈、暖气包槽、壁龛的开口部分亦不增加。

8.10.4 整体面层

1. 整体面层定额工程量计算规则

整体面层是指在较大面积范围内，一次浇筑同一种材料而成的楼地面层，如水泥砂浆面层、混凝土面层、水磨石面层等，其工程量均应按主墙间净空面积以平方米计算。应扣除：凸出地面构筑物、设备基础、室内管道、地沟等所占面积。不扣除柱、垛、间壁墙、附墙烟囱及面积在 0.3m² 以内的孔洞所占面积，但门洞、空圈、暖气包槽、壁龛的开口部分亦不增加。

2. 整体面层定额人工耗用量的确定

水泥砂浆整体面层按加浆抹光随捣随抹 5mm 计算，这一般是用于简易地面面层的一种施工工艺，即在地面混凝土浇捣成型后，随即用水泥砂干粉铺撒在混凝土面层上，再行

214

磨光。水泥砂浆整体面层按压光不压线计算,面层养护用工,取定 0.14 工日/10m^2,包括浇水、运、铺、清除等。

3. 整体面层定额材料用量的确定

1)各类整体面层材料均按半成品列入定额项目内,其砂浆、混凝土等半成品配合比按定额附录相应项目执行,其厚度根据规范要求结合有关标准设计取定。

2)各种材料的楼地面整体面层均不包括踢脚线(楼梯项目除外),踢脚线应另列项目计算。

3)水泥砂浆楼地面整体面层材料耗用量:

$$砂浆(混凝土)耗用量=定额单位×铺筑厚度×(1+损耗率)$$

如水泥砂浆整体面层中水泥砂浆用量为:$10×0.02×1.01=0.202m^2/10m^2$。

养护用水按 7d 浇水 10 次,每 1~3d 每天浇水 2 次,每次浇水 4mm,第 4 天后,每天浇水 1 次,每次浇水 2mm 计算,每 10m^2 用水量为 0.32m^3,再加清理基层用水 0.06m^3,共计 0.38m^3/10m^2。

4)水磨石整体面层定额材料消耗量。

【造价纠纷】 在楼地面工程中,水磨石楼地面是公共建筑中常见做法,其普通水磨石与高级水磨石如何区分易引起纠纷争议。

【争议解决】 普通水磨石操作规程要求"两浆三磨",具体工序为粗磨(60~80 号金刚石)、补浆、细磨(80~120 号金刚石)、补浆、磨光(120~200 金刚石)。

高级水磨石操作规程要求"五浆五磨七抛光",在普通水磨石面层"两浆三磨"基础上增加三浆两磨,分别使用 60~300 号金刚石,共计磨 5 遍,当第五遍研磨结束,补涂白水泥浆养护 2~3h 后,方可进行抛光,抛光应分 7 道工序,使用的油石规格依次为 400 号、600 号、800 号、1000 号、1200 号和 2500 号。

普通水磨石楼地面定额材料含量确定为:

刷素水泥浆一层,每 10m^2 耗用 0.01m^3。

1:3 水泥砂浆找平层 20mm 厚:$10×0.02×1.01=0.202m^3$。

1:2 白石子浆面层 15mm+2mm(磨耗)厚:$10×(0.015+0.002)×1.02=0.173m^3$。

彩色镜面水磨石楼地面定额材料含量确定为:

刷素水泥浆一层,每 10m^2 耗用 0.025m^3。

1:3 水泥砂浆找平层 20mm 厚:$10×0.02×1.01=0.202m^3$。

1:2 白水泥加氧化铁红彩色石子浆 20mm+4.5mm(磨耗)厚:$10×(0.020+0.0045)×1.02=0.249m^3$。

8.10.5 块料面层

1. 块料楼地面材料定额用量计算方法

1)各种面层材料用量——大理石、花岗石、地砖、陶瓷锦砖均不考虑灰缝宽度,块料用量为:

$$\frac{10m^2(定额计量单位)}{块料长×块料宽}×(1+损耗率)。$$

2)结合层材料用量为:

$$10m^2 \times 结合层厚度 \times (1+损耗率)$$

【计算案例】

地砖 300mm×300mm 定额材料用量为：$\dfrac{10m^2}{0.3 \times 0.3} \times (1+2\%) = 114$ 块。

结合层为素水泥砂浆＋20mm 水泥砂浆（1：2）＋5mm 水泥砂浆（1：3）用量计算：

水泥砂浆 1：2 用量为：$10 \times 0.02 \times 1.01 = 0.202m^3/10m^2$。

水泥砂浆 1：3 用量为：$10 \times 0.005 \times 1.01 = 0.051m^3/10m^2$。

素水泥浆：$10 \times 0.001 \times 1.01 = 0.01m^3/10m^2$。

3）块料楼地面勾缝及块料嵌缝材料用量计算方法：

$$块料用量 = \dfrac{10m^2（定额计量单位）}{（块料长＋缝宽）\times（块料宽＋缝宽）} \times (1+损耗率)。$$

$$嵌缝材料用量 = [10-（块料长 \times 块料宽 \times 10m^2 块料净用量）] \times 缝深 \times (1+损耗率)$$

【计算案例】

缸砖定额材料用量为：$\dfrac{10m^2（定额计量单位）}{(0.152+0.008) \times (0.152+0.008)} \times (1+1\%) = 398$ 块/$10m^2$。

嵌缝水泥砂浆 1：1 用量为：$[10-(0.152 \times 0.152 \times 394)] \times 0.013 \times (1+1\%) = 0.013m^3/10m^2$。

5mm 水泥砂浆 1：1 结合层用量为：$10 \times 0.05 \times 1.01 = 0.051m^3/10m^2$。

1：1 水泥砂浆合计 $0.064m^3/10m^2$。

1：3 水泥砂浆用量为：$10 \times 0.02 \times 1.01 = 0.202m^3/1010m^2$。

【计算案例】

干硬性水泥砂浆石材楼地面定额含量取定：

石材：$10 \times 1.02 = 10.2m^2/10m^2$。

42.5 级水泥：$10 \times 0.003 \times 1.01 \times 1517 = 45.97kg/10m^2$。

1：3 干硬性水泥砂浆：$10 \times 0.03 \times 1.01 = 0.303m^3/10m^2$。

灰浆拌合机：$0.303 \div 5 = 0.061$ 台班/$10m^2$。

【计算案例】

干硬性水泥砂浆现场碎拼石材楼地面定额含量取定：

碎拼石材：间隙面积按 5%计算，则 9.5×1.01（不带尖角损耗）$= 9.595m^2/10m^2$。

1：3 干硬性水泥砂浆：$10 \times 0.03 \times 1.01 = 0.303 m^3/10m^2$。

水泥砂浆 1：2 灌缝：$0.012 m^3/10m^2$。

素水泥浆一道：$0.01m^3/10m^2$。

灰浆拌合机：$(0.303+0.012+0.01) \div 5 = 0.064$ 台班/$10m^2$。

2. 块料楼地面定额工程量计算规则

按图示尺寸实铺面积以平方米计算，应扣除突出地面不做面层的地方，$0.3m^2$ 以内的孔洞面积不扣除，门洞、空圈、暖气包槽和壁龛的开口部分的工程量并入相应的面层内计算。

【造价纠纷】 楼地面工程中关于酸洗打蜡定额项目列项计算易引起工程造价纠纷。

【纠纷分析】 水磨石楼地面定额工作内容已包含酸洗打蜡工作内容，不得另列项目计算，其他块料楼地面定额中未包含此项工作内容，应另行计算。

【造价纠纷】　在石材及地砖块料面层执行定额计价时，根据设计要求需在施工现场进行磨边加工，发包人认为此项费用已包含在石材块料楼地面定额工作内容中，承包人认为应另计，由此产生工程造价纠纷。

【纠纷分析】　石材块料面板镶贴及切割费用已包含在定额中，设计需要在施工现场进行磨边加工，应按相应定额子目另计费用。

【造价纠纷】　石材块料面板定额中的"简单图案镶贴"和"复杂图案镶贴"两者如何区分，易引起工程造价纠纷。

【纠纷分析】　石材块料面板局部切除并分色镶贴成折线图案者为"简单图案镶贴"、切除分色镶贴成弧线形图案这为"复杂图案镶贴"。

8.10.6　楼梯面层

1. 楼梯面层定额工程量计算规则

1) 楼梯整体面层（包括踏步、休息平台以及小于200mm宽的楼梯井）按水平投影面积计算。包括踏步、踢脚板、中间休息平台、踢脚线、梯板侧边及堵头，楼梯井宽在200mm以内不扣除，超过200mm者，应扣除其面积。楼梯与走廊连接的，以楼梯沿口梁外缘为界，线内为楼梯面积，线外为走廊面积。

2) 楼梯块料面层按展开实铺面积计算，踏步板、踢脚板、中间休息平台、踢脚线、堵头等应合并计算

2. 楼梯面层定额材料消耗量取定

楼梯整体面层定额材料测算过程中，水平投影面积为7.694m²，则每10m²的水平投影面积包括的含量有面层展开面积17.934m²，其中楼梯展开面积14.184m²，踢脚线1.82m²，楼梯帮0.905m²，底板及端头1.023m²，并且以出沿及不出沿各占50%考虑。

砂浆含量计算为踢脚线及楼梯帮采用15厚1：3水泥砂浆底，10mm厚1：2水泥砂浆面，其他均采用20mm1：2水泥砂浆底面。

1：3水泥砂浆定额用量为：$(1.82+0.45)\times0.015\times1.01=0.034m^3/10m^2$。

1：2水泥砂浆定额含量：$[(1.82+0.45)\times0.01+(14.184+0.45+1.023)\times0.02]\times1.01=0.339m^3/10m^2$。

灰浆拌合机：$(0.339+0.034)\div5=0.075$台班$/m^3$。

水磨石楼梯面按3.2m×5m测算，每10m²水平投影面积展开面积为休息平台及踏步9.825m²，踏步侧面3.407m²，踢脚线及堵头1.687m²，另一侧堵头及楼梯侧面0.96m²，合计15.87m²。其定额中：

1：3水泥砂浆底15mm厚：$15.87\times0.015\times1.01=0.24m^3$。

1：2白石子浆15mm+2mm厚：$15.87\times(0.015+0.002)\times1.02=0.275m^3$。

1：1素水泥浆两遍：$15.87\times0.0005\times2=0.016m^3$。

8.10.7　踢脚线

踢脚线定额工程量计算规则：

水泥砂浆、水磨石踢脚板按延长米计算，洞口、空圈长度不予扣除，洞口、空圈、

垛、附墙烟囱等侧壁长度亦不增加；块料面层踢脚线按图示尺寸以实贴延长米计算，门洞扣除，侧壁增加。

踢脚线定额高度按150mm编制，如设计高度不同时，整体面层不调整，块料面层按比例调整，其他不变。

8.10.8 台阶

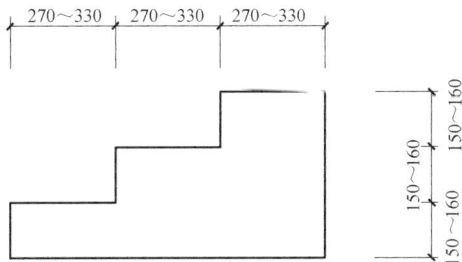

图8-76 台阶水泥砂浆整体面层

1. 台阶定额工程量计算规则：台阶整体面层（包括踏步及最上一层踏步边沿加300mm）按水平投影面积计算，块料面层按展开（包括两侧）实铺面积计算。

2. 台阶整体面层定额含量取定：

台阶水泥砂浆整体面层取定如图8-76所示，每10m² 水平投影面积含展开面积14.8m²，端头增加8%，砖面和混凝土面各按50%考虑，砖面另加0.07cm嵌缝砂浆，则：

水泥砂浆用量为：$10 \times 14.8 \times 1.08 \times (0.02 + 0.007 \div 2) \times 1.01 = 0.324 \text{m}^3/10\text{m}^2$。

灰浆拌合机用量为：$0.324 \div 5 = 0.065$ 台班/10m^2。

水磨石台阶定额中1:3水泥砂浆找平层用量为 $14.8 \times 0.015 \times 1.01 = 0.224 \text{m}^3/10\text{m}^2$。

1:2水泥白石子浆用量为 $14.8 \times (0.015 + 0.002) \times 1.02 = 0.257 \text{m}^3/10\text{m}^2$。

8.10.9 散水

散水定额工程量计算规则：

散水是指房屋周围保护墙基，分散雨水远离墙脚的保护层，定额中包括挖土、筑坡、填土夯实铺设和面层浇筑等，其工程量按图示尺寸以平方米计算，计算公式为：

散水面积=（外墙外边线周长+散水宽度×4-台阶、斜坡及花池等所占宽度）×散水宽度

8.10.10 斜坡

1. 斜坡定额工程量计算规则

斜坡按水平投影面积计算。

2. 混凝土斜坡定额含量取定

混凝土斜坡定额耗用量取定：斜坡坡度按1:6，坡度系数为1.104考虑。

20mm厚1:2水泥砂浆：$0.202 \times 1.014 = 0.205 \text{m}^3/10\text{m}^2$。

80mm厚C15混凝土：$10 \times 0.08 \times 1.014 = 0.82 \text{m}^3/10\text{m}^2$。

碎石5~40mm：$1.65 \times 0.15 \times 10 \times 1.014 = 2.51 \text{t}/10\text{m}^2$。

碎石5~16mm：$0.15 \times 0.15 \times 10 \times 1.014 = 0.23 \text{t}/10\text{m}^2$。

400L混凝土搅拌机：$0.82 \div 25 = 0.032$ 台班/10m^2。

200L灰浆搅拌机：$0.205 \div 5 = 0.04$ 台班/10m^2。

平板式振动机：$0.032 \times 2 = 0.064$ 台班/10m^2。

8.10.11 楼地面工程机械台班量的确定

楼地面工程机械台班量＝定额砂浆量或混凝土用量÷台班产量

其中灰浆拌合机（200L）垫层、找平层及整体面层为 $5m^3$/台班，石料切割机切割大理石每台班可切割长度为 20m，切割花岗石时台班产量下降 20%。

【造价纠纷】 墙面抹灰与地面找平中存在搭接。按计算规则为地面为墙间净空间计算，墙面的计算高度为实际抹灰高度。请问地面工程量是否扣除墙面抹灰厚度所占面积易产生工程造价纠纷。

【纠纷分析】 地面工程量计算均应按结构尺寸计算，不应扣除墙面抹灰厚度所占面积工程量。

8.11 墙柱面工程

8.11.1 墙柱面抹灰工程

1. 墙柱面抹灰工程抹灰等级取定

一般用石灰砂浆、水泥砂浆、混合砂浆等为主要材料的抹灰称为一般抹灰，一般抹灰区分为普通抹灰、中级抹灰、高级抹灰三个档次。墙柱面工程预算定额中墙柱面抹灰按中级抹灰考虑，设计砂浆品种、饰面材料规格如与定额取定不同时，应按设计调整，但人工数量不变。

定额中普通、中级、高级抹灰是按抹灰遍数区分的，抹灰等级与抹灰遍数、工序、外观质量的对应关系见表 8-17

抹灰等级分类表   表 8-17

名称	普通抹灰	中级抹灰	高级抹灰
遍数	二遍	三遍	四遍
主要工序	分层找平、修整、表面压光	阴角找方、设置标筋、分层找平、修整、表面压光	阴角找方、设置标筋、分层找平、修整、表面压光
质量要求	表面光滑、洁净、接槎平整	表面光滑、洁净、接槎平整、压线、清晰、顺直	表面光滑、洁净、颜色均匀、无抹纹压线、平直方正、清晰美观

2. 墙柱面抹灰工程定额材料取定

1）每 $10m^2$ 粉刷材料用量（根据其各种粉刷厚度进行计算）：

粉刷底层或中层砂浆＝设计厚度×（1＋偏差系数）×（1＋操作损耗）×定额计量单位

粉刷面层砂浆＝设计厚度×（1＋偏差系数）×（1＋操作损耗）×定额计量单位

其中粉刷偏差系数取定如下：

内墙面粉刷：底层取 1.10，中层取 1.08，面层取 1.05。内墙面粉刷：底层取 1.05，中层取 1.05，面层取 1.00。水刷石、干粘石、零星抹灰、装饰线、天棚抹灰不考虑此系数。

2）混凝土面、钢板网面及装饰抹灰基层先刷一道 0.4mm 的 901 胶素水泥浆，每 $10m^2$ 取定 $0.0004×10＝0.004m^3$。

3）各种墙面、天棚抹灰砂浆嵌缝砂浆用量见表 8-18。

墙面、天棚抹灰砂浆嵌缝砂浆用量表 表 8-18

结构类型	砖墙柱	钢网、板条	毛石	轻质墙
数量	0.007	0.04	0.03	0.007

3. 墙柱面抹灰工程定额机械台班耗用量取定：

灰浆拌合机台班产量按 $5m^3$ 计算，则：

$$定额台班量＝各子目中的砂浆体积÷5$$

【计算案例】 混凝土外墙水泥砂浆粉刷定额含量测算

12mm 厚 1：3 水泥砂浆底：$10×0.012×(1＋10\%)×(1＋2\%)＝0.135m^3/10m^2$。

8mm 厚 1：2.5 水泥砂浆面：$10×0.008×(1＋5\%)×(1＋2\%)＝0.086m^3/10m^2$。

0.4mm 901 胶素水泥浆，$10m^2 0.0004×10＝0.004m^3/10m^2$。

水：0.04（洒水湿润基层用水）＋$1×0.045$(灰浆拌合机用水)＝$0.085 m^3/10m^2$。

灰浆拌合机：$(0.135＋0.086＋0.004)÷5＝0.045$ 台班$/10m^2$。

【计算案例】 阳台雨篷粉刷定额含量测算案例，阳台雨篷粉刷造型如图 8-77 所示。

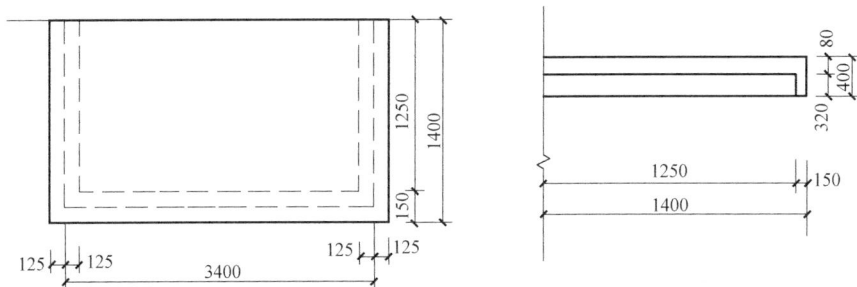

图 8-77 阳台雨篷粉刷造型

阳台水平投影面积：$1.4×(3.4＋0.125×2)＝5.11m^2$。

水泥砂浆粉刷：

顶面 $1.4×3.65＝5.11m^2$。

外侧面 $(3.65＋1.4×2)×0.4＝2.58m^2$。

滴水线 $(3.65＋1.35×2)×0.05＝0.32m^2$，合计：$5.11＋2.58＋0.32＝8.01m^2$。

混合砂浆粉刷：

底面：$1.25×(3.4－0.25)＝3.94m^2$。

梁底面：$(1.4－0.05)×(0.25－0.05)×2＋(3.4－0.25)×(0.15－0.05)＝0.86m^2$。

梁内侧面 $(1.25×2＋3.4－0.25)×0.32＝1.81m^2$。

合计 $3.94＋0.86＋1.81＝6.61m^2$。

经测定，每 $10m^2$ 投影面积粉刷 $10×(8.01＋6.61)÷5.11＝28.7m^2$，其中水泥砂浆粉刷，阳台顶面 $10m^2$。梁外侧及滴水线 $5.7m^2$；混合砂浆粉刷，梁底及内侧面 $5.2m^2$，阳台板底 $7.8m^2$。

阳台面水泥砂浆粉刷：

15mm 厚 1：3 水泥砂浆找平层：$0.015 \times 1.01 \times 10 = 0.152 \text{m}^3/10\text{m}^2$。

10 厚 1：2 水泥砂浆面层：$0.01 \times 1.01 \times 10 = 0.101 \text{m}^3/10\text{m}^2$。

梁外侧水泥砂浆：

12mm 厚 1：3 水泥砂浆底：

$0.012 \times 1.025 \times 5.7 = 0.07 \text{m}^3/10\text{m}^2$。

8mm 厚 1：2.5 水泥砂浆面层 $0.008 \times 1.025 \times 5.7 = 0.047 \text{m}^3/10\text{m}^2$。

901 胶素水泥浆一道：$0.0004 \times 5.7 = 0.002 \text{m}^3/10\text{m}^2$。

板底、梁侧面混合砂浆：

8mm 厚 1：0.3：3 混合砂浆底：$0.008 \times 1.03 \times 13 = 0.107 \text{m}^3/10\text{m}^2$。

3mm 厚 1：3 水泥砂浆：$0.003 \times 1.03 \times 13 = 0.04 \text{m}^3/10\text{m}^2$。

901 胶素水泥浆一道：$0.0004 \times 13 = 0.005 \text{m}^3/10\text{m}^2$。

定额材料用量合计：

1：2 水泥砂浆：$0.101 \text{m}^3/10\text{m}^2$。

1：2.5 水泥砂浆：$0.047 \text{m}^3/10\text{m}^2$。

1：3 水泥砂浆：$0.152 + 0.07 + 0.04 = 0.262 \text{m}^3/10\text{m}^2$。

901 胶素水泥浆：$0.002 + 0.005 = 0.007 \text{m}^3/10\text{m}^2$。

1：0.3：3 混合砂浆底：$0.107 \text{m}^3/10\text{m}^2$。

水：0.004×28.7（洒水基层湿润用水）$+ 0.105 \times 1$（拌合机清洗用水）$= 0.22 \text{m}^3/10\text{m}^2$。

机械台班定额含量：$(0.101 + 0.047 + 0.262 + 0.007 + 0.107 + 0.04) \div 5 = 0.105$ 台班$/10\text{m}^2$。

【计算案例】 混凝土外墙面及柱梁面水泥砂浆粉刷定额含量测算案例。

材料定额含量测算为：

901 胶素水泥浆 0.4mm 厚：$10 \times 0.0004 = 0.004 \text{m}^3/10\text{m}^2$。

12mm 厚 1：3 水泥砂浆底：$10 \times 0.012 \times 1.05$（粉角系数）$\times (1 + 5\%$ 偏差系数$) \times (1 + 2.5\%) = 0.136 \text{m}^3/10\text{m}^2$。

8mm 厚 1：2.5 水泥砂浆面：$10 \times 0.008 \times (1 + 5\%$ 偏差系数$) \times (1 + 2.5\%) = 0.086 \text{m}^3/10\text{m}^2$，水：$0.04$（洒水湿润基层）$+ 1 \times 0.045$（拌合机清洗用水）$= 0.085 \text{m}^3/10\text{m}^2$。

机械台班定额用量为：$(0.004 + 0.136 + 0.086) \div 5 = 0.045$ 台班$/10\text{m}^3$。

【造价纠纷】 在执行墙面抹灰及块料面层计价定额时，其砂浆品种及厚度设计要求与定额不同时应否调整且如何调整，易引起工程造价纠纷。

【纠纷分析】 墙、柱面的抹灰及镶贴块料面层定额中所取定的砂浆品种、厚度根据定额有关规定取定，如混凝土墙面粉刷水泥砂浆，底层为 12mm 厚 1：3 水泥砂浆、面层为 8mm 厚 1：2.5 水泥砂浆，总厚度为 20mm；如砖墙外墙面混合砂浆，底层为 12mm 厚混合砂浆 1：1：6，面层为 8mm 厚混合砂浆 1：1：6，总厚度 20mm 等。当设计用砂浆品种、厚度与定额取定不同时均应调整，其砂浆用量按比例调整即可。

【造价纠纷】 在执行墙面抹灰计价定额时，墙面水泥砂浆抹灰与水泥砂浆刮糙定额如何区分，易引起工程造价纠纷。

【纠纷分析】 墙面抹灰工程按设计标准要求分层施工，表面压光，有一定美观要求，而墙面刮糙则是指面层不需压光呈毛面状态，以利于后续施工块料面层粘贴牢固，刮糙无论按几遍成活，定额遍数不作调整。

【造价纠纷】 砌块墙体中，不管混凝土柱是否与墙相平抹灰工程量应单独计算？砌块墙体中，不管混凝土梁是否与墙相平抹灰工程量并入天棚抹灰？砖墙中，凸出墙面的梁抹灰工程量应并入天棚抹灰？一系列问题均易引起工程造价纠纷。

【纠纷分析】 外墙面内表面的抹灰按内墙面抹灰子目执行，混凝土砌块墙面的抹灰按混凝土墙面相应抹灰子目执行。内墙面抹灰中的柱和单梁按结构展开面积，砖墙中平墙面的混凝土柱、梁等的抹灰应并入墙面抹灰工程量计算，凸出墙面的混凝土柱、梁面（包括侧壁）抹灰工程量应单独计算，按相应子目计算。外墙面抹灰面积按外墙面的垂直投影面积计算，门窗洞口、空圈的侧壁、顶面及垛等抹灰应按结构展开面积并入墙面抹灰中计算。

【造价纠纷】 预拌砂浆与普通砂浆有何区分易引起工程造价纠纷。

【纠纷分析】 预拌砂浆系指由专业生产厂家生产的，用于一般工业与民用建筑工程的砂浆，包括干拌砂浆和湿拌砂浆。干拌砂浆又称砂浆干拌（混）料，系指由专业生产厂家生产、经干燥筛分处理的细集料与无机胶结料、矿物掺合料和外加剂按一定比例混合而成的一种颗粒状或粉状混合物。在施工现场按使用说明加水搅拌即成为砂浆拌合物。产品的包装形式可分为散装或袋装。干拌砂浆包括水泥砂浆和石膏砂浆。湿拌砂浆系指由水泥、砂、保水增稠材料、水、粉煤灰或其他矿物掺合料和外加剂等组分按一定比例，经计量、拌制后，用搅拌输送车运至使用地妥善存储，并在规定时间内使用完毕的砂浆拌合物，包括砌筑、抹灰和地面砂浆等。

普通预拌砂浆系预拌砌筑砂浆、预拌抹灰砂浆和预拌地面砂浆的统称，可以是干拌砂浆，也可以是湿拌砂浆。特种预拌砂浆系指具抗渗、抗裂、高粘结和装饰等特殊功能的预拌砂浆，包括预拌防水砂浆、预拌耐磨砂浆、预拌自流平砂浆、预拌保温砂浆等。预拌砂浆按生产的搅拌形式分为两种：干拌砂浆与湿拌砂浆。按使用功能分为两种：预拌砂浆和特种预拌砂浆。按用途分为预拌砌筑砂浆、预拌抹灰砂浆、预拌地面砂浆及其他具有特殊性能的预拌砂浆。按照胶凝材料的种类，可分为水泥砂浆和石膏砂浆。

用于预拌砂浆标记的符号，应根据其分类及使用材料的不同按下列规定使用：DM——干拌砂浆，DMM——干拌砌筑砂浆，DPM——干拌抹灰砂浆，DSM——干拌地面砂浆，WM——湿拌砂浆，WMM——湿拌砌筑砂浆，WPM——湿拌抹灰砂浆，WSM——湿拌地面砂浆，水泥品种用其代号表示，石膏用 G 表示，稠度和强度等级用数字表示。预拌砂浆与传统砂浆对应关系见表 8-19。

预拌砂浆与传统砂浆对应关系表 表 8-19

种类	预拌砂浆	传统砂浆
砌筑砂浆	DMM5.0、WMM5.0 DMM7.5、WMM7.5 DMM10、WMM10	M5.0 混合砂浆、M5.0 水泥砂浆 M7.5 混合砂浆、M7.5 水泥砂浆 M10 混合砂浆、M10 水泥砂浆
抹灰砂浆	DPM5.0、WPM5.0 DPM10、WPM10 DPM15、WPM15	1：1：6 混合砂浆 1：1：4 混合砂浆 1：3 水泥砂浆
地面砂浆	DSM20、WSM20	1：2 水泥砂浆

4. 墙柱面抹灰工程定额工程量计算规则

1）内墙面抹灰工程量按墙面垂直投影面积计算，其长度以主墙间的图示净长计算，其高度按实际抹灰高度确定，不扣除间壁墙所占的面积。内墙面抹灰面积应扣除门窗洞口和空圈及超过 $0.3m^2$ 的孔洞所占的面积，踢脚线、挂镜线、$0.3m^2$ 以内的孔洞与墙及构件交接处的面积不予扣除，但其洞口侧壁和顶面抹灰亦不增加，垛的侧面抹灰也应并入内墙面工程量内计算。

【造价纠纷】　在工程建设实际中设计有水泥砂浆踢脚线做法，而现场抹灰一般都是从顶直接抹到底的，没有另外做踢脚线的工序，在结算时计算墙面抹灰工程量时发包人认为应该按墙面垂直投影面积然后扣除踢脚线部分所占面积计算，承包人认为在此基础上应另计踢脚线费用，由此产生工程造价纠纷。

【纠纷分析】　如按图纸设计要求的确发生水泥砂浆踢脚线工作内容，应根据《建设工程工程量清单计算规范》及《江苏省建筑与装饰工程计价定额》的有关规定分别计算；而《江苏省建筑与装饰工程计价定额》在计算内墙面抹灰工程量时规定："内墙面抹灰面积应扣除门窗洞口和空圈所占的面积，不扣除踢脚线、挂镜线、$0.3m^2$ 以内的孔洞和墙与构件交接处的面积；但其洞口侧壁和顶面抹灰亦不增加。"从表面上看，似乎踢脚线部分工程量重复考虑，而实际上定额编制时考虑洞口侧壁和顶面的抹灰面积和踢脚线抹灰面积大致相等，因此认为这二者面积大致可以相抵。所以经过综合考虑就作了这样的规定，即踢脚线工程量按定额规定照算，内墙抹灰不扣踢脚线部分，而内墙面门窗洞口侧壁不增加工程量，即用踢脚线的工程量补足内墙面门窗洞口侧壁抹灰的工程量以减少预算人员的计算难度。但是如墙面未做水泥砂浆踢脚线，而是墙面抹灰到底时，则不应计算水泥砂浆踢脚线的费用，但根据《江苏省建筑与装饰工程计价定额》的有关计算规则即实际抹灰高度计算墙面抹灰工程量时，同时应补足踢脚线部分相应的工程量作为门窗洞口侧壁部分的工程量计算。

2）外墙面抹灰面积按外墙面的垂直投影面积计算，应扣除门窗洞口和空圈所占的面积，不扣除 $0.3m^2$ 以内的孔洞面积。但门窗洞口、空圈的侧壁、顶面及垛等抹灰，应按结构展开面积并入墙面抹灰中计算。

【造价纠纷】　墙面抹灰工程中界面剂的使用如何计价，易产生工程造价纠纷。

【纠纷分析】　界面剂是一种高分子改性水泥基的界面处理材料，其作用为增强水泥砂浆与混凝土墙面的粘结，以防止水泥砂浆找平层发生空鼓、起壳等现象。如设计要求采用界面剂施工应按相应界面剂定额子目计价，同时应扣除砂浆粉刷定额子目中的 901 胶素水泥浆相关工料消耗。

【造价纠纷】　外墙抹灰计算规则规定，洞口侧面并入外墙面抹灰工程量，计算其工程量时洞口侧面是按全部墙厚尺寸计，还是计门窗框外侧的部分易引起工程造价纠纷。

【纠纷分析】　计算外墙抹灰工程量时应只计门窗框外侧的部分。

5. 抹灰砂浆材料用量计算

抹灰砂浆配合比均以体积比计算，其材料用量按体积比计算公式为：

$$砂用量 = \frac{砂之比}{配合比之和 - 砂之比 \times 砂之孔隙率}$$

$$水泥用量=\frac{水泥之比\times水泥重度}{砂之比}\times砂用量$$

$$石灰膏用量=\frac{石灰膏之比}{砂之比}\times砂用量$$

当砂用量计算超过 $1m^3$ 时，因其孔隙容积已大于灰浆数量，均按 $1m^3$ 计算，其水泥重度 $1200kg/m^3$，砂密度 $2.6g/cm^3$，砂重度 $1500kg/m^3$，则砂孔隙率为：$[1-1500\div(2.6\times10^3)]\times100\%=42\%$。

【案例】 1:2.5 水泥砂浆（水泥:砂）材料用量计算为：

砂用量为：$\dfrac{2.5}{(1+2.5)-2.5\times0.42}=1.02m^3>1m^3$，取 $1m^3$。

水泥用量为：$\dfrac{1\times1200}{(2.5)}\times1=480kg$。

【案例】 混合砂浆 1:0.3:4（水泥:石灰膏:砂）材料用量计算：

砂用量为：$\dfrac{4}{(1+0.3+4)-4\times0.42}=1.105m^3>1m^3$，取 $1m^3$。

水泥用量为：$\dfrac{1\times1200}{4}\times1=300kg$。

石灰膏用量为：$\dfrac{0.3}{4}\times1=0.075m^2$。

$1m^3$ 石灰膏需用生石灰重量为 $600kg$，则此案例需要生石灰用量为：$0.075\times600=45kg$。

【案例】 纯水泥浆，其用水量按水泥的 35% 计算，则：

水灰比为：$0.35\times1200\div1000=0.42$。

虚体积系数为：$1\div(1+0.42)=0.7042$。

收缩后的体积为水泥体积为：$0.7042\times1200\div3100=0.2725m^3$。

其中水泥重度 $1200kg/m^3$，密度 $3.10g/cm^3$，水泥净体积为：$0.7042\times0.42=0.2958m^3$，合计 $0.2725+0.2958=0.5683m^3$。

实体积系数=$1\div[(1+0.42)\times0.5683]=1.239$。

水泥用量为：$1.239\times1200=1487kg$。

水用量为：$1.239\times0.42=0.52m^3$。

混凝土线条粉刷按每米展开 500mm 计算，如图 8-78 所示。

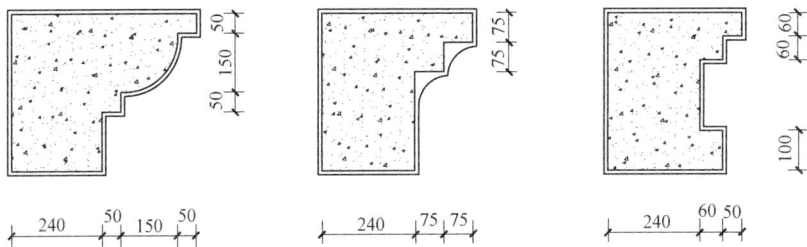

图 8-78 混凝土线条抹灰含量计算示意图

8.11.2 墙柱面块料面层

1. 墙面瓷砖粘贴

粘贴法是指在基层墙面打平的基础上，将计划分块好的石板材或瓷砖背面，均匀涂抹粘结剂，平整地镶贴在墙面上，待牢固时再勾缝清理表面而成。门窗洞口侧边、附墙垛等小面粘贴块料面层时，门窗洞口侧边、附墙垛等小面排版规格小于块料原规格并需要裁剪的块料面层项目，可套用柱、梁、零星项目。

1）墙面瓷砖粘贴材料定额含量取定：

$$瓷砖用量=\frac{10m^2（定额计量单位）}{块料长×块料宽}×(1+损耗率)。$$

【计算案例】 墙面砂浆粘贴瓷砖面层定额耗用量计算（如瓷砖采用 200mm×300mm）。

瓷砖定额用量为：$\frac{10}{0.3×0.2}×(1+2.5\%)=171$ 块/10m^2。

6mm 厚 1：0.1：2.5 混合砂浆结合层：$10×0.006×1.02=0.061m^3/10m^2$。

12mm 厚 1：3 水泥砂浆打底：$10×0.012×(1+偏差5\%)×(1+2\%)+0.007(嵌缝)=0.136m^3/10m^2$。

混凝土墙面贴瓷砖时，增刷 901 胶素水泥浆一遍，定额按混凝土、砖墙面各 50% 计算，取定为 0.002 m^3/10m^2，则灰浆拌合机台班用量为：$(0.061+0.136+0.002)÷5=0.04$ 台班/10m^2。

【计算案例】 墙面砂浆粘贴腰线砖定额耗用量计算。

腰线砖（200mm×65mm）：$10÷0.2×1.035=52$ 块/10m^2。

6mm 厚 1：0.1：2.5 混合砂浆：$10×0.065×0.006×(1+2\%)=0.004m^3/10m$。

12mm 厚 1：3 水泥砂浆打底：$10×0.065×0.012×(1+2\%)+0.007×10×0.065=0.009$ m^3/10m。

灰浆拌合机台班用量为：$(0.004+0.009)÷5=0.003$ 台班/10m。

【计算案例】 外墙面镶贴面砖（勾缝）定额耗用量计算——面砖 200mm×50mm。

面砖定额用量为：$10÷[(0.2+0.008)×(0.05+0.008)]×1.025=850$ 块/10m^2。

勾缝用水泥砂浆用量为：$0.016m^3/10m^2$。

10mm 厚 1：3 水泥砂浆打底用量为：$10×0.01×(1+10\%)×(1+2\%)+0.007=0.119m^3/10m^2$。

10mm 厚 1：0.2：2 混合砂浆粘贴层用量为：$10×0.01×(1+2\%)=0.102m^3/10m^2$。

901 胶素水泥浆用量为：$0.004m^3/10m^2$。

灰浆拌合机台班用量为：$(0.016+0.119+0.102+0.004)÷5=0.048$ 台班/10m^2。

如为密缝，面砖 200mm×50mm：$10÷\{0.2×0.05\}×1.025=1025$ 块/10m^2，其余不变。

【计算案例】 砖墙面碎拼石材块料面板定额耗用量计算（碎拼石材 $10m^2$，勾缝量取 15%）。

10mm 厚 1：2 水泥砂浆底：$0.01 \times 1.02 \times 10 + 0.007$ （嵌缝） $= 0.109m^3/10m^2$。

10mm 厚 1：2 水泥砂浆粘贴层：$0.01 \times 1.02 \times 10 \times 85\% = 0.087m^3/10m^2$。

1：1 勾缝 30mm：$(10 - 8.5) \times 0.03 \times 1.02 = 0.05m^3/10m^2$。

灰浆拌合机台班用量为：$(0.109 + 0.0087 + 0.05) \div 5 = 0.049$ 台班$/10m^2$。

【纠纷案例】 在执行外墙面砖定额子目时，根据设计要求墙面有外墙面 1：3 水泥砂浆找平层，或外墙面砖基层采用保温砂浆处理，其外墙找平层应否需要另行计算，易引起工程造价纠纷。

【纠纷分析】 外墙面砖定额子目中的 1：3 水泥砂浆就是找平层，不再另列子目计算，设计厚度与定额厚度不同时可按比例调整，其余不变，基层处理如采用保温砂浆时，可对定额中的 1：3 水泥砂浆作相应换算，其他不变。

2) 墙面瓷砖粘贴工程量计算规则：内墙面、外墙面、柱梁面、零星项目镶贴块料面层按块料面层的建筑尺寸（各块料面层＋粘贴砂浆厚度 $=25mm$）面积计算，门窗洞口面积扣除，侧壁、附垛贴面应并入墙面工程量中。内墙面腰线花砖按延长米计算。

【造价纠纷】 墙柱面工程工程量计算以结构尺寸为准还是以建筑尺寸为准，易引起工程造价纠纷。

【纠纷分析】 墙、柱、梁面的砂浆抹灰工程量按结构尺寸计算，挂、贴块料面层按实贴面积计算。其结构尺寸，实贴尺寸就是在转角处要加上砂浆厚度和块料面层之和的尺寸，即各块料面层＋粘贴砂浆厚度 $=25mm$。

2. 墙面块料面层挂贴

墙面块料面层挂贴指将块料既钩挂又粘贴在墙基面上，先在墙柱基面上预埋入钩挂钢筋网的铁件，然后用 $\phi6$ 钢筋做成双向钢筋网固定在预埋铁件上，另将钻有孔眼的石板穿上铜丝与钢筋网扎结吊挂起来，石板背面用木楔调节块料面板与基面之间的空隙宽度，使板面平整缝齐，最后用水泥砂浆分层灌缝捣实，待面层全部挂贴完成后，用白水泥浆嵌缝、洁面、打蜡上光。

【计算案例】 混凝土柱面挂贴大理石定额耗用量计算，混凝土柱面挂贴大理石如图 8-79 所示。

其中大理石（板厚 25mm）：$10m^2 \times (1 + 2\%$ 损耗率$) = 10.2m^2/10m^2$。

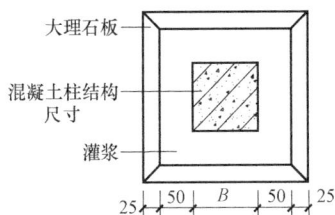

图 8-79　混凝土柱面挂贴大理石示意图

大理石板
混凝土柱结构尺寸
灌浆
$25 \mid 50 \mid B \mid 50 \mid 25$

水泥砂浆 1：2.5 灌缝 50mm 厚，柱尺寸按 400mm×400mm 占 20％、500mm×500mm 占 20％、600mm×600mm 占 60％计，则：

400mm×400mm 柱砂浆用量为：$(0.45 \times 4 \times 0.05 \times 10) \div (0.55 \times 4$ 大理石面建筑尺寸$) = 0.409m^3/10m^2$。

500mm×500mm 柱砂浆用量为：$(0.55 \times 4 \times 0.05 \times 10) \div (0.65 \times 4$ 大理石面建筑尺寸$) = 0.423m^3/10m^2$。

600mm×600mm 柱砂浆用量为：（0.65×4×0.05×10）÷（0.75×4 大理石面建筑尺寸）＝0.433m³/10m²。

砂浆用量综合取定：（0.409×20％＋0.423×20％＋0.433×60％）×（1＋10％灌浆损耗）＝0.473m³/10m²。

901 胶素水泥浆取定为 0.004m³/10m²。

灰浆拌合机：（0.473＋0.004）÷5＝0.095 台班/10m²。

【造价纠纷】 墙柱面块料面层粘贴工程中，柱、梁、零星面项目定额如何执行易引进工程造价纠纷。

【纠纷分析】 门窗洞口侧边，附墙垛等小面积粘贴块料面层时，门窗洞口侧边，附墙垛等小面积排版规格小于块料原规格需要裁切的块料面层项目，可执行柱、梁、零星面项目块料面层砂浆粘贴定额。

3. 墙面块料面层干挂

1）干挂法顾名思义只挂不贴，它是在墙基面上按设计要求设置膨胀螺栓，将不锈钢连接件或不锈钢角钢固定在基面上，再用不锈钢连接螺栓和不锈钢插棍将钻有孔洞的石板固定在不锈钢连接件或不锈钢角钢上，固定时先整平固定，要求面平缝实。密缝是指在干挂块料时的自然拼缝，要求缝口紧密严实，平整光滑。勾缝是指块料与块料之间留有10mm之内的缝口，其缝口用密封胶勾满填实，保持墙面的整体性。其做法如图 8-80 所示。

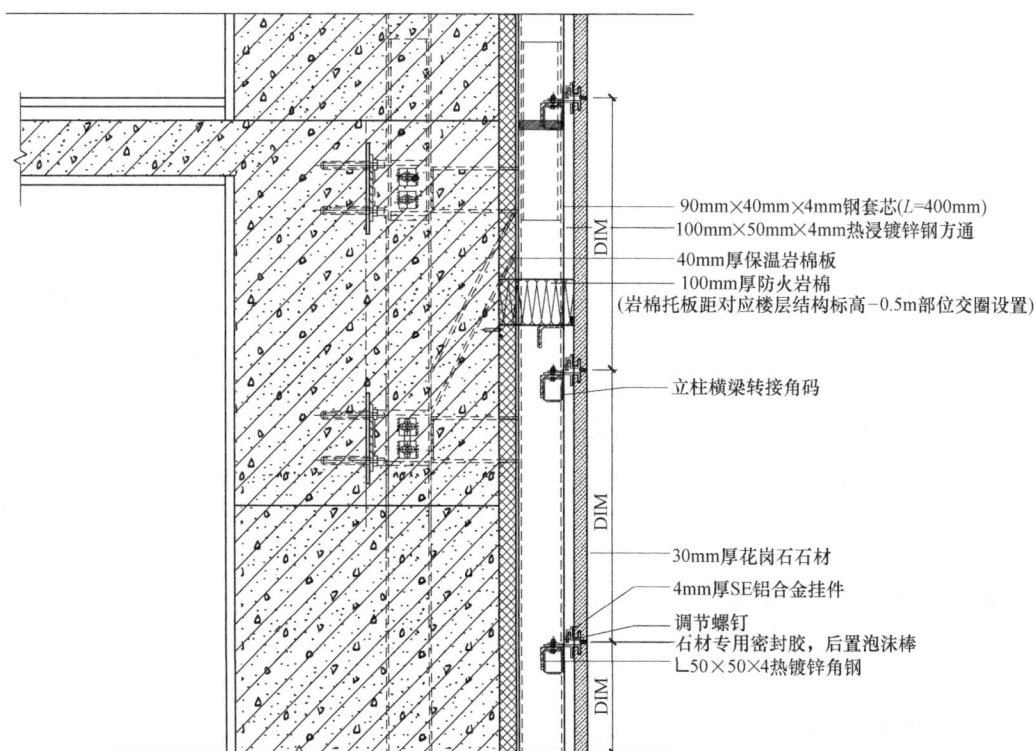

图 8-80 墙面块料面层干挂示意图

石材幕墙背栓式连接是在石材背面开背栓孔，将背栓植入背栓孔后在背栓上安装上连接件，用连接件与幕墙结构体系连接如图 8-81 所示。

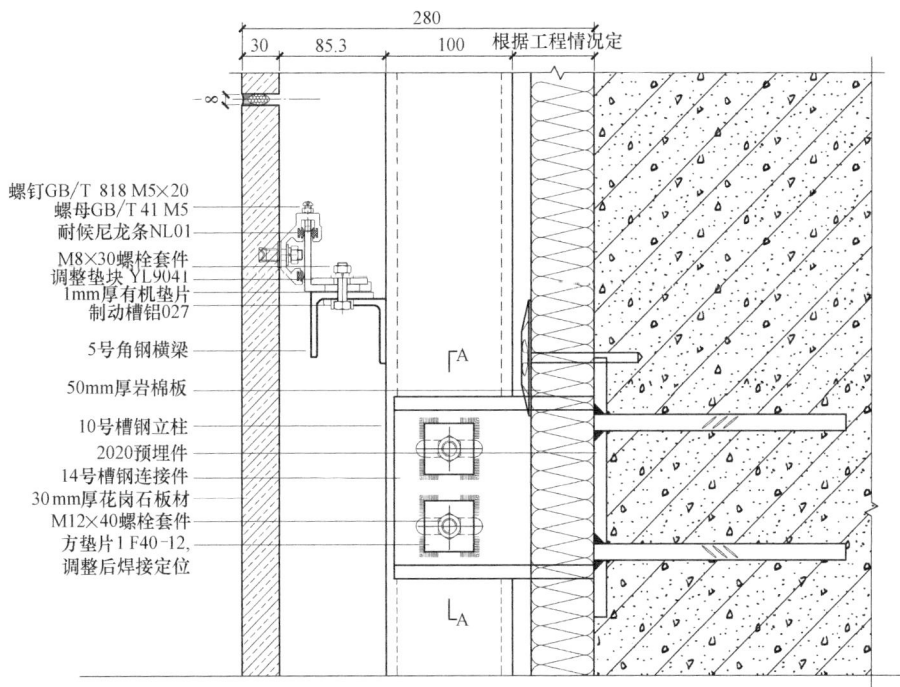

图 8-81　石材幕墙背栓式连接示意图

【造价纠纷】　装饰设计项目中干挂大理石勾缝宽 20mm，其密封胶含量如何计算，易引起工程造价纠纷。

【纠纷分析】　《江苏省建筑与装饰工程计价表》（2004）13-96 子目勾缝宽以 6mm 以内为准，超过的密封胶用量换算。如干挂大理石勾缝宽 20mm，相应定额中密封胶含量按比例换算为 17.53 支。

2）工程量计算规则：石材面板挂、贴工程量按面层的建筑尺寸（包括干挂空间、砂浆、板厚度）展开面积计算。

【造价纠纷】　某装饰工程计价过程中，由于发包人专业发包工程导致已完工块料面层受到污染，需要进行块料面层专业保洁，其费用计取问题产生工程造价纠纷，发包人认为墙地面块料面层专业保洁费用已包含在相应定额中不应另行计取，承包人认为应该另行计取。

【纠纷分析】　块料面层、石材墙面定额中的其他材料费中含块料面普通清洗费用，但本工程由于非承包人原因导致专业保洁工作内容的发生，其清理费用应另计。

【造价纠纷】　在执行江苏省工程计价定额时，石材幕墙工程如何计价易引起工程造价纠纷。

【纠纷分析】　在执行江苏省工程计价定额时，石材幕墙名称统一改为钢骨架上干挂石材块料面层，按安装位置设置了墙面、柱面、圆柱面、零星、腰线、柱帽、柱脚等子目，同时按做法密缝、勾缝、背栓开放式和勾缝分别设置了相应子目，定额中的面板为加工好的成品石材，安装损耗按2％考虑，密封胶用量按6mm缝宽考虑，超过则按比例调整用量，其余主要材料应按设计用量并考虑损耗率进行换算。干挂石材及大规格面砖所用的干挂胶（AB胶）每组的用量组成为：A组1.33kg，B组0.67kg。

8.11.3　幕墙及封边

1. 幕墙工程计价定额工程量计算规则

幕墙以框外围面积计算。幕墙与建筑顶端、两端的封边按图示尺寸以平方米计算，自然层的水平隔离与建筑物的连接按延长米计算（连接层包括上、下镀锌钢板在内）。幕墙上下设计有窗者，计算幕墙面积时，不扣除窗面积，但每10m²窗面积另增加人工5个工日，增加的窗料及五金按实计算（幕墙上铝合金窗不再另外计算）。其中：全玻璃幕墙以结构外边按玻璃（带肋）展开面积计算，支座处隐藏部分玻璃合并计算。

幕墙材料品种、含量，设计要求与定额不同时应调整，但人工、机械不变。所有干挂石材、面砖、玻璃幕墙、金属板幕墙子目中不含钢骨架、预埋（后置）铁件的制作安装费，另按相应要求执行。

2. 玻璃幕墙的分类

铝合金玻璃幕墙按结构形式设置了隐框、半隐框、明框及单元式幕墙制作、安装子目，全玻幕墙子目沿用原定额中的嵌槽式、挂式、点式，增加了拉索点式幕墙子目，玻璃均按成品玻璃考虑，安装损耗按3％考虑，主要材料应按设计用量并考虑损耗量进行换算，设计有窗的相应材料人工机械按设计面积换算调整

【造价纠纷】 某工程执行幕墙定额时，承包人认为该玻璃幕墙中的玻璃为承包人自行采购原片玻璃进行现场加工，因此应根据实际损耗情况调整定额中的玻璃损耗率，发包人认为应根据定额中的玻璃材料用量计算其原片玻璃的费用，由此产生工程造价纠纷。

【纠纷分析】 定额中的玻璃一般都考虑为成品玻璃即原片加损耗，损耗部分已经考虑在成品价格中，结算时不应调整定额损耗率。

3. 铝板幕墙

铝板幕墙定额设置了铝塑板及铝单板幕墙，分别设置了钢骨架、铝龙骨做法子目，铝单板按加工好的成品铝板计入，其材料价中应包含折边加工等费用，铝塑板用量按17.77％损耗量计入，设计分格要求特殊时按设计分格用量进行调整，其余材料应按设计用量并考虑损耗进行调整。工程量仍按设计面积计算。某铝单板幕墙节点如图8-82所示。

不锈钢、铝单板等装饰板块折边加工费及成品铝单板折边面积应计入材料单价中，不另计算。

【造价纠纷】 在执行江苏省计价定额中，外墙干挂石材以及各类幕墙工程中设计预（后置）埋件、钢骨架的费用易引起纠纷争议。

【纠纷分析】 一般墙面干挂石材与金属幕墙是使用的热镀锌钢龙骨，玻璃幕墙用铝合金龙骨，应结合工程实际设计要求计算钢龙骨费用。玻璃幕墙及部分铝板幕墙计价定额子

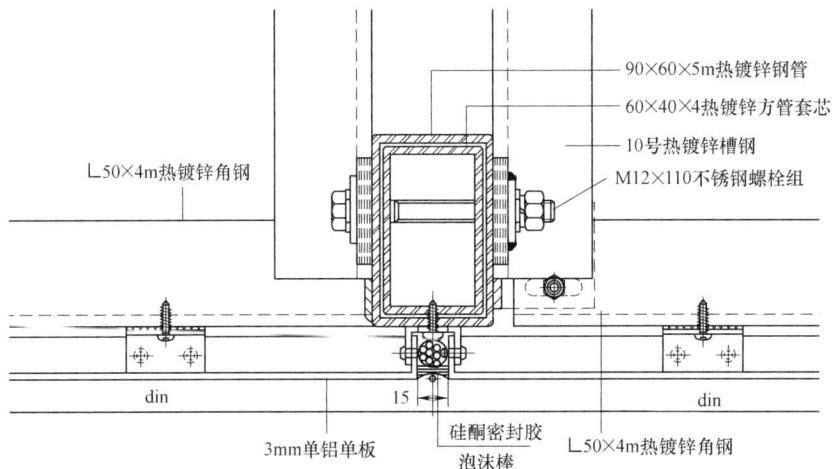

图 8-82 铝单板节点示意图

目已经包含了铝型材龙骨的制作安装，设计铝合金型材用量与定额不符时，应按设计用量加 7% 损耗调整其材料含量，人工、机械不变。干挂石材与部分铝板幕墙则不含钢龙骨骨架的制作安装费用，如根据设计要求发生型钢龙骨费用，其制作按金属工程相关定额子目计算，其安装按墙面工程计价定额中的钢骨架安装定额子目计算。

【造价纠纷】 铝板幕墙定额中，铝单板和铝塑板的材料含量相差较大，易引起工程造价纠纷。

【纠纷分析】 铝板幕墙设置了铝塑板及铝单板幕墙定额，分别设置了钢骨架、铝龙骨等做法子目，其中单层铝板在制作构件时，应四周折边。铝单板的折边不仅起到连接作用，还在铝单板的周圈形成一道加强筋，对面板起到加强作用防止变形。因此铝单板板块折边加工费及成品铝单板折边面积已计入铝单板定额材料预算单价内，每 $10m^2$ 铝单板定额含量为 $10.20m^2$，折边费用不另计算。铝塑板用量包括裁切、安装折边损耗，实际造型要求导致设计用量与定额含量不同时其铝塑板材料用量可按实调整，人工机械不变，但如购入成品铝塑板，每 $10m^2$ 用量按 $10.20m^2$ 计算。

8.11.4 墙面其他装饰

1. 墙面其他装饰主要施工工艺

随着目前高档装饰工程越来越多地采用成品化加工构件，如成品木饰面板、成品装饰面板现场拼装子目，龙骨、基层可套用墙面现有定额相应子目进行换算调整。工作内容包括测量、排版、采购或加工成品、基层清理、挂配件安装、校正、成品装饰板安装、调整、固定、油漆修补、表面清理、成品保护等。成品木饰面板是指采用实木材料（板或屑）经多层胶合基层＋带木纹理的装饰性天然实木皮面层＋工厂化喷漆处理的成品装饰木板，如胡桃木板、桃花心木板、柚木板、枫木板、橡木板、檀木板、影木板等。一般用于高档酒店、别墅、会议室或休息室以及高级办公的公共区域等地方。成品装饰面板是指采用化工树脂原料基层＋带装饰性的防火面板或铝合金薄皮，经工厂化加工处理的成品装饰板，如 PVC 板、抗倍特板、千思板、帝龙板等。一般用于大型场馆如图书馆、展览馆、医院、体育馆以及高级办公的公共区域等地方。墙面其他装饰常见做法如图 8-83 所示。

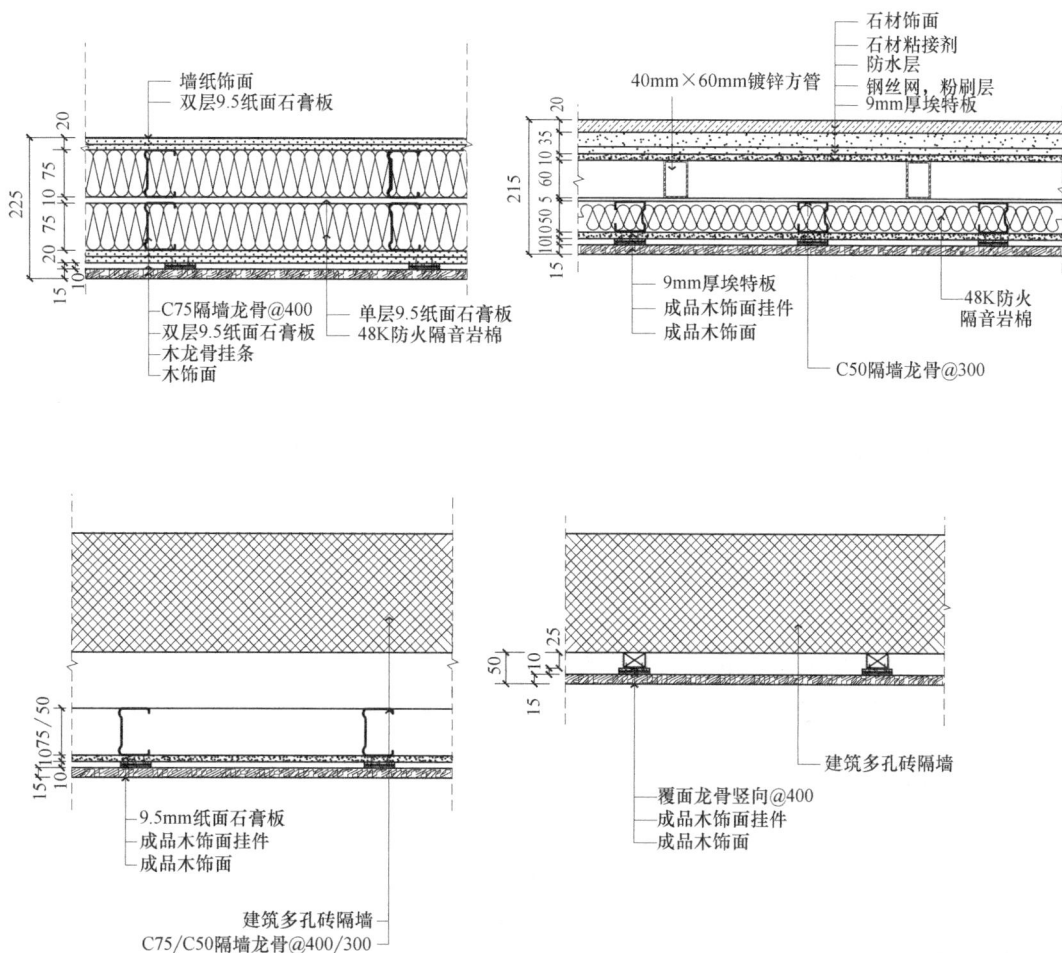

图 8-83 各类墙面装饰工艺

2. 墙面其他装饰工程量计算规则

墙柱面装饰龙骨、衬板、面层及粘贴切片板按净面积计算，并扣除门窗洞口及 $0.3m^2$ 以上的孔洞所占的面积，附墙垛及门窗侧壁并入墙面工程量计算，柱梁面按展开面积乘以净长计算。附墙卡式轻钢龙骨施工如图 8-84 所示。

各装饰面层按展开面积计算，若地面、天棚面有柱脚、柱帽，则高度应从柱脚上表面至柱帽下表面计算，柱脚、柱帽按面层的展开面积计算，套柱帽、

图 8-84 附墙卡式轻钢龙骨施工

柱脚定额子目。

8.12 天棚工程

8.12.1 天棚工程定额工料消耗量取定

1. 人工消耗量取定

天棚中檐口天棚占 2.6%，室内天棚占 97.4%（其中密肋板占 53%，天棚抹灰 8m² 以上占 81.3%，8m² 以内占 11.10%）。混凝土面刷一道 901 胶素水泥浆取 0.12 工日/10m²。

2. 材料消耗量取定

1）砂浆消耗量：确定的厚度×（1＋损耗率）。

2）板底考虑增刷一道 901 胶素水泥浆，每 10m² 天棚面取定 0.004m³。

3）天棚抹灰中未包括小圆角耗损浆的用量，线角抹灰材料只计算天棚抹灰部分的凸起部分，底层不再计算，因此天棚抹灰不扣除天棚线角所占的面积。线角凸起部分计算如下。

阴角断面：$1/4×（1-\pi/4）R^2＝0.00054m^2（R＝100mm）$，每 10m² 天棚抹面小圆角长度经算算为 9.6m，用灰浆为 $9.6×0.00054＝0.0052m^3$。

三道线内：圆角半径为 100mm，展开宽度为 160mm，平均厚度为 15mm。

五道线内：圆角半径为 100mm，展开宽度为 260mm，平均厚度为 20mm。

3. 机械消耗量取定

200L 灰浆拌合机：砂浆用量÷5。

【工程案例】 混凝土天棚面水泥砂浆抹灰定额消耗量计算如下：

人工：

遮阳板、檐口底：$2.00×2.6\%＝0.054$ 工日/10m²。

密肋板：$（2.83/1.5）×5\%＝0.095$ 工日/10m²。

天棚抹灰 8m² 以上：$1.11×81.3\%＝0.902$ 工日/10m²。

天棚抹灰 8m² 以内：$1.11×1.25×11.10\%＝0.154$ 工日/10m²。

合计：$1.205×1.2＋0.12$（刷浆）$＝1.57$ 工日/10m²。

材料：

901 胶素水泥浆 0.4mm 厚：$10×0.0004＝0.004m^3/10m^2$。

6mm 厚 1：3 水泥砂浆底：$10×0.006×（1＋2.5\%）＝0.062m^3/10m^2$。

6mm 厚 1：2.5 水泥砂浆面：$10×0.006×（1＋2.5\%）＝0.062m^3/10m^2$。

机械：

200L 灰浆拌合机：$（0.062＋0.062＋0.004）÷5＝0.026$ 台班/10m²。

8.12.2 天棚抹灰工程

1. 天棚抹灰工程量计算规则

天棚面抹灰按主墙间天棚水平面积计算，不扣除间壁墙、垛、柱、附墙烟囱、检查洞、通风洞、管道等所占的面积。密肋梁、井字梁、带梁天棚抹灰面积，按展开面积计算，并入天棚抹灰工程量内。

天棚抹灰如果有装饰线，应区别按三道线以内和五道线以内按延长米计算，线角的道数以一个突出的棱角为一道线，如图 8-85 所示。

2. 天棚抹灰等级取定

天棚抹灰按中级抹灰考虑，所取定的砂浆品种、厚度详见定额附录，如混凝土天棚水泥砂浆抹灰基层为 6mm 厚水泥砂浆 1：3、面层为 6mm 水泥砂浆 1：2.5；混凝土天棚混合砂浆抹灰基层为 6mm 厚混合砂浆 1：0.3：3、面层为 6mm 厚混合砂浆 1：0.3：3。设计砂浆品种厚度与定额不同时应按比例调整，但人工数量不变。

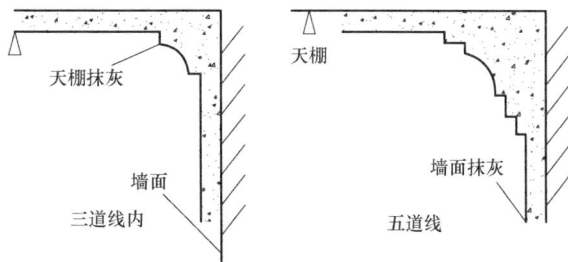

图 8-85　天棚抹灰装饰线

8.12.3　天棚装饰面层

1. 天棚龙骨吊筋

天棚龙骨吊筋定额工程量计算规则为按龙骨面积套用相应定额子目计算，全丝杆的天棚吊筋按主墙间的水平投影面积计算。

【造价纠纷】　执行江苏省计价定额时，天棚吊筋定额子目使用过程中易产生工程造价纠纷。

【纠纷分析】　天棚钢吊筋按每 13 根 $10m^2$ 计算，定额吊筋高度按 1m 计算，即为面层至混凝土板底表面高度，高度不同时按每增减 10cm（不足 10cm 四舍五入）进行调整。吊筋每 $10m^2$ 根数不同及直径不同时，按比例调整定额单价，其余不变。不论吊筋与事先预埋好的铁件焊接还是用膨胀螺栓打洞连接，定额均不作调整，吊筋的安装人工 0.67 工日/$10m^2$ 已经包括在相应定额的龙骨安装人工中。

2. 天棚龙骨

1）天棚龙骨种类：

天棚龙骨基层分为简单型、复杂型两种。简单型为每间面层在同一标高上；复杂型为每间面层不在同一标高平面上，但同时应该满足两个条件，即"高差在 100mm 或 100mm 以上"与"少数面积占该间面积 15% 以上"。

2）U 形轻钢龙骨材料耗用量计算公式：

$$龙骨耗用量＝[(计算长度×根数)÷(计算面积长×宽)]×(1+损耗率)$$
$$接挂件耗用量＝[计算个数/(计算面积长×宽)]×(1+损耗率)$$

天棚龙骨工程量计算规则：天棚龙骨的面积按主墙间的水平投影面积计算，圆弧形、拱形的天棚龙骨应按其弧形或拱形部分的水平投影面积计算并套用复杂型子目，龙骨用量按设计进行调整。

3. 天棚面层

天棚面层按净面积计算，净面积有两种含意：①主墙间的净面积；②有叠线、折线、假梁等特殊艺术形式的天棚饰面按展开面积计算。天棚面层设计有圆弧形、拱形时，其圆弧形、拱形部分的面积在套用天棚面层定额人工应增加系数，圆弧形人工增加 15%、拱形（双曲弧形）人工增加 50%，在使用三夹、五夹、切片板凹凸面层定额时，应将凹凸部分（按展开面积）与平面部分工程量合并执行凹凸定额。

天棚饰面面层包括木饰面、纸面石膏板面层、铝合金方板面层、铝塑板面层、矿棉板面层等，其天棚饰面的面积按净面积计算，不扣除间壁墙、检修孔、附墙烟囱、柱垛和管道所占面积，但应扣除独立柱、0.3m² 以上的灯饰面积、与天棚连接的窗帘盒面积。天棚中假梁、折线、叠线等圆弧形、拱形、特殊艺术形式的天棚饰面，均按展开面积计算。其施工构造如图 8-86 所示。

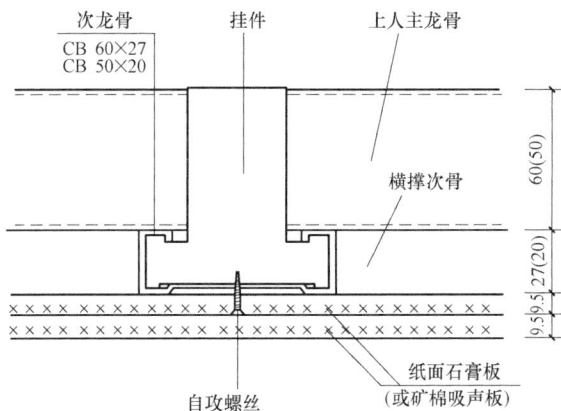

图 8-86　纸面石膏板天棚面层

【造价纠纷】 天棚饰面中平顶灯带与回光灯槽定额在执行中易引起混淆，产生工程造价纠纷。

【纠纷分析】 天棚饰面中平顶灯带的设计要求是灯光垂直于地面进行照射，其施工构造为将用于安装灯具的凹槽制作在天棚平面的上面，并将凹槽封闭，同时保持灯光片与天棚面在一个平面上形成一个条形带状的灯光带，达到比较美观的设计要求和装饰效果，如图 8-87 所示。

天棚饰面中回光灯槽的设计要求是灯光折射返照于顶面的，施工时必须使其灯槽处于天棚面的凸出部位边缘上，在槽口上设置挡板，用于挡住灯光的平射，让灯光折射在顶面上，这种灯槽往往形成一个带状的灯光带，以达到设计效果，如图 8-88 所示。

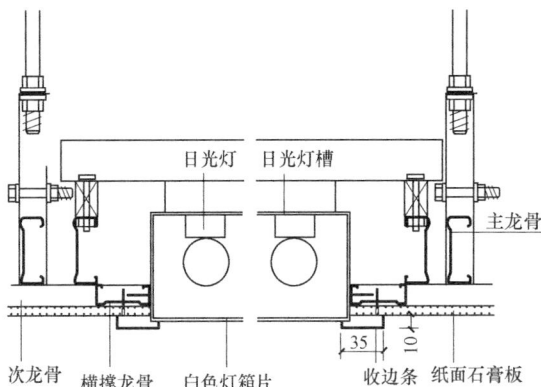

图 8-87　平顶灯带

【造价纠纷】 装饰工程中天棚吊顶有不同高度时应如何计算工程量易引起工程造价纠纷。

【纠纷分析】 天棚吊顶列出工程量清单时应区分吊顶形式、龙骨类型、基层材料、面层材料、压条、嵌缝、防护材料种类、油漆品种遍数等按设计图示尺寸以水平投影面积列出工程量清单。在套用计价定额计算综合单价时，如每一间面层不在同一标高平面上，高差在100mm（含100mm），同时不同标高的少数面积占该间面积的15%以上时，天棚龙骨的面积按主墙间的水平投影面积计算，套用相应复杂型龙骨定额子目，天棚面层应按设计展开面积计算，包含不同标高之间的侧面面层的面积。

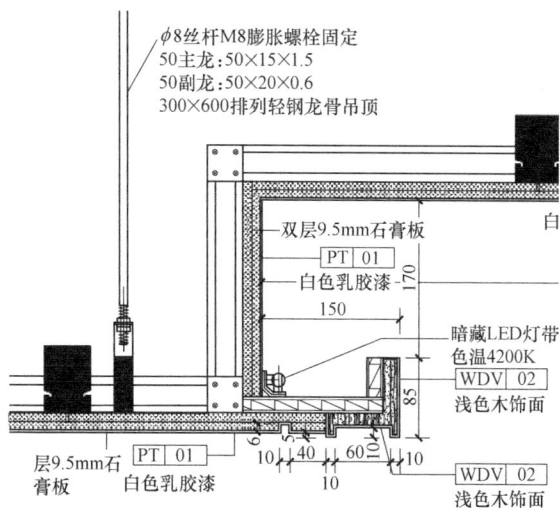

图 8-88 回光灯槽

8.13 模板工程

8.13.1 模板工程定额消耗量确定

1. 定额人工耗用量计算

复合木模板安拆人工部分比钢模提高20%，即复合木模板安装、拆除以钢模板人工×0.8计，刷油、看模、场内超运不变，复合模板人工相当于钢模人工的81%，故取复合模板人工=钢模人工×80%。

2. 定额材料耗用量计算

1）组合钢模板

组合钢模板子目内容（包括组合钢模板、零星卡具和钢支撑系统）根据不同构件分别取定钢木模比例有80%：20%，如单梁、框架梁、柱、钢筋墙、板等，有70%：30%，如异形梁、过梁等，有75%：25%，如带形基础、独立基础、满堂基础等子目。组合钢模板由平板钢模、阴角模、阳角模、固定角模，零星卡具由U形卡、插销及扣件等，钢支撑系统由桁架、直顶柱、斜顶柱、梁卡、柱箍、钢管撑杆等部分组成。

定额中的模板材料的摊销量是按多次使用、分次摊销的方法确定其定额含量。

组合钢模板摊销量=一次使用量×（1+施工损耗率）÷周转性次数

钢模板周转次数及损耗率见表8-20。

钢模板周转次数及损耗率 表 8-20

名称	组合钢模板	零星卡具	钢支撑系统
周转次数（次）	50	28	115（基础150）

名称	组合钢模板	零星卡具	钢支撑系统
损耗率	1%	2%	1%
内容	包括平板钢模、阴角模、阳角模、固定角模	包括U形卡、插销及扣件等	由桁架、直顶柱、斜顶柱、梁卡、柱箍、钢管撑杆等组成

钢模板和零星卡具不计算残值，钢支撑系统应扣除5%残值，损耗率、残值分别计入摊销量中。每$10m^2$接触面积摊销量计算公式为：

组合钢模$=35.5kg/m^2 \times 10m^2 \times (1+$角模占平模的比例$) \times (1+$损耗率$) \div 50$次

零星卡具$=$一次投入量$\div 28$次

支撑系统$=$一次投入量$\div 115$次（基础系统150次）$\times 0.95$（5%残值）

钢模回库修理费$=$（钢模板$\times$单价$+$钢支撑$\times$单价）$\times 8\%$

2）木模摊销（全木模构件）

木模规格，现浇构件不考虑抛光，底模厚为50mm，侧模厚为25mm，琵琶撑按$50mm \times 100mm$，$100mm \times 100mm$，斜撑用$50mm \times 50mm$，$50mm \times 70mm$，顶撑、琵琶撑按20次周转。预制构件考虑抛光，板材厚25mm、50mm，垫枋$50mm \times 100mm$，$100mm \times 100mm$，斜撑用$50mm \times 50mm$，$50mm \times 70mm$。摊销量计算公式：

周转用量$=$一次性使用量$\times (1+$施工损耗率$) \times [1+($周转次数$-1) \times$补损率$/$周转次数$]$

摊销量$=$每$10m^2$模板一次性使用量$\times (1+$施工损耗率$) \times [1+($周转次数$-1) \times$补损率$/$周转次数$-(1-$补损率$) \times 50\%/$周转次数$]$

木模板摊销量$=$每$10m^2$模板一次性使用量$\times (1+$施工损耗率$) \times K$（摊销系数）

$K=[1+($周转次数$-1) \times$补损率$]/$周转次数$-[(1-$补损率$) \times 50\%] \div$周转次数

注：施工损耗率为5%。

全木模现浇构件模板用量计算表见表8-21。

全木模现浇构件模板用量计算表 表8-21

项目名称	定额单位	每$10m^2$模板使用量(m^3)	周转次数（次）	补损率（%）	K值	每$10m^2$摊销量(m^3)
设备基础螺栓套	10个	0.230	3			0.077
二次灌浆	m^3					0.370
圆、多边形柱	$10m^2$	1.088	5	10	0.190	0.217
檐沟、小形构件	$10m^2$	0.611 0.126	6 20	15	0.221	0.147
池槽	$10m^2$	0.606	5	10	0.19	0.121

【案例】某圆柱模板使用量为$1.088m^2/10m^2$，其定额模板摊销量为：

每$10m^2$模板一次性使用量$\times (1+$施工损耗率$) \times K$（摊销系数）$=1.088 \times (1+5\%) \times 0.19=0.217m^2/10m^2$。

3）复合木模板

复合木模板周转次数为5次，损耗与搭接系数为1.1，消耗量为$10m^2 \times 1.1 \div 5$次$=2.2m^2$复合木模板$/10m^2$模板接触面积。

4) 镀锌钢丝用量计算

每 $10m^2$ 模板接触面积的 22 号镀锌钢丝用量为：$3×0.22×0.038×10＝0.025$（kg/$10m^2$），需要另行计算镀锌钢丝用量的构件，见表 8-22。

镀锌钢丝用量计算表　　　　　　　　　　　　表 8-22

项目名称	图示尺寸	钢丝用量计算式(kg)
无梁式条形基础	见含模量图	$(1.8+0.2×2)×0.0025÷(0.2×2)×10＝0.14$
有梁式条形基础	见含模量图	$[1.5+(0.2+0.35)×2]×0.0025÷[(0.2+0.35)×2]×10＝0.06$
无梁式整板基础	平面 54×18m,厚 0.6m	$[54×18+(54+18)×0.6×2]×0.025÷[(54+18)×0.6×2]×10＝0.31$
有梁式整板基础	平面 54m×18m,厚 0.5m; 纵向梁 0.35m×1.2m,共 16 根; 横向梁 0.25m×0.8m,共 7 根	$(54+18)×2×0.5+18×(1.2-0.5)×2×16+(54-0.36×16)×(0.8-0.5)×2×7＝678.48m^2$(接触面积); $(678.48+54×18)×0.0025＝4.126$; $4.126÷67.848＝0.06$
柱基础	平面 4m×3m,厚度 0.25m,如图 8-89 所示	$[4×3+(4+3)×2×0.25]×0.0025÷[(4+3)×2×0.25]×10＝0.111$
圈梁	厚度 0.24m,高度 0.25m	$(0.25×2+0.24)×0.0025÷(0.24×2)×10＝0.04$

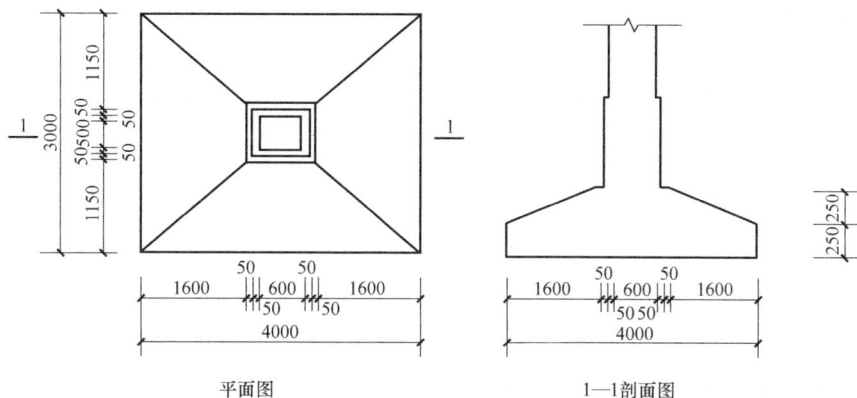

图 8-89 独立柱基础计算示意图

3. 模板定额机械耗用量计算

组合钢模板水平运输综合考虑按使用 5 次回库维修一次，运输工具配 4t 载重汽车 3 辆，5t 载重汽车吊 2 台，每台班运输 4 次，装载系数 0.85，每辆汽车配装卸工 4 人，每辆产量为 13.6t(4t×4 次×0.85)。

每吨载重汽车台班＝钢模一次使用量×2÷(5×13.6)。

5t 汽车吊台班＝4t 载重汽车台班×2÷3。

其中钢模一次使用费指全部模板接触面积包括木模的比例数，木模的场外运输费不另计算，如：

复合木模板水平运输费＝钢模相应子目×0.5

【工程案例】 柱基、桩承台计价定额材料、机械耗用量计算。

定额选型以普通独立柱基80%，杯型基础20%计，则材料用量：

组合钢模：$0.98 \div 0.176 \times 80\% + 0.96 \div 1.175 \times 20\% = 5.55 \mathrm{kg/m^2}$。

零星卡具：$0.08 \div 0.176 \times 80\% + 0.13 \div 0.175 \times 20\% = 0.51 \mathrm{kg/m^2}$。

钢支撑：$0.39 \div 0.176 \times 80\% + 0.66 \div 0.175 \times 20\% = 2.53 \mathrm{kg/m^2}$。

木模板：$0.005 \div 0.175 = 0.029 \mathrm{kg/m^2}$。

铁钉：$0.10 \div 0.175 = 0.57 \mathrm{kg/m^2}$。

8号镀锌钢丝：$0.13 \div 0.175 \times 80\% = 0.59 \mathrm{kg/m^2}$。

22号镀锌钢丝：$0.11 \times 80\% + 0.11 \times 20\% = 0.11 \mathrm{kg/m^2}$。

其他材料费取定为5.00元/$10 \mathrm{m^2}$。

机械用量：

4t载重汽车：$0.004 \div 0.176 \times 80\% + 0.006 \div 0.175 \times 20\% = 0.025$ 台班/$10 \mathrm{m^2}$。

5t汽车式起重机：$0.003 \div 0.176 \times 80\% + 0.004 \div 0.175 \times 20\% = 0.018$ 台班/$10 \mathrm{m^2}$。

木工圆锯机：$0.002 \div 0.176 \times 80\% + 0.004 \div 0.175 \times 20\% = 0.014$/$10 \mathrm{m^2}$。

8.13.2 模板工程工程量计算规则

1. 含模量计算方法

利用混凝土含模量计算模板工程量公式为：

$$模板工程量＝混凝土构件体积 \times 该构件模板含量$$

混凝土构件含模量计算见表8-23。

混凝土构件含模量计算表　　　　　　　　　　　　　表8-23

项目名称	示意图或说明	模板接触面积($\mathrm{m^2}$)	混凝土体积($\mathrm{m^3}$)	含模量($\mathrm{m^2/m^3}$)
混凝土垫层	混凝土条基垫层 2000mm×100mm 占20%；混凝土柱基垫层 4000mm×4000mm×100mm 占80%	$0.1 \times 1.00 \times 2 = 0.2$；$0.1 \times 4.00 \times 4 = 1.6$	$0.1 \times 2 = 0.2$；$4 \times 4 \times 0.1 = 1.6$	$0.2 \div 0.2 = 1.00$；$1.6 \div 1.6 = 1.00$
毛石混凝土	(600×1000示意图)	$0.6 \times 1.00 \times 2 = 1.2$	$0.6 \times 1.00 \times 2 = 0.6$	$1.2 \div 0.6 = 2.00$
混凝土带形基础	(400×800示意图)	$0.4 \times 1.00 \times 2 = 0.8$	$0.4 \times 0.8 \times 1 = 0.32$	$0.8 \div 0.32 = 2.5$
独立基础	(1500/2500, 500/500示意图)	$(1.5+2.5) \times 4 \times 0.5 = 8$	$(1.5 \times 1.5 + 2.5 \times 2.5) \times 0.5 = 4.25$	$8 \div 4.25 = 1.88$

续表

项目名称	示意图或说明	模板接触面积(m²)	混凝土体积(m³)	含模量(m²/m³)
有梁式钢筋混凝土带基		$(0.35+0.20)\times 1.00\times 2=1.10$	$0.3\times0.35+(0.3+1.5)\div2\times0.2+0.2\times1.5=0.585$	$1.1\div0.585=1.88$
无梁式钢筋混凝土带基		$0.2\times1.00\times2=0.4$	$[(0.5+1.8)\div2+1.8]\times0.2\times1.00=0.59$	$0.4\div0.59=0.68$
钢筋混凝土圈梁		$0.25\times1.00\times2=0.5$	$0.24\times0.25\times1.00=0.06$	$0.5\div0.06=8.33$

【案例计算】 200mm 以内有梁板模板含量为 $8.07\text{m}^2/\text{m}^3$，某工程有梁板体积为 50m^3，则利用模板含量计算该工程有梁板模板工程量为 $50\times8.07=403.50\text{m}^2$。

2. 按设计图示面积计算方法

1）现浇混凝土垫层模板

现浇混凝土独立基础垫层模板计算规则：
$$垫层模板面积\ S=长度\times垫层高度$$
其中，

满堂基础垫层模板长度＝满堂基础垫层外边线长度之和

带形基础垫层模板长度＝外墙条基垫层外侧外边线长度＋外墙条基垫层内侧净长度＋
内墙条基垫层净长度

2）现浇混凝土基础模板

独立基础及承台基础模板的模板工程量计算公式如下：
$$独立基础模板＝各层周长\times各层模板高\times个数$$
$$带形基础\ S=混凝土与模板的接触面积＝基础支模长度\times支模高度$$
带形基础模板接触面积，如图 8-90 所示。

整板基础模板工程量计算规则为：板侧边＋反梁侧边接触面积。

杯形基础模板工程量＝(底板周长×底板边厚＋外杯口周长×外杯边高＋
里杯口高度×里杯口深)×个数

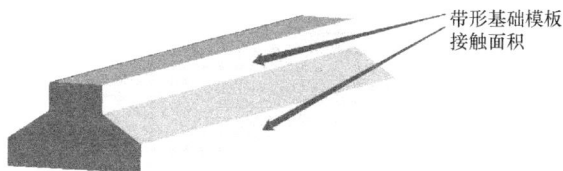

图 8-90　带形基础模板接触面积

3）柱模板工程量计算

现浇混凝土柱模板，按柱四周展开宽度乘以柱高，以平方米计算，即：

现浇混凝土柱模板工程量＝柱截面周长×柱高－梁头所占面积

柱与梁、柱与墙、梁与梁等连接的重叠部分以及伸入墙内的梁头、板头部分，均不计算模板面积。

梁头所占面积＝梁宽×梁底至板底高度

单面附墙柱突出墙面部分并入墙面模板工程量计算，双面附墙柱模板按柱计算，计算柱周长时扣除墙厚所占尺寸。

其中，柱高按柱基上表面（或楼板上表面）至上一层楼板下表面之间高度计，遇到框架单梁应算至柱顶。

构造柱模板，按混凝土外露宽度，乘以柱高，以平方米计算。

构造柱模板按图示外露部分计算面积，锯齿形部分按锯齿形最宽面计算模板宽度，即构造柱与砌体交错咬茬连接时，按混凝土外露面的最大宽度计算。由于构造柱先砌墙后浇混凝土，构造柱与墙的接触面不计算模板面积。

构造柱模板工程量＝混凝土外露面的最大宽度×柱高

构造柱模板子目，已综合考虑了各种形式的构造柱和实际支模大于混凝土外露面积等因素，适用于先砌砌体，后支模、浇筑混凝土的情况。

当构造柱位于单片墙最前端时：

$$S=(K\times2+D\times4)\times H$$

当构造柱位于 L 或一字形墙体相交处时：

$$S=(K\times2+D\times4)\times H$$

当构造柱位于 T 形墙体相交处时：

$$S=(K\times1+D\times6)\times H$$

当构造柱位于十字形墙体相交处时：

$$S=D\times8\times H$$

式中　D——马牙槎的外伸长度；

　　　K——墙体宽度；

　　　H——柱高度。

4）梁模板工程量计算

混凝土梁（包括基础梁）模板，按梁三面展开宽度乘以梁长，以平方米计算。

现浇混凝土梁模板工程量＝（梁底宽＋梁侧高×2）×梁长

其中，单梁、支座处的模板扣除，端头处的模板增加。梁与梁相交时，扣除次梁梁头所占主梁模板面积。梁与板连接时，梁侧壁模板算至板下坪。梁高：带板的梁计至板底，不带板的梁计至梁顶。

$$外轴线梁模板＝（梁宽＋梁高1＋梁高2）×梁长$$

式中 梁高1（内侧）——梁底至板底；

梁高2（外侧）——梁底到板面。

$$基础梁模板＝（梁高×2）×梁长$$

其中：

$$架空的基础梁模板＝（梁宽＋梁高×2）×梁长$$

$$圈梁、过梁模板＝（梁高×2）×梁长＋梁宽×梁下门窗洞长度$$

5）板模板工程量计算

有梁板模板的工程量计算规则为：浇混凝土板的模板，按混凝土与模板接触面积，以平方米计算。其中伸入梁、墙内的板头，不计算模板面积。周边带翻檐的板（如卫生间混凝土防水带等），底板的板厚部分不计算模板面积；翻檐两侧的模板，按翻檐净高度，并入板的模板工程量内计算。板与柱相交时，扣除柱所占板的模板面积。但柱与墙相连时，柱与墙等厚部分（柱的墙内部分）的模板面积，应予扣除。外轴线楼板端部的侧面积，并入梁模板，没有梁的并入板模板。

有梁板模板面积＝板底面积（含肋梁底面积）＋板侧面积＋梁侧面积－柱头所占面积。

其中，板底面积应扣除单孔面积在 $0.3mm^2$ 以上的孔洞和楼梯水平投影面积，不扣除后浇板带面积。

$$板侧面积＝板周长×板厚＋单孔面积在0.3m^2以上的孔洞侧壁面积$$
$$梁侧面积＝梁长度（主梁算至柱边，次梁算至主梁边）×梁底面至板底高度－$$
$$次梁梁头所占面积。$$
$$次梁梁头所占面积＝次梁宽×次梁底至板底高度。$$

6）现浇混凝土墙体模板

$$现浇混凝土墙体模板工程量＝墙长度×高度$$

墙长度算至柱边，无柱或暗柱时，外墙按中心线计算，内墙按净长，暗柱并入墙内工程量计算。墙高度算至梁底，无梁或暗梁时，算至板底，暗梁并入墙内工程量计算，无板无梁时，算至楼面。计算墙模板工程量面积时不扣除后浇墙带面积。

7）楼梯模板

整体直形楼梯包括楼梯段、中间休息平台、平台梁、斜梁及楼梯与楼板连接的梁，按水平投影面积计算，不扣除宽度小于500mm的楼梯井，伸入墙身部分不另增加。

$$普通楼梯投影面积＝水平投影长×水平投影宽×自然层数$$
$$螺旋楼梯投影面积＝\pi×（R^2－r^2）×n$$

式中 R——楼梯板外径；

r——楼梯板内径；

n——螺旋层数或螺距个数。

8）其他构件模板

现浇混凝土雨篷、阳台、水平挑板按挑出墙面部分以外板底尺寸的水平投影面积计算（附在阳台梁上的混凝土线条不计算水平投影面积）。挑出墙外的牛腿及板边模已包括在内。复式雨篷挑口内侧净高超过250mm时，其超过部分套用挑檐定额（超过部分的含模量按天沟含模量计算）。

栏杆按扶手长度计算，栏板竖向挑板按模板接触面积计算，扶手、栏板的斜长按水平投影长度乘以 1.18 计算。

砖侧模分不同厚度，按砌筑面积计算。

【造价纠纷】 某工程执行江苏省计价定额，其模板支模高度为 7.8m，在计算其支撑模板人工和材料增加费时，发包人认为应按 5m 以内和 8m 以内两段分别计算，承包人认为不应分段计算，由此产生工程造价纠纷。

【纠纷分析】 现浇钢筋混凝土柱、梁、墙、板的支模净高超过 3.6m 时，其钢支撑、零星卡具及模板人工分别根据其高度按表 8-24 所列系数进行增加计算。

构件净高超过 3.6m 增加系数 表 8-24

增加内容	净高在 5m 以内	净高在 8m 以内
独立柱、梁、板钢支撑及零星卡具	1.10	1.30
框架柱（墙）、梁、板钢支撑及零星卡具	1.07	1.15
模板人工（不分框架和独立柱、梁、墙）	1.30	1.50

其中支模净高度的取定为：柱、梁、板底层有地下室时，楼板（室内地面）顶面至上层楼板底面；底层无地下室时，底层为设计室外地面至上层楼板底面，楼层为楼层板顶面至上层楼板底面。墙底层为整板基础顶面（或反梁顶面）至上层板底面，楼层为楼层板顶面至上层板底面。

现浇钢筋混凝土柱、梁、墙、板的支模净高超过 3.6m 时，其钢支撑、零星卡具及模板人工根据其支模净高高度按表 8-24 所列系数进行增加计算，不应分段计算。

【造价纠纷】 某按实结算工程按合同约定执行江苏省计价定额，支模高度达 9m，按有关规定根据专家论证方案并得到发包人认可后搭设高大支模进行施工，在结算时发包人认为该高大支模应执行满堂脚手架，或按规定乘以人工和材料增加系数即可，承包人认为费用过低不予同意，由此产生工程造价纠纷。

【纠纷分析】 高大支模往往出于安全以及质量因素等，需要进行专项施工方案论证后施工，其搭设高度以及密度是满堂脚手架及普通模板支撑所远远不及的，且不同的工程其设计方案不同，支撑钢管的密度也有所不同，因此本工程高大支模应在发包、承包双方认可的专项施工方案基础上，其人工费用根据劳务市场实际支出以实际搭设净体积为准进行计算，脚手架钢管及扣件、零星卡具等，应按发包、承包双发确认的数量及搭、拆时间计算其租赁费用进行结算，较为合理。

【造价纠纷】 某工程其施工合同中未明确约定混凝土模板的工程量清单数量结算结算方法，在工程结算时，发包人提出应按工程量清单计算规范中的计算规则，即按混凝土与模板接触面的面积计算，则计算模板工程量时，应按实际混凝土与模板的接触面积作为工程量进行结算，承包人认为应按计价定额中的模板含量表中的含量进行结算，由此产生工程造价纠纷。

【纠纷分析】 模板工程量计算有两种方法，一种是按计价定额中的模板含量表中的模板含量进行计算，另一种是按照混凝土与模板实际接触面积即按图示尺寸的实际工程量进行计算，两种计算方法计算出的结果最终都是"混凝土与模板接触面的面积"，只不过殊途同归而已，清单计算规范中的计算规则并非绝对是设计图纸计算模板接触面积的实际工程量。江苏省计价定额中规定："按设计图纸计算模板接触面积或使用混凝土含模量折算模板面积，同一种工程两种方法仅能使用其中一种，不能混用。"在工程量清单计价中，工程量清单的发布以及招标控制价、投标报价、竣工结算均应使用其中一种计算方法，保持计算口径一致，不应混用。本工程经核查，原招标工程量清单、招标控制价、投标报价均按含量计算模板工程量，因此，本工程办理工程竣工结算时应按模板含量进行计算。

但是如果以混凝土含模量折算模板面积方式进行工程计价时，在编制招标控制价时，应按计价定额中的含模量进行计算，在编制投标报价中投标人应自主进行报价，在竣工结算时原则上应按投标报价时的含模量计算结算。

8.14 脚手架工程

8.14.1 脚手架构造

脚手架一般由立杆、大横杆、小横杆、斜撑、剪刀撑、抛撑和上料平台等部件组成，如图 8-91、图 8-92 所示。脚手架的立杆均由横杆连成整体，通长方向的为大横杆，垂直墙面的为小横杆，从地面第一根大横杆向上至第二根大横杆的距离称为步距，也简称为步，而向上大横杆的道数称为步数，立杆间距 1.5m。

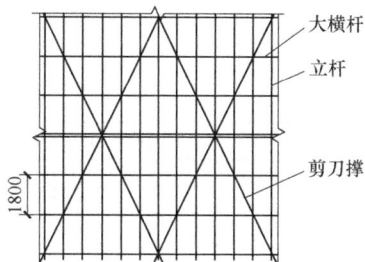

图 8-91 双排脚手架立面图

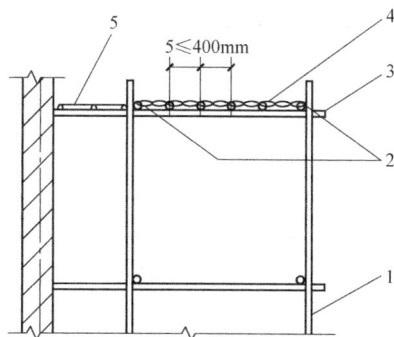

图 8-92 双排脚手架剖面图
1—立杆；2—纵向水平杆；3—横向水平杆；
4—竹笆脚手板；5—其他脚手板

8.14.2 脚手架定额消耗量取定

1. 砌墙钢管脚手架定额编制考虑立杆间距为 1.5m，横杆第一步步距为 2m，第二步开始以上为 1.5m，12m 以内砌墙高度取 10m，周期按 3 个月计算，20m 以内砌墙高度取 18m，周期按 5 个月计算，小横杆长度为 1.6m。

2. 钢管摊销量：

$$钢管摊销量＝（钢管重量×周期）÷（砌墙面积×钢管使用年限）$$

其中钢管使用年限 10 年，残值 5%。其中摊销量是指将提供的一次使用量，经多次重复使用时，在每一次使用中所应摊入的消耗量。

脚手架材料耐用期限及残值参考见表 8-25。

脚手架材料耐用期限及残值参考表　　　　表 8-25

材料名称	规格	耐用期限(月)	残值(%)	备注
钢管	φ48×3.5	120	5	—
扣件		120	5	—
底座		120	5	—
木脚手板		42	10	—
竹脚手板		24	5	并列式螺栓加固
毛竹		24	5	—
绑扎材料		1 次	—	—

脚手架搭设一次使用期限参考表 8-26。

脚手架材料耐用期限及残值参考　　　　表 8-26

项目	高度	平均一次使用期限
脚手架	12m 以内	3.5 个月
脚手架	20m 以内	5 个月
脚手架	30m 以内	6 个月
脚手架	40m 以内	7.5 个月
脚手架	50m 以内	9 个月
满堂脚手架	—	25d

3. 外墙脚手架取定高度为檐口高度，架高＝檐口高度＋1.5m。计算钢管脚手架取定高度见表 8-27。

脚手架取定高度表　　　　表 8-27

项目	步数	取定高度(m)
高 15m 以内	10	13.00
高 24m 以内	16	20.80
高 30m 以内	21	27.40
高 50m 以内	30	39.00
高 70m 以内	50	66.50
高 90m 以内	63	84.50
高 110m 以内	80	105.50

4. 脚手架一次使用期，即脚手架周转一次所使用的时间，见表 8-28。

脚手架的一次使用期表　　　　表 8-28

项目	一次使用期	项目	一次使用期
脚手架及斜道15m 内	6 个月	依附斜道5m 内	2 个月
脚手架及斜道24m 内	7 个月	安全网	7 个月
脚手架及斜道30m 内	8 个月	烟囱(水塔)脚手架高45m 内	3 个月

项目	一次使用期	项目	一次使用期
脚手架及斜道 50m 内	12 个月	烟囱(水塔)脚手架高 60m 内	3.5 个月
脚手架及斜道 70m 内	20 个月	烟囱(水塔)脚手架高 80m 内	4.5 个月
脚手架及斜道 90m 内	25 个月	电梯井字架高 20m 内	6 个月
脚手架及斜道 110m 内	32 个月	电梯井字架高 30m 内	8 个月
满堂脚手架	25d	电梯井字架高 50m 内	12 个月
挑脚手架	10d	电梯井字架高 80m 内	18 个月
悬空脚手架	7.5d	电梯井字架高 100m 内	24 个月
里脚手架	7.5d	架空运输道	6 个月
室外管道脚手架	1 个月		

5. 抹灰脚手架考虑到可能用于大厅、礼堂、底层商场、展览馆等公共场所，分别编制了 5m 以内和 12m 以内两种。由于抹灰时外墙已砌好，故按 12m 以内双排砌墙脚手架进行比较，5m 以内抹灰脚手架按 20d 考虑，调整系数为：20d/90d＝0.222。由于抹灰脚手架比砌墙脚手架简单，斜撑及柱杆材料要少一些，故取定 0.2 系数，人工按 0.7 考虑。12m 以内抹灰脚手架按 45d 考虑，调整系数为：45d/90d＝0.5。理由同上材料取定 0.4 系数，人工按 0.8 考虑。

6. 外墙镶（挂）贴脚手架。

人工按相应高度砌筑脚手架人工乘以 0.91 系数（劳动定额规定），脚手架周转周期 12m 以内按 1.5 个月计算，20m 以内按 2 个月计算，其他同砌筑脚手架，20m 以上部分套相应脚手架增加费。

7. 外架子悬挑脚手架增加费。

悬挑脚手架目前和落地式脚手架执行的是相同规范，《建筑施工扣件式钢管脚手架安全技术规范》JGJ 130—2011，搭设基本同落地式脚手架一样，因此，钢管脚手架部分套用砌墙脚手架外架子（双排，高 20m 以内）子目和外墙镶（挂）贴脚手架子目，悬挑部分以增加费形式出现即可。适用范围：搭设高度超过规范中脚手架允许搭设高度；不适合搭设落地式脚手架形式的项目；施工企业具体投标的搭设方案报价使用。

8. 满堂支撑架。

满堂支撑架应根据建设单位认可的合理施工方案计算，搭拆按实际使用的脚手架钢管重量计算，使用费按实际使用的脚手架钢管重量和天数计算，应包括搭设和拆除天数，不包括现场囤积和转运天数。

9. 单层轻钢厂房脚手架。

钢结构施工比较快捷，脚手架搭设方法与传统的砌筑脚手架搭设方法不同，属于定额缺项。按施工工艺的划分，脚手架分为柱梁安装、屋面等水平结构安装、墙板、门窗、雨篷等竖向结构安装三个部分。根据目前市场情况调研，21m×60m×2m 跨的厂房占 60%～70%，因此，选取该类型作为定额编制依据。相关材料摊销年限：扣件、钢管 120 个月，底座 180

个月调整为 120 个月，脚手板 42 个月（木）24 个月（竹），安全网 1 次，密目网 2 年调为 1 次。单层轻钢厂房脚手架适用于单层轻钢厂房钢结构施工用脚手架，分钢柱梁安装脚手架、屋面瓦等水平结构安装脚手架和墙板、门窗、雨篷、天沟等竖向结构安装脚手架，不包括厂房内土建、装饰工作脚手架，实际发生时另执行相关子目。

8.14.3　综合脚手架

1. 综合脚手架适用范围

1）在执行江苏省计价定额时，民用建筑单位工程应执行综合脚手架定额，但檐高在 3.6m 以内的单层建筑不执行综合脚手架定额。

2）综合脚手架项目仅包括本工程内砌筑、抹灰、浇捣等脚手架的搭拆费用，已作综合考虑，但不包括建筑物洞口临边、电器防护设施等费用，以上费用已在安全文明施工措施费中列支。

3）单位工程在执行综合脚手架时，其费用不包含下列情况，如遇到应另列项目计算：

各种基础自设计室外地面起深度超过 1.50m（砖基础至大放脚砖基底面深度超过 1.5m，其砖基础砌筑脚手架以垂直面积按单项脚手架中里架子定额）。

钢筋混凝土基础至垫层上表面深度超过 1.50m，同时混凝土带形基础底宽超过 3m、满堂基础或独立柱基（包括设备基础）混凝土底面积超过 16m² 应计算混凝土浇捣脚手架。混凝土浇捣按相应满堂脚手架定额执行；其脚手架费用可按槽坑土方规定放工作面后的底面积乘以相应满堂脚手架的 30% 计算。

层高超过 3.60m 的钢筋混凝土框架柱、梁、墙混凝土浇捣脚手架按单项定额规定计算；独立柱、单梁、墙高度超过 3.60m 混凝土浇捣脚手架按单项定额规定计算；

施工现场需搭设高压线防护架、金属过道防护棚脚手架按单项定额规定执行；

屋面坡度大于 45°时，屋面基层、盖瓦的脚手架费用应另行计算。

未计算到建筑面积的室外柱、梁等，其高度超过 3.60m 时，应另按单项脚手架相应定额计算。

地下室的综合脚手架按檐高在 12m 以内的综合脚手架相应定额乘以系数 0.5 执行。

【纠纷争议】　在执行江苏省计价定额时，民用建筑中的地下室如何计算其综合脚手架费用易引起工程造价纠纷。

【纠纷分析】　民用建筑中的地下室部分因不需搭设外墙脚手架，同时地下室中内墙数量相对较少，砌筑抹灰及浇捣脚手架使用较少，因此计算综合脚手架费用时应乘以系数 0.5。

2. 综合脚手架工程量计算规则

综合脚手架工程量按该工程建筑面积计算，并根据不同层高的建筑面积分别计算。

8.14.4　单项脚手架

执行江苏计价定额时，除民用建筑之外的单独地下室、装配式建筑、工业厂房、仓库、独立的展览馆、体育馆、影剧院、礼堂、饭堂（包括附属厨房）、锅炉房、檐高为超过 3.6m 的单层建筑、超过 3.6m 高的屋顶构架、构筑物和单独装饰工程应按单项脚手架计算其费用，包括砌筑脚手架、抹灰脚手架、混凝土浇捣脚手架、高压防护架、电梯井字架等。

【造价纠纷】　某住宅楼工程，地下为连通人防地下车库。地上为多栋住宅楼，在结算时发包人认为其地下室应按单独地下室考虑并计算单项脚手架费用，承包人认为应按综合脚手架考虑，由此产生工程造价纠纷。

【纠纷分析】　单独地下室一般是指跟地上建筑没有任何联系的地下人防工程、汽车库等，本工程地下连通人防地下室与上部住宅有直接连通，不属于单独地下室工程，其地下室脚手架应按檐高在 12m 以内的综合脚手架相应定额乘以系数 0.5 执行。

1. 砌筑脚手架

1) 砌筑脚手架，是指供砌筑各种墙、柱所用的脚手架。除基础砌砖不计砌筑脚手架外，凡砌筑各种墙、柱及地沟，一般情况下高度在 1.5m 以上者，均须计算砌筑脚手架。砌筑脚手架的分类按搭设位置的不同，分外脚手架和里脚手架。凡搭在建筑物外围的架子，称为外脚手架；凡搭设在建筑物内部的架子，称为里脚手架。外墙脚手架在定额中又分为单排脚手架和双排脚手架两种搭设方式。

2) 砌筑脚手架的工程量计算规则：砌筑脚手架计算按墙面（单面）垂直投影面积以平方米计算。计算脚手架工程量时，门窗洞口及穿过建筑物的车辆通道空洞面积等，均不扣除。同一建筑物高度不同时，按建筑物的竖向不同高度分别计算。其外墙脚手架按外墙外边线长度（如外墙有挑阳台，则每只阳台计算一个侧面宽度，计入外墙面长度内，两户阳台连在一起的也只算一个侧面）乘以外墙高度以平方米计算。外墙高度指室外设计地坪至檐口（或女儿墙上表面）高度，坡屋面至屋面板下（或椽子顶面）墙中心高度。一般外墙脚手架的尺寸是按外墙外边线的垂直面积尺寸确定的，其中高度应从室外地坪至墙顶，长度应算至外墙转折点。

里脚手架搭设于建筑物内部，每砌完一层墙后，即将其转移到上一层楼面，进行新的一层墙体砌筑。里脚手架也用于室内装饰施工。里脚手架装拆较频繁，要求轻便灵活，装拆方便。通常将其做成工具式的，结构形式有折叠式、支柱式和门架式。内墙脚手架按墙面垂直投影面积以内墙净长乘以内墙净高计算。有山尖者算至山尖 1/2 处的高度；有地下室时，自地下室室内地坪至墙顶面高度。

2. 装饰脚手架

1) 抹灰脚手架计算规则

钢筋混凝土单梁、柱、墙，按以下规定计算脚手架：

$$梁面抹灰脚手架工程量＝单梁梁净长×地坪（或楼面）至梁顶面高度$$
$$柱面抹灰脚手架工程量＝（柱结构外围周长＋3.6m）×柱的高度$$
$$墙面抹灰脚手架工程量＝内墙净长度×设计净高$$

天棚抹灰高度在 3.60m 以内，按天棚抹灰面（不扣除柱、梁所占的面积）以平方米计算。但如有满堂脚手架可以利用时，不再计算墙、柱、梁面抹灰脚手架。

【造价纠纷】　某按实结算工程，执行江苏省计价定额，在施工过程中，承包人根据设计要求搭设并计取了外墙双排脚手架费用，竣工后得到发包人指令拆除脚手架，后因发包人原因外墙面需要改造，承包人根据发包人许可的施工方案搭设了外墙镶（挂）贴脚手架进行外立面改造，在结算时，承包人提出应计取两次外墙脚手架费用，发包人认为第一次搭设并计取的外墙双排脚手架已经包含了外墙面的抹灰或装饰费用，不应另计，由此产生工程造价纠纷。

【纠纷分析】 按照脚手架施工安排，装饰抹灰基本上是在土建工程完成以后，才能够装饰。如内墙砌筑脚手架，施工周期短，而且砌筑与抹灰周转周期不同，因此一般在砌筑完相应每层内墙后，就应该拆除，另作使用，所以内墙砌筑脚手架与抹灰脚手架应以施工组织设计为准分别搭设，分别计算其费用，砌筑算一面的费用，而抹灰应算内墙墙体两面以及外墙的内墙面的费用。

而外墙脚手架是在土建、装饰完成以后才一次拆除外墙脚手架，施工周期长，可以利用外墙砌筑脚手架进行外墙面的装饰抹灰施工，因此其施工周转周期包括了外墙面面抹灰脚手架在内，因而外墙面的装饰抹灰脚手架费用则不需另计。但本工程由于发包人的原因外墙砌筑与抹灰施工完成后并已经拆除之后，又重新搭设外墙脚手架，这部分费用不含在外墙砌筑脚手架中，应予以另行计算。

2）满堂脚手架

满堂脚手架是指在整个操作空间内满布成棋盘格式的脚手架，主要用于单层厂房、展览大厅、体育馆等层高、开间较大的建筑顶部的装饰施工。由立杆、横杆、斜撑、剪刀撑等组成。适用于室内净高 3.6m 以上的天棚装饰工程以及满堂基础工程的脚手架。

满堂脚手架计算规则为：当天棚抹灰高度超过 3.60m，按室内净面积计算满堂脚手架，不扣除柱、垛、附墙烟囱所占面积。

满堂脚手架工程量＝室内净长度×室内净宽度

其高度在 8m 以内计算基本层，高度超过 8m，每增加 2m，计算一层增加层，计算式如下：

增加层数＝[室内净高（m）－8m]÷2m

式中，余数在 0.6m 以内，不计算增加层，超过 0.6m，按增加一层计算。

满堂脚手架高度以室内地坪面（或楼面）至天棚面或屋面板的底面为准（斜的天棚或屋面板按平均高度计算）。室内挑台栏板外侧共享空间的装饰如无满堂脚手架利用时，按地面（或楼面）至顶层栏板顶面高度乘以栏板长度，以平方米计算，套相应抹灰脚手架定额。

3. 现浇混凝土脚手架

现浇混凝土需用脚手架时，应与砌筑脚手架综合考虑。如确实不能利用砌筑脚手架者，而定额子目中又无脚手架工料，则可按施工组织设计规定或按实际搭设的脚手架计算。

1）基础浇捣脚手架：

钢筋混凝土基础自设计室外地坪至垫层上表面的高度超过 1.50m；带形基础底宽超过 3.0m，满足上述两个条件后计算方法为按槽底规定放工作面后的土底面积计算。独立基础或满堂基础底面积超过 16m² 时计算，应按考虑工作面之后的基坑底面积计算，按满堂脚手架乘以系数 0.3 计算浇捣脚手架费用。

2）现浇钢筋混凝土独立柱、单梁、墙：其高度超过 3.60m 应计算浇捣脚手架。

其中现浇钢筋混凝土单梁，是指梁为现浇钢筋混凝土、无现浇混凝土楼板连接，梁的两端由墙体支撑的梁。其浇捣脚手架工程量计算规则为：

单梁的浇捣脚手架＝梁的净长×地面（或楼面）至梁顶面的高度

现浇钢筋混凝土独立柱是指柱四周与钢筋混凝土墙不连的各种结构的柱。其浇捣脚手架工程量计算规则为：

单柱的浇捣脚手架＝（柱的结构周长＋3.6m）×地面（或楼面）至梁顶面的高度

上式中3.6m的取定原因为：柱的浇捣脚手架应该是井字架一边出头30cm＋模厚10cm＋1根钢管宽度5cm＝45cm，共8个头，合计3.6m。

钢筋混凝土墙的浇捣脚手架以墙的净长乘以墙高计算。墙高，是指楼（地）面至楼板底面的距离。当柱子与墙整浇为一体时，柱子不另计取脚手架，墙体外露净长线计算时包括柱子外露尺寸在内。

3）现浇钢筋混凝土框架梁、柱浇捣脚手架：

现浇楼板结构的浇捣脚手架计算：当混凝土柱、梁、墙、板形成闭合的框架结构时，其柱梁和楼板不单独计取浇捣脚手架，而当层高超过3.60m的钢筋混凝土框架柱、墙（楼板、屋面板为现浇板）所增加的混凝土浇捣脚手架费用，应以每$10m^2$框架轴线水平投影面积，按满堂脚手架相应子目乘以0.3系数执行层高超过3.60m的钢筋混凝土框架柱、梁、墙（楼板、屋面板为预制空心板）所增加的混凝土浇捣脚手架费用，以每10m框架轴线水平投影面积，按满堂脚手架相应子目乘以0.4系数执行。

【造价纠纷】 现浇钢筋混凝土独立柱、单梁、墙高度超过3.60m应计算浇捣脚手架。此处的单梁、独立柱是什么概念，框架梁、框架柱超过3.60m是否应计算浇捣脚手架？层高超过3.6m，现浇板是否不需要计算浇捣脚手架？若要计算，有梁板的梁是否借用板的脚手架，板的抹灰脚手架也不需要再计算等问题，易引起工程造价纠纷。

【纠纷分析】 现浇钢筋混凝土独立柱、单梁、墙高度超过3.60m应计算浇捣脚手架，此处的柱梁墙应为单独的、非框架结构柱、梁，高度超过3.6m，套用柱、梁、墙混凝土浇捣脚手架；而层高超过3.6m的框架柱、墙（楼板、屋面板为现浇板）所增加的混凝土浇捣脚手架费用，以框架轴线水平投影面积按满堂脚手架相应子目乘以0.3系数执行。层高超过3.6m的现浇板不需要计算浇捣脚手架，抹灰脚手架根据施工组织设计一般情况是浇捣脚手架拆除之后重新搭设，应另行计算。

4. 斜道

独立斜道均按座计算，其高度与外脚手架的高度相同。有施工组织设计或施工方案者，按施工组织设计或施工方案的规定计算。无规定者则按实际搭设座数计算。依附于外墙脚手架中的斜道不另计费用。

5. 超高脚手架材料增加费

定额中脚手架是按建筑物檐高在20m以内编制的。檐高超过20m时应计算脚手架材料增加费。檐高超过20m脚手架材料增加费内容包括：脚手架使用周期延长摊销费、脚手架加固费。脚手架材料增加费包干使用，无论实际发生多少，均不调整。

超高脚手架材料增加费计算规则：

综合脚手架建筑物檐高超过20m可计算脚手架材料增加费。建筑物檐高超过20m脚手架材料增加费以建筑物超过20m部分建筑面积计算。

单项脚手架建筑物檐高超过20m可计算脚手架材料增加费。建筑物檐高超过20m脚手架材料增加费同外墙脚手架计算规则，从设计室外地面起算。

8.14.5 脚手架定额使用要点

1. 采用综合脚手架时，设置招标工程量清单时，应与定额子目划分相对应，同时未能计算建筑面积的部分工作内容，应按相应规定计算其单项脚手架费用。

2. 土建工程中，计算外墙单项脚手架费用时，一般情况下，外墙的砌筑与装饰应合并计算一次外墙脚手架费用，并按其墙体高度套用相应定额。

3. 现浇框架结构中的外墙砌筑，如该部位已经计算了外墙脚手架，则该部分墙体的砌筑脚手架不再计算，如该部位不能利用外墙脚手架砌筑墙体，则应另行计算其砌筑脚手架。

4. 高度超过 1.2m 的构筑物，应根据其外围垂直投影面积，计算其脚手架。

5. 建筑外内墙脚手架，设计室内地坪至顶板下表面或山墙高度的 1/2 处之间的砌筑高度在 3.6m 以下的按里脚手架计算，砌筑高度超过 3.6m 以上的内墙和外墙，应按设计搭设方式执行 12m 以内外墙砌筑脚手架定额。

6. 外墙脚手架定额内，已综合考虑了上料平台、护卫栏杆等工料，不得另行计算。

7. 墙高在 3.6m 以内的围墙砌筑脚手架，按里脚手架定额计算。

8. 外墙的内墙面和内墙的两面，除非可利用砌筑脚手架进行抹灰粉刷，应按其垂直投影面积计算墙体抹灰脚手架。单独柱、梁面的抹灰如没有其他脚手架可以利用，也应计算其柱梁面抹灰脚手架费用。

9. 抹灰高度在 3.6m 以内的天棚面，应按天棚抹灰面积计算其抹灰脚手架费用，天棚面抹灰高度如果超过 3.6m 出于安全施工的角度要求搭设满堂脚手架，则应按满堂脚手架的计算规则计算满堂脚手架费用。

10. 如可利用满堂脚手架进行施工，墙、柱、梁面装饰或抹灰脚手架不应另行计算。天棚面其他装饰也不应计算相应脚手架费用。

11. 墙、柱、梁、天棚面批腻子及刷浆、油漆等应按施工组织设计及实际脚手架搭设情况计算其脚手架费用。

12. 同一建筑物高度不同时应按不同高度分别计算。

【造价纠纷】 某工程外墙砌筑脚手架设置了部分依附斜道，用于人工上下及运送材料，因此在工程结算时，承包人分别计取了双排外架子脚手架和斜道费用，由此产生工程造价纠纷。

【纠纷分析】 依附于外墙砌筑脚手架的斜道的工料消耗已经包含在外墙脚手架定额中，不应另行计取，如根据施工组织设计要求独立于外墙砌筑脚手架搭设了独立的斜道，方可计取斜道定额费用。

【造价纠纷】 幕墙工程施工用外围防护脚手架如何计价易引起工程造价纠纷。

【纠纷分析】 建筑物外墙设计采用幕墙装饰，不需要砌筑墙体，而且往往是外墙砌筑脚手架拆除之后方能施工，根据施工方案需搭设外围防护脚手架的，且幕墙施工不利用原外防护架，应按砌筑脚手架相应子目另计防护脚手架费。

【造价纠纷】 建筑工程中高压线防护架、金属过道防护棚等如何计价？

【纠纷分析】 高压线防护要求在建工程的外侧边缘与外电架空线路的边线之间必须保持安全操作距离，最小安全操作距离应不小于 4～6m，旋转臂架式起重机的任何部位或被吊物边缘与 10kV 以下的架空线路边线最小水平距离不得小于 2m。所以为确保正常供电和施工人员的人身安全，必须采取切实可行的防护措施，编制专项防护方案。建筑工程中按审定的施工组织设计搭设高压线防护架，应计算其费用，并按搭设长度以延长米计算其工程量，单位为座，定额按宽5m，高13m为准，如高、宽度不同时，可按比例调整。金属过道防护棚一般指建筑物施工用脚手架以外单独搭设的用于车辆通行、人行通道、临街防护和施工现场与其他物体或其他危险场所隔离等的防护，按审定的施工组织设计中所搭设的水平投影面积以平方米计算施工期按5个月计算，然后计算每增减1个月的增减费用。

【造价纠纷】　某民用建筑工程执行江苏省计价定额，其中部分住宅顶有装饰性塔楼（闷顶层），需要搭设相应脚手架，但此部分按规定不能计算建筑面积，即该闷顶层部分未能计取相应综合脚手架费用，承包人认为该部分实际搭设脚手架应另行计算，由此产生工程造价纠纷。

【纠纷分析】　本工程屋顶塔楼为闷顶层，无法作为生产、生活的空间利用，因此无法计算建筑面积，同时也无法计算相应的综合脚手架费用，但该闷顶层部分根据发包人许可的施工组织设计实际搭设了相应的外脚手架，该部分的脚手架费用应按单项脚手架费用另行计算。

8.15　建筑物超高增加费用

8.15.1　建筑物超高增加费内容

建筑物超高增加费包括高压水泵摊销费、高层施工人工降效以及人工降效带来的机械降效、上下联络通信费用。超高费定额在执行过程中包干使用，费用不作调整。

8.15.2　建筑物超高增加费的前提

建筑物设计室外地面至檐口的高度（不包括女儿墙、屋顶水箱、突出屋面的电梯间、楼梯间等的高度）超过20m或建筑物超过6层时，应计算超高费。

8.15.3　建筑物超高增加费编制数据

1. 人工降效

根据檐高在20m左右的工程人工消耗量指标，考虑到精装修工程基本单独发包，土建项目往往只承担公共部分的简单装修，人工降效的人工含量调整按每平方米建筑面积3.5工日计算。

超高费人工降效系数见表8-29。

超高费人工降效系数表　　　　表8-29

高度（m）	工日×降效系数	（工日/m²）
20～30	3.5×5%	0.18
20～40	3.5×7.5%	0.26
20～50	3.5×10%	0.35
20～60	3.5×12.5%	0.44
20～70	3.5×15%	0.53

续表

高度（m）	工日×降效系数	（工日/m²）
20～80	3.5×17.5%	0.61
20～90	3.5×20%	0.70
20～100	3.5×22.5%	0.79
20～110	3.5×25%	0.88
20～120	3.5×27.5%	0.96
20～130	3.5×30%	1.05
20～140	3.5×32.5%	1.14
20～150	3.5×35%	1.23
20～160	3.5×37.5%	1.31
20～170	3.5×40%	1.40
20～180	3.5×42.5%	1.49
20～190	3.5×45%	1.58
20～200	3.5×47.5%	1.66

2. 高压水泵摊销

高压水泵配置按照消防要求，必须一台使用，一台备用。按泵扬程进行分级，同扬程泵含量取定相同。

超高费高压水泵摊销系数见表 8-30。

超高费高压水泵摊销系数表　　　　表 8-30

高度（m）	水泵	基础定额台班含量	调整后台班含量（其中50%正常施工，50%为停滞）
20～30	离心水泵扬程 50m 以内	0.0317	0.041
20～40	离心水泵扬程 50m 以内	0.0347	0.041
20～50	电动多级离心泵出口直径 100mm 扬程 120m 以内	0.0357	0.034
20～60	电动多级离心泵出口直径 100mm 扬程 120m 以内	0.0372	0.034
20～70	电动多级离心泵出口直径 100mm 扬程 120m 以内	0.0388	0.034
20～80	电动多级离心泵出口直径 100mm 扬程 120m 以内	0.0403	0.034
20～90	电动多级离心泵出口直径 100mm 扬程 120m 以内	0.0419	0.034
20～100	电动多级离心泵出口直径 100mm 扬程 120m 以内	0.0446	0.034
20～110	电动多级离心泵出口直径 100mm 扬程 120m 以内	0.0465	0.034
20～120	电动多级离心泵出口直径 150mm 扬程 120m 以上	0.0481	0.027
20～130	电动多级离心泵出口直径 150mm 扬程 120m 以上	—	0.027

高度（m）	水泵	基础定额台班含量	调整后台班含量（其中50%正常施工,50%为停滞）
20～140	电动多级离心泵出口直径 150mm 扬程 120m 以上	—	0.027
20～150	电动多级离心泵出口直径 150mm 扬程 180m 以下	—	0.022
20～160	电动多级离心泵出口直径 150mm 扬程 180m 以下	—	0.022
20～170	电动多级离心泵出口直径 150mm 扬程 180m 以下	—	0.022
20～180	电动多级离心泵出口直径 150mm 扬程 180m 以上	—	0.018
20～190	电动多级离心泵出口直径 150mm 扬程 180m 以上	—	0.018
20～200	电动多级离心泵出口直径 150mm 扬程 180m 以上	—	0.018

3. 上下通信联络费用

按 20m 以上每层施工天数 15d，每天一个台班，每层建筑面积约 $1000m^2$ 考虑。

高度在 50m 内用 3 个对讲机：$3×15/1000=0.05$ 台班/m^2，人工 0.05 工日/m^2。

高度在 100m 内用 5 个对讲机：$5×15/1000=0.08$ 台班/m^2，人工 0.08 工日/m^2。

高度在 200m 内用 7 个对讲机：$7×15/1000=0.11$ 台班/m^2，人工 0.11 工日/m^2。

4. 高层施工人工降效对应的机械降效

根据工程已结算资料，机械费（不包含垂直运输费）不超过工程造价的 5%。考虑到在基础部分机械费用使用较多，以及去除地面水平运输机械，20m 以上部分机械费用按 $5%×30%=1.5%$ 计算。工程造价按檐高 20m 建筑物 1300 元/m^2 考虑。20m 部分机械费为 $1.5%×1300=19.5$ 元/m^2。

超高费机械降效表见表 8-31。

超高费机械降效表　　　　　　　　　　　　　　　表 8-31

高度（m）	机械费×降效系数	（元/m^2）
20～30	19.5×5%	0.98
20～40	19.5×7.5%	1.46
20～50	19.5×10%	1.95
20～60	19.5×12.5%	2.44
20～70	19.5×15%	2.93
20～80	19.5×17.5%	3.41
20～90	19.5×20%	3.90
20～100	19.5×22.5%	4.39
20～110	19.5×25%	4.88
20～120	19.5×27.5%	5.36
20～130	19.5×30%	5.85

高度(m)	机械费×降效系数	(元/m²)
20~140	19.5×32.5%	6.34
20~150	19.5×35%	6.83
20~160	19.5×37.5%	7.31
20~170	19.5×40%	7.80
20~180	19.5×42.5%	8.29
20~190	19.5×45%	8.78
20~200	19.5×47.5%	9.26

8.15.4 建筑物超高增加费计算规则

1. 建筑物檐高超过 20m 或层数超过 6 层部分的按其超过部分的建筑面积计算。

【纠纷案例】 某建筑物室外设计地坪为—0.03m，第六层楼板结构标高为 14.5m，第 7 层楼板结构标高为 17.4m，第 8 层结构标高为 19.9m，在结算建筑物超高费时，第 7、8 层应否计算超高费易产生工程造价纠纷。

【纠纷分析】 建筑物檐高超过 20m 或层数超过 6 层，满足其中一个条件即应计算建筑物超高增加费，本工程第七、八层虽然建筑物高度没有超过 20m，但楼层已经超过 6 层，因此应予计算其建筑物超高增加费。

2. 建筑物檐高超过 20m，但其最高一层或其中一层楼面高度未超过 20m 且在 6 层以内时，则该楼层在 20m 以上部分的超高费，仅计算每超过 1m（不足 0.1m 按 0.1m 计算），并按相应的建筑物超高增加费相应定额的 20% 计算，即指按照建筑物檐高所对应的超高费子目，而不是该楼层所处高度。

3. 建筑物 20m 或 6 层以上的楼层，如满足计算超高增加费的同时，其层高超过 3.6m，还应计算其层高增加费用，按层高每增高 1m（不足 0.1m 按 0.1m 计算），层高超高增加费按相应定额的 20% 计算。因为定额中的每平方米建筑面积人工含量是按标准层高考虑的，超出标准层高部分的人工含量也有对应的人工降效费用需要考虑。建筑物楼面高度 20m 以下的楼层则不需要考虑人工降效。

4. 同一建筑物中有两个或两个以上的不同檐口高度时，应分别按竖向切断面不同高度的建筑面积套用定额。

5. 单层建筑物檐高超过 20m，超过部分除按本章规定计算每增高 1m 的比例增加费外，其构件安装项目还应计算安装点超过 20m 的人工、吊装机械台班增加费。

6. 建筑物 20m 以上的楼层中，有层高超过 3.6m 的，已经计取了超过 3.6m 每增加 1m 的层高增加费，应另行计取模板定额和脚手架定额中的超过 3.6m 费用。超高费定额中的层高超高费是层高超过 3.6m 时单位建筑面积增加人工的降效费用。模板定额中的超过 3.6m 净高费用是层高超高增加的模板支撑、卡具及人工费用，不区分 20m 以上还是以下；脚手架超过 20m 时，层高超过 3.6m 费用增加是脚手架材料的增加费用，不包含人工。所以这三项费用不重复，可以同时计取。

7. 单独装饰工程按檐高和层数分段计算，其中一个指标达到规定，即可套用相应定额子目。单独装饰工程超高人工降效，以超过20m或6层部分的工日分段计算。

8. 檐口高度超过200m的建筑物，超高费可按照每增加10m，人工降效系数增加2.5%；水泵按照扬程调整机型的原则另行计算。

【工程案例】 某建筑物檐口高度32m，共10层，每层建筑面积1000m²；第六层楼面至设计室外地面高度19.2m，第七层楼面至设计室外地面高度为22.4m，第五层到第十层层高为4.15m，如图8-93所示。计算该建筑物超高费。

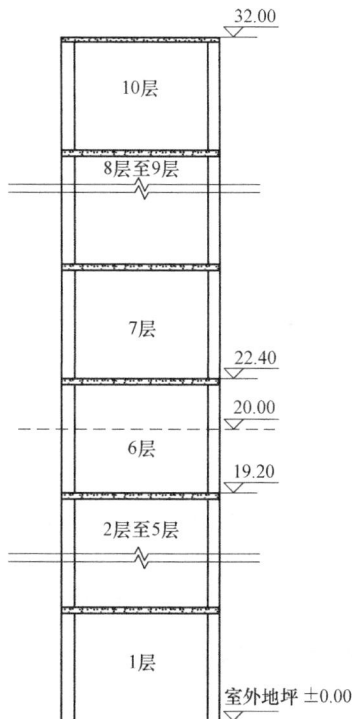

图8-93 某建筑超高费示意图

例：某建筑物檐口高度32m，共10层，每层建筑面积1000m²；第六层楼面至设计室外地面高度19.2m，第七层楼面至设计室外地面高度为22.4m，计算该建筑物超高费。

第七至十层：

执行19-2子目，综合单价38.94元，工程量4×1000＝4000m²。

超高费＝38.94×4000＝155760元。

第六层：

由于不满足6层以上，楼面高度超过20m的条件，不能直接执行19-2子目。

超过20m以上部分为：22.4-20＝2.4m，按照本书8.15.4第2条执行：

工程量为1000m²；综合单价38.94×0.2×2.4＝18.69元。

超高费＝1000×18.69＝18690元。

第七到十层，层高超过3.6m以上部分为4.15m－3.6m＝0.55m，取0.6m，应计算其层高超高增加费，执行19-2子目乘以系数0.2。

工程量为4000m²，综合单价为38.94×0.2×0.6＝4.67元，超高费＝4000×4.67＝18680元。

合计该建筑物超高费为：155760＋18690＋18680＝193130元。

【造价纠纷】 某工程执行计价定额计算其超高费用，在施工过程中，由于发包人设计变更原因导致 20m 以上部分工程取消部分结构工程量，发包人认为在工程结算时应扣除部分超高费用，由此产生工程造价纠纷。

【纠纷分析】 执行计价定额时，超高费按建筑面积计算为包干费用，在工程结算时不应根据分部分项工程量的增减而调整其定额费用。

8.16 建筑工程垂直运输

8.16.1 建筑工程垂直运输定额的编制

在工期定额中选择各相应建筑物 6 层以内的偏大工期，和选择比"6 层以内"高 2 层的适中工期作为计算基础。

每层平均工期＝（高层工期－低层工期）÷（高层层数－低层层数）

如住宅混合结构选定低层为 5 层以下，工期为 235d，高层为 7 层，工期为 305d，则每层工期为：（305－235）÷（7－5）＝35d。

基础工程工期指底层以下的工期为：

基础工期＝低层工期－（每层工程×低层层数）

如上例的基础工期为：235－35×5＝60d。

塔吊工作台班＝定额工期－基础工期－装修工期＝主体工程工期

式中的装修工期为：

上层工期×40%＝（定额工期－基础工期）×40%。

8.16.2 建筑工程垂直运输定额包含内容

建筑工程垂直运输定额包括国家工期定额内完成单位工程全部工程项目所需的垂直运输台班，但不包括机械的场外运输、一次安装、拆卸、路基铺垫和轨道铺拆等费用。施工塔吊与电梯基础、施工塔吊和电梯与建筑物连接的费用另行单独计算。

【造价纠纷】 在计算建筑工程垂直运输费时，往往出现群体工程中两个及两个以上单体合用塔吊的情况，此种情况是否可以工期定额中群体工程工期为准直接套用垂直运输定额计算其垂直运输费用，易引起工程造价纠纷。

【纠纷分析】 在工期定额中群体工程工期计算仅作群体工程合同工期制定的参考依据，不能作为垂直运输机械费用的计算依据，计算建筑工程垂直运输机械费用时，应按单位工程为准进行计算，即按每栋单体的土建工程为准分别计算其垂直运输机械费用。

8.16.3 建筑工程垂直运输定额设置

建筑工程垂直运输定额子目划分以建筑物"檐高""层高"两个指标界定，只要其中一个指标达到定额规定，即可套用该项定额子目，即就高不就低原则。同时檐高是指设计室外地坪至檐口的高度，突出主体建筑物顶的女儿墙、电梯间、楼梯间、水箱不计入檐口高度之内；层数是指地面以上建筑物的层数，地下室、地面以上部分净高小于 2.1m 的半地下室不计入层数。

【造价纠纷】 某建筑工程项目檐高 99m，层数为 33 层。垂直运输定额是执行江苏省计价定额 23-13 子目（檐高＜100m，26～31 层）还是 23-14 子目（檐高＜120m，32～37 层），发包人认为其中一个指标达到 23-13 子目要求，因此应执行 23-13 定额，由此引起造价纠纷。

【纠纷分析】　建筑工程垂直运输定额子目划分以建筑物"檐高""层高"两个指标界定，只要其中一个指标达到定额规定，即可套用该项定额子目，即就高不就低原则。该工程檐高 33 层，已满足 23-14 定额子目指标要求，因此应套用 23-14 定额。

建筑物垂直运输定额按垂直运输机械类别分为卷扬机施工和塔式起重机施工两类，其中卷扬机施工按配备 2 台卷扬机考虑，塔式起重机施工按 1 台塔吊配备 1 台卷扬机或 1 台施工电梯考虑。如仅采用塔式起重机施工，不采用卷扬机时，塔式起重机台班含量按卷扬机含量取定，卷扬机扣除。

上下联络通信费用按《建议工程工程量清单计价规范》规定，在建筑物超高增加费中予以考虑。

在执行建筑工程垂直运输运输定额时，应按施工组织设计方案所采用的垂直运输机械类别及图纸设计檐高（层数）来确定定额子目的套用。

8.16.4　建筑物垂直运输计算条件

垂直运输高度小于 3.6m 的单层建筑、单独地下室和围墙不应计算垂直运输费用，其余应按相关规定计算垂直运输费用。

【造价纠纷】　某按实结算传达室单体工程，单层层高为 3.7m，设计室外地坪标高为－0.05m，应受现场条件限制，不能搭设垂直运输机械，故采用人力进行现场垂直运输施工，在结算时发包人认为本工程没有搭设垂直运输机械，因此不能计算垂直运输机械费用，由此产生工程造价纠纷。

【纠纷分析】　本工程虽然没有搭设垂直运输机械，但是施工现场仍发生以人工代替机械垂直运输费用，因此该工程满足了关于计取垂直运输机械费的条件，应计取该项费用，本工程无垂直运输机械施工，可按卷扬机施工定额套用计算其费用。

【造价纠纷】　某单独地下室工程，地下室层高 3.5m，设计室外地坪为－0.03m，整板基础底标高为－3.70m，在结算时发包人认为该单独地下室层高仅为 3.5m，不应计取垂直运输机械费，由此产生工程造价纠纷。

【纠纷分析】　本单独地下室工程虽然层高仅为 3.5m，但设计室外地坪为－0.03m，整板基础底标高为－3.70，其施工垂直运输高度已经超过 3.6m，因此本单独地下室工程应计取垂直运输机械费用。

【造价纠纷】　地下车库工程，面积 2800m² （全部埋入地下，顶板上部回填土达 1.0m），上部有个配电房，自然地面至垫层上表面高度深度为 5.20m。筏板顶标高－4.85m，顶板上标高为－1.00m，配电房檐口标高为＋4.20m，结构高度为 3.85m，现车库内部地面做法达 550mm，则从建筑完成面至顶板高度为 3.30m（是否理解为楼层高度），该地下车库能否套用垂直运输易引起工程造价纠纷。

【纠纷分析】 一层地下室是按垂直运输高度划分，而不是按层高，因此应按本工程的实际施工垂直运输高度已超过 3.6m，应套用相应定额计取垂直运输费用。

8.16.5　建筑物垂直运输工程量计算规则

建筑物垂直运输机械台班用量，区分不同结构类型、檐口高度（层数）按国家工期定额套用单项工程工期以日历天计算。

单独装饰工程垂直运输机械台班，区分不同施工机械、垂直运输高度、层数、按定额工日分别计算。

【造价纠纷】 以单项工程定额工期为准按日历天计算垂直运输机械费用，其工期的取定是否应扣除桩基、土石方等未架设垂直运输机械的工期部分易引起工程造价纠纷。

【纠纷分析】 在执行江苏省计价定额时，编制招标控制价、投标报价及工程结算时，其垂直运输机械费应以单项工程定额工期为准按日历天计算，单项工程的工期已包含建筑物地下部分和地上部分工程工期，包括土建、安装及装修等工程，其费用按单位工程划分计算，安装及装修部分垂直运输费用不再另计。部分工程中如土方工程、智能化工程等由发包人另行直接发包，虽然单项工程工期已经包含相关项目，但是在计算建筑工程垂直运输费时，相关承包人为承包施工的工程对应的工期也不扣除，因为在垂直运输定额子目中塔吊等垂直运输机械已综合考虑了单位工程中部分工序未搭设垂直运输机械的折减因素，定额中机械台班含量已综合考虑，单项工程工期及定额含量不再作调整。

8.16.6　建筑物垂直运输工程定额的应用

1. 在构件运输及安装工程中，构件安装有的项目使用了轮胎式起重机或履带式起重机，但因轮胎式或履带式起重机多数用于单层厂房或层数很少的服务性用房中，在编制定额时已经将此因素考虑在内，故此套用定额时无须另行考虑，按各章定额规定执行。

2. 一个工程出现两个或两个以上檐口高度或层数时，使用同一台垂直运输机械时，定额不作调整，使用不同垂直运输机械时，应按照国家工期定额分别计算。

3. 当建筑物垂直运输机械数量与定额不同时，可按比例调整定额含量。

【工程案例】 多栋建筑物合用垂直运输机械的问题。

垂直运输机械台班含量在取定时，按照垂直运输机械正常满负荷工作考虑。由于按照单项工程工期计算工程量，实际工程初期的土方、桩基的工期以及进入内装阶段时不使用塔吊的时间未扣除，反映到定额中塔吊的台班含量小于1。

对于部分建筑物，由于单层建筑面积较小，实际两栋、三栋建筑物合用一台塔吊的情况，执行定额时，每栋房子垂直运输费工程量分别套用对应的工期定额，定额中的台班含量乘以分摊系数。

A、B、C 三栋 6 层带一层地下室建筑物，共用一台塔吊，各自配一台卷扬机，框架剪力墙结构；查工期定额三栋均为 286d；已知三栋楼同时开工、竣工。工程类别为二类。不考虑塔吊垂直运输机械超负荷运转情况。

A 栋垂直运输费工程量为 286d，套用定额号为 23-8，其中起重机台班含量根据分摊的原则，调整为 0.523÷3=0.174 台班

23-8 换（154.81＋0.174×511.46）×（1＋28%＋12%）=341.33 元/d。

A栋垂直运输费＝工程量×定额综合单价＝286×341.33＝97620.38元。

B、C栋垂直运输费同A栋。

【工程案例】　一栋建筑物使用多座垂直运输机械的问题。

A、B、C三栋楼，地下一层为连通地下室，地下室建筑面积为15000m²。根据江苏省计价定额有关规定，多幢房屋下有整体连通地下室时，整体连通地下室按单独地下室工程执行。已知设计室外地面至基础底板底面超过3.6m，实际配置3台塔吊。地下室部分工程类别为一类。

查工期定额，工期为265×(1－5％)＝251.75d。

23-27换 0.81×3×777.96×(1＋31％＋12％)＝2703.33元/d。

连通地下室部分垂直运输费＝工程量×定额综合单价＝251.75×2703.33＝680563.33元。

4. 单独地下室工程项目定额工期按不含打桩工期，自基础挖土开始计算。多幢房屋下有整体连通地下室时，上部房屋分别套用对应单项工程工期定额，整体连通地下室按单独地下室工程执行。

【工程案例】　某商业综合体项目，其工程概况为人防地下室1层，层高4.80m，建筑面积18987m²，裙房4层，建筑面积为35535m²，裙房檐高21.6m，塔楼4栋，每栋在裙房以上共18层，建筑面积为43943m²，檐高为102.60m。根据施工组织设计方案，本工程垂直运输机械设置如图8-94所示，7台塔吊均为人防地下室施工服务，其中4台QTZ63另加各施工电梯1台为4栋塔楼施工服务。

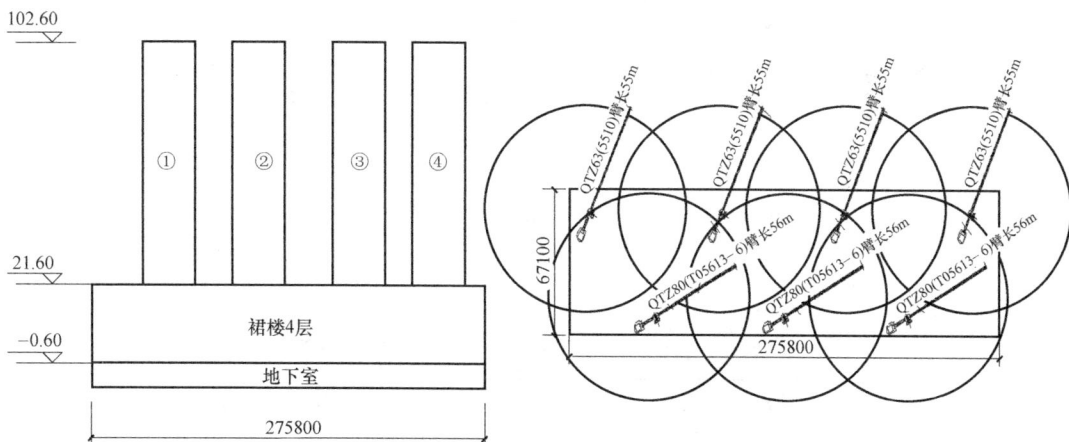

图8-94　工程概况及塔吊布置图

【难点问题】　根据江苏省计价定额规定，垂直运输定额工作内容包括国家工期定额内完成单位工程全部工程项目所需的垂直运输机械台班，本工程作为商业综合体，由人防地下室、裙房和塔楼组成，出现多种檐高高度，且使用了7台不同规格的垂直运输机械，如严格按省计价定额的规定，按建筑物檐高和层数指标直接套用定额存在较大难度。

【解决思路】　江苏省计价定额中所列出的自升式塔式起重机其型号为自升式塔式起重机的起重力矩，即起重机最大幅度起重量×最大工作幅度。通常630kN·m的最大工作幅度为50m，800 kN·m的最大工作幅度为56m，1250kN·m的最大工作幅度为60m，

2500kN·m 的最大工作幅度为 100m。本工程出于施工现场的限制，选择相应的垂直运输机械布置方案。

本工程出现两个以上的檐口高度和层数，使用了不同的垂直运输机械，应按国家工期定额分别计算，其中人防地下室按单独地下室工程执行，上部房屋分别套用对应的单项工程工期定额。

人防地下室一层，建筑面积 18987m²，工程量套用国家工期定额 2-242 为 125d，定额子目套用江苏省计价定额 23-27 定额子目，但是该定额子目所考虑垂直运输机械为 1 台 1250kN·m 塔吊，其机械型号与数量均与实际配置不符。根据省计价定额规定，当建筑物垂直运输机械数量与定额不同时，可按比例调整。本工程地下室垂直运输机械类型虽然选用 3 台 QTZ80 及 4 台 QTZ63 塔吊，如图 8-95 所示，但不应直接将定额机械含量直接乘以 7。应结合江苏省计价定额机械设置思路考虑设置 1250kN·m 塔吊的费用，本工程地下室仅需 4 台 1250kN·m 塔吊即可完成施工覆盖面，如图 8-96 所示。因此，经考虑塔吊运行负荷因素综合测算后，本工程地下室套用 23-27 子目，其机械台班类型不变，定额含量乘以 4.0 系数。

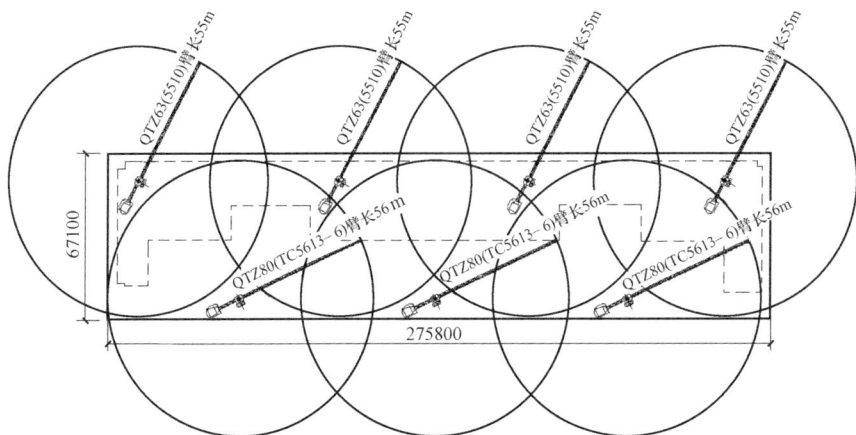

图 8-95　630 塔吊布置示意图

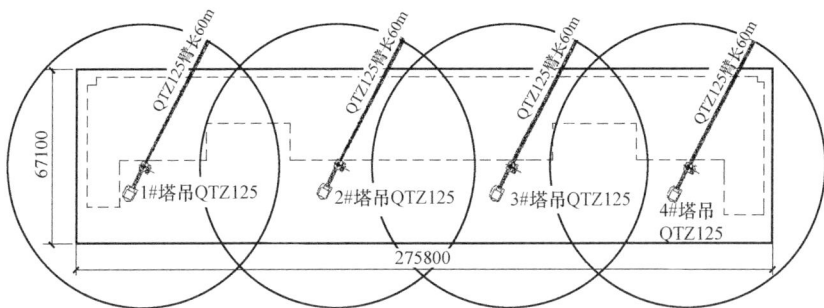

图 8-96　1250 塔吊布置示意图

裙楼部分 4 层，檐口高度 21.6m，同样采用 3 台 QTZ80 及 4 台 QTZ63 塔吊作为垂直运输机械，并从地上一层开始搭设 4 台双笼施工电梯作为垂直运输机械配合使用，应套用

23-10 定额子目，考虑到垂直运输机械交叉使用情况，4 台 QTZ63 塔吊完全覆盖裙楼部分，如图 8-95 所示，其中自升式塔式起重机 630 定额含量乘以 4，双笼电梯含量乘以 4，工程量套用国家工期定额 1-478 子目，工期为 190d。

塔楼部分按 4 栋主楼分别计算其垂直运输费，套用江苏省计价定额 23-14 定额子目，定额垂直运输机械不作调整，工程量套用国家工期定额 1-118，工期为 360d。

5. 当多幢建筑物之间合用塔吊时，应根据实际情况仍按单幢建筑物计算其垂直运输费用，其机械台班含量根据实际情况作合理分摊。

对于部分建筑物，由于单层建筑面积较小，实际两栋、三栋建筑物合用一台塔吊的情况，执行定额时，每栋房子垂直运输费工程量分别套用对应的工期定额，定额中的台班含量乘以分摊系数。不应采用群体工程定额工期的方式去计算垂直运输机械费。

8.17 施工排水、降水

8.17.1 施工排水

施工排水是指施工场地地表明排水，包括人工土方施工排水和基坑排水等。

1. 人工土方施工排水

指在人工开挖湿土、淤泥、流砂等施工过程中发生的机械排放地下水工程，系一边施工一边排水发生的费用。其工程不分土壤类别、挖土深度，按挖湿土工程量以立方米计算。人工挖淤泥、流砂施工排水按淤泥、流砂工程量以立方米计算。

2. 基坑排水

基坑排水是指基坑的土方开挖之后，基础或地下室一边施工一边排水发生的排水包干费用，但不包括 ±0.00 以上有待框架、墙体完成以后再回填基坑土方期间的排水费用。

计算基坑排水费用应同时满足两个条件，一是基坑底面在常水位以下，二是基坑底面积超过 120m² 的土方开挖，方可套用该定额子目，该项目是在开挖后在基础施工或地下室施工期间所发生的排水包干费用，在常水位以下的挖土仍应按挖湿土定额执行，基坑排水不是挖湿土的排水费用。其工程量按土方基坑的底面积以平方米计算。

8.17.2 施工降水

1. 深井管井降水施工方法

工艺流程：井点放线定位→钻孔→井管安装→填管壁缝隙料→洗井→安装抽水设备→抽水试验→铺设排水总管及沉砂池→联网抽水。

工程量计算规则：深井降水其安装以及拆除工程量按"座"数量计算，深度超过 20m。按每增加 1m 定额子目计算，其使用台班按"座天"为单位计算，一天按 24h 计算。

2. 井点降水

1）轻型井点降水施工工艺，如图 8-97 所示。

2）井点降水工程量计算规则：

井点降水使用定额中 50 根立管为一套，累计根数不足一套者按一套计算，定额单位

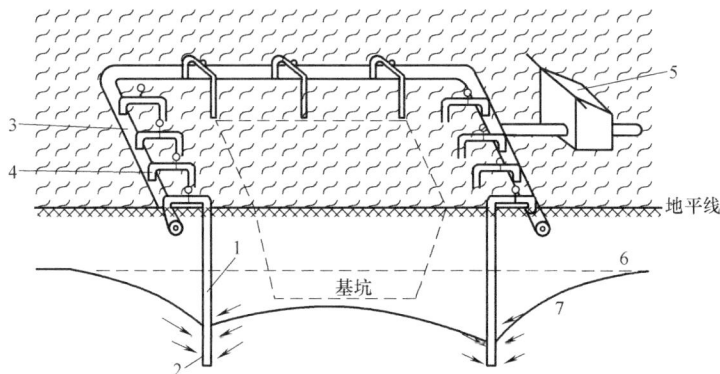

图 8-97　井点降水施工工艺图

1—井点管；2—滤管；3—总管；4—弯联管；5—水泵房；6—原有地下水位线；7—降低后地下水位线

为"套天"，一天按 24h 计算。定额考虑为 50 根立管（一般间距为 1.20m）由一台射流井点泵降水，如遇特殊情况，应根据施工方案或甲乙双方认可的现场签证调整其台班含量。

【造价纠纷】　轻型井点降水与简易井点降水定额如何套用，易引起工程造价纠纷。

【纠纷分析】　井点降水定额区分轻型与简易井点降水，降水过程中不需要使用粗砂过滤，用抽水设备接入钢管不通过过滤直接抽水的属于简易井点降水，否则属于轻型井点降水。

【造价纠纷】　在施工过程中，针对降水工程选择井点降水还是深井降水易产生工程造价纠纷。

【纠纷分析】　深井井点具有排水量大、降水深（15～50m）、不受土质限制等特点，适用于地下水丰富，基坑深（>10m），基坑占地面积大的工程地下降水；井点降水项目适用于降水深度在 6m 以内。降水时间均按施工组织设计确定。

【造价纠纷】　某工程深井降水中施工现场设置其排水管网，如导流管为 φ300 的双壁波纹管 s8 级，每 50m 布置一导流井（导流井基础采用 C15 混凝土，侧墙采用 120mm 厚标准砖 M5.0 水泥砂浆砌筑，内外侧采用 20mm 厚 1：2 水泥砂浆粉刷），基坑降水经导流管留向沉砂池后全部排向市政管道中，这部分费用发包人认为包含在深井降水费用中，承包人认为应另行计取，由此产生工程造价纠纷。

【纠纷分析】　本工程排水管网作为汇集深井降水进行有组织排水的施工措施，其费用应另行计取。

【造价纠纷】　某工程根据施工组织设计要求采用深井降水施工，在基础施工过程中，因连续暴雨天气造成基坑大范围积水，在征得发包人同意后，承包人采用抽水机将基坑积水排出，在结算时，承包人据此要求另行增加基坑排水费用，发包人认为此费用已经包含在临时设施费用中不应另行计取，由此产生工程造价纠纷。

【纠纷分析】　采用井点降水或深井管井降水的工程，不得再计取人工土方施工排水和基坑排水费用。基坑排水属于包干费用，即为采用降水措施的工程，土方开挖后，一边进行基础施工，一边排水的措施费用。采用了降水措施的工程，显然在基础施工时，无须再进行一边施工一边排水的工作内容，因此不能另计。

采用基坑排水的工程中基坑内挖的排水沟和集水井作为临时设施，费用在临时设施费中列支。坑内排水沟、集水井抽水费用在基坑排水包干费中已包含，不得另计算。

本工程已经计取了深井降水费用，因此不得再行计取基坑排水费用。至于暴雨导致基坑积水的排放费用，应包含在本工程的冬雨期施工增加费用中，不应另行计取。

【造价纠纷】　某按实结算工程，按合同约定执行计价定额，其降水工程中由于地下水位较高，根据专家论证并报发包人许可的降水方案中，平均一套真空泵配套30根立管方能降水到位，并顺利实施施工，在工程结算时，发包人认为井点降水应按计算规则每50根立管算一套降水，由此产生工程造价纠纷。

【纠纷分析】　井点降水定额考虑为50根立管（一般间距为1.20m）由一台射流井点泵降水，但本工程靠近江边，地下水位高，根据专家论证并报发包人许可的降水方案中，平均一套真空泵配套30根立管方能降水到位，因此在工程结算时，其降水机械台班应根据实施方案中真空泵的台班含量按比例调整。

8.18　大型机械进退场费

8.18.1　大型机械种类

大型机械分为土方工程机械、打桩工程机械、建筑物工程机械三大类，包括：履带式挖掘机、履带式推土机、履带式起重机、轮胎式起重机、强夯机械、柴油打桩机、压路机、静力压桩机、塔式起重机、施工电梯、混凝土搅拌站、潜水钻孔机、汽车式钻机、拖式铲运机、沥青摊铺机、桅杆式起重机、深层搅拌桩机。

8.18.2　大型机械进退场费用内容

大型机械进退场费指机械整体或分体自停放场地运至施工现场或由一个施工地点运至另一个施工地点，在城市范围以内的机械进出场及转移费用（包括机械的装卸、运输及辅助材料费和机械在现场使用期需要回基地大修的因素等）。

机械在运输中交纳的过路、过桥、过隧道费用按交通运输部门的规定另行计算费用，如遇道路桥梁限载、限高、公安交通管理部门保安护送的费用另行计取。

远征工程在城市之间的机械调运费按公路、铁路、航运部门运输的标准另行计算。

8.18.3　大型机械进退场费用计算规则

1. 大型施工机械均以单位工程实际进场规格、品种、台数为准，在一个工程地点只计算一次场外运输费用（进退场费）及安装、拆卸费。因发包人原因而发生的规格、次数应另计。

2. 土方机械按土方量大小，以每个单项工程计算；打桩机械分别按不同的桩种、不同的桩长以每个单位工程计算。同一品种的桩有长有短，按最长桩的费用计算。

3. 大型施工机械在施工现场内单位工程或幢号之间的拆、卸转移，其安装、拆卸费按实际发生次数套安、拆费计算。机械转移费按其场外运输费用的 75% 计算。

4. 不需拆卸安装、自身又能开行的机械（履带式除外），如自行式铲运机、平地机、轮胎式装载机及水平运输机械等，其场外运输费（含回程费）按 1 个台班计算。

8.18.4 机械费用其他内容

1. 机械停置台班费用由机械的折旧费、其他费和人工费组成。

2. 机械租赁费用由租赁双方按定额台班单价乘以 0.8～1.2 的系数再乘以租赁时间计算，由施工方自己操作机械、自己运输机械、自己购买燃料的则应在机械台班单价中扣除相应费用后再乘系数计算，系数由租赁双方合同约定。

3. 固定式塔式起重机或自升式塔式起重机下现浇钢筋混凝土基础或轨道式基础、施工电梯和混凝土搅拌站的基础等费用应另行计算。

4. 自升式塔式起重机中的安装拆卸费及场外运输费用是以塔高 45m 确定的，超过 45m 时其相关费用应乘以超高系数计算，超高系数＝实际塔高÷45m。

5. 计取塔吊等垂直运输机械进退场费用之外还应计取塔吊基础、电梯与建筑物连接件等配套项目的费用，其中预埋铁件、连接件、混凝土含量、基础内钢筋等均应按施工组织设计用量进行调。塔吊、电梯基础下打桩、降水费用应另计。

塔吊、电梯混凝土基础做在楼板面，楼板面下需要加固者应另行处理。